2020

国家统一法律职业资格考试系列用书

命题人讲义系列

命题人讲刑事诉讼法

桑　磊◎主编

颜　飞　孙　锐◎编著

中国经济出版社 CHINA ECONOMIC PUBLISHING HOUSE
中国石化出版社 HTTP://WWW.SINOPEC-PRESS.COM

图书在版编目（CIP）数据

命题人讲．刑事诉讼法/桑磊主编．

—北京：中国经济出版社：中国石化出版社，2019.12

2020 国家统一法律职业资格考试系列用书

ISBN 978-7-5136-5058-8

Ⅰ.①命… Ⅱ.①桑… Ⅲ.①刑事诉讼法—中国—资格考试—自学参考资料 Ⅳ.①D92

中国版本图书馆 CIP 数据核字（2019）第 253358 号

策划编辑　崔姜薇

责任编辑　王建昌

责任印制　马小宾

封面设计　任燕飞装帧设计工作室

出版发行　中国经济出版社

印 刷 者　北京富泰印刷有限责任公司

经 销 者　各地新华书店

开　　本　787mm×1092mm　1/16

印　　张　18.5

字　　数　439 千字

版　　次　2020 年 1 月第 1 版

印　　次　2020 年 1 月第 1 次

定　　价　59.00 元

广告经营许可证　京西工商广字第 8179 号

中国经济出版社 **网址** www.economyph.com **社址** 北京市东城区安定门外大街 58 号 **邮编** 100011

本版图书如存在印装质量问题，请与本社销售中心联系调换（联系电话：010-57512564）

丛书前言

一

著名作家柳青在《创业史》中说过一段话："人生的道路虽然漫长，但紧要处常常只有几步，特别是当人年轻的时候。"

在我的人生里，这样的紧要处有两步：一次是22岁，一次是44岁。

这两步决定了我前半生乃至一生的命运。

22岁那年，我还在鲁西南的一个小县城工作，报名参加中国政法大学的进修学习。之后，经过五年的拼搏（两年进修，三年北漂自学），最终考取法大研究生，主编了《中国名校硕士谈考研》（后分为《风雨考研路》和《考研战略战术》两本），毕业后进入司法部考试中心工作。这是命运的一次大转折。

44岁这年，在工作十三年、经历了四个岗位，从主任科员、副处长到命题处长之后，我毅然辞职，致力于法考和法律教育工作，主编《法学第一课》，开通微信公众号"桑磊在线"，直到现在主编"桑磊法考"系列图书，开展法考网络培训。这又是一个大转折。

每个人终其一生，都有自己关键的几步，有命运的转折点。

也许你是一位法律专业学生，未来的理想是做一位法官、检察官或律师，也许你和曾经的我一样，正在自学的路上苦苦跋涉，希望能有改变命运的机会。也许你正在做一份自己并不喜欢的工作，而内心其实想成为法律人。也许你正在小地方挣扎，渴盼去大城市发展。

法考就是你通向未来、实现梦想的关键一步。

尽管，这个考试号称"天下第一考"，每年有数十万人在这个战场上拼杀，只有少数人成功地走出来。

尽管，你也许和我一样，智商并不超群，容貌并不出众，家世并不显赫，只是人群中普普通通的一员。

但是，不平凡的，是你的年轻，是你的梦想，是你那颗热血沸腾的心，是你的不甘于平凡。

在我主编的《风雨考研路》中有一篇文章，题目叫作"真正的失败是不去拼搏"。作者当年从一所二本院校以高分考上了厦大研究生，两年后又提前攻博，目前已是国家海洋局第三研究所研究员、硕士生导师、学科带头人，曾五次参加南北极科学考察。他在文章中写道：这一切的一切，都是由于"真正的失败是不去拼搏"这句话带给我的神奇力量。

其实那只是一个很短的小故事，但我至今清楚地记着里面那句非常感人的话："你努力过了吗？如果是的，那你就一定不会失败，因为真正的失败是不去拼搏。"这句精彩而鼓舞人的话从此永远地留在了我的生命中，并且开始改变我的一生。

在此，我也将这句话转送给亲爱的读者们，希望能够有益于你的人生。

二

自2018年首届法考开始，司法部至今已组织两年考试，尽管法考不再公布真题，但从网络上考生的各种回忆版本，仍能粗略窥见法考试题的特点。

我们认为，客观题考试具有以下四大特点：

一是考查范围扩大，覆盖面广，基础性考点增多，考查内容较为琐碎。

二是出现跨学科融合的客观题，如2019年有多道民商事融合试题。

三是紧密联系法律热点事件，取材贴近生活。

四是"重者恒重、新法必考"，但两者均在一定程度上有所削弱。

相对而言，主观题考试是法考改革的重点，其特点更加鲜明：

一是融合性突出，两次考试均出现多学科的交叉融合试题。

二是限缩性趋势明显，即主观题数量减少。

三是理论性显著增强。主观题考试考查考生运用法律知识解决实际问题的能力，在一定程度上，可以说就是考查理论深度。

四是开放性进一步得到体现。法考时期的开放性试题增多，允许有多个答案，只要言之有理、有理有据即可得分。

根据上述特点，2018年至2019年，我们组织了以资深命题人周光权老师为代表的前命题人团队，先后编写了"桑磊法考"系列图书，包括客观题的"命题人讲义系列"丛书（全八册）、"命题人讲真题"丛书（全八册）、"命题人400题"丛书（全三册），主观题的"命题人讲主观题"丛书（全七册）和《主观题十年真题精讲》《命题人30题》，分别对应客观题考试和主观题考试复习的各个阶段。目前，我们又陆续开始对上述图书进行精心修订，以供2020年考生复习备考。

（一）客观题考试

——基础阶段。对应本套"命题人讲义系列"丛书。我们通过严谨的历年各科试题数据分析，遵循"重点多写，一般少写，不考不写"的原则，确定讲义各部分的字数，做到详略得当。攻克了这些知识点，意味着你已经接近了法考要求的知识水平，进入了法考的核心地带。我们专门邀请各科作者做直播带读，他们深入浅出的讲解，会让有你有更透彻的理解，也许有时会有醍醐灌顶之感。读者可扫取本书封面二维码登录"桑磊法考"网站和"桑磊法考"公众号，免费观看视频。

——真题阶段。对应"命题人讲真题"丛书。我们的各科作者对近些年的真题以考点归类，进行了全面解析，其体例上的独特之处有三点：一是"命题和解题思路"，还原命题人的思路，深度分析解题思路，最大限度地让考生"知其所以然"。二是"难点解析"或"易混淆点解析"，对于部分试题的难点或易混淆点作出深入分析。三是"重点干扰项"，部分试题指明了重点干扰项，并作出详细分析。通过真题的反复训练，你会对各科的所有考点、命题规律了然于胸，实现由知识水平向应试水平的转变。“命题人讲真题”丛书将于2020年2月出版。

——模拟阶段。对应“命题人400题”丛书。我们的大部分作者深谙命题规律，他们命制出的模拟题，实际上达到了真题的水平，是最接近真题的模拟题。通过模拟训练，一方面查漏补缺，一方面迅速适应应试状态。“命题人400题”丛书将于2020年6月出版。

（二）主观题考试

——基础阶段。对应“命题人讲主观题”丛书。我们的作者凭借本身的经验，通过深入研究历年主观题，在书中为大家分析了本学科的命题规律和趋势，提炼了解题思路，详细阐述了主观题考点，并对近十年的典型主观题进行了深入剖析。最后，每科为大家提供了多道高质量的模拟试题，其中有两科甚至多科的融合试题。“命题人讲主观题”丛书将于2020年4月出版。

——真题阶段。对应《主观题十年真题精讲》。该书选取近十二年来的主观题真题，由前命题人团队各科作者全新解读。其中，依据网上的考生回忆版，对2018年和2019年的主观题真题进行了精心复原。各科作者深度还原了命题人思路，或点明命题素材，或挖掘命题特点，力争为考生打造独具特色的主观题“得分宝典”。《主观题十年真题精讲》将于2020年4月出版。

——模拟阶段。对应《命题人30题》。该书选材渠道权威、命题规范严谨。在三十多道模拟题中，有刑法和刑事诉讼法的融合，有商法和民法的碰撞，还有三大实体法的交织。这些多学科交叉的题目，可以更好地培养考生的主观题思维，为拿下主观题考试做好充足准备。《命题人30题》将于2020年5月出版。

三

2018年，是我们与广大考生携手前行的第一年。我们首次开办“客观题冲刺内参班”“主观题冲刺保过班”等网络课程，准确把握了命题趋势，尤其是成功预测了“枫桥经验”（法治理论）、“房屋强拆案例”（行政法）、“非法证据排除规则”（刑诉）等考点。

2019年，我们开办了客观题和主观题的全系列课程，涵盖了特训班、冲刺班、全程班、主客一体班等，帮助考生抓住重难点，直击命题点。特别是在主观题班，形成了自己独有的特色，包括“三支团队”“四个阶段”“两大法宝”。

——“三支团队”，即前命题人团队、前阅卷人团队、高分研究生阅卷团队相配合的师资队伍。

——“四个阶段”，即系统精讲阶段、专题突破阶段、应试训练阶段、冲刺阶段，构建了2019年所有机构中唯一完整的主观题培训体系。

——“两大法宝”，即前命题人团队命制的高质量模拟题、在前阅卷人团队指导下的作业批改。我们的模拟题接近真题的标准，其中一部分为多学科融合的试题。我们开发了机考模拟系统，每科均布置习题作业，按照考试标准进行模拟。作业批改由主要来自北大、人大、法大的高分研究生团队负责，对每道题不仅给出得分，而且有详细而中肯的评语，包括问题和建议两部分，受到了学员们的一致好评。

在 2019 年主观题冲刺保过班上，我们的绝大多数学科均命中了考点。对命题趋势和考点的准确把握，彰显出前命题人团队的高权威性和专业能力。

在 2019 年考试结束后，我们开展了大规模的问卷调查，广泛征求意见和建议，得到了学员们的热情反馈。在此基础上，2020 年，我们将对软硬件、客服系统、教务安排等各方面进行较大的优化，以更好地服务于学员。

新的一年，我们与你携手同行！

桑　磊

（桑磊：丛书主编，“桑磊法考”创始人）

◎特别说明◎

鉴于本书出版时间紧迫以及 2020 年度民法、刑事诉讼法等科目内容可能会出现部分立法及司法解释最新调整的态势，桑磊法考特开通“命题人讲义系列图书全程服务通道”，即时动态发布本书各科目勘误信息、考试政策最新调整变化解读等重要资料，考生在使用本书过程中可以扫取下方二维码进行获取。

桑磊法考，为您提供“有责任、有效率”的法考教材！

命题人讲义系列图书
全程服务通道二维码

>> 刑事诉讼法 导言

在近两年的法考中，刑事诉讼法并未像商法一样“C位出道”，其表现可谓“中规中矩”，但其自司考时期以来的特点亦未发生明显改变，仍然是考查的重点和难点。所谓“重点”，是指刑事诉讼法考题在客观题及主观题中所占的比重较大。两年的客观题中，刑事诉讼法的分值基本稳定在30~32分，仅次于民法和刑法，与民事诉讼法并列第三位。两年的主观题中，刑事诉讼法均单独命制了一道大题，分值在30分左右。通过这两年的法考，“民刑+诉讼”的重点考查格局已然成形。所谓“难点”，则是指刑事诉讼考题相对而言难度较大，不仅涉及法条及司法解释繁多，而且考点琐碎，“陷阱”随处可见。因为分值很重，又不可能放弃；投入很多复习时间，但又感觉效果不好。因此很多考生往往将刑事诉讼法视为畏途。但请各位考生相信，但凡考试，总有其规律可循。刑事诉讼法再难，也有其命题的规律及备考的策略。本书旨在总结历年考试（尤其是近两年法考）命题规律的基础上，梳理考查的重难点，归纳解题的思路与方法，助各位考生顺利找到“通关秘籍”。

一、命题特点

（一）“全面覆盖”

刑事诉讼法考试大纲总共25章，几乎所有章节都属于考查范围。相对而言，只有“涉外（第二十五章）”这章考查次数较少（以往该章的内容曾以单个选项的形式出现）。从以往考试来看，命题人基本都会覆盖到绝大多数章节的内容，因此没有所谓的“可以不看”的部分。《刑事诉讼法》总共308条，法条仅仅是基础，只看法条是远远不够，甚至可以说意义不大。因为考点主要都是出现在《六机关规定》《法院解释》《检察规则》《公安规定》以及《严格排非规定》《办理羁押必要性审查案件规定》《关于刑事裁判涉财产部分执行的若干规定》等司法解释和规定之中，所以全面复习是基础，不要自己先划定所谓的“不考内容”。特别要强调的是，对于部分尚未系统学习过刑事诉讼法或者毕业较久的考生而言，在前期备考中务必要系统准备。刑事诉讼法作为程序法，各章之间关联性极强，如果人为割裂知识点，仅是机械记忆，后期寄望于短时间冲刺，复习效果将难尽人意。

（二）“细致入微”

刑事诉讼法虽然考查内容繁多，但考点多集中于细节，这也是很多第一次备考的考生最容易忽视的地方。很多考生反馈，自己已经复习了一遍甚至两遍，感觉差不多了，但一做真题，就感觉怎么连考点都没有见到过，或者说只是对该考点有个朦胧的印象，记得曾经看到过，但在复习时认为不会考，就直接跳过了，结果真题准确命中“软肋”。比如，考生在复习时肯定会注意到对于附带民事诉讼可以在一审期间进行调解，但从命题的角度来看，几乎不会考查是否可以调解。对该知识点进一步细化就会发现，通常调解后需要制作调解书，但是如果调解协议即时履行则不需要。在 2018 年的法考真题中即考查了该知识点，由此可见其考查的细致程度。又比如，考生在复习时一般会注意到控告人对于不立案决定有权向公安机关、人民检察院提出异议。但是，如果只复习到这个层面，还远远不够。需要进一步掌握对公安机关不予立案决定不服的，控告人可以向原决定机关申请复议，对于复议决定不服的，还可以向上一级公安机关申请复核；如果是向人民检察院提出的，则是向原决定机关的同级人民检察院提出申诉。此外，还要留意报案、举报、控告之间的区别。这些才是命题人经常考查的点，在近年法考真题中即是如此考查。因此，如果复习刑事诉讼法只是掌握“大点”或者说了解概况的话，等于没有复习。

（三）“陷阱重重”

刑事诉讼法考题之所以难，一个重要原因就在于考题中迷惑选项、干扰选项极多。“陷阱”不仅容易出现在题干中，也经常出现在选项中，可谓“步步惊心”，一眼就能选出的答案几乎可以说都是错误的。比如，某警察在抓捕嫌疑人的过程中违反“枪支使用规范”致路人甲受重伤，先后花去治疗费、误工费若干……考生如果从“附带民事诉讼的赔偿”这一角度去思考就极有可能落入题目陷阱（国家赔偿）。因此，即便了解该知识点，未必就能做对题目。因此，除了必要的技巧性准备外，更为关键的还是通过周密、系统地备考，吃透核心考点。正所谓“大智若愚，大巧若拙”，任何“陷阱”在扎实的准备面前都会现出原形。

（四）“以案说法”

近年的考题中，类似“关于刑事诉讼法与刑法的关系，下列说法正确的有”或者“关于审判监督程序，下列说法不正确的是”等直接表述的题目越来越少，而代之以案例型的考查方式，需要考生将题干或选项中以案例的形式表现出来的信息有效提炼并转化成对应的法条或者司法解释的规定。比如“张某涉嫌间谍罪被拘留”，考生马上就应当提炼出该案涉及危害国家安全的犯罪，因此要想到此案在律师的会见、拘留后的通知、审判的管辖等诸方面有何特殊规定。此外，还必须强调的是，对于此种小案例的考查方式，一定要全面把握题干。切记，真题中没有什么信息是随意写上去的，很多看似无意的表述，恰恰就是命题的点所在。

二、备考方法

（一）处理好全面复习与重点章节的关系

虽然考查范围是“全面覆盖”，但不等于各个章节平均用力。“辩护”“强制措施”“附带民事诉讼”“证据”“一审”“二审”等章节在投入的时间以及复习的细致程度上显然应该比“立案”“管辖”“执行”等章节要多。在一个章节中也要有所区分。比如都是证据规则，“非法证据排除规则”显然是重中之重。尤其需要注意的是，2018 年刑事诉讼法进行了部分修改，新增加的“与监察法的衔接”“认罪认罚从宽和速裁程序”“缺席审判”等内容，已经在 2018 年、2019 年的真题中考查。目前，《法院解释》《检察规则》以及《公安规定》正在根据修改后的《刑事诉讼法》进行必要的修改和补充。在 2019 年 10 月，两高三部已经颁布了《关于适用认罪认罚从宽制度的指导意见》，这些内容在务必要重点准备，2020 年考查的可能性极大，新增部分几乎可以说是必考。当然，不是说本讲义之外的内容就肯定不考，而是可能性相对较小。如果复习时间充裕，在已经充分掌握本讲义内容的基础之上，考生可以自行拓展。

（二）处理好琐碎知识点与体系化思维的关系

“细致入微”的考查特点决定了对知识点应当精准掌握。但是，考点的碎片化不等于记忆的碎片化。考生在备考过程中应当有意识地加强相似知识点之间的归纳、对比，力求融会贯通，建立起体系化的知识构架。考试中，大多数考生并非对考点一无所知，往往是似是而非，甚至都能回忆起备考过程中是如何复习该知识点的，但恰恰对考到的这个点记不清楚了，这就是备考过程中没有主动强化考点思维、没有有针对性地对比记忆的“后果”。

（三）处理好做对真题与做通真题的关系

考生几乎无一例外地都会将历年真题作为练手。但是，很多考生仅停留在做对题目，而不是真正做通真题，充分发挥真题的应有价值。所谓“做通真题”，不仅仅是将正确答案做出来，更重要的是要把“错误选项错在哪里”“为什么会这样设置选项”等问题都搞清楚。简言之，做通真题的最高境界就是做到和命题人“心有灵犀、心心相印”，能够把握住命题人在命题时的意图才算是完全吸收了真题的价值。所以，重视历年真题，一定要方法得当。进入法考时代，由于司法部不再公布真题，因此网上流传的只是考生回忆版，会有一定的偏差。对此，我们的建议是，选择多个版本中重合的考题，重考点，轻表述（因为无法保障回忆的准确性），通过对于考点的揣摩，把握命题人的整体命题思路和方向，作为2020年备考的参考。

（四）处理好理论性考点与记忆性考点的关系

严格来讲，没有纯粹意义上的“理论性考点”，即便是“刑事诉讼法的理念”“刑事诉讼法的基本范畴”等考点在近年来也很少直接考查对该理论的机械记忆。在客观题中，往往会通过某个具体制度来考查对相关理论的理解。比如在2018年的考查中，对于诉讼效率的考查，就是通过列举“集中审理原则”“速裁程序”“认罪认罚案件”“网上远程视频开庭”等做法，让考生判断哪些体现了诉讼效率。在主观题中，至少会要求考生结合案例来分析。因此，在备考时，一是对于重要理论性考点，要根据大纲或者本书总结的要点归纳出一个答题框架或者分析路径（用于主观题的论述性题目）；二是在复习具体制度时要随时与所涉及的理论相结合。比如复习“提前介入”，要联想到“法律监督原则”，看到“犯罪记录封存”，要联想到“未成年人刑事司法的方针和原则”，复习“刑事诉讼构造”，要联想到“审判模式”与“以审判为中心的诉讼制度改革”，等等。总而言之，既要有针对性地提前准备，也要注意融会贯通。

没有谁能轻松通过法考，所谓的“踩线飘过”也绝非运气使然。在几个月甚至大半年的备考过程中，每一个难点的勾画、每一页讲义的记忆都是有意义的。当你通过法考，回首过往，记忆最深的绝不是“非法证据的排除”或是“申诉的审查与处理”，而是你在备考期间看到的第一缕晨曦或是凌晨两点的台灯。天道酬勤，与诸君共勉！

颜飞　孙锐

（颜飞：本书编著者，前命题人；
孙锐：本书编著者，中国政法大学博士，
国家检察官学院副教授）

CONTENTS 目录

刑事诉讼法思维导图

- 刑事诉讼法知识体系
  - 基础理论
    - 概念
      - 刑法与刑事诉讼法的关系
      - 刑事诉讼法与法治国家
    - 基本理念
      - 惩罚犯罪与保障人权
      - 实体公正与程序公正
      - 诉讼效率与公正
    - 基本范畴
      - 构造
      - 价值
    - 基本原则
      - 严格遵守法律程序原则
      - 法院、检察院依法独立行使职权原则
      - 法律监督原则
      - 具有法定情形不予追究刑事责任原则
  - 基本制度
    - 专门机关与诉讼参与人
    - 管辖
    - 回避
    - 辩护与代理
    - 刑事证据
    - 强制措施
    - 附带民事诉讼
    - 期间、送达

- 刑事诉讼法知识体系
  - 程序
    - 立案
    - 侦查
    - 起诉
    - 一审
      - 审判概述
        - 审判组织
        - 审判原则
      - 普通程序
      - 简易程序
      - 速裁程序
    - 二审
    - 死刑复核
    - 审判监督
    - 执行
  - 特别程序
    - 未成年人刑事案件诉讼程序
    - 当事人和解的公诉案件诉讼程序
    - 缺席审判程序
    - 违法所得没收程序
    - 强制医疗程序

第一章　刑事诉讼法概述

重要法条及司法解释

《刑事诉讼法》第1、2条。

命题分析

本章属于刑事诉讼法的基础理论部分。从考查趋势来看，近些年来对刑事诉讼法基础理论的考查明显增加，可以预见，在未来几年内，关于刑事诉讼法基础理论的考题还会较高频率地出现在考试中。

从命题思路来看，由于本章涉及的考点都属于理论性考点，因此重在考查记忆基础上的理解和运用。需要注意的是，考生须掌握相关理论的一些相对特殊的表述方式，尤其是这些表述方式往往学理性较强，日常表述中较少出现。比如，考查刑事诉讼法和宪法的关系时，宪法是静态的刑事诉讼法，刑事诉讼法是动态的宪法。这种表述如果之前没有看到过，仅靠考场上的一般推理分析，是很难判断的。从考查重点来看，刑事诉讼法与刑法的关系、刑事诉讼法与宪法的关系（也可以称为“刑事诉讼法与法治国家”）以及刑事诉讼的构造这几个考点是以往反复出现的考点，特别是刑事诉讼的构造。此外，关于刑事审判模式的考查实际上也涉及对刑事诉讼构造这一知识点的理解。考生应重点掌握上述考点。

知识点精讲

一、刑事诉讼法与刑法的关系

（一）刑事诉讼的特征

刑事诉讼是指专门机关（公、检、法）在诉讼参与人（当事人以及其他诉讼参与人）的参加下，依照法律法律规定的程序（程序法定），解决被追诉者（也是诉讼主体）刑事责任问题的活动。

> **注意：**刑事诉讼的中心内容是解决被追诉者的刑事责任问题。所以，刑事诉讼法中规定的几类特殊程序，从本质上说并不是刑事诉讼。这几类特殊程序如附带民事诉讼（附带民事诉讼的被告聘请的叫诉讼代理人）、违法所得没收程序（解决违法所得的认定及没收问题，犯罪嫌疑人、被告人聘请的是诉讼代理人）、强制医疗程序（解决不负刑事责任的精神病人是否要强制医疗的问题，被申请人或者被告人聘请或者法律援助机构指派的是诉讼代理人）。

（二）刑事诉讼法与刑法的关系

刑事诉讼法与刑法两者之间是程序法与实体法的关系。刑事诉讼法既具有保障刑法实施的工具价值，又具有独立价值。刑事诉讼法和刑事实体法相辅相成，共同构成国家统一的刑事法制体系。

1. 工具价值（外在价值）

（1）明确侦查权、起诉权、审判权各自的权限——组织保障。

（2）规定专门机关的权力与义务、诉讼参与人的权利义务——基本构架和程序。

（3）规定证据的收集与运用（证明责任、证明标准）——查明事实的规则和程序。

（4）设计程序系统——减少或避免实体上的误差（比如二审、审判监督）。

（5）根据案件类型，设计不同程序（简易程序）——简繁有别、提高诉讼效率。

2. 独立价值（内在价值、固有价值）

（1）刑事诉讼法所规定的诉讼原则、结构、制度、程序，不仅体现着程序本身的民主、法治、人权精神，也反映出一国刑事司法制度的进步程度、文明程度，是衡量社会公正的一个极为重要的指标——程序本身即体现价值。

（2）刑事诉讼法具有弥补刑事实体法不足并“创制”刑事实体法的功能——弥补实体法不足。

（3）刑事诉讼法具有影响刑事实体法实现的功能——限制实体法的实施。

注意：考查本知识点时常见的题型有：下列关于刑事诉讼法与刑法的关系说法正确（或不正确）的有哪些？或者通过对某一具体诉讼制度（比如非法证据排除规则）的描述，选择哪些说法是正确（或者错误）？或者通过小案例描述了若干诉讼行为，然后判断哪些体现了工具价值（或者独立价值）？因此考生一是要熟悉相关理论的表述方式，二是要注意结合相关诉讼制度来理解两者之间的关系（比如死刑复核程序即体现出程序法对实体法的限制作用）。

此外，刑事诉讼法与刑法的关系也可以转换成程序公正与实体公正的关系，答题思路与要点相似。

二、刑事诉讼法与法治国家

刑事诉讼法与法治国家的关系集中体现在刑事诉讼法与宪法的关系之中。

第一，刑事诉讼法在宪法中有着重要的地位。体现法治主义的有关刑事诉讼的程序性条款，构成了各国宪法或宪法性文件中关于人权保障条款的核心。宪法是静态的刑事诉讼法，刑事诉讼法是动态的宪法。程序决定了法治和恣意的人治之间的主要区别，程序意味着法治主义。

第二，刑事诉讼法在维护宪法制度方面发挥着极为重要的作用。为维护宪法确认的制度和原则，国家制定实体刑法并通过刑事程序对破坏宪法制度而构成犯罪的人予以制裁。同时，国家要确保宪法所保障的公民基本权利，非依法律规定不得随意剥夺。而刑事诉讼法就是调整和平衡国家打击犯罪和保障公民人身自由等基本权利相关关系的法律，从而承担着防止司法权滥用而保障公民人身自由等基本权利的任务。宪法的许多规定，一方面要通过刑事诉讼法保证刑法的实施来实现，另一方面要通过刑事诉讼法本身的实施来实现。

> **简单记忆：**刑事诉讼法的很多重要内容直接规定在宪法之中，并成为宪法的重要组成部分；宪法的实施需要刑事诉讼法的保障。

三、刑事诉讼的基本理念

（一）惩罚犯罪与保障人权

保障人权的含义：①无辜的人不受追究；②有罪的人受到公正处罚；③诉讼权利得到充分保障和行使。

两者的关系：对立统一，同等重要。

1. 目的：惩罚犯罪与保障人权是刑事诉讼的直接目的（根本目的是维护社会秩序）。

2. 关于刑事诉讼目的的理论分类：

（1）犯罪控制模式与正当程序模式。①犯罪控制模式。以惩罚犯罪的效率为目标与评价标准——强调惩罚犯罪。②正当程序模式：刑事诉讼的目的不单是发现实体真实，更重要的是以公平和正义的程序来保护被告人的人权——强调人权保障。

（2）家庭模式。刑事诉讼中国家与个人之间并不是敌对关系，而是和谐关系，并以此为出发点，提出解决问题的途径。

（3）实体真实主义与正当程序主义：

①实体真实主义：刑事诉讼旨在追究案件的实体真实。实体优于程序；程序是服务于实体的手段；实体真实重于人权保障。实体真实主义又可细分为积极实体真实主义与消极实体真实主义。

积极实体真实主义	消极实体真实主义
有罪必究，刑事程序以发现事实真相为要。	发现实体真实，本身应包含保障无辜，而不单纯只为处罚。

②正当程序主义：刑事诉讼重在维护正当程序。由于认识（客观真实）能力的有限，诉讼中的真实（法律真实）只能是相对的观念。刑事诉讼是在既定的程序内，尽可能将认定的事实（法律真实）作为真实（裁判事实）。

> **前后联系：**实体真实主义主要强调的是刑事诉讼的工具价值；正当程序主义主要强调的是刑事诉讼的内在价值。

3. 我国的诉讼理论：惩罚犯罪与保障人权应当并重，只有将两者结合起来，才符合刑事诉讼的内在规律。坚持两者并重，是我国刑事诉讼法的基本要求。

例 1[①] 关于《刑事诉讼法》中“尊重和保障人权，保护公民的人身权利、财产权利、民主权利和其他权利”的规定，下列哪一选项是正确的？

---

① 本书所有例题均来源于历年真题，本例以下不再逐一标注。

A. 体现了以人为本、保障和维护公民基本权利和自由的理念

B. 体现了犯罪嫌疑人、被告人权利至上的理念

C. 体现了实体公正与程序公正并重的理念

D. 体现了公正优先、兼顾效率的理念

提示：本题考查了对“尊重和保障人权”的理解。选项C、D的实体公正与程序公正、公正与效率的关系在题干的表述中并未涉及，因此主要是在选项A、B中判断。从保障人权的含义来看，虽然强调保障犯罪嫌疑人、被告人的诉讼权利，但并不意味着其权利至上，由此可见选项B说法错误。所以此题正确答案是选项A。

（二）实体公正与程序公正

司法公正，包括实体公正和程序公正两个方面。

实体公正（结果公正）	程序公正（过程公正）
（1）据以定罪量刑的犯罪事实的认定，应当做到证据确实充分； （2）正确适用刑法，准确认定犯罪嫌疑人、被告人是否有罪及罪名； （3）按照罪行相适应原则，依法适度判定刑罚； （4）对于错误处理的案件，及时纠正、赔偿或者补偿。	（1）严格遵守刑事诉讼法的规定； （2）认真保障当事人和其他诉讼参与人，特别是犯罪嫌疑人、被告人和其他被害人的诉讼权利； （3）严禁刑讯逼供和以其他非法手段取证； （4）司法机关依法独立行使职权； （5）保障诉讼程序的公开和透明； （6）按法定期限办案、结案。
实体公正与程序公正，不能互相代替，二者应当并重	

（三）诉讼效率与公正

诉讼效率是指诉讼中所投入的司法资源与案件处理数量的比例。追求诉讼效率，意味着需要降低诉讼成本、加快诉讼进程，减少案件拖延和积压。刑事诉讼中所规定的准确、及时查明犯罪事实；诉讼期限、轻罪不起诉、简易程序，以及2018年刑事诉讼法修改新增加的“认罪认罚从宽与速裁程序”都集中体现了对诉讼效率的追求。

效率只有在公正得以实现的基础上才有意义，公正不存在，则效率无意义。

公正与效率的关系：公正第一，效率第二。

> **注意：**从命题趋势来看，将来对刑事诉讼理念的考查将更多地以小案例的形式出现，而不再是简单地判断某种表述方式是否正确。因此，考生需要认真把握题干，首先判断哪些选项与题干是有关联的（即便某些表述是正确的，但因为与题干内容无关联也不能选），然后再根据前述总结的要点，找出迷惑选项。

四、刑事诉讼的基本范畴

（一）刑事诉讼价值

刑事诉讼价值，是指刑事诉讼立法及其实施对国家、社会及其一般成员具有的效用和意义。刑事诉讼价值包括秩序、公正、效益诸项内容。

秩序	公正	效益
（1）通过惩罚犯罪，恢复社会秩序并预防其被破坏； （2）惩罚犯罪的活动应当是有序的。	（1）公正在刑事诉讼价值中居于核心的地位； （2）公正包括实体公正和程序公正两个方面。	效益价值既包括效率，也包括在保证社会生产方面所产生的效益，即刑事诉讼对推动社会经济发展方面的效益。
秩序、公正、效益诸项价值都很重要，不可偏废。		

前后联系：此处所讲的价值与前述的刑事诉讼法的工具价值、内在价值之间的关系。如果刑事诉讼法通过保障刑法的实施，体现了公正（实体公正）、秩序、效益等价值，这就是刑事诉讼法的工具价值；如果刑事诉讼法自身在实施过程中就体现出了公正（程序公正）、秩序、效益等价值，这就是刑事诉讼法的内在价值。

例 2　关于刑事诉讼的秩序价值的表述，下列哪些选项是正确的？

A. 通过惩罚犯罪维护社会秩序

B. 追究犯罪的活动必须是有序的

C. 刑事司法权的行使必须受到刑事程序的规范

D. 效率越高，越有利于秩序的实现

提示：本题考查了对刑事诉讼的秩序价值的理解。选项 A、B 都是对秩序价值的直接表述，说法正确。选项 C 是在选项 B 的基础上进行的延伸表述，既然追究犯罪的活动必须有序，那么刑事司法权的行使必然要遵守程序的规范，所以当然就应当选择选项 C。选项 D 错误。在刑事诉讼中，效率只有在公正得以实现的基础上才有意义。如果公正不存在，也就无所谓效率。因此，在刑事诉讼中，公正与效率的关系，应当是公正第一，效率第二。在刑事司法中，应当是在保证司法公正的前提下追求效率，而不能草率办案，损害实体公正和程序公正。如果不适当地追求高效处罚，而忽视程序的有序性和公正性，那么会造成处罚不公乃至大量冤狱，导致更尖锐的社会矛盾和更多新的犯罪，非但损害了秩序和公正，而且也没有真正实现效率。反之，同样会造成恶果。

（二）刑事诉讼构造

刑事诉讼构造是指刑事诉讼法所确立的进行刑事诉讼的基本方式以及专门机关、诉讼参与人在刑事诉讼中形成的法律关系的基本格局，它集中体现为控诉、辩护、审判三方在刑事诉讼中的地位及其相互间的法律关系——控辩审三方在诉讼中的地位及其相互关系。

前后联系：诉讼构造与诉讼目的之间的关系：①目的决定构造；②构造影响和制约目的的实现。

1. 刑事诉讼构造的划分

（1）弹劾式诉讼与纠问式诉讼

弹劾式诉讼是指欧洲奴隶社会和封建社会初期的诉讼模式，其主要特点是：不告不理、控辩平等、法官消极中立。

纠问式诉讼是指从13世纪起直至19世纪上半叶盛行于欧洲大陆的诉讼模式，其主要特点是：法官积极主动追究犯罪，集控审职能于一身；被告人是被调查的对象（诉讼客体）；审判秘密进行；刑讯逼供盛行。

（2）当事人主义诉讼、职权主义诉讼、混合式诉讼

当事人主义诉讼：适用于英美法系。其主要特点：法官中立、诉讼主要通过控辩双方的平等对抗来推进；——更偏重于程序公正与人权保障。

职权主义诉讼：适用于大陆法系。其主要特点：控审分离，禁止刑讯，赋予被告人有限权利，但仍然强调法官职权，由法官主导庭审，控辩双方处于相对消极的地位；——更偏重于实体公正与惩罚犯罪。

混合式诉讼：原职权主义诉讼构造的国家借鉴当事人主义诉讼构造而形成的兼有二者特点的诉讼模式，代表国家有日本和意大利。

2. 我国刑事诉讼构造的演变

我国1979年刑事诉讼法主要以惩罚犯罪为目的，追求实体真实，因此采取超职权主义的诉讼模式，强调公、检、法三机关之间的配合，诉讼构造呈线型模式，被告人处于被调查的地位，权利非常有限。

1996年刑事诉讼法修改后，我国刑事诉讼开始强调惩罚犯罪与人权保障的平衡，刑事诉讼构造也开始积极吸收当事人主义的因素，但职权主义因素的影响仍然深重，开始形成了“控辩式”的诉讼构造。

2012年刑事诉讼法修改及2014年中央提出的以审判为中心的诉讼制度改革均体现了对惩罚犯罪与保障人权的并重，同时继续吸收当事人主义诉讼模式的合理因素，完善我国“控辩式”诉讼构造。

2018年刑事诉讼法的修改并未涉及诉讼构造的改变，仍是“控辩式”的诉讼构造。

注意：刑事诉讼构造往往和刑事审判模式结合起来进行考查。

（三）刑事诉讼的职能

1. 控诉职能：由检察机关（包括侦查机关）和自诉人承担；被害人在公诉案件中承担辅助性的控诉职能。

2. 辩护职能：由犯罪嫌疑人、被告人行使，辩护人协助行使。

3. 审判职能：由法院行使。

第二章　刑事诉讼法的基本原则

重要法条及司法解释

《刑事诉讼法》第 3、5、8、16、182 条。

《最高人民法院关于适用〈中华人民共和国刑事诉讼法〉的解释》第 181 条第 1 款第（六）项、第 241 条第 1 款、第 312 条。

《最高人民法院、最高人民检察院、公安部、国家安全部、司法部、全国人大法制工作委员会关于实施刑事诉讼法若干问题的规定》第 38 条第 2 款。

《关于规范上下级人民法院审判业务关系的若干意见》第 6~10 条。

命题分析

本章属于刑事诉讼法的基础理论部分。从考查规律看，“刑事诉讼法的基本原则”几乎每年必考，但考点相对分散，各原则一般只考过一到两次，只有“具有法定情形不予追究刑事责任”的原则考查了多次。

从考查形式看，历次考查多以小案例形式出现，而非直接考查法条原文，这也是“刑事诉讼法的基本原则”非常典型的一种考法，尤其是近几年的考题中很少会出现直接考查对某个原则的理解，往往都是结合一段文字表述，要么是某项规定，要么是某项制度，且选项中涉及多项原则的内容，因此要求考生一是要对各项原则的内涵充分理解，二是要准确把握题干的意思。

从近几年的命题规律来看，我们认为考生应当重点掌握这几项原则：严格遵守法律程序，法院、检察院依法独立行使职权，法律监督原则以及法定不追究刑事责任的情形。当然，对于未提及的“有权获得辩护原则”“未经人民法院判决，不得确定有罪原则”“保障诉讼参与人的诉讼权利原则”“配合制约原则”等原则，也应掌握其基本规定并理解其内涵。

知识点精讲

一、严格遵守法律程序原则

（一）严格遵守法律程序原则的含义

1. 公、检、法在进行刑事诉讼活动时，必须严格遵守法律规定，不得违反程序和规则，不得侵害诉讼参与人的合法权益。

2. 违反法律程序严重的，应当依法承担相应的法律后果。

归纳：主要的程序性制裁

（1）《刑事诉讼法》第238条规定的应当裁定撤销原判，发回重审的五种情形；

（2）非法证据排除规则；

（3）死刑复核（包括死缓复核）中，认为原审违反法定诉讼程序，可能影响公正审判的，应当裁定不予核准，并撤销原判，发回重审。

（二）程序法定原则

程序法定原则是现代刑事诉讼的基本要求。我国的"严格遵守法律程序原则"具有程序法定原则的相似内涵（以法律为准绳）。

程序法定原则的含义：一是立法方面的要求，即刑事诉讼程序应当由法律预先加以明确规定；二是司法方面的要求，刑事诉讼活动应当依照既定的程序来进行。

程序法定是区别法律秩序与恣意擅断的基本标志之一，因而为多数法治国家所遵循。在大陆法系，程序法定原则与罪刑法定原则共同构成法定原则的内容。在英美法系，程序法定原则具体表现为正当程序原则。

注意：此考点的考查通常有两种思路：一是直接考查上述要点，判断说法是否正确；二是结合相关制度，理解该原则的具体体现。从命题趋势上看，第二种考查方法的可能性更大。

例1 二审法院发现一审法院的审理违反《刑事诉讼法》关于公开审判、回避等规定的，应当裁定撤销原判、发回原审法院重新审判。关于该规定，下列哪些说法是正确的？

A. 体现了分工负责、互相配合、互相制约的原则

B. 体现了严格遵守法定程序原则的要求

C. 表明违反法定程序严重的，应当承担相应法律后果

D. 表明程序公正具有独立的价值

提示：本题看似考查二审发回重审，实际是考查对于严格遵守法律程序原则的理解。选项A说法错误，因为配合制约原则是指公、检、法三机关之间，而二审发回重审则是上下级法院之间，所以并不涉及该原则。二审法院因第一审中存在程序违法而将案件发回重审，表明违反法定程序严重的，应当承担相应法律后果，所以选项C说法正确。同时，发回重审的原因是程序违法，并不意味着一审在事实认定上必然发生了错误，这表明了程序自身的独立价值，所以选项D说法正确。需要注意的是，因为我国的严格遵守法律程序原则具有程序法定原则的相似内涵，所以也可以表述成遵守程序法定原则。因此选项B说法正确。

二、法院、检察院依法独立行使职权原则

（一）关于独立行使职权的理解

1. 不受行政机关、社会团体和个人的干涉，但要接受党的领导，接受各级人大的监督，

接受人民群众、社会舆论、新闻媒体的监督。

关联知识点：2014 年 10 月《中共中央关于全面推进依法治国若干重大问题的决定》中提出：完善确保依法独立公正行使审判权和检察权的制度。建立领导干部干预司法活动、插手具体案件处理的记录、通报和责任追究制度。建立司法机关内部人员过问案件的记录制度和责任追究制度——本原则的具体体现。

2. 是法院、检察院的整体独立，不是法官、检察官的个人独立。

关联知识点：2013 年 10 月《中共中央关于全面深化改革若干重大问题的决定》中提出：完善主审法官、合议庭办案责任制，让审理者裁判，由裁判者负责。2014 年 10 月《中共中央关于全面推进依法治国若干重大问题的决定》中提出：完善主审法官、合议庭、主任检察官、主办侦查员办案责任制，落实谁办案谁负责。注意，上述两个规定提到的办案责任制不等于法官、检察官的个人独立。

3. 是依据人民代表大会制度下的职能分工，不是西方“三权分立”理论下的司法独立。

（二）上下级法院之间的关系：监督与被监督的关系

判断依据：上级法院不能就具体案件的审理向下级法院发布指令。上级法院发回重审；最高法制定司法解释、发布指导性案例等都属于监督的范畴。

（三）上下级检察院之间的关系：领导与被领导的关系

判断依据：上级检察院有权就具体案件对下级检察院发布指令，下级检察院应当服从（这也被称为“检察一体化”）。比如，上级检察院可以指令下级检察院就未生效的一审判决提起抗诉。

三、法律监督原则

（一）法律监督原则的含义

人民检察院是国家的法律监督机关。在刑事诉讼活动中，有权对公安机关的立案侦查、法院的审判和执行机关的执行活动是否合法进行监督。法律监督原则贯穿于刑事诉讼活动的始终。

（二）法律监督原则的体现

立案监督	（1）该立不立； （2）不该立而立（详见十二章：立案监督）。
审查批捕中的监督	（1）对违法侦查活动发出纠正违法通知书； （2）审查批捕时，发现应当逮捕而公安机关未提请批捕的，应当建议公安机关提请批捕；公安机关不提捕的理由不成立的，可以直接作出逮捕决定，送公安机关执行。

续表

审查起诉中的监督	（1）排除非法证据； （2）提前介入重大案件； （3）发现遗漏同案犯的，应当建议公安机关补充移送，对于犯罪事实清楚，证据确实充分的，可以直接提起公诉。
审判监督	（1）发现审理案件违反诉讼程序的，提出纠正意见（只能庭后以检察院的名义提出）； （2）依法履行抗诉职能； （3）在复核死刑案件过程中，最高检可以向最高法提出意见，最高法应当将死刑复核结果通报最高检。
执行监督	（1）死刑执行的临场监督； （2）对暂予监外执行、减刑、假释的监督； （3）其他执行刑罚活动是否合法的监督。

注意：考生复习时要注意将检察机关行使其职权的行为与其承担的法律监督职能联系起来，充分理解法律监督原则的具体体现。比如2017年就考查过“提前介入”，其实质也是一种法律监督的体现。

四、具有法定情形不予追究刑事责任原则

具有法定情形不予追究刑事责任原则实际上主要就是指《刑事诉讼法》第16条的规定，即有下列情形之一的，不追究刑事责任，已经追究的，应当撤销案件，或者不起诉，或者终止审理，或者宣告无罪：①情节显著轻微、危害不大，不认为是犯罪的；②犯罪已过追诉时效期限的；③经特赦令免除刑罚的；④依照刑法告诉才处理的犯罪，没有告诉或者撤回告诉的；⑤犯罪嫌疑人、被告人死亡的；⑥其他法律规定免予追究刑事责任的。

注意：在2018年《刑事诉讼法》修改后，第182条新增加了一种情形：犯罪嫌疑人自愿如实供述涉嫌犯罪的事实，有重大立功或者案件涉及国家重大利益的，经最高人民检察院核准，公安机关可以撤销案件，人民检察院可以作出不起诉决定，也可以对涉嫌数罪中的一项或者多项不起诉。

在考试中运用该条规定时通常需要作出三步判断：第一步，题目给出的情形是否属于法定不追究刑事责任的情形；第二步，处于何种诉讼阶段；第三步，应当作出何种处理。

（一）法定不予追究刑事责任的情形

对于是否属于法定不追究刑事责任的情形，有的需要结合其他规定才能作出判断，为了方便理解和记忆，我们列表如下：

法定不追究刑事责任的情形	判断依据
情节显著轻微、危害不大，不认为是犯罪的。	注意与“犯罪情节轻微，依照刑法规定不需要判处刑罚或者免除刑罚的”酌定不起诉的适用情形相区别。
犯罪已过追诉时效期限的。	法定最高刑为不满五年有期徒刑的，经过五年。
	法定最高刑为五年以上不满十年有期徒刑的，经过十年。
	法定最高刑为十年以上有期徒刑的，经过十五年。
	法定最高刑为无期徒刑、死刑的，经过二十年。
经特赦令免除刑罚的。	
依照刑法告诉才处理的犯罪，没有告诉或者撤回告诉的。	侮辱、诽谤案（未严重危害社会秩序和国家利益）。
	暴力干涉婚姻自由案（未引起被害人死亡）。
	虐待案（未造成被害人重伤、死亡）。
	侵占案。
犯罪嫌疑人、被告人死亡的。	
新增：犯罪嫌疑人自愿如实供述涉嫌犯罪的事实，有重大立功或者案件涉及国家重大利益的。	经最高人民检察院核准，公安机关可以撤销案件，人民检察院可以作出不起诉决定，也可以对涉嫌数罪中的一项或者多项不起诉。
其他法律规定免予追究刑事责任的。	

例2　关于依法不追究刑事责任的情形，下列哪些选项是正确的？

A. 犯罪嫌疑人甲和被害人乙在审查起诉阶段就赔偿达成协议，被害人乙要求不追究甲刑事责任

B. 甲侵占案，被害人乙没有起诉

C. 高某犯罪情节轻微，对社会危害不大

D. 犯罪嫌疑人白某在被抓获前自杀身亡

提示：选项A不属于《刑事诉讼法》第16条规定的依法不追究刑事责任的情形中的任何一种。公诉案件是否追究被告人的刑事责任不取决于被害人的要求。选项C要注意区分“犯罪情节轻微，危害不大”与“情节显著轻微、危害不大，不认为是犯罪”的情况是不一样的。

（二）各诉讼阶段对法定不追究刑事责任的情形的处理

1. 在审理前遇有法定不追究刑事责任的情形的处理

（1）审查起诉阶段：犯罪嫌疑人没有犯罪事实，或者有《刑事诉讼法》第16条规定的情形之一的，人民检察院应当作出不起诉决定。

> **注意：**对于《刑事诉讼法》第16条规定的情形是“应当”作出不起诉决定，属于“法定不起诉”。
>
> 此外，新增的第182条，犯罪嫌疑人自愿如实供述涉嫌犯罪的事实，有重大立功或者案件涉及国家重大利益的，经最高人民检察院核准，公安机关可以撤销案件，人民检察院可以作出不起诉决定，也可以对涉嫌数罪中的一项或者多项不起诉。

（2）公诉案件庭前审查阶段：人民法院对提起公诉的案件审查后，对于符合《刑事诉讼法》第16条第（二）项至第（六）项规定情形的，应当裁定终止审理或者退回人民检察院。

上述内容可以通过下表来理解和记忆：

<table>
<tr><th rowspan="2">法定不追究刑事责任的情形</th><th colspan="4">各个诉讼阶段遇有法定情形时的处理</th></tr>
<tr><th>立案</th><th>侦查</th><th>审查起诉</th><th>庭前审查</th></tr>
<tr><td>情节显著轻微、危害不大，不认为是犯罪的。</td><td rowspan="6">不予立案</td><td rowspan="6">撤销案件</td><td rowspan="6">不起诉</td><td></td></tr>
<tr><td>犯罪已过追诉时效期限的。</td><td rowspan="5">裁定终止审理或者退回人民检察院。</td></tr>
<tr><td>经特赦令免除刑罚的。</td></tr>
<tr><td>依照刑法告诉才处理的犯罪，没有告诉或者撤回告诉的。</td></tr>
<tr><td>犯罪嫌疑人、被告人死亡的。</td></tr>
<tr><td>其他法律规定免予追究刑事责任的。</td></tr>
<tr><td>犯罪嫌疑人自愿如实供述涉嫌犯罪的事实，有重大立功或者案件涉及国家重大利益的，经最高人民检察院核准。</td><td></td><td>可以撤销案件。</td><td>可以作出不起诉决定，也可以对涉嫌数罪中的一项或者多项不起诉。</td><td></td></tr>
</table>

例3 检察院立案侦查甲刑讯逼供案。被害人父亲要求甲赔偿丧葬费等经济损失。侦查中，甲因病猝死。对于此案，检察院下列哪一做法是正确的？

B. 撤销案件

提示：解答本题的关键在于判断案件处于哪个诉讼阶段，可能会有考生一看见“检察院”，就立即想到“不起诉”，但这里指明了是在自侦案件的“立案侦查”阶段，因此应当撤销案件，而不是不起诉。

2. 在审理中或审理后遇有相关情形的处理

（1）人民法院在审理案件过程中，被告人死亡的，应当裁定终止审理；被告人脱逃的，应当裁定中止审理。人民检察院可以依法另行向人民法院提出没收违法所得的申请。

（2）对第一审公诉案件，人民法院审理后，对被告人因不满十六周岁，不予刑事处罚的，应当判决宣告被告人不负刑事责任；对被告人是精神病人，在不能辨认或者不能控制自己行为时造成危害结果，不予刑事处罚的，应当判决宣告被告人不负刑事责任；对犯罪已过追诉时效期限且不是必须追诉，或者经特赦令免除刑罚的，应当裁定终止审理；对被告人死亡的，应当裁定终止审理；根据已查明的案件事实和认定的证据，能够确认无罪的，应当判决宣告被告人无罪。

（3）共同犯罪案件，上诉的被告人死亡，其他被告人未上诉的，第二审人民法院仍应对全案进行审查。经审查，死亡的被告人不构成犯罪的，应当宣告无罪；构成犯罪的，应当终止审理。对其他同案被告人仍应作出判决、裁定。

上述内容可以通过下表来理解和记忆：

<table>
<tr><th colspan="2">法定不追究刑事责任的情形</th><th>一审或二审后的处理</th></tr>
<tr><td colspan="2">情节显著轻微、危害不大，不认为是犯罪的。</td><td>判决宣告无罪。</td></tr>
<tr><td colspan="2">犯罪已过追诉时效期限的。</td><td rowspan="3">裁定终止审理。</td></tr>
<tr><td colspan="2">经特赦令免除刑罚的。</td></tr>
<tr><td colspan="2">依照刑法告诉才处理的犯罪，没有告诉或者撤回告诉的。</td></tr>
<tr><td rowspan="2">犯罪嫌疑人、被告人死亡的。</td><td>尚未查明是否有罪或者能够确认有罪的。</td><td>裁定终止审理，人民检察院可另行提出没收违法所得的申请。</td></tr>
<tr><td>能够确认无罪。</td><td>判决宣告无罪。</td></tr>
<tr><td>其他法律规定免予追究刑事责任的。</td><td>因年龄或精神疾病不予刑事处罚的。</td><td>判决宣告被告人不负刑事责任。</td></tr>
</table>

第三章　专门机关与诉讼参与人

重要法条及司法解释

《刑事诉讼法》第112~114、180、229条。

命题分析

本章的考点相对比较分散，且与其他章节有较多重合的部分。从大的方面讲，可以分成两部分，一是专门机关，二是诉讼参与人。

专门机关	法院、检察院、公安机关、国家安全机关、军队保卫部门、监狱、中国海警局（2018年新增：第308条）。 【注意】专门机关的概念中不仅包括上述机构，也包括其中的工作人员。	
诉讼参与人 划分依据：根据与案件有无直接的利害关系	当事人	犯罪嫌疑人、被告人；被害人；自诉人；附带民事诉讼的原被告。
	其他诉讼参与人	辩护人、诉讼代理人、法定代理人、证人、鉴定人、翻译人员。

在“专门机关”中，常见的考点主要集中于专门机关的职权，尤其是享有侦查权的几类专门机关，这部分我们放在“立案管辖”中来解析。需要注意的是，检察机关的侦查权在2018年刑事诉讼法修改后有较大调整，未来几年命题的可能性较大。此外，上下级法院的关系、上下级检察院之间的关系也曾经考查过，具体的内容可参见前一章“法院、检察院依法独立行使职权原则”。

在“诉讼参与人”部分，最常见的考点就是各诉讼参与人的权利。“犯罪嫌疑人、被告人”的各项诉讼权利和义务散见于各章节，后续章节中都有涉及，此处不再赘述。“自诉人”的权利和义务可参见第十七章“自诉案件第一审程序”。“附带民事诉讼的原被告”参见第十一章“附带民事诉讼”。单位当事人（单位被害人和单位被告人）在近几年也曾考查过，且有一定难度，我们在第十六章第五节“单位犯罪案件的审理程序”中专门讨论。在本章第一部分“当事人”中我们重点讨论近年来最常见的一个考点——“被害人”。从考查内容来看，对“被害人的诉讼权利”的考查，既有直接考查被害人享有哪些诉讼权利的，也有隐含于其他主题下间接考查的；既涉及仅为被害人专有的特殊权利，也涉及被害人和其他当事人共同享有的一般性权利；既有专考被害人诉讼权利的，也有明考被害人诉讼权利却暗考具体的程序性规定的。总体来说，这一考点下的题目涉及面较广，且往往采用小案例的形式，难度较大，考生须重点准备。

“其他诉讼参与人”中，辩护人、诉讼代理人、法定代理人是常见考点，尤其是辩护人，属于每年必考的内容，我们在第六章“辩护与代理”中专门解析。在本章第二节“其他诉讼参与人”中，我们重点解析“证人”与“鉴定人”。这两个考点常见的命题方法是考查两者的特点，同时与“证据的审查”“一审法庭调查程序”两个部分结合起来命制题目，且采用小案例的形式，有一定难度。至于“翻译人员”在以往几乎没有涉及，考生只需掌握一句话：受公安司法机关的指派或聘请，为外国人、无国籍人、少数民族、盲聋哑提供语言、文字或者手势翻译，且适用回避即可。

知识点精讲

一、被害人

关于被害人诉讼权利的规定散见于刑事诉讼法及司法解释的诸多程序性条款中，从以往考查重点来看，往往集中于被害人的特殊权利。

（1）被害人对不立案决定的申请复议权：人民法院、人民检察院或者公安机关对于报案、控告、举报和自首的材料，应当按照管辖范围，迅速进行审查，认为有犯罪事实需要追究刑事责任的时候，应当立案；认为没有犯罪事实，或者犯罪事实显著轻微，不需要追究刑事责任的时候，不予立案，并且将不立案的原因通知控告人。控告人如果不服，可以申请复议。这里的控告人，实际上就是指被害人。

> **注意：**对比后续知识点“立案的材料来源”中报案人、举报人、控告人。只有控告人可以对不立案的决定申请复议。

（2）被害人对公安机关不立案决定的申诉权：被害人认为公安机关对应当立案侦查的案件而不立案侦查，向人民检察院提出的，人民检察院应当要求公安机关说明不立案的理由。人民检察院认为公安机关不立案理由不能成立的，应当通知公安机关立案，公安机关接到通知后应当立案。

> **注意：**这里的申诉是向检察院提出。如果是普通刑事案件的控告人，对公安机关不立案的决定向公安机关提出异议时是申请复议；向检察院提出异议时是申诉。

（3）被害人对不起诉决定的申诉权：对于有被害人的案件，决定不起诉的，人民检察院应当将不起诉决定书送达被害人。被害人如果不服，可以自收到决定书后七日以内向上一级人民检察院申诉，请求提起公诉。人民检察院应当将复查决定告知被害人。

> **注意：**这里的申诉是向作出不起诉决定检察院的上一级检察院提出。同时，这里的不起诉决定包括法定不起诉、酌定不起诉、证据不起诉以及附条件不起诉。

（4）被害人的自诉权。对于自诉案件，被害人有权向人民法院直接起诉；对人民检察院维持不起诉决定的，被害人可以向人民法院起诉。被害人也可以不经申诉，直接向人民法院起诉。

> **注意：**这里的申诉和提起自诉没有前置关系，换言之既可以先申诉后自诉，也可以不经申诉，直接提起自诉。

（5）被害人的申请抗诉权：被害人及其法定代理人不服地方各级人民法院第一审的判决的，自收到判决书后五日以内，有权请求人民检察院提出抗诉。人民检察院自收到被害人及其法定代理人的请求后五日以内，应当作出是否抗诉的决定并且答复请求人。

> **注意：**申请抗诉权是一种请求权，最终是否抗诉，由检察院决定；申请抗诉的对象只能是一审判决，而不包括裁定。

（6）被害人对强制医疗决定的申请复议权。被害人及其法定代理人、近亲属对强制医疗决定不服的，可以向上一级人民法院申请复议。

> **注意：**强制医疗程序的处理方式是“决定”，不是判决也不是裁定，因此是申请复议。

对象、条件	被害人权利	相关程序
不立案决定	申请复议权	有关机关应将不立案的原因通知控告人，控告人如果不服，可以申请复议。控告人即实质上的被害人。
	申诉权	对公安机关不立案的，被害人可以向人民检察院提出申诉。该申诉不以申请复议为前提。
不起诉决定	申诉权	可以向上一级人民检察院提出申诉。
	自诉权	既可在上一级检察院维持不起诉决定后再提起自诉，也可以不经申诉而直接提起自诉。
自诉案件	自诉权	对自诉案件被害人有权提起自诉。被害人死亡或者丧失行为能力的，其法定代理人、近亲属有权提起自诉。
地方各级法院一审判决	申请抗诉权	对地方各级人民法院的一审判决，被害人没有上诉权，但有权请求人民检察院提出抗诉。对裁定不能请求抗诉。
强制医疗的决定	申请复议权	被害人及其法定代理人、近亲属对强制医疗决定不服的，可以向上一级人民法院申请复议。

例 1 高某系一抢劫案的被害人。关于高某的诉讼权利，下列哪些选项是正确的？

A. 有权要求不公开自己的姓名和报案行为

B. 如公安机关不立案，有权要求告知不立案的原因

C. 作为证据使用的鉴定结论，经申请可以补充或者重新鉴定

D. 如检察院作出不起诉决定，也可以直接向法院提起自诉

提示：选项 A 是报案人、控告人（被害人）、举报人均享有的诉讼权利；选项 B 是犯罪嫌疑人、被害人均享有的诉讼权利；选项 B、D 则是专属于被害人的诉讼权利。

二、证人、鉴定人

证人与鉴定人都属于“其他诉讼参与人”，两者在诸多方面存在异同。下面我们通过分析其异同点，以便于更好地理解和记忆。

（一）两者的相同点

1. 都是自然人

（1）单位、组织、机构等非自然人不能作为证人。如果是单位出具的某种书面证明，属于书证。

（2）鉴定意见都是鉴定人个人名义出具（可以几名鉴定人共同出具），而不是以某鉴定机构的名义出具。因此，鉴定意见如果仅有鉴定机构公章，没有鉴定人个人签名盖章的，不具备证据资格。

2. 提供的证据都属于言词证据

询问证人制作的询问笔录或者证人书写的书面证言都属于言词证据，不是实物证据或者书证。

鉴定意见虽都是书面形式，但属于言词证据。

3. 有部分诉讼权利相同

（1）人身保障权

对于危害国家安全犯罪、恐怖活动犯罪、黑社会性质的组织犯罪、毒品犯罪等案件，证人、鉴定人因在诉讼中作证，本人或者其近亲属的人身安全面临危险的，人民法院、人民检察院和公安机关应当采取保护措施。

（2）经济权利

①鉴定人：有收取鉴定费用的权利。

②证人：因履行作证义务而支出的交通、住宿、就餐等费用，应当给予补助。证人作证的补助列入司法机关业务经费，由同级政府财政予以保障。有工作单位的证人作证，所在单位不得克扣或者变相克扣其工资、奖金及其他福利待遇。

（二）两者的不同点

1. 参与诉讼的途径不同

（1）证人：凡是知道案件情况的人都有作证的义务。

（2）鉴定人：受公安司法机关的指派或者聘请。

2. 资格不同

（1）证人：只要能辨别是非、正确表达均可以作证。即便生理上、精神上有缺陷，或者是未成年人（儿童），只要其能对作证的事项辨别是非、正确表达，不影响其作为证人的资格。处于明显醉酒、中毒或者麻醉等状态，不能正常感知或者正确表达的证人所提供的证言，不得作为证据使用。

（2）鉴定人：须具备相关专业知识或技能，具有鉴定人资格。

3. 提供证据的方式不同

（1）证人：就自己的所见所闻向公安司法机关所作的陈述。

> **注意**：①目前我国刑事诉讼法中并未规定传闻证据规则，所以证人可就自己听说的事实作证；②只能是陈述，不能加入自己的分析、判断、推理等内容。证人的猜测性、评论性、推断性的证言，不得作为证据使用，但根据一般生活经验判断符合事实的除外。③只能就自己了解的案件事实作证，因此涉及案件法律适用的专家意见书不属于证人证言，也不是法定的证据种类。

（2）鉴定人：利用自己的专业知识就案件中的专门性问题发表专业性意见。鉴定意见中包含了鉴定人的分析、判断，从本质上属于意见证据。但由于其专业性，我们将其作为意见证据的例外，赋予了其证据资格。

4. 是否适用回避不同

（1）证人：不适用回避。因此当事人的亲属或者与案件有利害关系的人也可以成为证人。但是，与被告人有亲属关系或者其他密切关系的证人所作的有利被告人的证言，或者与被告人有利害冲突的证人所作的不利被告人的证言，应当慎重使用，有其他证据印证的，可以采信。

（2）鉴定人：适用回避。

5. 是否具有优先性和不可替代性不同

（1）证人：具有优先性（如果属于本案的证人，则不得担任其他诉讼角色，证人身份具有优先性）；具有不可替代性（不得将自己所知悉的相关事实告知其他人后，自己免除作证义务）。

（2）鉴定人：因适用回避，故具有可替代性。

6. 是否可强制到庭不同

（1）证人：经人民法院通知，证人没有正当理由不出庭作证的，人民法院可以强制其到庭，但是被告人的配偶、父母、子女除外。证人没有正当理由拒绝出庭或者出庭后拒绝作证的，予以训诫，情节严重的，经院长批准，处以十日以下的拘留。被处罚人对拘留决定不服的，可以向上一级人民法院申请复议。复议期间不停止执行。

（2）鉴定人：公诉人、当事人或者辩护人、诉讼代理人对鉴定意见有异议，人民法院认为鉴定人有必要出庭的，鉴定人应当出庭作证。经人民法院通知，鉴定人拒不出庭作证的，鉴定意见不得作为定案的根据（没有强制到庭的规定）。

7. 通知出庭而不出庭所导致的证据采信不同

（1）证人：即便法庭通知其出庭而未出庭的，其庭前（侦查、起诉阶段）所作的证言笔录，经法庭查证属实的，可以作为定案的依据。

（2）鉴定人：经人民法院通知，鉴定人拒不出庭作证的，鉴定意见不得作为定案的根据。

例2 关于证人与鉴定人的共同特征，下列哪些选项是正确的？

A. 是当事人以外的人

B. 与案件或案件当事人没有利害关系

C. 具有不可替代性

D. 有义务出席法庭接受控辩双方询问

提示：选项 A 正确，选项 B 错误。证人与鉴定人都必须是当事人以外的人，且鉴定人应当与案件当事人或者案件无利害关系，鉴定人如果与案件或当事人有利害关系，属于应当回避的情形的，应当自行回避，不得参与该案件的诉讼活动，而证人无此项要求。选项 C 错误。证人必须是了解案件情况的人，具有不可替代性，但鉴定人可以依法更换。选项 D 正确。公诉人、当事人或者辩护人、诉讼代理人对证人证言有异议，且该证人证言对案件定罪量刑有重大影响，人民法院认为证人有必要出庭作证的，证人应当出庭作证。公诉人、当事人或者辩护人、诉讼代理人对鉴定意见有异议，人民法院认为鉴定人有必要出庭的，鉴定人应当出庭作证。经人民法院通知，鉴定人拒不出庭作证的，鉴定意见不得作为定案的根据。

第四章　管辖

第一节　立案管辖

重要法条及司法解释

《刑事诉讼法》第 19、308 条。

《最高人民法院关于适用〈中华人民共和国刑事诉讼法〉的解释》第 1 条。

《关于人民检察院立案侦查司法工作人员相关职务犯罪案件若干问题的规定》。

命题分析

“管辖”是以往几乎每年必考的一个部分，虽然分值不多，但由于内容较少，因此这部分的分值应该要拿到。在“管辖”当中，考查次数最多的就是“立案管辖”，尤其是公安机关立案侦查的案件与人民检察院立案侦查案件的区别，其实质就是考查自侦案件的范围问题。但是，由于监察体制改革，检察机关的职务犯罪侦查权在 2018 年《刑事诉讼法》修改后进行了较大调整，相当部分案件的侦查权现由监察委员会行使调查职能。人民检察院只对“在诉讼活动实行法律监督中发现的司法工作人员利用职权实施的非法拘禁、刑讯逼供、非法搜查等侵犯公民权利、损害司法公正的犯罪”行使立案侦查权。根据 2018 年 11 月最高人民检察院《关于人民检察院立案侦查司法工作人员相关职务犯罪案件若干问题的规定》，进一步明确为 14 项罪名。因此，作为一项重要的修改，在将来几年考查的可能性极大。此外，在新修改的《刑事诉讼法》第 308 条，还首次规定了“中国海警局”的管辖案件范围，也需要考生注意。另外，国家安全机关的管辖在以往还没有考查过，将来命题的可能性增大。

从考查方法来看，直接考查哪个罪名由谁管辖这种题型几乎不会出现，更常见的是通过一个小案例将考查的罪名包含其中，需要考生首先通过阅读题干，判断该罪名的管辖机关，然后再接着分析回避、强制措施的决定机关等知识点。

知识点精讲

一、公诉案件的立案管辖

专门机关	立案案件范围
公安机关	普通刑事案件。
国家安全机关	危害国家安全的刑事案件。
军队保卫部门	军队内部发生的刑事案件。
监狱狱侦	罪犯在监狱内犯罪的案件。
中国海警局	海上发生的刑事案件（海上维权执法职责）。
人民检察院	对诉讼活动实行法律监督中发现的司法工作人员利用职权实施的非法拘禁、刑讯逼供、非法搜查等侵犯公民权利、损害司法公正的犯罪。具体包括： （1）非法拘禁罪（《刑法》第238条）【非司法工作人员除外】； （2）非法搜查罪（《刑法》第245条）【非司法工作人员除外】； （3）刑讯逼供罪（《刑法》第247条）； （4）暴力取证罪（《刑法》第247条）； （5）虐待被监管人罪（《刑法》第248条）； （6）滥用职权罪（《刑法》第397条）【非司法工作人员滥用职权侵犯公民权利、损害司法公正的情形除外】； （7）玩忽职守罪（《刑法》第397条）【非司法工作人员玩忽职守侵犯公民权利、损害司法公正的情形除外】； （8）徇私枉法罪（《刑法》第399条第1款）； （9）民事、行政枉法裁判罪（《刑法》第399条第2款）； （10）执行判决、裁定失职罪（《刑法》第399条第3款）； （11）执行判决、裁定滥用职权罪（《刑法》第399条第3款）； （12）私放在押人员罪（《刑法》第400条第1款）； （13）失职致使在押人员脱逃罪（《刑法》第400条第2款）； （14）徇私舞弊减刑、假释、暂予监外执行罪（《刑法》第401条）。

注意：检察院管辖的罪名是由设区的市级人民检察院立案侦查（负责刑事检察工作的专门部门负责侦查）。基层人民检察院发现犯罪线索的，应当报设区的市级人民检察院决定立案侦查。设区的市级人民检察院也可以将案件交由基层人民检察院立案侦查，或者由基层人民检察院协助侦查。最高人民检察院、省级人民检察院发现犯罪线索的，可以自行决定立案侦查，也可以将案件线索交由指定的省级人民检察院、设区的市级人民检察院立案侦查。

设区的市级以上人民检察院侦查终结的案件，可以交有管辖权的基层人民法院相对应的基层人民检察院提起公诉；需要指定其他基层人民检察院提起公诉的，应当与同级人民法院协商指定管辖；依法应当由中级人民法院管辖的案件，应当由设区的市级人民检察院提起公诉。

二、自诉案件的范围

自诉案件，由人民法院直接受理。

<table>
<tr><th></th><th>类别</th><th>案件</th><th>备注</th></tr>
<tr><td rowspan="13">人民法院直接受理的刑事案件</td><td rowspan="4">告诉才处理的案件</td><td>侮辱、诽谤案（未严重危害社会秩序和国家利益）。</td><td rowspan="4">只能自诉，不能公诉。</td></tr>
<tr><td>暴力干涉婚姻自由案（未引起被害人死亡）。</td></tr>
<tr><td>虐待案（未造成被害人重伤、死亡）。</td></tr>
<tr><td>侵占案。</td></tr>
<tr><td rowspan="8">人民检察院没有提起公诉，被害人有证据证明的轻微刑事案件。</td><td>故意伤害案（轻伤）。</td><td rowspan="8">可公诉可自诉——对其中证据不足、可以由公安机关受理的，或者认为对被告人可能判处三年有期徒刑以上刑罚的，应当告知被害人向公安机关报案，或者移送公安机关立案侦查。</td></tr>
<tr><td>非法侵入住宅案。</td></tr>
<tr><td>侵犯通信自由案。</td></tr>
<tr><td>重婚案。</td></tr>
<tr><td>遗弃案。</td></tr>
<tr><td>生产、销售伪劣商品案（未严重危害社会秩序和国家利益）。</td></tr>
<tr><td>侵犯知识产权案（未严重危害社会秩序和国家利益）。</td></tr>
<tr><td>《刑法分则》第四章、第五章规定的，对被告人可能判处3年有期徒刑以下刑罚的案件。</td></tr>
<tr><td colspan="2">被害人有证据证明对被告人侵犯自己人身、财产权利的行为应当依法追究刑事责任，且有证据证明曾经提出控告，而公安机关或者人民检察院不予追究被告人刑事责任的案件。</td><td>公诉转自诉。</td></tr>
</table>

例 1 关于“告诉才处理”的案件与自诉案件，下列哪一选项是正确的？

B. 告诉才处理的案件是自诉案件

提示：选项 B 正确。

例 2 田某涉嫌挪用公款被立案侦查并逮捕，侦查过程中发现田某还涉嫌重婚。关于本案处理，下列哪些选项是正确的？

D. 如检察院只对田某以挪用公款罪提起公诉，重婚罪的被害人可向法院提起自诉

提示：选项 D 正确。

三、管辖权的竞合

（一）公安机关与检察院之间的管辖权竞合：分别管辖

公安机关在侦查案件时发现犯罪嫌疑人涉嫌检察院管辖的犯罪，应当将该部分案件移送给检察院；检察院在侦查案件时发现犯罪嫌疑人涉嫌公安机关管辖的犯罪，应当将该部分案件移送给公安机关。如果涉嫌主罪属于公安机关管辖，由公安机关为主侦查，检察院

予以配合；如果涉嫌主罪属于检察院管辖，由检察院为主侦查，公安机关予以配合。(《最高人民法院、最高人民检察院、公安部、国家安全部、司法部、全国人大法制工作委员会关于实施刑事诉讼法若干问题的规定》第1条)

(二) 公安机关、检察院与法院之间的管辖权竞合

1. 公安、检察办理公诉案件时发现涉嫌自诉罪行：

(1) 如果是告诉才处理的犯罪——告知被害人向法院直接提起自诉；

(2) 如果是既可公诉也可自诉（第二类自诉案件）——可以立案侦查，随同公诉案件移送法院，法院合并审理。

2. 法院审理自诉案件时发现有遗漏公诉罪行——法院应将新发现的罪行另案移送有管辖权的公安机关或者检察院处理。

3. 法院审理公诉案件时发现有遗漏自诉罪行：

(1) 如果是告诉才处理的犯罪——告知被害人向法院直接提起自诉；

(2) 如果是既可公诉也可自诉（第二类自诉案件）——告知被害人可以提起自诉；对其中证据不足、可以由公安机关受理的，或者认为对被告人可能判处三年有期徒刑以上刑罚的，应当告知被害人向公安机关报案，或者移送公安机关立案侦查。

4. 法院审理公诉案件时发现遗漏公诉罪行——法院发现新的事实，可能影响定罪的，可以建议检察院补充或者变更起诉（《最高人民法院关于适用〈中华人民共和国刑事诉讼法〉的解释》第243条）。

(三) 检察院与监察委之间管辖权的竞合：分别管辖，以监察委为主

人民检察院侦查时，发现犯罪嫌疑人同时涉嫌监察委员会管辖的职务犯罪线索的，应当及时与同级监察委员会沟通，一般应当由监察委员会为主调查，人民检察院予以协助。经沟通，认为全案由监察委员会管辖更为适宜的，人民检察院应当撤销案件，将案件和相应职务犯罪线索一并移送监察委员会；认为由监察委员会和人民检察院分别管辖更为适宜的，人民检察院应当将监察委员会管辖的相应职务犯罪线索移送监察委员会，对依法由人民检察院管辖的犯罪案件继续侦查。人民检察院应当及时将沟通情况报告上一级人民检察院。沟通期间，人民检察院不得停止对案件的侦查。监察委员会和人民检察院分别管辖的案件，调查（侦查）终结前，人民检察院应当就移送审查起诉有关事宜与监察委员会加强沟通，协调一致，由人民检察院依法对全案审查起诉。

第二节　审判管辖

重要法条及司法解释

《刑事诉讼法》第20~25条。

《最高人民法院关于适用〈中华人民共和国刑事诉讼法〉的解释》第2、3条。

《公安机关办理刑事案件程序规定》第15条。

命题分析

在以往关于审判管辖的考查中，对各考点的考查比较平均。从考查方法来看，几乎都是以小案例的形式来考查对考点的理解和运用，且往往是和其他知识点结合起来综合考查。总体而言，虽然“审判管辖”这部分知识点多，但只要考生把握住了我们重点解析的几个知识点，难度并不大。

知识点精讲

一、级别管辖

（一）中级人民法院的案件管辖范围

级别管辖，关键是掌握哪些案件属于应当由中级人民法院及其以上法院作为一审法院。换言之，哪些案件不能由基层人民法院作为一审法院。

中级人民法院管辖下列第一审刑事案件：①危害国家安全、恐怖活动案件；②可能判处无期徒刑、死刑的案件。

中级人民法院管辖的案件	性质特殊。	危害国家安全案件。
		恐怖活动案件。
	可能判处较重的刑罚。	可能判处无期徒刑的案件。
		可能判处死刑的案件。

注意：外国人犯罪的案件不再由中级人民法院及其以上法院作为一审法院审理；但是，如果外国人涉及危害国家安全案件、恐怖活动案件，以及可能判处无期徒刑以上的案件时仍应当由中级人民法院及其以上法院作为一审法院来审理。

（二）与级别管辖有关的其他规定

与级别管辖有关的规定还有如下两方面的原则：

1. 就高不就低

一人犯数罪、共同犯罪和其他需要并案审理的案件，其中一人或者一罪属于上级人民法院管辖的，全案由上级人民法院管辖。

2. 可上不可下

（1）禁止向下移送案件。一方面，上级人民法院不能将本应由自己管辖的案件交下级人民法院审判，例如中级人民法院不能将可能判处无期徒刑、死刑的案件交由基层人民法院审判。另一方面，即便是根据法律规定属于下级人民法院管辖的案件，如果上级人民法院已经受理，也不能再移送下级人民法院审判，而应当自行审判。人民检察院认为可能判处无期徒刑、死刑，向中级人民法院提起公诉的案件，中级人民法院受理后，认为不需要判处无期徒刑、死刑的，应当依法审判，不再交基层人民法院审判。

（2）允许向上移送案件。上级人民法院在必要的时候，可以审判下级人民法院管辖的第一审刑事案件；下级人民法院认为案情重大、复杂，需要由上级人民法院审判的第一审刑事案件，可以请求移送上一级人民法院审判。基层人民法院对可能判处无期徒刑、死刑的第一审刑事案件，应当移送中级人民法院审判。基层人民法院对下列第一审刑事案件，可以请求移送中级人民法院审判：①重大、复杂案件；②新类型的疑难案件；③在法律适用上具有普遍指导意义的案件。

<table>
<tr><td>向下移送</td><td>中级人民法院向基层人民法院移送案件。</td><td>不应移送</td><td>不需要判处无期徒刑、死刑的案件。</td></tr>
<tr><td rowspan="4">向上移送</td><td rowspan="4">基层人民法院向中级人民法院移送案件。</td><td>应当移送</td><td>可能判处无期徒刑、死刑的案件。</td></tr>
<tr><td rowspan="3">可以移送</td><td>重大、复杂案件。</td></tr>
<tr><td>新类型的疑难案件。</td></tr>
<tr><td>在法律适用上具有普遍指导意义的案件。</td></tr>
</table>

二、地域管辖

地域管辖是指同级人民法院之间，在审判第一审刑事案件上的分工。

我国刑事审判地域管辖以犯罪地法院管辖为主，被告人居住地法院管辖为辅。以最初受理的法院审判为主，主要犯罪地法院审理为辅。

<table>
<tr><th colspan="2">犯罪地</th><th>被告人居住地</th></tr>
<tr><th>犯罪行为发生地</th><th>犯罪结果发生地</th><td rowspan="3">被告人的户籍地为其居住地。经常居住地与户籍地不一致的，经常居住地为其居住地。经常居住地为被告人被追诉前已连续居住一年以上的地方，但住院就医的除外。</td></tr>
<tr><td>犯罪行为的实施地以及预备地、开始地、途径地、结束地等与犯罪行为有关的地点；犯罪行为有连续、持续或者继续状态的，犯罪行为连续、持续或者继续实施的地方都属于犯罪行为发生地。</td><td>犯罪对象被侵害地、犯罪所得的实际取得地、藏匿地、转移地、使用地、销售地。</td></tr>
<tr><td colspan="2">针对或者利用计算机网络实施的犯罪，犯罪地包括犯罪行为发生地的网站服务器所在地，网络接入地，网站建立者、管理者所在地，被侵害的计算机信息系统及其管理者所在地，被告人、被害人使用的计算机信息系统所在地，以及被害人财产遭受损失地。</td></tr>
</table>

注意：地区管辖考查时往往是结合案例，因此要把题干中涉及的地点与犯罪行为发生地、结果发生地等联系起来。

三、指定管辖

当出现管辖权不明或者有管辖权的法院因故不宜行使管辖权时，由上级人民法院指定法院管辖。

<table>
<tr><th>管辖权不明</th><th>不宜行使管辖权</th></tr>
<tr><td>由争议的法院先协商，协商不成报请它们共同的上级法院指定。</td><td>可以请求移送上一级法院管辖，上一级法院可以审理，也可以指定。</td></tr>
<tr><td colspan="2">改变管辖时的衔接程序
1. 公诉案件：原受理法院书面通知原提起公诉的检察院，并将案卷材料退回，同时书面通知当事人。再由原检察院将案卷交给有管辖权的法院对应的检察院，由其提起公诉。
2. 自诉案件：原受理法院直接将案件移送给有管辖权的法院，并书面通知当事人。
关联知识点：检察院改变案件管辖时，不是将案卷材料退回公安机关，而是直接交给有管辖权的检察院。</td></tr>
</table>

第三节　特殊管辖

重要法条及司法解释

《最高人民法院关于适用〈中华人民共和国刑事诉讼法〉的解释》第4~11条。

命题分析

“特殊管辖”在近年考查过多次，但每次的考查内容均不一样，在域外的中国船舶上犯罪、罪犯的新罪、漏罪及网络犯罪的管辖各考查过一次。本考点内容相当集中，就是《最高人民法院关于适用〈中华人民共和国刑事诉讼法〉的解释》第4~11条的内容，涉及八个方面。考生须注意，因为其规定的特殊性，如果没有掌握其规定，仅靠管辖的一般原理来判断是很难作出正确选择的。从考查方法上，主要是围绕这八个规定命制小案例或者直接考查。

知识点精讲

适用情形	管辖法院
在领域外的中国船舶内的犯罪。	该船舶最初停泊的中国口岸所在地的法院管辖。
在领域外的中国航空器内的犯罪。	由该航空器在中国最初降落地的法院管辖。
在国际列车上的犯罪。	根据我国与相关国家签订的协定确定管辖；没有协定的，由该列车最初停靠的中国车站所在地或者目的地的铁路运输法院管辖。
中国公民在中国驻外使、领馆内的犯罪。	由其主管单位所在地或者原户籍地的法院管辖。
中国公民在域外的犯罪。	由其入境地或者离境前居住地的法院管辖；被害人是中国公民的，也可由被害人离境前居住地的法院管辖。
外国人在域外对中华人民共和国国家或者公民犯罪，根据《中华人民共和国刑法》应当受处罚的。	由该外国人入境地、入境后居住地或者被害中国公民离境前居住地的法院管辖。
对中国缔结或者参加的国际条约所规定的罪行，中国在所承担条约义务的范围内，行使刑事管辖权的。	由被告人被抓获地的法院管辖。

续表

适用情形	管辖法院
正在服刑的罪犯在判决宣告前还有其他罪没有判决的（漏罪）。	由原审地法院管辖；由罪犯服刑地或者犯罪地的法院审判更为适宜的，可以由罪犯服刑地或者犯罪地的法院管辖。
罪犯在服刑期间又犯罪的（服刑期间犯新罪）。	由服刑地的法院管辖。
罪犯在脱逃期间犯罪的。	由服刑地的法院管辖。但是，在犯罪地抓获罪犯并发现其在脱逃期间的犯罪的，由犯罪地的法院管辖。

例 张某，甲市人，中国乙市远洋运输公司“黎明号”货轮船员。“黎明号”航行在公海时，张某因与另一船员李某发生口角将其打成重伤。货轮返回中国首泊丙市港口时，张某趁机潜逃，后在丁市被抓获。该案应当由下列哪一法院行使管辖权？

A. 甲市法院　　B. 乙市法院

C. 丙市法院　　D. 丁市法院

提示： 本题考查特殊管辖。《最高人民法院关于适用〈中华人民共和国刑事诉讼法〉的解释》第 8 条规定，在中华人民共和国领域外的中国船舶内的犯罪，由犯罪发生后该船舶最初停泊的中国口岸所在地的人民法院管辖。本案中，“黎明号”货轮最初停泊的中国口岸所在地法院是丙市法院，因此，应由丙市法院行使管辖权。

第五章　回避

重要法条及司法解释

《刑事诉讼法》第 29~32 条。

《最高人民法院关于适用〈中华人民共和国刑事诉讼法〉的解释》第 23~34 条。

《关于审判人员在诉讼活动中执行回避制度若干问题的规定》第 1~3 条。

命题分析

“回避”的情况与“管辖”差不多，其中大部分内容都很重要，反而导致考查次数被比较平均地分配在各个考点上，高频考点并不突出。相较而言，“回避的理由”算是高频考点。从考查内容来看，关于“回避的理由”的几次考查均采取小案例形式，且均非单纯考查回避的理由，而是与其他考点一并考查，比如和立案管辖结合考查。因此，考生在审题时要注意这种隐含的考点。此外，回避的程序也是容易命题的考点，特别是结合案例来考查的可能性较大。

知识点精讲

一、回避的事由

回避的事由是高频高点。需要注意的是，除了《刑事诉讼法》当中所规定的两大类事由（“固有原因”和“不当行为”）之外，还要留意《最高人民法院关于适用〈中华人民共和国刑事诉讼法〉的解释》以及《关于审判人员在诉讼活动中执行回避制度若干问题的规定》中对回避事由的拓展（适用于审判人员）。

<table>
<tr><th colspan="2">回避理由（归纳总结）</th><th>注意</th></tr>
<tr><td rowspan="5">固有原因</td><td>是本案的当事人或者是当事人的近亲属的。</td><td rowspan="2">《关于审判人员在诉讼活动中执行回避制度若干问题的规定》扩大解释了这两项中的“近亲属”，即“包括与审判人员有夫妻、直系血亲、三代以内旁系血亲及近姻亲关系的亲属”。</td></tr>
<tr><td>本人或者其近亲属与本案有利害关系的。</td></tr>
<tr><td>担任过本案的证人、翻译人员、鉴定人、勘验人、诉讼代理人、辩护人的。</td><td>《最高人民法院关于适用〈中华人民共和国刑事诉讼法〉的解释》增加了“翻译人员”、《关于审判人员在诉讼活动中执行回避制度若干问题的规定》增加了“勘验人”。</td></tr>
<tr><td>与本案的诉讼代理人、辩护人有近亲属关系的。</td><td>“近亲属”：夫妻、父母、子女或者兄弟姐妹关系的。</td></tr>
<tr><td>与本案当事人之间存在其他利害关系，可能影响案件公正审理的。</td><td></td></tr>
</table>

续表

回避理由（归纳总结）		注意
不当行为	违规会见一方当事人或其委托的人。	
	接受当事人及其委托的人给予的各种利益。	
	为本案当事人推荐、介绍辩护人、诉讼代理人，或者为律师、其他人员介绍办理本案的。	
	有其他不当行为，可能影响案件公正处理的。	
先前参与	参加过本案其他阶段或程序的办案活动。	发回重审后又进入第二审程序或死刑复核程序的，属于原二审程序或者死刑复核程序的继续，不构成原二审程序或死刑复核程序合议庭成员回避的理由。

注意：在对上述规定的理解和记忆中应注意以下几点：第一，《最高人民法院关于适用〈中华人民共和国刑事诉讼法〉的解释》和《关于审判人员在诉讼活动中执行回避制度若干问题的规定》仅适用于审判人员；第二，关于审判人员回避的固有原因，《关于审判人员在诉讼活动中执行回避制度若干问题的规定》中所规定的范围是最大的，2014年考过，考生仍需留意；第三，关于导致回避的不当行为，只要理解其大致内容，知道是在诉讼程序外进行了一些涉及会见、居间、财物的可能影响案件公正处理的不当行为即可，不需要详细地逐项记忆；第四，区分参加过其他阶段诉讼后应予回避的情况与发回重审后继续二审或死刑复核的情况。

二、回避的程序

（一）回避的提出

回避的种类：自行回避、申请回避、指令回避。

申请回避的主体：当事人及其法定代理人、辩护人、诉讼代理人。

形式：口头或书面。

时间：任何诉讼阶段。

（二）回避的决定：根据身份归属，不是诉讼阶段

人员	决定主体
审判人员	本院院长；院长由本院的审判委员会决定。
检察人员	本院检察长；检察长由本院的检察委员会决定。
侦查人员	首先须判断是哪种侦查机关，尤其是要注意通过罪名判断到底是公安机关的侦查人员还是检察院的侦查人员。公安机关侦查人员由公安机关负责人决定，公安机关负责人由同级检察院检委会决定；检察机关侦查人员由本院检察长决定。
翻译人员、书记员	关键看他是属于哪个机关的，由其所在机关的负责人决定。
鉴定人	关键看是由哪个机关指派或者聘请的，由指派或者聘请的单位的负责人决定。

注意： 证人不适用回避。

（三）对驳回回避申请的复议

1. 法院

对驳回回避申请的决定，当事人、法定代理人、辩护人、诉讼代理人可以在接到决定时申请复议一次。

对于不属于法定回避事由的，由法庭当庭驳回，并不得申请复议。

2. 检察院

检察院作出驳回回避申请的决定后，应当告知当事人及其法定代理人、辩护人、诉讼代理人如不服本决定，有权在收到驳回回避的决定书后 5 日以内向原决定机关申请复议一次；

对于复议申请，决定机关应当在 3 日内作出复议决定并书面通知申请人。

3. 公安机关

当事人及其法定代理人、辩护人、诉讼代理人如不服驳回回避申请的决定，可以在收到驳回回避的决定书后 5 日以内向作出决定的公安机关申请。对于复议申请，决定机关应当在收到申请后 5 日内作出复议决定并书面通知申请人。

注意： 复议均只有一次；复议均只能向原决定机关提出；能够申请复议的只限于申请回避的主体，被决定回避的人没有权利申请复议。

（四）回避的效力

提出回避申请后，审查期间原则上程序暂停，但侦查程序不得停止；

在回避决定作出以前所取得的证据和进行的诉讼行为是否有效，由回避的决定主体在作出是否回避的决定时一并决定。

例 甲涉嫌刑讯逼供罪被立案侦查。甲以该案侦查人员王某与被害人存在近亲属关系为由，提出回避申请。对此，下列哪一选项是错误的？

A. 王某可以口头提出自行回避的申请

B. 作出回避决定前，王某不能停止案件的侦查工作

C. 王某的回避由公安机关负责人决定

D. 如甲的回避申请被驳回，甲有权申请复议一次

提示： 解题的关键在于判断本案的侦查主体，刑讯逼供罪是由检察机关负责立案侦查的案件，所以本案的侦查人员其身份属于检察人员，其回避决定应由其检察长决定。所以说法错误的是选项 C。

第六章　辩护与代理

第一节　辩护概述

重要法条及司法解释

《刑事诉讼法》第33~37条。

《最高人民法院关于适用〈中华人民共和国刑事诉讼法〉的解释》第35~38条。

命题分析

“辩护与代理”历来是考查的重点章节。在“辩护概述”中我们重点解析“有效辩护原则”“辩护人的诉讼地位”“辩护人的范围”“辩护的种类”这几个重要的考点，其中既有理论性考点，也有2018年《刑事诉讼法》修改涉及的考点。从考查形式来看，最有可能的还是以小案例的形式来综合考查。

知识点精讲

一、有效辩护原则

1. 有效辩护原则是辩护权的体现，也是对辩护权的保障。辩护应当对保护犯罪嫌疑人、被告人的权利具有实质意义，而不仅仅是形式上的，这就是有效辩护原则的基本要求。

2. 有效辩护原则包括：①犯罪嫌疑人、被告人作为刑事诉讼的当事人在整个诉讼过程中应当享有充分的辩护权；②允许犯罪嫌疑人、被告人聘请合格的能够有效履行辩护职责的辩护人为其辩护；③国家应当保障犯罪嫌疑人、被告人自行辩护权的充分行使，并通过设立法律援助制度确保犯罪嫌疑人、被告人能够获得符合最低标准并具有实质意义的律师帮助。

> **注意：**在2014年曾经考查对本原则的理解，今后结合案例考查的可能性较大，需要对前述要点侧重于理解。

二、辩护人的诉讼地位：独立的诉讼地位

关键在于如何理解“独立的诉讼地位”：

（1）辩护人只承担辩护职能，是犯罪嫌疑人、被告人合法权益的专门维护者；

（2）辩护人不是犯罪嫌疑人、被告人的“代言人”，而是以自己的名义，根据对事实的掌握和对法律的理解，独立进行辩护，不受犯罪嫌疑人、被告人意思左右。

三、辩护人的范围（2018 年修改之处）

1. 可以担任辩护人：

律师；人民团体或者犯罪嫌疑人、被告人所在单位推荐的人；监护人、亲友。

2. 禁止担任辩护人：

（1）绝对禁止：

①正在被执行刑罚或者依法被剥夺、限制人身自由的人（含处于缓刑、假释考验期间的人）；

②无行为能力或限制行为能力的人。

（2）相对禁止：如果是被告人的监护人、近亲属，由被告人委托但人辩护人的，可以准许。

①人民法院、人民检察院、公安机关、国家安全机关、监狱的现职人员；

②人民陪审员；

③与本案审理结果有利害关系的人；

④外国人或者无国籍人；

⑤被开除公职和被吊销律师、公证员执业证书的人（2018 年新增）。

3. 审判人员、检察人员及相关人员的从业禁止：

（1）审判人员和法院其他工作人员从法院离任后二年内，检察人员从检察院离任后二年以内，不得以律师身份担任辩护人。

（2）审判人员和法院其他工作人员从法院离任后，或者检察人员从检察院离任后，不得担任原任职法院或者检察院所办理案件的辩护人（注意：此处是终生限制）。但是作为犯罪嫌疑人、被告人的监护人、近亲属进行辩护的除外。

（3）审判人员和法院其他工作人员的配偶、子女或者父母不得担任其任职法院所审理案件的辩护人，但作为被告人的监护人。近亲属进行辩护的除外。检察人员的配偶、子女不得担任该检察人员所任职检察院办理案件的辩护人。

四、辩护人的人数

1. 一名犯罪嫌疑人、被告人可以委托 1~2 名辩护人；

2. 一名辩护人不得为两名以上（含 2 名）的同案犯罪嫌疑人、被告人；或者未同案处理但犯罪事实存在关联的犯罪嫌疑人、被告人辩护。

五、辩护的种类

1. 自行辩护：犯罪嫌疑人、被告人贯穿于诉讼始终的权利。

2. 委托辩护：

（1）公诉案件——自被侦查机关第一次讯问或采取强制措施之日起。

（2）自诉案件——随时委托。

3. 法律援助辩护：

（1）申请法律援助：犯罪嫌疑人、被告人因经济困难或者其他原因没有委托辩护人的，本人及其近亲属可以向法律援助机构提出申请。对于符合要求（一般来说是依据当地经济情况认定的经济困难标准）的，法律援助机构应当指派律师为其提供辩护。

（2）通知法律援助：在具备法定情形时（①盲、聋、哑；②未完全丧失辨认或者控制自己行为能力的精神病人；③可能判处无期徒刑、死刑的；④未成年人；⑤高级人民法院复核死刑案件，被告人没有委托辩护人的，应当通知法律援助机构指派律师为其辩护），公、检、法应当通知法律援助机构指派律师提供辩护。

注意：共同犯罪案件中，其他被告人已经委托辩护人的；有重大社会影响的案件；检察院抗诉的案件；被告人的行为可能不构成犯罪的；以及其他有必要的情况下，法院可以指派律师提供辩护。

前后对比：强制医疗程序中，被申请人或者被告人没有委托诉讼代理人的，人民法院应当通知法律援助机构指派律师为其提供法律帮助（不是辩护人）。

例 郭某涉嫌招摇撞骗罪。在检察机关审查起诉时，郭某希望委托辩护人。下列哪一人员可以被委托担任郭某的辩护人?

A. 郭某的爷爷，美籍华人

B. 郭某的儿子，16 岁

C. 郭某的朋友甲，曾为郭某招摇撞骗伪造国家机关证件

D. 郭某的朋友乙，司法行政部门负责人

提示：本题最具迷惑性的就是“司法行政机关负责人”，注意不得担任辩护人的职业性禁止中只有“人民法院、人民检察院、公安机关、国家安全机关、监狱的现职人员”。所以乙作为犯罪嫌疑人的朋友是可以作为辩护人的。选项 A 中的外国人并非属于近亲属的范畴；选项 B 属于限制行为能力人，选项 C 则属于涉案人员，所以正确答案是 C。

第二节 辩护人的权利

重要法条及司法解释

一、知情权（获得通知权）

《刑事诉讼法》第 38、161 条、第 187 条、第 202 款。

《最高人民法院、最高人民检察院、公安部、国家安全部、司法部、全国人大法制工作委员会关于实施刑事诉讼法若干问题的规定》第 6 条。

《关于依法保障律师执业权利的规定》（2015）第 6、25 条。

二、会见通信权

《刑事诉讼法》第 39 条。

《最高人民法院关于适用〈中华人民共和国刑事诉讼法〉的解释》第 48 条。

《人民检察院刑事诉讼规则（试行）》第 48 条第 3 款。

《最高人民法院、最高人民检察院、公安部、国家安全部、司法部、全国人大法制工作委员会关于实施刑事诉讼法若干问题的规定》第 7 条。

《关于依法保障律师执业权利的规定》第 7、9、10、11、13 条。

三、阅卷权

《刑事诉讼法》第 40 条。

《最高人民法院关于适用〈中华人民共和国刑事诉讼法〉的解释》第 47 条。

《人民检察院刑事诉讼规则（试行）》第 47 条。

《关于依法保障律师执业权利的规定》第 14 条。

四、调查取证权

《刑事诉讼法》第 42、43 条。

《最高人民法院关于适用〈中华人民共和国刑事诉讼法〉的解释》第 49 条。

《最高人民法院、最高人民检察院、公安部、国家安全部、司法部、全国人大法制工作委员会关于实施刑事诉讼法若干问题的规定》第 8 条。

《关于依法保障律师执业权利的规定》第 16、17、19 条。

五、申请变更或解除强制措施权

《刑事诉讼法》第 97、99 条。

《关于依法保障律师执业权利的规定》第 22 条。

六、要求回避、申请复议权

《刑事诉讼法》第 32 条第 2 款。

七、提出意见权与参加法庭调查、辩论权

（一）提出意见权

《刑事诉讼法》第 88 条第 2 款、第 162 条、第 173 条、第 234 条第 2 款、第 251 条第 1 款、第 280 条。

《关于依法保障律师执业权利的规定》第 21 条。

（二）参加法庭调查、辩论权、

《刑事诉讼法》第 195、197、198 条。

《关于依法保障律师执业权利的规定》第 25 条第 1 款、第 29~39 条。

八、保密权

《刑事诉讼法》第 48 条。

九、拒绝辩护权

《律师法》第32条。

十、申诉控告权

《刑事诉讼法》第49条。

《最高人民法院、最高人民检察院、公安部、国家安全部、司法部、全国人大法制工作委员会关于实施刑事诉讼法若干问题的规定》第10条。

《关于依法保障律师执业权利的规定》第42条。

十一、辩护人犯罪管辖保障权（人身保障权）

《刑事诉讼法》第44条第2款。

《最高人民法院、最高人民检察院、公安部、国家安全部、司法部、全国人大法制工作委员会关于实施刑事诉讼法若干问题的规定》第9条。

命题分析

“辩护与代理”历来是考查的重点章节。而其中最重要、最常见的考点就是“辩护人的权利”，近年来多次考查。

从考查形式来看，近年的考查均为案例形式，相比之前的无须分析案例的直接考查，难度有所增大；从考查内容上看，不仅涉及《刑事诉讼法》《最高人民法院关于适用〈中华人民共和国刑事诉讼法〉的解释》《人民检察院刑事诉讼规则（试行）》的相关规定，还涉及《关于依法保障律师执业权利的规定》（2015），而且非常注重对细节的考查。从考查趋势上看，辩护人的权利仍然为重点考点，且通过小案例对辩护人的各项权利予以综合考查的可能性较大。

知识点精讲

一、知情权（获得通知权）

辩护人首先应享有向办案机关了解案件有关情况和就案件有关情况获得通知的知情权。

（1）辩护律师（在侦查期间只能委托律师作为辩护人）在侦查期间可以向侦查机关了解犯罪嫌疑人涉嫌的罪名和案件有关情况，包括当时已查明的该罪的主要事实，犯罪嫌疑人被采取、变更、解除强制措施的情况，侦查机关延长侦查羁押期限等情况；办案机关应当依法及时告知辩护律师。

（2）办案机关作出移送审查起诉、退回补充侦查、提起公诉、延期审理、二审不开庭审理、宣告判决等重大程序性决定的，应当依法及时告知辩护律师。对于诉讼中的重大程序信息和送达当事人的诉讼文书，办案机关应当通知辩护、代理律师。

对于上述内容，可通过下表予以理解：

	方式	内容
知情权	可向办案机关了解；办案机关应依法及时告知。	犯罪嫌疑人、被告人涉嫌或者被指控的罪名。
		当时已查明的该罪的主要事实。
		犯罪嫌疑人、被告人被采取、变更、解除强制措施的情况，侦查机关延长侦查羁押期限等情况。
	办案机关应依法及时告知。	办案机关作出移送审查起诉、退回补充侦查、提起公诉、延期审理、二审不开庭审理、宣告判决等重大程序性决定。

例 1 关于侦查程序中的辩护权保障和情况告知，下列哪一选项是正确的？

C. 侦查终结移送审查起诉时，将案件移送情况告知犯罪嫌疑人或者其辩护律师

D. 侦查终结移送审查起诉时，将案件移送情况告知犯罪嫌疑人及其辩护律师

提示：选项 C 错误的原因是应当是告知犯罪嫌疑人“及”辩护律师，而不是“或者”辩护律师。表面上看，这两个选项几乎是一字之差，考生可能会因此担忧考查得过细，从而在复习的时候也花很多精力去抠字眼。但实际上，只要把握好对于诉讼中的重大程序信息，办案机关均应当通知辩护律师，而不是可通知可不通知，由此可知“或者”的表述是不正确的。选项 D 为正确选项。

此外，还有以下一些有关辩护人知情权的规定需要稍加留意：

（1）人民法院决定开庭审判后，应当将人民检察院的起诉书副本至迟在开庭十日以前送达被告人及其辩护人。

（2）人民法院确定案件开庭日期时，应当为律师出庭预留必要的准备时间并将开庭的时间书面通知律师，传票和通知书至迟在开庭三日以前送达。律师因开庭日期冲突等正当理由申请变更开庭日期的，人民法院应当在不影响案件审理期限的情况下，予以考虑并调整日期，决定调整日期的，应当及时通知律师。

（3）判决书应当同时送达辩护人和诉讼代理人。

二、会见通信权

关于会见通信权的规定内容比较繁杂，可从以下几个方面予以理解和记忆：

（一）会见通信权的行使主体、对象与时间

（1）会见通信权的行使对象是在押的或被监视居住的犯罪嫌疑人、被告人。会见权和通信权实际上是两个权利，但是因为其行使对象均为在押的或被监视居住的犯罪嫌疑人、被告人，因此常被放在一起规定。

（2）会见通信权的行使主体是辩护律师和其他辩护人，但是辩护律师的会见通信权没有阶段限制，既可在侦查阶段行使，也可在审查起诉和审判阶段行使；其他辩护人在侦查阶段则不享有会见通信权，只在审查起诉和审判阶段享有会见通信权。

（3）辩护律师行使会见通信权一般无须经许可，只是在侦查阶段会见在押的或被监视居住的犯罪嫌疑人时，如果是危害国家安全犯罪、恐怖活动犯罪（注意修改后的《刑事诉讼法》第 39 条第 3 款删掉了“特别重大贿赂犯罪”），应当经侦查机关的许可。其他辩护人在侦查阶段没有会见通信权，在审查起诉和审判阶段行使会见通信权则需经人民检察院

或人民法院许可。

后两条可通过下表理解和记忆：

<table>
<tr><th></th><th colspan="2">侦查阶段会见</th><th>自审查起诉之日起会见</th></tr>
<tr><td rowspan="3">辩护律师</td><td colspan="2">一般不需许可。</td><td rowspan="3">无须许可。</td></tr>
<tr><td rowspan="2">需经许可。</td><td>危害国家安全犯罪。</td></tr>
<tr><td>恐怖活动犯罪。</td></tr>
<tr><td>其他辩护人</td><td colspan="2">在侦查期间只能委托律师作为辩护人。</td><td>需经许可。</td></tr>
</table>

此外，《人民检察院刑事诉讼规则（试行）》第 48 条第 3 款规定了人民检察院可不许可其他辩护人阅卷或会见通信的情形："对于律师以外的辩护人申请查阅、摘抄、复制案卷材料或者申请同在押、被监视居住的犯罪嫌疑人会见和通信，具有下列情形之一的，人民检察院可以不予许可：（一）同案犯罪嫌疑人在逃的；（二）案件事实不清，证据不足，或者遗漏罪行、遗漏同案犯罪嫌疑人需要补充侦查的；（三）涉及国家秘密或者商业秘密的；（四）有事实表明存在串供、毁灭、伪造证据或者危害证人人身安全可能的。"

（二）关于会见权的具体规定

1. 关于辩护律师会见权的一般规定

（1）时间：辩护律师到看守所会见在押的犯罪嫌疑人、被告人，看守所在查验律师执业证书、律师事务所证明和委托书或者法律援助公函（"凭三证会见"）后，应当及时安排会见。能当时安排的，应当当时安排；不能当时安排的，看守所应当向辩护律师说明情况，并保证辩护律师在四十八小时以内会见到在押的犯罪嫌疑人、被告人。

（2）保障：看守所安排会见不得附加其他条件或者变相要求辩护律师提交法律规定以外的其他文件、材料，不得以未收到办案机关通知为由拒绝安排辩护律师会见。看守所应当设立会见预约平台，采取网上预约、电话预约等方式为辩护律师会见提供便利，但不得以未预约会见为由拒绝安排辩护律师会见。辩护律师会见在押的犯罪嫌疑人、被告人时，看守所应当采取必要措施，保障会见顺利和安全进行。律师会见在押的犯罪嫌疑人、被告人的，看守所应当保障律师履行辩护职责需要的时间和次数，并与看守所工作安排和办案机关侦查工作相协调。辩护律师会见犯罪嫌疑人、被告人时不被监听，办案机关不得派员在场。在律师会见室不足的情况下，看守所经辩护律师书面同意，可以安排在讯问室会见，但应当关闭录音、监听设备。

（3）人员：犯罪嫌疑人、被告人委托两名律师担任辩护人的，两名辩护律师可以共同会见，也可以单独会见。辩护律师可以带一名律师助理协助会见。助理人员随同辩护律师参加会见的，应当出示律师事务所证明和律师执业证书或申请律师执业人员实习证。办案机关应当核实律师助理的身份。

（4）内容：自案件移送审查起诉之日起，辩护律师会见犯罪嫌疑人、被告人，可以向其核实有关证据。

（5）笔录：辩护律师会见在押的犯罪嫌疑人、被告人，可以根据需要制作会见笔录，并要求犯罪嫌疑人、被告人确认无误后在笔录上签名。

上述内容中的要点可通过下表理解和记忆：

会见权基本内容

人员	两名辩护律师可以共同会见，也可以单独会见。
	辩护律师可以带一名律师助理协助会见。
时间	当时安排。
	至迟不得超过四十八小时。
内容	了解案件有关情况，提供法律咨询等。
	自案件移送审查起诉之日起，可以向犯罪嫌疑人、被告人核实有关证据。
保障	不被监听，办案人员不得派员在场。

2. 关于侦查阶段辩护律师会见权的特殊规定

辩护律师在侦查期间要求会见危害国家安全犯罪、恐怖活动犯罪案件在押的犯罪嫌疑人的，应当向侦查机关提出申请。

侦查机关应当依法及时审查辩护律师提出的会见申请，在三日以内将是否许可的决定书面答复辩护律师，并明确告知负责与辩护律师联系的部门及工作人员的联系方式。对许可会见的，应当向辩护律师出具许可决定文书；因有碍侦查或者可能泄露国家秘密而不许可会见的，应当向辩护律师说明理由。

有碍侦查或者可能泄露国家秘密的情形消失后，应当许可会见，并及时通知看守所和辩护律师。

侦查机关不得随意解释和扩大前款所述两类案件的范围，限制律师会见。

关于侦查阶段辩护律师会见权的特殊规定可通过下表理解和记忆：

<table>
<tr><td rowspan="3">侦查阶段辩护律师会见</td><td colspan="3">一般不需许可。</td><td rowspan="3">不可向犯罪嫌疑人核实证据。</td></tr>
<tr><td rowspan="2">需经许可。</td><td>危害国家安全犯罪。</td><td rowspan="2">有碍侦查或可能泄露国家秘密的情形消失后，应当许可会见，并及时通知看守所和辩护律师。</td></tr>
<tr><td>恐怖活动犯罪特别重大贿赂犯罪。</td></tr>
</table>

例 2 关于辩护律师在刑事诉讼中享有的权利和承担的义务，下列哪一说法是正确的？

A. 在侦查期间可以向犯罪嫌疑人核实证据

B. 会见在押的犯罪嫌疑人、被告人，可以了解案件有关情况

提示：《刑事诉讼法》第 39 条第 4 款："辩护律师会见在押的犯罪嫌疑人、被告人，可以了解案件有关情况，提供法律咨询等；自案件移送审查起诉之日起，可以向犯罪嫌疑人、被告人核实有关证据……"可见，辩护律师自案件移送审查起诉之日起才可以向犯罪嫌疑人、被告人核实证据。选项 A 错误。《刑事诉讼法》第 39 条第 1 款规定："辩护律师可以同在押的犯罪嫌疑人、被告人会见和通信……"第 4 款规定："辩护律师会见在押的犯罪嫌疑人、被告人，可以了解案件有关情况……"故选项 B 正确。

综合以上规定，可以得出一个结论：辩护律师在侦查期间会见在押的犯罪嫌疑人，可以向侦查机关了解犯罪嫌疑人涉嫌的罪名和案件有关情况，但不能向犯罪嫌疑人核实证据。这是因为，"向侦查机关了解犯罪嫌疑人涉嫌的罪名和案件有关情况"属于辩护律师的知情权，不受诉讼阶段的限制；而"向犯罪嫌疑人核实证据"本质上属于辩护律师的调查取证

权，自案件移送审查起诉之后才能享有。

（三）关于通信权的具体规定

看守所应当及时传递辩护律师同犯罪嫌疑人、被告人的往来信件。看守所可以对信件进行必要的检查，但不得截留、复制、删改信件，不得向办案机关提供信件内容，但信件内容涉及危害国家安全、公共安全、严重危害他人人身安全以及涉嫌串供、毁灭证据等情形的除外。

三、阅卷权

（一）范围

辩护律师自人民检察院对案件审查起诉之日起，可以查阅、摘抄、复制本案的案卷材料，人民检察院检察委员会的讨论记录、人民法院合议庭、审判委员会的讨论记录以及其他依法不能公开的材料除外（不能查阅的材料）。

辩护律师查阅、摘抄、复制的案卷材料属于国家秘密的，应当经过人民检察院、人民法院同意并遵守国家保密规定。

（二）保障

人民检察院、人民法院应当为辩护律师查阅、摘抄、复制案卷材料提供便利，有条件的地方可以推行电子化阅卷，允许刻录、下载材料。

侦查机关应当在案件移送审查起诉后三日以内，人民检察院应当在提起公诉后三日以内，将案件移送情况告知辩护律师。案件提起公诉后，人民检察院对案卷所附证据材料有调整或者补充的，应当及时告知辩护律师。辩护律师对调整或者补充的证据材料，有权查阅、摘抄、复制。辩护律师办理申诉、抗诉案件，在人民检察院、人民法院经审查决定立案后，可以持律师执业证书、律师事务所证明和委托书或者法律援助公函到案卷档案管理部门、持有案卷档案的办案部门查阅、摘抄、复制已经审理终结案件的案卷材料。

辩护律师提出阅卷要求的，人民检察院、人民法院应当当时安排辩护律师阅卷，无法当时安排的，应当向辩护律师说明并安排其在三个工作日以内阅卷，不得限制辩护律师阅卷的次数和时间。有条件的地方可以设立阅卷预约平台。人民检察院、人民法院应当为辩护律师阅卷提供场所和便利，配备必要的设备。因复制材料发生费用的，只收取工本费用。律师办理法律援助案件复制材料发生的费用，应当予以免收或者减收。

（三）人员及方式

辩护律师可以采用复印、拍照、扫描、电子数据拷贝等方式复制案卷材料，可以根据需要带律师助理协助阅卷。办案机关应当核实律师助理的身份。

（四）义务

律师不得违反规定，披露、散布案件重要信息和案卷材料，或者将其用于本案辩护、代理以外的其他用途（注意：不得将案卷材料给当事人）。

阅卷权的基本内容		备注
人员	辩护律师。	不需要经人民法院、人民检察院许可。
	其他辩护人。	需经人民法院、人民检察院许可。
	辩护律师可带律师助理协助阅卷。	办案机关应当核实律师助理的身份。

续表

<table>
<tr><th colspan="2">阅卷权的基本内容</th><th>备注</th></tr>
<tr><td>时间</td><td>自检察院对案件审查起诉之日起。</td><td>侦查阶段辩护人没有阅卷权。</td></tr>
<tr><td>方式</td><td>查阅、摘抄、复制。</td><td>可以采用复印、拍照、扫描、电子数据拷贝等方式复制。</td></tr>
<tr><td rowspan="7">范围</td><td rowspan="3">可以查阅。</td><td>诉讼文书和证据材料（即案卷材料）。</td></tr>
<tr><td>调整或者补充的证据材料。</td></tr>
<tr><td>已经审理终结案件的案卷材料。</td></tr>
<tr><td rowspan="3">不可查阅。</td><td>检察委员会的讨论记录。</td></tr>
<tr><td>合议庭、审判委员会的讨论记录。</td></tr>
<tr><td>其他依法不能公开的材料。</td></tr>
<tr><td>经许可后可以查阅。</td><td>属于国家秘密的案卷材料。</td></tr>
<tr><td rowspan="7">保障</td><td rowspan="2">告知案件移送情况。</td><td>侦查机关在移送审查起诉后三日以内告知。</td></tr>
<tr><td>人民检察院在提起公诉后三日以内告知。</td></tr>
<tr><td>告知证据材料的调整和补充情况。</td><td></td></tr>
<tr><td rowspan="2">安排阅卷。</td><td>当时安排。</td></tr>
<tr><td>予以说明并安排在三个工作日以内阅卷。</td></tr>
<tr><td>不得限制阅卷的次数和时间。</td><td></td></tr>
<tr><td>只收取工本费用。</td><td>法律援助案件应予免收或减收。</td></tr>
<tr><td>义务</td><td colspan="2">律师不得违反规定，披露、散布案件重要信息和案卷材料，或者将其用于本案辩护、代理以外的其他用途。</td></tr>
</table>

四、调查取证权

辩护律师的调查取证权的行使方式有两种：自行收集和申请人民法院、人民检察院调取。

（一）自行收集

辩护律师经证人或者其他有关单位和个人同意，可以向他们收集与本案有关的材料，也可以申请人民检察院、人民法院收集、调取证据，或者申请人民法院通知证人出庭作证。辩护律师经人民检察院或者人民法院许可，并且经被害人或者其近亲属、被害人提供的证人同意，可以向他们收集与本案有关的材料。

辩护律师申请向正在服刑的罪犯收集与案件有关的材料的，监狱和其他监管机关在查验律师执业证书、律师事务所证明和犯罪嫌疑人、被告人委托书或法律援助公函后，应当及时安排并提供合适的场所和便利。正在服刑的罪犯属于辩护律师所承办案件的被害人或者其近亲属、被害人提供的证人的，应当经人民检察院或者人民法院许可。

上述规定中的要点可通过下表理解和记忆：

	调查对象	是否需经检察院或法院许可	是否需调查对象同意
自行收集证据	证人、其他有关单位或个人。	无须许可。	均需调查对象同意。
	被害人或者其近亲属、被害人提供的证人。	需经许可。	
	正在服刑的罪犯。	无须许可（除非系被害人或其近亲属、被害人方证人）。	

（二）申请人民法院、人民检察院调取证据

辩护律师经证人或者其他有关单位和个人同意，可以向他们收集与本案有关的材料，也可以申请人民检察院、人民法院收集、调取证据，或者申请人民法院通知证人出庭作证。人民检察院、人民法院认为需要调查取证的，应当由人民检察院、人民法院收集、调取证据，不得向律师签发准许调查决定书，让律师收集、调取证据。

辩护人认为在侦查、审查起诉期间公安机关、人民检察院收集的证明犯罪嫌疑人、被告人无罪或者罪轻的证据材料未提交的，有权申请人民检察院、人民法院调取。人民检察院、人民法院应当依法及时审查。经审查，认为辩护律师申请调取的证据材料已收集并且与案件事实有联系的，应当及时调取。相关证据材料提交后，人民检察院、人民法院应当及时通知辩护律师查阅、摘抄、复制。经审查决定不予调取的，应当书面说明理由。

上述规定中的要点可通过下表理解和记忆：

	范围	程序
申请人民法院、人民检察院调取证据	向证人或者其他有关单位和个人收集与本案有关的材料。	不得向律师签发准许调查决定书，让律师收集、调取证据。
	公安机关、检察院在侦查、审查起诉期间收集但未提交的证明犯罪嫌疑人、被告人无罪或罪轻的证据材料。	经审查决定不予调取的，书面说明理由。

关联知识点：辩护人对于关键证据的开示义务（提交义务）

辩护人收集的有关犯罪嫌疑人不在犯罪现场、未达到刑事责任年龄、属于依法不负刑事责任的精神病人的证据，应当及时告知公安机关、人民检察院。

知识点小结：关于辩护律师和其他辩护人的权利区别，可通过下表理解和记忆：

	会见通信权	阅卷权	调查取证权
辩护律师	侦查期间即有，特殊案件须经许可。	自审查起诉之日起即有。	既可以自行调查取证，也可以申请调查取证。
其他辩护人	自审查起诉之日起，经许可方有。	自审查起诉之日起，经许可方有。	只能申请调查取证。

五、申请变更或解除强制措施权

犯罪嫌疑人、被告人及其法定代理人、近亲属或者辩护人有权申请变更强制措施；对于采取强制措施法定期限届满的，有权要求解除强制措施。

辩护律师书面申请变更或者解除强制措施的，办案机关应当在三日以内作出处理决定。辩护律师的申请符合法律规定的，办案机关应当及时变更或者解除强制措施；经审查认为不应当变更或者解除强制措施的，应当告知辩护律师，并书面说明理由。

六、要求回避、申请复议权

《刑事诉讼法》第32条第2款规定："辩护人、诉讼代理人可以依照本章的规定要去回避、申请复议。"

七、提出意见权与参加法庭调查、辩论权

辩护律师或辩护人发表意见的方式有两种：一是在除开庭审理以外的程序中以口头或书面方式提出意见；二是在庭审中参加法庭调查和辩论。

（一）提出意见权

1. 审查逮捕程序中

人民检察院审查批准逮捕，可以听取辩护律师的意见；辩护律师提出要求的，应当听取辩护律师的意见。

对未成年犯罪嫌疑人、被告人应当严格限制适用逮捕措施。人民检察院审查批准逮捕和人民法院决定逮捕，应当讯问未成年犯罪嫌疑人、被告人，听取辩护律师的意见。

2. 侦查程序中

在案件侦查终结前，辩护律师提出要求的，侦查机关应当听取辩护律师的意见，并记录在案。辩护律师提出书面意见的，应当附卷。

3. 审查起诉程序中

人民检察院审查案件，应当讯问犯罪嫌疑人，听取辩护人、被害人及其诉讼代理人的意见，并记录在案。辩护人、被害人及其诉讼代理人提出书面意见的，应当附卷。

4. 二审程序中

第二审人民法院决定不开庭审理的，应当讯问被告人，听取其他当事人、辩护人、诉讼代理人的意见。

5. 死刑复核程序中

最高人民法院复核死刑案件，应当讯问被告人，辩护律师提出要求的，应当听取辩护律师的意见。

《关于依法保障律师执业权利的规定》第21条对上述规定作出了总结，即："侦查机关在案件侦查终结前，人民检察院、人民法院在审查批准、决定逮捕期间，最高人民法院在复核死刑案件期间，辩护律师提出要求的，办案机关应当听取辩护律师的意见。人民检察院审查起诉、第二审人民法院决定不开庭审理的，应当充分听取辩护律师的意见。辩护律师要求当面反映意见或者提交证据材料的，办案机关应当依法办理，并制作笔录附卷。辩护律师提出的书面意见和证据材料，应当附卷。"

上述规定可通过以下表格理解和记忆：

<table>
<tr><th></th><th>条件</th><th>适用阶段</th><th>相关程序</th></tr>
<tr><td rowspan="6">提出意见权</td><td rowspan="3">辩护律师提出要求的，应当听取。</td><td>审查批准逮捕、决定逮捕。</td><td rowspan="6">辩护律师要求当面反映意见或提交证据材料的，办案机关应当依法办理。
辩护律师提出书面意见和证据材料的，应当附卷。</td></tr>
<tr><td>侦查。</td></tr>
<tr><td>死刑复核。</td></tr>
<tr><td>应当听取辩护律师的意见（即便辩护律师未提出要求）。</td><td>对未成年犯罪嫌疑人、被告人的审查批准逮捕和决定逮捕。</td></tr>
<tr><td rowspan="2">应当听取辩护人的意见（即便辩护人未提出要求）。</td><td>审查起诉。</td></tr>
<tr><td>不开庭审理的第二审程序。</td></tr>
</table>

例3 关于侦查程序中的辩护权保障和情况告知，下列哪一选项是正确的？

A. 辩护律师提出要求的，侦查机关可以听取辩护律师的意见，并记录在案

B. 辩护律师提出书面意见的，可以附卷

提示：选项A错误，原因在于：辩护律师提出要求的，侦查机关是“应当”，而不是“可以”听取辩护律师的意见。选项B错误，原因在于：辩护律师提出书面意见的，“应当”附卷，而不是“可以”附卷。

（二）参加法庭调查、辩论权

法庭审理过程中，经审判长准许，律师可以：

（1）向当事人、证人、鉴定人和有专门知识的人发问。

（2）就证据的真实性、合法性、关联性，从证明目的、证明效果、证明标准、证明过程等方面，进行法庭质证和相关辩论。

（3）就案件事实、证据和适用法律等问题，进行法庭辩论。

法官应当注重诉讼权利平等和控辩平衡。对于律师发问、质证、辩论的内容、方式、时间等，法庭应当依法公正保障，以便律师充分发表意见，查清案件事实。法庭审理过程中，法官可以对律师的发问、辩论进行引导，除发言过于重复、相关问题已在庭前会议达成一致、与案件无关或者侮辱、诽谤、威胁他人，故意扰乱法庭秩序的情况外，法官不得随意打断或者制止律师按程序进行的发言。

（4）提出证据材料，申请通知新的证人、有专门知识的人出庭，申请调取新的证据，申请重新鉴定或者勘验、检查。

（5）遇有被告人供述发生重大变化、拒绝辩护等重大情形，经审判长许可，辩护律师可以与被告人进行交流。

（6）有下列情形之一的，律师可以向法庭申请休庭：①辩护律师因法定情形拒绝为被告人辩护的；②被告人拒绝辩护律师为其辩护的；③需要对新的证据作辩护准备的；④其他严重影响庭审正常进行的情形。

（7）就回避、案件管辖、非法证据排除，申请通知证人、鉴定人、有专门知识的人出庭，申请通知新的证人到庭，调取新的证据，申请重新鉴定、勘验等问题当庭提出申请，或者对法庭审理程序提出异议的，法庭原则上应当休庭进行审查，依照法定程序作出决定。

其他律师有相同异议的，应一并提出，法庭一并休庭审查。法庭决定驳回申请或者异议的，律师可当庭提出复议。经复议后，律师应当尊重法庭的决定，服从法庭的安排。律师不服法庭决定保留意见的内容应当详细记入法庭笔录，可以作为上诉理由，或者向同级或者上一级人民检察院申诉、控告。

（8）作无罪辩护的，可以当庭就量刑问题发表辩护意见，也可以庭后提交量刑辩护意见。

上述内容可以通过下表理解和记忆：

<table>
<tr><th></th><th>权利</th><th>备注</th></tr>
<tr><td rowspan="12">参加法庭调查、辩论</td><td>经审判长准许，向当事人、证人、鉴定人和有专门知识的人发问。</td><td rowspan="2">除发言过于重复、相关问题已在庭前会议达成一致、与案件无关或者侮辱、诽谤、威胁他人，故意扰乱法庭秩序的情况外，法官不得随意打断或者制止律师按程序进行的发言。</td></tr>
<tr><td>进行法庭质证和相关辩论。</td></tr>
<tr><td>进行法庭辩论。</td><td rowspan="4">申请或异议被驳回的，可当庭提出复议；
复议后，应服从法庭安排；
保留意见应记入法庭笔录，可作为上诉理由或向同级或上一级人民检察院申诉、控告。</td></tr>
<tr><td>提出证据材料，申请通知新的证人、有专门知识的人出庭，申请调取新的证据，申请重新鉴定或者勘验、检查。</td></tr>
<tr><td>就回避、案件管辖、非法证据排除提出申请。</td></tr>
<tr><td>对法庭审理程序提出异议。</td></tr>
<tr><td>经审判长许可，与被告人进行交流。</td><td>遇有被告人供述发生重大变化、拒绝辩护等重大情形。</td></tr>
<tr><td rowspan="4">申请休庭。</td><td>辩护律师因法定情形拒绝为被告人辩护的。</td></tr>
<tr><td>被告人拒绝辩护律师为其辩护的。</td></tr>
<tr><td>需要对新的证据作辩护准备的。</td></tr>
<tr><td>其他严重影响庭审正常进行的情形。</td></tr>
<tr><td>当庭发表或庭后提交量刑辩护意见。</td><td>无罪辩护。</td></tr>
</table>

此外，人民法院适用普通程序审理案件，应当在裁判文书中写明律师依法提出的辩护、代理意见，以及是否采纳的情况，并说明理由。

律师申请查阅人民法院录制的庭审过程的录音、录像的，人民法院应当准许。

八、保密权

辩护律师对在执业活动中知悉的委托人的有关情况和信息，有权予以保密。但是，辩护律师在执业活动中知悉委托人或者其他人，准备或者正在实施危害国家安全、公共安全以及严重危害他人人身安全的犯罪的，应当及时告知司法机关。

> **注意：**一是限于准备或者正在实施的犯罪，如果是已经实施的，则没有告知义务；二是限于三类犯罪，危害国家安全、公共安全以及严重危害他人人身安全的犯罪。

九、拒绝辩护权

如果遇有当事人委托事项违法或者委托人利用律师提供的服务从事违法活动或者委托人隐瞒事实的情形，律师有权拒绝辩护。

关联知识点：犯罪嫌疑人、被告人拒绝辩护人为其辩护，分为两种情形：

第一，属于应当为其提供法律援助的犯罪嫌疑人、被告人：拒绝为其指派的辩护律师辩护的（需正当理由），可以准许；然后由犯罪嫌疑人、被告人自行委托或者重新为其指派；再次拒绝的，不予准许（只能拒绝一次）。

第二，不属于强制辩护的犯罪嫌疑人、被告人：对于自行委托的辩护人，可以拒绝两次；拒绝两次后只能自行辩护，不得要求重新委托或者为其指派。

十、申诉控告权

辩护人、诉讼代理人认为公安机关、人民检察院、人民法院及其工作人员阻碍其依法行使诉讼权利的，有权向同级或者上一级人民检察院申诉或者控告。人民检察院对申诉或者控告应当及时进行审查，情况属实的，通知有关机关予以纠正。

人民检察院受理辩护人、诉讼代理人的申诉或者控告后，应当在十日以内将处理情况书面答复提出申诉或者控告的辩护人、诉讼代理人。

十一、辩护人犯罪管辖保障权（人身保障权）

辩护人或者其他任何人，不得帮助犯罪嫌疑人、被告人隐匿、毁灭、伪造证据或者串供，不得威胁、引诱证人作伪证以及进行其他干扰司法机关诉讼活动的行为。违反前款规定的，应当依法追究法律责任，辩护人涉嫌犯罪的，应当由办理辩护人所承办案件的侦查机关以外的侦查机关办理。具体而言，应当报请办理辩护人所承办案件的侦查机关的上一级侦查机关指定其他侦查机关立案侦查，或者由上一级侦查机关立案侦查。不得指定办理辩护人所承办案件的侦查机关的下级侦查机关立案侦查。

侦查机关依法对在诉讼活动中涉嫌犯罪的律师采取强制措施后，应当在48小时以内通知其所在的律师事务所或者所属的律师协会。

例4 关于辩护律师在刑事诉讼中享有的权利和承担的义务，下列哪一说法是正确的？

A. 在侦查期间可以向犯罪嫌疑人核实证据

B. 会见在押的犯罪嫌疑人、被告人，可以了解案件有关情况

C. 收集到的有利于犯罪嫌疑人的证据，均应及时告知公安机关、检察院

D. 在执业活动中知悉犯罪嫌疑人、被告人曾经实施犯罪的，应及时告知司法机关

提示：本题综合考查了辩护律师在刑事诉讼中的权利和义务。辩护律师会见在押的犯罪嫌疑人、被告人，可以了解案件有关情况，提供法律咨询等；自案件移送审查起诉之日起，可以向犯罪嫌疑人、被告人核实有关证据。辩护律师会见犯罪嫌疑人、被告人时不被监听。由此可知，选项A错误，选项B正确，选项C错误。辩护人收集的有关犯罪嫌疑人

不在犯罪现场、未达到刑事责任年龄、属于依法不负刑事责任的精神病人的证据，应当及时告知公安机关、人民检察院，并不是所有有利于犯罪嫌疑人的证据均应及时告知。因此选项D错误。辩护律师对在执业活动中知悉的委托人的有关情况和信息，有权予以保密。但是，辩护律师在执业活动中知悉委托人或者其他人，准备或者正在实施危害国家安全、公共安全以及严重危害他人人身安全的犯罪的，应当及时告知司法机关。对于曾经实施的犯罪并没有告知义务。

第三节 值班律师制度

重要法条及司法解释

《刑事诉讼法》第36、173、174条。

《最高人民法院、最高人民检察院、公安部、国家安全部、司法部关于适用认罪认罚从宽制度的指导意见》。

命题分析

值班律师制度是2018年《刑事诉讼法》修改后新增加的一项制度，在2019年的客观题考试中已经考查，并且将来继续考查的可能性极大，应高度重视。从考查方法上，最有可能的形式就是和认罪认罚制度结合起来以小案例的形式加以考查。2019年10月，最高人民法院、最高人民检察院会同公安部、国家安全部、司法部制定了《关于适用认罪认罚从宽制度的指导意见》，在该规定中对于值班律师制度进行了补充和细化，需要一并复习备考。

知识点精讲

一、值班律师的派驻

法律援助机构可以在人民法院、人民检察院、看守所派驻值班律师。人民法院、人民检察院、看守所应当为派驻值班律师提供必要办公场所和设施（《最高人民法院、最高人民检察院、公安部、国家安全部、司法部关于适用认罪认罚从宽制度的指导意见》第11条）。

法律援助机构应当根据人民法院、人民检察院、看守所的法律帮助需求和当地法律服务资源，合理安排值班律师。值班律师可以定期值班或轮流值班，律师资源短缺的地区可以通过探索现场值班和电话、网络值班相结合，在人民法院、人民检察院毗邻设置联合工作站，省内和市内统筹调配律师资源，以及建立政府购买值班律师服务机制等方式，保障法律援助值班律师工作有序开展（《最高人民法院、最高人民检察院、公安部、国家安全部、司法部关于适用认罪认罚从宽制度的指导意见》第11条）。

二、值班律师的介入

（一）基本情形

犯罪嫌疑人、被告人没有委托辩护人，法律援助机构没有指派律师为其提供辩护的，此时值班律师介入。

（二）认罪认罚时

犯罪嫌疑人、被告人自愿认罪认罚，没有辩护人的，人民法院、人民检察院、公安机关（看守所）应当通知值班律师为其提供法律咨询、程序选择建议、申请变更强制措施等法律帮助。符合通知辩护条件的（即三类案件），应当依法通知法律援助机构指派律师为其提供辩护（《最高人民法院、最高人民检察院、公安部、国家安全部、司法部关于适用认罪认罚从宽制度的指导意见》第10条）。

（三）不同诉讼阶段

对于被羁押的犯罪嫌疑人、被告人，在不同诉讼阶段，可以由派驻看守所的同一值班律师提供法律帮助。对于未被羁押的犯罪嫌疑人、被告人，前一诉讼阶段的值班律师可以在后续诉讼阶段继续为犯罪嫌疑人、被告人提供法律帮助（《最高人民法院、最高人民检察院、公安部、国家安全部、司法部关于适用认罪认罚从宽制度的指导意见》第13条）。

（四）拒绝法律帮助

犯罪嫌疑人、被告人自愿认罪认罚，没有委托辩护人，拒绝值班律师帮助的，人民法院、人民检察院、公安机关应当允许，记录在案并随案移送。但是审查起诉阶段签署认罪认罚具结书时，人民检察院应当通知值班律师到场（《最高人民法院、最高人民检察院、公安部、国家安全部、司法部关于适用认罪认罚从宽制度的指导意见》第14条）。

三、值班律师的会见

人民法院、人民检察院、公安机关（看守所）应当告知犯罪嫌疑人、被告人有权约见值班律师，获得法律帮助，并为其约见值班律师提供便利。犯罪嫌疑人、被告人及其近亲属提出法律帮助请求的，人民法院、人民检察院、公安机关（看守所）应当通知值班律师为其提供法律帮助（《最高人民法院、最高人民检察院、公安部、国家安全部、司法部关于适用认罪认罚从宽制度的指导意见》第10条）。

值班律师可以会见犯罪嫌疑人、被告人，看守所应当为值班律师会见提供便利。危害国家安全犯罪、恐怖活动犯罪案件，侦查期间值班律师会见在押犯罪嫌疑人的，应当经侦查机关许可（《最高人民法院、最高人民检察院、公安部、国家安全部、司法部关于适用认罪认罚从宽制度的指导意见》第12条）。

> **注意：**值班律师不等于辩护人，值班律师提供的是法律帮助，而非辩护。

四、值班律师的阅卷

自人民检察院对案件审查起诉之日起，值班律师可以查阅案卷材料、了解案情。人民法院、人民检察院应当为值班律师查阅案卷材料提供便利。需要注意的是，这不等于辩护律师的阅卷权。

值班律师提供法律咨询、查阅案卷材料、会见犯罪嫌疑人或者被告人、提出书面意见等法律帮助活动的相关情况应当记录在案，并随案移送（《最高人民法院、最高人民检察院、公安部、国家安全部、司法部关于适用认罪认罚从宽制度的指导意见》第12条）。

五、值班律师的职责

（一）一般性规定

由值班律师为犯罪嫌疑人、被告人提供法律咨询、程序选择建议、申请变更强制措施、对案件处理提出意见等法律帮助。

（二）认罪认罚时

值班律师应当维护犯罪嫌疑人、被告人的合法权益，确保犯罪嫌疑人、被告人在充分了解认罪认罚性质和法律后果的情况下，自愿认罪认罚。值班律师应当为认罪认罚的犯罪嫌疑人、被告人提供下列法律帮助：

（1）提供法律咨询，包括告知涉嫌或指控的罪名、相关法律规定，认罪认罚的性质和法律后果等；

（2）提出程序适用的建议；

（3）帮助申请变更强制措施；

（4）对人民检察院认定罪名、量刑建议提出意见；

（5）就案件处理，向人民法院、人民检察院、公安机关提出意见；

（6）引导、帮助犯罪嫌疑人、被告人及其近亲属申请法律援助；

（7）法律法规规定的其他事项。

六、听取值班律师的意见

1. 审查起诉。人民检察院审查案件，应当讯问犯罪嫌疑人，听取辩护人或者值班律师、被害人及其诉讼代理人的意见，并记录在案。辩护人或者值班律师、被害人及其诉讼代理人提出书面意见的，应当附卷。

2. 认罪认罚程序。犯罪嫌疑人认罪认罚的，人民检察院应当告知其享有的诉讼权利和认罪认罚的法律规定，听取犯罪嫌疑人、辩护人或者值班律师、被害人及其诉讼代理人对下列事项的意见，并记录在案：

（1）涉嫌的犯罪事实、罪名及适用的法律规定；

（2）从轻、减轻或者免除处罚等从宽处罚的建议；

（3）认罪认罚后案件审理适用的程序；

（4）其他需要听取意见的事项。

人民检察院依照前两款规定听取值班律师意见的，应当提前为值班律师了解案件有关情况提供必要的便利。

七、值班律师的在场（签署认罪认罚具结书）

犯罪嫌疑人自愿认罪，同意量刑建议和程序适用的，应当在辩护人或者值班律师在场的情况下签署认罪认罚具结书。

审查起诉阶段签署认罪认罚具结书时，人民检察院应当通知值班律师到场——即便犯罪嫌疑人拒绝法律帮助（《最高人民法院、最高人民检察院、公安部、国家安全部、司法部关于适用认罪认罚从宽制度的指导意见》第14条）。

第四节　刑事代理

重要法条及司法解释

《刑事诉讼法》第46~47条。

《最高人民法院关于适用〈中华人民共和国刑事诉讼法〉的解释》第54~58条。

命题分析

刑事代理中最易考查的知识点是“诉讼代理人的权利”，尤其是与辩护人的差异容易成为命题点。考查方法上容易以小案例的形式来考查。比如，题干中描述了某律师介入诉讼，首先要分辨其身份到底是诉讼代理人还是辩护人；随后还要注意由于身份的差异，介入诉讼的时间以及诉讼权利上的差异。

知识点精讲

一、刑事代理的分类

委托主体的不同	公诉案件	被害人、法定代理人、近亲属	自案件移送审查起诉之日起。
	自诉案件	自诉人、法定代理人	随时委托。
	附带民事诉讼	原被告、法定代理人	公诉附民：移送审查起诉之日起。 自诉附民：随时委托。
	没收违法所得程序	犯罪嫌疑人、被告人的近亲属；其他利害关系人	法院受理没收违法所得的申请后，应当发出公告。公告期间为六个月。犯罪嫌疑人、被告人的近亲属和其他利害关系人有权申请参加诉讼，也可委托诉讼代理人参加诉讼。
	强制医疗程序	被申请人、被告人	被申请人或者被告人没有委托诉讼代理人的，人民法院应当通知法律援助机构指派律师为其提供法律帮助。

二、诉讼代理人与辩护人的比较

	诉讼代理人	辩护人
介入诉讼的时间	公诉案件：移送审查起诉之日起。 自诉案件：随时。	辩护律师：第一次讯问或采取强制措施之日起。 其他辩护人：移送审查起诉之日起。
诉讼地位	根据被代理人的意志从事。	独立的诉讼地位（参见前述“辩护人独立的诉讼地位”）。
委托人	参见上表。	犯罪嫌疑人、被告人。
诉讼权利	不能会见犯罪嫌疑人、被告人；行使阅卷权时须经许可。	诉讼代理人的各项权利，辩护人都享有。
担任的人员	两者一致。	

例 关于诉讼代理人参加刑事诉讼，下列哪一说法是正确的？

A. 诉讼代理人的权限依据法律规定而设定

B. 除非法律有明文规定，诉讼代理人也享有被代理人享有的诉讼权利

C. 诉讼代理人应当承担被代理人依法负有的义务

D. 诉讼代理人的职责是帮助被代理人行使诉讼权利

提示：本题的考点是诉讼代理人的权利义务。选项A错误。诉讼代理人参与刑事诉讼是基于被代理人的委托，在双方签订的委托协议授权范围内进行代理，而不是依据法律的规定。选项B错误。法定代理人享有广泛地与被代理人相同的诉讼权利。但法定代理人不能代替被代理人作陈述，也不能代替被代理人承担与人身自由相关联的义务，如服刑等。选项C错误，选项D正确。诉讼代理人的职责是帮助被其代理的公诉案件被害人及其法定代理人或者近亲属、自诉案件自诉人及其法定代理人、附带民事诉讼案件当事人及其法定代理人等行使诉讼权利。诉讼代理人只能在被代理人授权范围内进行诉讼活动，既不得超越代理范围，也不能违背被代理人的意志。如果没有被代理人的授权，诉讼代理人代替被代理人进行的诉讼活动就不具有法律效力。

第七章　刑事证据的属性、种类与分类

第一节　刑事证据的基本属性

命题分析

本章属于刑事证据的基础理论部分。“刑事证据的基本属性”近年来考查过多次，考查的具体内容均是关于“刑事证据的关联性”，多是要求考生判断案例中的证据是否具有关联性。另外，在对“关联性规则”的考查中往往也涉及证据的关联性问题。从考查趋势上看，“刑事证据的基本属性”考查的重点也仍然会集中于对关联性的考查。

知识点精讲

一、客观性

证据的客观性是指证据必须是客观存在的事实，不以人的主观意志为转移，任何主观想象、猜测、假设以及来源不明的道听途说等并非客观存在的材料，都不能成为刑事诉讼中的证据。

由于近十年来，考试并没有考查过证据的客观性，将来考查的可能性也不大，因此我们不作为重点展开讲解。

二、关联性

对证据关联性的理解可以从以下四个方面着手。

（一）关联性的含义及如何判断证据有无关联性

关联性也称“相关性”，是指证据必须与案件事实有客观联系，对证明刑事案件事实具有某种实际意义；反之，与本案无关的事实或材料，都不能成为刑事证据。

判断某一证据是否具有关联性的依据：第一，该证据是否是用来证明案件争点问题的，与案件证明对象之间是否存在客观联系；第二，该证据对案件事实能否起到证明作用，即该证据的存在对证明刑事案件有无实际意义。如果因为该证据的存在至少可以推论案件事实存在的可能性是更大了或者是更小了，那么该证据对案件事实的证明就是有实际意义的，因此也就具有关联性；如果该证据的存在并不影响案件事实存在的可能性的大小，那么该证据对案件事实的证明就没有实际意义，也就没有关联性。

（二）关联性的基本特征

第一，关联性是证据的一种客观属性，证据事实与案件事实之间的联系应当是客观的，而不是办案人员主观想象或臆测的联系。

第二，证据与案件事实相关联的形式是多种多样、十分复杂的。其中最常见的是因果联系，其次是与犯罪相关的空间、时间、条件、方法、手段的事实。

（三）关联性与证明力的关系

证明力是指证据具有的对案件事实的证明作用，也即证据对证明案件事实的价值。证据的关联性是证据具有证明力的原因。证据对案件事实有无证明力以及证明力的大小，取决于证据本身与案件事实有无联系及联系的紧密、强弱程度。

证明力是大陆法系证据理论中的概念。在大陆法系证据理论中，证据应当具有证据能力和证明力，其中证据能力也即证据资格，证明力则是指证据对待证事实的证明价值。如果要将我国的证据三性理论与大陆法系证据能力及证明力理论相结合，那么合法性应当属于证据能力或说证据资格的范畴，关联性则与证明力密切相关，证据与案件事实的联系越密切，其对案件事实的证明力就越大，也即证据与待证事实的关联度决定着证据的证明力的大小。

（四）关联性与关联性规则的关系

关联性规则则是英美法系的证据规则。关联性规则是指不具备关联性的证据均不可采，而不具备关联性的证据主要是指品格证据和类似行为证据。品格证据规则是指用以证明某人具有某种品格的证据与某人实施了反映此种品格的行为之间是不具有关联性的，也即品格证据是不可采的。类似行为证据规则是指用以证明某人曾经实施过某种行为的证据与某人后来实施了相类似的行为之间是不具有关联性的，也即类似行为证据是不可采的。可见，关联性规则中的关联性和我国证据三性中的关联性其实是不一样的，关联性规则是由法律预先否定了某一类证据的关联性，实际上也就是认为这类证据均不可采；证据三性中的关联性则并非针对某一类证据，而是要针对具体案件中的具体证据与待证事实的关系，具体问题具体分析。不过，值得注意的是，我国刑事证据理论的通说并没有将英美法系的关联性规则和我国证据三性中的关联性区分开来，从而认为关联性规则是调整证明力的规则。考试中还是要以通说为准。

三、合法性

合法性是指证据必须依法加以收集和运用。证据的合法性主要包括四方面的内容，即主体合法、程序合法、形式合法、经法定程序出示和查证。证据的合法性没有专门考查过，关于非法证据排除规则的考查会涉及证据的合法性问题。这里不作为重点展开讲解。

第二节　刑事证据的种类

重要法条及司法解释

一、刑事证据的收集

《刑事诉讼法》第50、52条。

《最高人民法院关于适用〈中华人民共和国刑事诉讼法〉的解释》第65条。

二、刑事证据的审查判断

（一）物证、书证的审查判断

《刑事诉讼法》第56条第1款。

《最高人民法院关于适用〈中华人民共和国刑事诉讼法〉的解释》第69、70、71、73条。

（二）证人证言、被害人陈述的审查判断

《刑事诉讼法》第56条第1款、第63条。

《最高人民法院关于适用〈中华人民共和国刑事诉讼法〉的解释》第75~78、109条。

《关于办理刑事案件严格排除非法证据若干问题的规定》（2017）第6条。

（三）犯罪嫌疑人、被告人供述的审查判断

《最高人民法院关于适用〈中华人民共和国刑事诉讼法〉的解释》第80~83条。

（四）鉴定人意见的审查判断

《最高人民法院关于适用〈中华人民共和国刑事诉讼法〉的解释》第84~86条。

（五）勘验、检查笔录、辨认笔录、侦查实验笔录的审查判断

《最高人民法院关于适用〈中华人民共和国刑事诉讼法〉的解释》第67条第2款、第88~91条。

（六）视听资料、电子数据审查判断的一般规定

《最高人民法院关于适用〈中华人民共和国刑事诉讼法〉的解释》第92~94条。

（七）其他材料的审查判断

《最高人民法院关于适用〈中华人民共和国刑事诉讼法〉的解释》第108、110~112条。

三、电子数据收集和审查判断的具体规定

《最高人民法院、最高人民检察院、公安部关于办理网络犯罪案件适用刑事诉讼程序若干问题的意见》第13~18条。

《最高人民法院、最高人民检察院、公安部关于办理刑事案件收集提取和审查判断电子数据若干问题的规定》第6~21、27~28条。

四、刑事证据的运用

《刑事诉讼法》第55条。

《最高人民法院关于适用〈中华人民共和国刑事诉讼法〉的解释》第105~106条。

命题分析

刑事证据有八个种类，直接考查某项证据属于哪类证据的考查方式在近年来逐渐减少，更多的是考查不同种类的刑事证据的收集规范、审查方法和运用规则。该考点每年必考，

分值很高，是刑事诉讼法的重量级考点。

从考查内容上看，主要涉及各种刑事证据的收集、审查判断和运用。这部分中的很多内容与侦查程序中的侦查措施及非法证据排除规则的内容存在交叉。其中，被独立进行考查的主要是电子数据的收集与审查判断，且其考查频率很高，考查内容非常细致。

知识点精讲

一、刑事证据的收集

（一）收集刑事证据的基本原则

刑事证据的收集要遵循合法、及时、客观全面和深入细致的原则。

审判人员、检察人员、侦查人员必须依照法定程序，收集能够证实犯罪嫌疑人、被告人有罪或者无罪、犯罪情节轻重的各种证据。严禁刑讯逼供和以威胁、引诱、欺骗以及其他非法方法收集证据，不得强迫任何人证实自己有罪。必须保证一切与案件有关或者了解案情的公民，有客观地充分的提供证据的条件，除特殊情况外，可以吸收他们协助调查。

对涉及国家秘密、商业秘密、个人隐私的证据，应当保密。凡是伪造证据、隐匿证据或者毁灭证据的，无论属于何方，必须受法律追究。

（二）对行政机关在行政执法和查办案件过程中收集到的部分证据材料的使用

人民法院、人民检察院和公安机关有权向有关单位和个人收集、调取证据。有关单位和个人应当如实提供证据。行政机关在行政执法和查办案件过程中收集的物证、书证、视听资料、电子数据等证据材料，在刑事诉讼中可以作为证据使用。根据法律、行政法规规定行使国家行政管理职权的组织，在行政执法和查办案件过程中收集的证据材料，视为行政机关收集的证据材料。值得注意的是，上述规定并不是说行政机关在刑事诉讼中有权收集证据，而是仅指行政机关在行政执法和查办案件过程中收集到的部分证据材料，可以在刑事诉讼中使用。从种类上而言，能够在刑事诉讼中使用的行政机关收集的证据仅包括物证、书证、视听资料、电子数据等公安司法机关收集的实物证据，而对于证人证言、被害人陈述等言词证据不能直接使用，必须要由侦查人员重新按照刑事诉讼法所规定的程序依法重新询问、制作询问笔录，只有这样方能在刑事诉讼中作为证据使用。

由于具体到各种刑事证据而言，其收集程序往往就是侦查程序中的侦查措施，除电子数据外，一般都是以“侦查措施”为考点来考查，而不是以“证据的收集”为考点来考查，因此我们在这部分中暂不展开讨论。至于电子数据的收集程序，因存在两个专门规定并多次被专门考查，且不为其他考点所涵盖，因此将在本部分展开详细讨论。综上，本部分主要讨论两部分内容：一是电子数据的收集；二是各种刑事证据的审查判断。

二、刑事证据的审查判断

（一）物证、书证的审查判断

1. 审查重点

对物证、书证应当着重审查以下内容：

（1）物证、书证是否为原物、原件，是否经过辨认、鉴定；物证的照片、录像、复制品或者书证的副本、复制件是否与原物、原件相符，是否由二人以上制作，有无制作人关于制作过程以及原物、原件存放于何处的文字说明和签名。

（2）物证、书证的收集程序、方式是否符合法律、有关规定；经勘验、检查、搜查提取、扣押的物证、书证，是否附有相关笔录、清单，笔录、清单是否经侦查人员、物品持有人、见证人签名，没有物品持有人签名的，是否注明原因；物品的名称、特征、数量、质量等是否注明清楚。

（3）物证、书证在收集、保管、鉴定过程中是否受损或者改变。

（4）物证、书证与案件事实有无关联；对现场遗留与犯罪有关的具备鉴定条件的血迹、体液、毛发、指纹等生物样本、痕迹、物品，是否已作 DNA 鉴定、指纹鉴定等，并与被告人或者被害人的相应生物检材、生物特征、物品等比对。

（5）与案件事实有关联的物证、书证是否全面收集。

对于上述内容，把握住全面、细致审查的原则予以理解即可，无须逐项记忆。

2. 判断规则

（1）原物、原件优先

据以定案的物证应当是原物。原物不便搬运，不易保存，依法应当由有关部门保管、处理，或者依法应当返还的，可以拍摄、制作足以反映原物外形和特征的照片、录像、复制品。物证的照片、录像、复制品，不能反映原物的外形和特征的，不得作为定案的根据。物证的照片、录像、复制品，经与原物核对无误、经鉴定为真实或者以其他方式确认为真实的，可以作为定案的根据。

据以定案的书证应当是原件。取得原件确有困难的，可以使用副本、复制件。书证有更改或者更改迹象不能作出合理解释，或者书证的副本、复制件不能反映原件及其内容的，不得作为定案的根据。书证的副本、复制件，经与原件核对无误、经鉴定为真实或者以其他方式确认为真实的，可以作为定案的根据。

（2）非法证据排除及瑕疵证据的补正

收集物证、书证不符合法定程序，可能严重影响司法公正的，应当予以补正或者不能作出合理解释；不能补正或者作出合理解释的，对该证据应当予以排除。

在勘验、检查、搜查过程中提取、扣押的物证、书证，未附笔录或者清单，不能证明物证、书证来源的，不得作为定案的根据。物证、书证的收集程序、方式有下列瑕疵，经补正或者作出合理解释的，可以采用：①勘验、检查、搜查、提取笔录或者扣押清单上没有侦查人员、物品持有人、见证人签名，或者对物品的名称、特征、数量、质量等注明不详的；②物证的照片、录像、复制品，书证的副本、复制件未注明与原件核对无异，无复制时间，或者无被收集、调取人签名、盖章的；③物证的照片、录像、复制品，书证的副本、复制件没有制作人关于制作过程和原物、原件存放地点的说明，或者说明中无签名的；④有其他瑕疵的。对物证、书证的来源、收集程序有疑问，不能作出合理解释的，该物证、书证不得作为定案的根据。

上述内容可通过以下表格理解和记忆：

<table>
<tr><td rowspan="10">物证、书证的审查判断</td><td rowspan="5">可以作为定案的根据（不影响真实性的、可修正的瑕疵）。</td><td colspan="2">复制品等经与原物、原件核对无误、经鉴定为真实或者以其他方式确认为真实。</td></tr>
<tr><td rowspan="4">收集程序、方式有瑕疵，经补正或者作出合理解释。</td><td>相关文书中缺少签名或标注不详。</td></tr>
<tr><td>复制品等未注明与原件核对无异，无复制时间或缺少签名、盖章。</td></tr>
<tr><td>复制品等未附相关说明或说明中无签名。</td></tr>
<tr><td>有其他瑕疵。</td></tr>
<tr><td rowspan="5">不能作为定案的根据（根本性缺陷）。</td><td colspan="2">复制品等与原物、原件不符。</td></tr>
<tr><td colspan="2">书证有更改或者更改迹象不能作出合理解释。</td></tr>
<tr><td colspan="2">未附笔录或者清单，不能证明物证、书证来源。</td></tr>
<tr><td colspan="2">对物证、书证的来源、收集程序有疑问，不能作出合理解释的。</td></tr>
<tr><td colspan="2">收集物证、书证不符合法定程序，可能严重影响司法公正，不能补正或者不能作出合理解释的。</td></tr>
</table>

例 1 关于证据的审查判断，下列哪一说法是正确的？

D. 搜查获得的杀人案凶器，未附搜查笔录，不能证明该凶器来源，一律不得采信

提示：选项 D 正确。

（二）证人证言、被害人陈述的审查判断

1. 审查重点

对证人证言应当着重审查以下内容：①证言的内容是否为证人直接感知；②证人作证时的年龄，认知、记忆和表达能力，生理和精神状态是否影响作证；③证人与案件当事人、案件处理结果有无利害关系；④询问证人是否个别进行；⑤询问笔录的制作、修改是否符合法律、有关规定，是否注明询问的起止时间和地点，首次询问时是否告知证人有关作证的权利义务和法律责任，证人对询问笔录是否核对确认；⑥询问未成年证人时，是否通知其法定代理人或者有关人员到场，其法定代理人或者有关人员是否到场；⑦证人证言有无以暴力、威胁等非法方法收集的情形；⑧证言之间以及与其他证据之间能否相互印证，有无矛盾。

对上述规定把握住全面、细致审查的原则予以理解即可，无须逐项记忆。

2. 判断规则

（1）生理上、精神上有缺陷或者年幼，不能辨别是非、不能正确表达的人，不能做证人。对此规定的理解需要注意，生理上、精神上有缺陷或者年幼的人并非必然丧失证人资格，只有因生理上、精神上有缺陷或者年幼，导致不能辨别是非、不能正确表达的，才不能做证人。

（2）处于明显醉酒、中毒或者麻醉等状态，不能正常感知或者正确表达的证人所提供的证言，不得作为证据使用。

（3）证人的猜测性、评论性、推断性的证言，不得作为证据使用，但根据一般生活经验判断符合事实的除外。此规定即为我国的意见证据规则。

（3）采用暴力、威胁以及非法限制人身自由等非法方法收集的证人证言、被害人陈述，应当予以排除。

（4）证人证言具有下列情形之一的，不得作为定案的根据：①询问证人没有个别进行

的；②书面证言没有经证人核对确认的；③询问聋、哑人，应当提供通晓聋、哑手势的人员而未提供的；④询问不通晓当地通用语言、文字的证人，应当提供翻译人员而未提供的。

（5）证人证言的收集程序、方式有下列瑕疵，经补正或者作出合理解释的，可以采用；不能补正或者作出合理解释的，不得作为定案的根据：①询问笔录没有填写询问人、记录人、法定代理人姓名以及询问的起止时间、地点的；②询问地点不符合规定的；③询问笔录没有记录告知证人有关作证的权利义务和法律责任的；④询问笔录反映出在同一时段，同一询问人员询问不同证人的。

（6）下列证据应当慎重使用，有其他证据印证的，可以采信：①生理上、精神上有缺陷，对案件事实的认知和表达存在一定困难，但尚未丧失正确认知、表达能力的被害人、证人和被告人所作的陈述、证言和供述；②与被告人有亲属关系或者其他密切关系的证人所作的有利于被告人的证言，或者与被告人有利害冲突的证人所作的不利于被告人的证言。此规定属于我国的补强证据规则。

（7）证人当庭作出的证言，经控辩双方质证、法庭查证属实的，应当作为定案的根据。证人当庭作出的证言与其庭前证言矛盾，证人能够作出合理解释，并有相关证据印证的，应当采信其庭审证言；不能作出合理解释，而其庭前证言有相关证据印证的，可以采信其庭前证言。经人民法院通知，证人没有正当理由拒绝出庭或者出庭后拒绝作证，法庭对其证言的真实性无法确认的，该证人证言不得作为定案的根据。

上述内容可通过下表理解和记忆：

<table>
<tr><td rowspan="17">证人证言、被害人陈述的审查判断</td><td rowspan="9">不能作为定案的根据</td><td colspan="2">生理上、精神上有缺陷或者年幼，不能辨别是非、不能正确表达的人所作的陈述。</td></tr>
<tr><td colspan="2">处于明显醉酒、中毒或者麻醉等状态，不能正常感知或者正确表达的证人所提供的证言。</td></tr>
<tr><td colspan="2">猜测性、评论性、推断性的证言（根据一般生活经验判断符合事实的除外）。</td></tr>
<tr><td colspan="2">经人民法院通知，证人没有正当理由拒绝出庭或者出庭后拒绝作证，法庭对其证言的真实性无法确认的。</td></tr>
<tr><td rowspan="5">取证方式严重违法。</td><td>采用暴力、威胁以及非法限制人身自由等非法方法取证。</td></tr>
<tr><td>询问证人没有个别进行的。</td></tr>
<tr><td>书面证言没有经证人核对确认的。</td></tr>
<tr><td>询问聋、哑人，应当提供通晓聋、哑手势的人员而未提供的。</td></tr>
<tr><td>询问不通晓当地通用语言、文字的证人，应提供翻译人员而未提供。</td></tr>
<tr><td rowspan="8">可以作为定案的根据</td><td rowspan="4">取证方式有瑕疵，可补正或作出合理解释。</td><td>询问笔录没有填写询问人、记录人、法定代理人姓名以及询问的起止时间、地点的。</td></tr>
<tr><td>询问地点不符合规定的。</td></tr>
<tr><td>询问笔录没有记录告知证人有关作证的权利义务和法律责任。</td></tr>
<tr><td>询问笔录反映出在同一时段，同一询问人员询问不同证人的。</td></tr>
<tr><td rowspan="2">庭审证言与庭前证言矛盾。</td><td>出庭证人能够作出合理解释，并有相关证据印证，应当采信庭审证言。</td></tr>
<tr><td>出庭证人不能做出合理解释，而庭前证言有相关证据印证，可以采信庭前证言。</td></tr>
<tr><td rowspan="2">慎重使用，有其他证据印证的，可以采信。</td><td>生理上、精神上有缺陷，对案件事实的认知和表达存在一定困难，但尚未丧失正确认知、表达能力的被害人、证人和被告人所作的陈述、证言和供述。</td></tr>
<tr><td>与被告人有亲属关系或者其他密切关系的证人所作的有利被告人的证言，或者与被告人有利害冲突的证人所作的不利被告人的证言。</td></tr>
</table>

例 2 关于证据的审查判断，下列哪一说法是正确的?

A. 被害人有生理缺陷，对案件事实的认知和表达存在一定困难，故其陈述在任何情况下都不得采信

B. 与被告人有利害冲突的证人提供的对被告人不利的证言，在任何情况下都不得采信

提示： 这两个选项均为错误选项，生理上、精神上有缺陷，对案件事实的认知和表达存在一定困难，但尚未丧失正确认知、表达能力的被害人所作的陈述，与被告人有利害冲突的证人提供的对被告人不利的证言，均应慎重使用，但并非在任何情况下都不得采信，有其他证据印证的，可以采信。

(三) 犯罪嫌疑人、被告人供述的审查判断

1. 审查重点

对被告人供述和辩解应当着重审查以下内容：①讯问的时间、地点，讯问人的身份、人数以及讯问方式等是否符合法律、有关规定；②讯问笔录的制作、修改是否符合法律、有关规定，是否注明讯问的具体起止时间和地点，首次讯问时是否告知被告人相关权利和法律规定，被告人是否核对确认；③讯问未成年被告人时，是否通知其法定代理人或者有关人员到场，其法定代理人或者有关人员是否到场；④被告人的供述有无以刑讯逼供等非法方法收集的情形；⑤被告人的供述是否前后一致，有无反复以及出现反复的原因；被告人的所有供述和辩解是否均已随案移送；⑥被告人的辩解内容是否符合案情和常理，有无矛盾；⑦被告人的供述和辩解与同案被告人的供述和辩解以及其他证据能否相互印证，有无矛盾。对于上述内容把握住全面、细致审查的原则予以理解即可，无须逐项记忆。

必要时，可以调取讯问过程的录音录像、被告人进出看守所的健康检查记录、笔录，并结合录音录像、记录、笔录对上述内容进行审查。

2. 判断规则

被告人供述具有下列情形之一的，不得作为定案的根据：①讯问笔录没有经被告人核对确认的；②讯问聋、哑人，应当提供通晓聋、哑手势的人员而未提供的；③讯问不通晓当地通用语言、文字的被告人，应当提供翻译人员而未提供的。

讯问笔录有下列瑕疵，经补正或者作出合理解释的，可以采用；不能补正或者作出合理解释的，不得作为定案的根据：①讯问笔录填写的讯问时间、讯问人、记录人、法定代理人等有误或者存在矛盾的；②讯问人没有签名的；③首次讯问笔录没有记录告知被讯问人相关权利和法律规定的。

<table>
<tr><td rowspan="6">供述的审查判断</td><td rowspan="3">不得作为定案的根据。</td><td>讯问笔录没有经被告人核对确认的。</td></tr>
<tr><td>讯问聋、哑人，应当提供通晓聋、哑手势的人员而未提供的。</td></tr>
<tr><td>讯问不通晓当地通用语言、文字的被告人，应提供翻译人员而未提供。</td></tr>
<tr><td rowspan="3">讯问笔录有瑕疵，可补正或作出合理解释。</td><td>讯问笔录填写的讯问时间、讯问人、记录人、法定代理人等有误或者存在矛盾的。</td></tr>
<tr><td>讯问人没有签名的。</td></tr>
<tr><td>首次讯问笔录没有记录告知被讯问人相关权利和法律规定的。</td></tr>
</table>

审查被告人供述和辩解，应当结合控辩双方提供的所有证据以及被告人的全部供述和辩解进行。被告人庭审中翻供，但不能合理说明翻供原因或者其辩解与全案证据矛盾，而其庭前供述与其他证据相互印证的，可以采信其庭前供述。被告人庭前供述和辩解存在反复，但庭审中供认，且与其他证据相互印证的，可以采信其庭审供述；被告人庭前供述和辩解存在反复，庭审中不供认，且无其他证据与庭前供述印证的，不得采信其庭前供述。可见，究竟是采信庭前供述还是庭审供述，主要还是取决于有无其他证据相互印证。

上述规定可通过下表理解和记忆：

庭前供述	庭审供述	条件	后果
被告人庭前供述稳定。	庭审中翻供。	不能合理说明翻供原因或者其辩解与全案证据矛盾，而其庭前供述与其他证据相互印证的。	可以采信其庭前供述。
被告人庭前供述和辩解存在反复。	庭审中不供认。	无其他证据与庭前供述印证的。	不得采信其庭前供述。
	庭审中供认。	且与其他证据相互印证的。	可以采信其庭审供述。

其他内容留待“非法证据排除规则”部分再予讨论。

（四）鉴定人意见的审查判断

1. 审查重点

对鉴定意见应当着重审查以下内容：①鉴定机构和鉴定人是否具有法定资质；②鉴定人是否存在应当回避的情形；③检材的来源、取得、保管、送检是否符合法律、有关规定，与相关提取笔录、扣押物品清单等记载的内容是否相符，检材是否充足、可靠；④鉴定意见的形式要件是否完备，是否注明提起鉴定的事由、鉴定委托人、鉴定机构、鉴定要求、鉴定过程、鉴定方法、鉴定日期等相关内容，是否由鉴定机构加盖司法鉴定专用章并由鉴定人签名、盖章；⑤鉴定程序是否符合法律、有关规定；⑥鉴定的过程和方法是否符合相关专业的规范要求；⑦鉴定意见是否明确；⑧鉴定意见与案件待证事实有无关联；⑨鉴定意见与勘验、检查笔录及相关照片等其他证据是否矛盾；⑩鉴定意见是否依法及时告知相关人员，当事人对鉴定意见有无异议。对上述内容把握住全面、细致审查的原则予以理解即可，无须逐项记忆。

2. 判断规则

鉴定意见具有下列情形之一的，不得作为定案的根据：①鉴定机构不具备法定资质，或者鉴定事项超出该鉴定机构业务范围、技术条件的；②鉴定人不具备法定资质，不具有相关专业技术或者职称，或者违反回避规定的；③送检材料、样本来源不明，或者因污染不具备鉴定条件的；④鉴定对象与送检材料、样本不一致的；⑤鉴定程序违反规定的；⑥鉴定过程和方法不符合相关专业的规范要求的；⑦鉴定文书缺少签名、盖章的；⑧鉴定意见与案件待证事实没有关联的；⑨违反有关规定的其他情形。

记忆要点： 鉴定意见没有补正或者合理解释的情形。

经人民法院通知，鉴定人拒不出庭作证的，鉴定意见不得作为定案的根据。鉴定人由于不能抗拒的原因或者有其他正当理由无法出庭的，人民法院可以根据情况决定延期审理或者重新鉴定。对没有正当理由拒不出庭作证的鉴定人，人民法院应当通报司法行政机关或者有关部门。

上述内容可通过下表理解和记忆：

<table>
<tr><td rowspan="11">鉴定意见的审查判断</td><td rowspan="11">不能作为定案的根据</td><td rowspan="2">主体资格欠缺</td><td>鉴定机构无法定资质或鉴定事项超出该鉴定机构业务范围、技术条件。</td></tr>
<tr><td>鉴定人无法定资质，不具有相关专业技术或职称，或违反回避规定的。</td></tr>
<tr><td rowspan="2">检材样本不可靠</td><td>送检材料、样本来源不明，或者因污染不具备鉴定条件的。</td></tr>
<tr><td>鉴定对象与送检材料、样本不一致的。</td></tr>
<tr><td rowspan="2">程序方法违规</td><td>鉴定程序违反规定的。</td></tr>
<tr><td>鉴定过程和方法不符合相关专业的规范要求的。</td></tr>
<tr><td>文书缺陷</td><td>鉴定文书缺少签名、盖章的。</td></tr>
<tr><td>无关联性</td><td>鉴定意见与案件待证事实没有关联的。</td></tr>
<tr><td>其他</td><td>违反有关规定的其他情形。</td></tr>
<tr><td>不出庭</td><td>经人民法院通知，鉴定人拒不出庭作证的。</td></tr>
</table>

此外，对案件中的专门性问题需要鉴定，但没有法定司法鉴定机构，或者法律、司法解释规定可以进行检验的，可以指派、聘请有专门知识的人进行检验，检验报告可以作为定罪量刑的参考。经人民法院通知，检验人拒不出庭作证的，检验报告不得作为定罪量刑的参考。

例 3 具有特定情形的下列哪些证据不能作为定案的根据？

B. 在做 DNA 检测时送检材料与比对样本属于同一个来源的

提示： 送检材料与样本属于同一个来源意味着其 DNA 检测结果必然是同一的，因此就丧失了 DNA 检测的意义。这说明在检材和样本的来源存在问题，是不可靠的，因此据此检材和样本作出的鉴定意见不能作为定案的根据。

（五）勘验、检查笔录、辨认笔录、侦查实验笔录的审查判断

1. 审查重点

对勘验、检查笔录应当着重审查以下内容：

（1）勘验、检查是否依法进行，笔录的制作是否符合法律、有关规定，勘验、检查人员和见证人是否签名或者盖章；

（2）勘验、检查笔录是否记录了提起勘验、检查的事由，勘验、检查的时间、地点，在场人员、现场方位、周围环境等，现场的物品、人身、尸体等的位置、特征等情况，以及勘验、检查、搜查的过程；文字记录与实物或者绘图、照片、录像是否相符；现场、物品、痕迹等是否伪造、有无破坏；人身特征、伤害情况、生理状态有无伪装或者变化等；

（3）补充进行勘验、检查的，是否说明了再次勘验、检查的原由，前后勘验、检查的情况是否矛盾。

对辨认笔录应当着重审查辨认的过程、方法，以及辨认笔录的制作是否符合有关规定。

对侦查实验笔录应当着重审查实验的过程、方法，以及笔录的制作是否符合有关规定。

对上述规定把握住全面、细致审查的原则予以理解即可，无须逐项记忆。

2. 判断规则

勘验、检查笔录存在明显不符合法律、有关规定的情形，不能作出合理解释或者说明的，不得作为定案的根据。

对辨认笔录应当着重审查辨认的过程、方法，以及辨认笔录的制作是否符合有关规定。辨认笔录具有下列情形之一的，不得作为定案的根据：①辨认不是在侦查人员主持下进行的；②辨认前使辨认人见到辨认对象的；③辨认活动没有个别进行的；④辨认对象没有混杂在具有类似特征的其他对象中，或者供辨认的对象数量不符合规定的；⑤辨认中给辨认人明显暗示或者明显有指认嫌疑的；⑥违反有关规定、不能确定辨认笔录真实性的其他情形。

对侦查实验笔录应当着重审查实验的过程、方法，以及笔录的制作是否符合有关规定。侦查实验的条件与事件发生时的条件有明显差异，或者存在影响实验结论科学性的其他情形的，侦查实验笔录不得作为定案的根据。

此外，《最高人民法院关于适用〈中华人民共和国刑事诉讼法〉的解释》第 67 条第 2 款规定："由于客观原因无法由符合条件的人员担任见证人的，应当在笔录材料中注明情况，并对相关活动进行录像。"这说明没有见证人，但是在笔录材料中注明了情况，并对相关活动进行了录像，那么相关的笔录是可以作为认定案件事实的根据的。

上述规定可通过下表理解和记忆：

不得作为定案的根据	勘验、检查笔录	存在明显不符合法律、有关规定的情形，不能作出合理解释或说明。
	辨认笔录	辨认不是在侦查人员主持下进行的。
		辨认前使辨认人见到辨认对象的。
		辨认活动没有个别进行的。
		辨认对象没有混杂在具有类似特征的其他对象中，或者供辨认的对象数量不符合规定的。
		辨认中给辨认人明显暗示或者明显有指认嫌疑的。
		违反有关规定、不能确定辨认笔录真实性的其他情形。
	侦查实验笔录	侦查实验的条件与事件发生时的条件有明显差异。
		存在影响实验结论科学性的其他情形的。
可采	各种笔录	由于客观原因无法由符合条件的人员担任见证人的，应当在笔录材料中注明情况，并对相关活动进行录像。

例 4　关于证据的审查判断，下列哪一说法是正确的？

C. 公安机关制作的放火案的勘验、检查笔录没有见证人签名，一律不得采信

提示：该选项为错误选项。勘验、检查笔录只有在存在明显不符合法律、有关规定的情形，不能作出合理解释或说明的情况下，才不能采信。对于没有见证人签名的，只要能

作出合理解释或说明，是可以采信的。

（六）视听资料、电子数据的审查判断

1. 审查重点

对视听资料应当着重审查以下内容：①是否附有提取过程的说明，来源是否合法；②是否为原件，有无复制及复制份数；是复制件的，是否附有无法调取原件的原因、复制件制作过程和原件存放地点的说明，制作人、原视听资料持有人是否签名或者盖章；③制作过程中是否存在威胁、引诱当事人等违反法律、有关规定的情形；④是否写明制作人、持有人的身份，制作的时间、地点、条件和方法；⑤内容和制作过程是否真实，有无剪辑、增加、删改等情形；⑥内容与案件事实有无关联。对视听资料有疑问的，应当进行鉴定。

对电子邮件、电子数据交换、网上聊天记录、博客、微博客、手机短信、电子签名、域名等电子数据，应当着重审查以下内容：①是否随原始存储介质移送；在原始存储介质无法封存、不便移动或者依法应当由有关部门保管、处理、返还时，提取、复制电子数据是否由二人以上进行，是否足以保证电子数据的完整性，有无提取、复制过程及原始存储介质存放地点的文字说明和签名；②收集程序、方式是否符合法律及有关技术规范；经勘验、检查、搜查等侦查活动收集的电子数据，是否附有笔录、清单，并经侦查人员、电子数据持有人、见证人签名；没有持有人签名的，是否注明原因；远程调取境外或者异地的电子数据的，是否注明相关情况；对电子数据的规格、类别、文件格式等注明是否清楚；③电子数据内容是否真实，有无删除、修改、增加等情形；④电子数据与案件事实有无关联；⑤与案件事实有关联的电子数据是否全面收集。对电子数据有疑问的，应当进行鉴定或者检验。

对上述规定把握住全面、细致审查的原则予以理解即可，无须逐项记忆。

2. 一般性的判断规则

视听资料、电子数据具有下列情形之一的，不得作为定案的根据：

（1）经审查无法确定真伪的；

（2）制作、取得的时间、地点、方式等有疑问，不能提供必要证明或者作出合理解释的。

（七）其他材料的审查判断

（1）对侦查机关出具的被告人到案经过、抓获经过等材料，应当审查是否有出具该说明材料的办案人、办案机关的签名、盖章。对到案经过、抓获经过或者确定被告人有重大嫌疑的根据有疑问的，应当要求侦查机关补充说明。

（2）证明被告人自首、坦白、立功的证据材料，没有加盖接受被告人投案、坦白、检举揭发等的单位的印章，或者接受人员没有签名的，不得作为定案的根据。对被告人及其辩护人提出有自首、坦白、立功的事实和理由，有关机关未予认定，或者有关机关提出被告人有自首、坦白、立功表现，但证据材料不全的，人民法院应当要求有关机关提供证明材料，或者要求相关人员作证，并结合其他证据作出认定。

（3）证明被告人构成累犯、毒品再犯的证据材料，应当包括前罪的裁判文书、释放证明等材料；材料不全的，应当要求有关机关提供。

三、电子数据收集和审查判断的具体规定

2014 年，最高人民法院、最高人民检察院、公安部联合发布了《关于办理网络犯罪案件适用刑事诉讼程序若干问题的意见》。2016 年，最高人民法院、最高人民检察院、公安部联合发布了《关于办理刑事案件收集提取和审查判断电子数据若干问题的规定》。这两个规定自出台后连考三年，而且考查内容非常细致，现对有关电子数据的收集和审查判决的内容总结如下：

（一）电子数据的收集

1. 一般原则

收集、提取电子数据，应当由二名以上具备相关专业知识的侦查人员进行。取证设备和过程应当符合相关技术标准，并保证所收集、提取的电子数据的完整性、客观性。

2. 原始储存介质的封存

《关于办理网络犯罪案件适用刑事诉讼程序若干问题的意见》第 14 条规定："收集、提取电子数据，能够获取原始存储介质的，应当封存原始存储介质，并制作笔录，记录原始存储介质的封存状态，由侦查人员、原始存储介质持有人签名或者盖章；持有人无法签名或者拒绝签名的，应当在笔录中注明，由见证人签名或者盖章。有条件的，侦查人员应当对相关活动进行录像。"

《关于办理刑事案件收集提取和审查判断电子数据若干问题的规定》第 8 条规定："收集、提取电子数据，能够扣押电子数据原始存储介质的，应当扣押、封存原始存储介质，并制作笔录，记录原始存储介质的封存状态。封存电子数据原始存储介质，应当保证在不解除封存状态的情况下，无法增加、删除、修改电子数据。封存前后应当拍摄被封存原始存储介质的照片，清晰反映封口或者张贴封条处的状况。封存手机等具有无线通信功能的存储介质，应当采取信号屏蔽、信号阻断或者切断电源等措施。"

上述规定中的要点包括以下几个方面：

第一，封存、扣押原始储存介质的优先性，即能够封存、扣押原始储存介质的，应优先选择封存、扣押原始储存介质。

第二，封存、扣押原始储存介质应采取各种手段保障数据的安全性。考生不必详细记忆各种具体的方法、手段，只要把握住这一原则，在选择时把所有能保障相关数据安全性的方法、手段都选上就可以了。

3. 电子数据的提取

关于提取电子数据的条件和方法，《关于办理网络犯罪案件适用刑事诉讼程序若干问题的意见》第 15 条规定："具有下列情形之一，无法获取原始存储介质的，可以提取电子数据，但应当在笔录中注明不能获取原始存储介质的原因、原始存储介质的存放地点等情况，并由侦查人员、电子数据持有人、提供人签名或者盖章；持有人、提供人无法签名或者拒绝签名的，应当在笔录中注明，由见证人签名或者盖章；有条件的，侦查人员应当对相关活动进行录像：（一）原始存储介质不便封存的；（二）提取计算机内存存储的数据、网络传输的数据等不是存储在存储介质上的电子数据的；（三）原始存储介质位于境外的；（四）其他无法获取原始存储介质的情形。"

《关于办理刑事案件收集提取和审查判断电子数据若干问题的规定》第 9 条规定："具

有下列情形之一，无法扣押原始存储介质的，可以提取电子数据，但应当在笔录中注明不能扣押原始存储介质的原因、原始存储介质的存放地点或者电子数据的来源等情况，并计算电子数据的完整性校验值：（一）原始存储介质不便封存的；（二）提取计算机内存数据、网络传输数据等不是存储在存储介质上的电子数据的；（三）原始存储介质位于境外的；（四）其他无法扣押原始存储介质的情形。对于原始存储介质位于境外或者远程计算机信息系统上的电子数据，可以通过网络在线提取。为进一步查明有关情况，必要时，可以对远程计算机信息系统进行网络远程勘验。进行网络远程勘验，需要采取技术侦查措施的，应当依法经过严格的批准手续。”

上述规定中的要点可通过下表理解和记忆：

<table>
<tr><th></th><th colspan="2">条件</th><th colspan="2">保障</th></tr>
<tr><td rowspan="4">电子数据提取</td><td rowspan="4">无法扣押原始存储介质。</td><td>原始存储介质不便封存的。</td><td rowspan="3">在笔录中注明。</td><td>不能扣押原始存储介质的原因。</td></tr>
<tr><td>提取计算机内存数据、网络传输数据等不是存储在存储介质上的电子数据的。</td><td>原始存储介质的存放地点。</td></tr>
<tr><td>原始存储介质位于境外的。</td><td>电子数据的来源等。</td></tr>
<tr><td>其他无法扣押原始存储介质的情形。</td><td colspan="2">计算电子数据的完整性校验值。</td></tr>
</table>

关于收集、提取电子数据的笔录制作，《关于办理网络犯罪案件适用刑事诉讼程序若干问题的意见》第16条规定：“收集、提取电子数据应当制作笔录，记录案由、对象、内容，收集、提取电子数据的时间、地点、方法、过程，电子数据的清单、规格、类别、文件格式、完整性校验值等，并由收集、提取电子数据的侦查人员签名或者盖章。远程提取电子数据的，应当说明原因，有条件的，应当对相关活动进行录像。通过数据恢复、破解等方式获取被删除、隐藏或者加密的电子数据的，应当对恢复、破解过程和方法作出说明。”

《关于办理刑事案件收集提取和审查判断电子数据若干问题的规定》第14条规定：“收集、提取电子数据，应当制作笔录，记录案由、对象、内容、收集、提取电子数据的时间、地点、方法、过程，并附电子数据清单，注明类别、文件格式、完整性校验值等，由侦查人员、电子数据持有人（提供人）签名或者盖章；电子数据持有人（提供人）无法签名或者拒绝签名的，应当在笔录中注明，由见证人签名或者盖章。有条件的，应当对相关活动进行录像。”

《关于办理刑事案件收集提取和审查判断电子数据若干问题的规定》第15条规定：“收集、提取电子数据，应当根据刑事诉讼法的规定，由符合条件的人员担任见证人。由于客观原因无法由符合条件的人员担任见证人的，应当在笔录中注明情况，并对相关活动进行录像。针对同一现场多个计算机信息系统收集、提取电子数据的，可以由一名见证人见证。”

上述规定中有关笔录制作的内容与方法与其他笔录差别不大，考生只需要注意加颜色字部分的内容：第一，不是所有收集、提取电子数据的活动都要进行录像；第二，不是所有收集、提取电子数据的活动都要有见证人；第三，没有见证人的收集、提取电子数据的活动都要进行录像；第四，对同一现场多个计算机信息系统收集、提取电子数据的，可以由一名见证人见证。

4. 电子数据的保全

《关于办理刑事案件收集提取和审查判断电子数据若干问题的规定》第10条规定：“由

于客观原因无法或者不宜依据第八条、第九条的规定收集、提取电子数据的，可以采取打印、拍照或者录像等方式固定相关证据，并在笔录中说明原因。”

5. 电子数据的冻结

《关于办理刑事案件收集提取和审查判断电子数据若干问题的规定》第 11 条规定：“具有下列情形之一的，经县级以上公安机关负责人或者检察长批准，可以对电子数据进行冻结：（一）数据量大，无法或者不便提取的；（二）提取时间长，可能造成电子数据被篡改或者灭失的；（三）通过网络应用可以更为直观地展示电子数据的；（四）其他需要冻结的情形。”

《关于办理刑事案件收集提取和审查判断电子数据若干问题的规定》第 12 条规定：“冻结电子数据，应当制作协助冻结通知书，注明冻结电子数据的网络应用账号等信息，送交电子数据持有人、网络服务提供者或者有关部门协助办理。解除冻结的，应当在三日内制作协助解除冻结通知书，送交电子数据持有人、网络服务提供者或者有关部门协助办理。冻结电子数据，应当采取以下一种或者几种方法：（一）计算电子数据的完整性校验值；（二）锁定网络应用账号；（三）其他防止增加、删除、修改电子数据的措施。”

上述规定可通过下表理解和记忆：

<table>
<tr><td rowspan="9">电子数据的冻结</td><td rowspan="4">条件</td><td>数据量大，无法或者不便提取的。</td></tr>
<tr><td>提取时间长，可能造成电子数据被篡改或者灭失的。</td></tr>
<tr><td>通过网络应用可以更为直观地展示电子数据的。</td></tr>
<tr><td>其他需要冻结的情形。</td></tr>
<tr><td rowspan="2">程序</td><td>经县级以上公安机关负责人或者检察长批准。</td></tr>
<tr><td>制作协助冻结通知书，送交电子数据持有人、网络服务提供者或有关部门协助。</td></tr>
<tr><td rowspan="3">方法</td><td>计算电子数据的完整性校验值。</td></tr>
<tr><td>锁定网络应用账号。</td></tr>
<tr><td>其他防止增加、删除、修改电子数据的措施。</td></tr>
</table>

6. 电子数据的调取

《关于办理刑事案件收集提取和审查判断电子数据若干问题的规定》第 13 条规定：“调取电子数据，应当制作调取证据通知书，注明需要调取电子数据的相关信息，通知电子数据持有人、网络服务提供者或者有关部门执行。”

7. 电子数据的检查等

《关于办理网络犯罪案件适用刑事诉讼程序若干问题的意见》第 18 条规定：“对电子数据涉及的专门性问题难以确定的，由司法鉴定机构出具鉴定意见，或者由公安部指定的机构出具检验报告。”

《关于办理刑事案件收集提取和审查判断电子数据若干问题的规定》第 16 条规定：“对扣押的原始存储介质或者提取的电子数据，可以通过恢复、破解、统计、关联、比对等方式进行检查。必要时，可以进行侦查实验。电子数据检查，应当对电子数据存储介质拆封过程进行录像，并将电子数据存储介质通过写保护设备接入到检查设备进行检查；有条件的，应当制作电子数据备份，对备份进行检查；无法使用写保护设备且无法制作备份的，应当注明原因，并对相关活动进行录像。电子数据检查应当制作笔录，注明检查方法、过程和结果，由有关人员签名或者盖章。进行侦查实验的，应当制作侦查实验笔录，注明侦查实验的条件、经过和结果，由参加实验的人员签名或者盖章。”

《关于办理刑事案件收集提取和审查判断电子数据若干问题的规定》第 17 条规定：“对电子数据涉及的专门性问题难以确定的，由司法鉴定机构出具鉴定意见，或者由公安部指定的机构出具报告。对于人民检察院直接受理的案件，也可以由最高人民检察院指定的机构出具报告。具体办法由公安部、最高人民检察院分别制定。”

上述规定可以通过下表理解和记忆：

<table>
<tr><th></th><th>条件</th><th colspan="2">方法</th></tr>
<tr><td rowspan="8">电子数据的检查等</td><td rowspan="4"></td><td rowspan="4">检查。</td><td>对电子数据存储介质拆封过程进行录像。</td></tr>
<tr><td>将电子数据存储介质通过写保护设备接入到检查设备进行检查。</td></tr>
<tr><td>有条件的，应当制作电子数据备份，对备份进行检查。</td></tr>
<tr><td>无法使用写保护设备且无法制作备份的，应当注明原因，并对相关活动进行录像。</td></tr>
<tr><td>必要时。</td><td>侦查实验。</td><td></td></tr>
<tr><td rowspan="2">对专门性问题难以确定。</td><td rowspan="2">鉴定。</td><td>由司法鉴定机构出具鉴定意见。</td></tr>
<tr><td>由公安部指定的机构出具报告。</td></tr>
</table>

（二）电子数据的移送和展示

1. *电子数据的移送*

关于电子数据的移送内容与方式，《关于办理网络犯罪案件适用刑事诉讼程序若干问题的意见》第 17 条规定：“收集、提取的原始存储介质或者电子数据，应当以封存状态随案移送，并制作电子数据的复制件一并移送。对文档、图片、网页等可以直接展示的电子数据，可以不随案移送电子数据打印件，但应当附有展示方法说明和展示工具；人民法院、人民检察院因设备等条件限制无法直接展示电子数据的，公安机关应当随案移送打印件。对侵入、非法控制计算机信息系统的程序、工具以及计算机病毒等无法直接展示的电子数据，应当附有电子数据属性、功能等情况的说明。对数据统计数量、数据同一性等问题，公安机关应当出具说明。”

《关于办理刑事案件收集提取和审查判断电子数据若干问题的规定》第 18 条规定：“收集、提取的原始存储介质或者电子数据，应当以封存状态随案移送，并制作电子数据的备份一并移送。对网页、文档、图片等可以直接展示的电子数据，可以不随案移送打印件；人民法院、人民检察院因设备等条件限制无法直接展示电子数据的，侦查机关应当随案移送打印件，或者附展示工具和展示方法说明。对冻结的电子数据，应当移送被冻结电子数据的清单，注明类别、文件格式、冻结主体、证据要点、相关网络应用账号，并附查看工具和方法的说明。”

《关于办理刑事案件收集提取和审查判断电子数据若干问题的规定》第 19 条规定：“对侵入、非法控制计算机信息系统的程序、工具以及计算机病毒等无法直接展示的电子数据，应当附电子数据属性、功能等情况的说明。对数据统计量、数据同一性等问题，侦查机关应当出具说明。”

上述内容可通过下表理解和记忆：

<table>
<tr><td rowspan="6">电子数据的移送</td><td colspan="3" rowspan="2">一般的电子数据</td><td>以封存状态随案移送。</td></tr>
<tr><td>制作复制件一并移送。</td></tr>
<tr><td rowspan="3">可直接展示的电子数据。</td><td colspan="2">一般情况下</td><td>可以不随案移送电子数据打印件，但应当附有展示方法说明和展示工具。</td></tr>
<tr><td rowspan="2">因故无法直接展示。</td><td>设备等条件限制。</td><td>应随案移送打印件或附展示工具和方法说明。</td></tr>
<tr><td>是侵入、非法控制计算机信息系统的程序、工具及病毒等。</td><td>应当附电子数据属性、功能等情况的说明。对数据统计量、数据同一性等问题，应当出具说明。</td></tr>
<tr><td colspan="3">冻结的电子数据。</td><td>移送被冻结电子数据的清单，并附查看工具和方法的说明。</td></tr>
</table>

此外，《关于办理刑事案件收集提取和审查判断电子数据若干问题的规定》第 20 条规定：“公安机关报请人民检察院审查批准逮捕犯罪嫌疑人，或者对侦查终结的案件移送人民检察院审查起诉的，应当将电子数据等证据一并移送人民检察院。人民检察院在审查批准逮捕和审查起诉过程中发现应当移送的电子数据没有移送或者移送的电子数据不符合相关要求的，应当通知公安机关补充移送或者进行补正。对于提起公诉的案件，人民法院发现应当移送的电子数据没有移送或者移送的电子数据不符合相关要求的，应当通知人民检察院。公安机关、人民检察院应当自收到通知后三日内移送电子数据或者补充有关材料。”

2. 电子数据的展示

《关于办理刑事案件收集提取和审查判断电子数据若干问题的规定》第 21 条规定：“控辩双方向法庭提交的电子数据需要展示的，可以根据电子数据的具体类型，借助多媒体设备出示、播放或者演示。必要时，可以聘请具有专门知识的人进行操作，并就相关技术问题作出说明。”

（三）电子数据的审查判断

《关于办理刑事案件收集提取和审查判断电子数据若干问题的规定》第 6 条规定：“初查过程中收集、提取的电子数据，以及通过网络在线提取的电子数据，可以作为证据使用”

《关于办理刑事案件收集提取和审查判断电子数据若干问题的规定》第 27 条规定：“电子数据的收集、提取程序有下列瑕疵，经补正或者作出合理解释的，可以采用；不能补正或者作出合理解释的，不得作为定案的根据：（一）未以封存状态移送的；（二）笔录或者清单上没有侦查人员、电子数据持有人（提供人）、见证人签名或者盖章的；（三）对电子数据的名称、类别、格式等注明不清的；（四）有其他瑕疵的。”

《关于办理刑事案件收集提取和审查判断电子数据若干问题的规定》第 28 条规定：“电子数据具有下列情形之一的，不得作为定案的根据：（一）电子数据系篡改、伪造或者无法确定真伪的；（二）电子数据有增加、删除、修改等情形，影响电子数据真实性的；（三）其他无法保证电子数据真实性的情形。”

上述规定可以通过下表理解和记忆：

<table>
<tr><td rowspan="8">电子数据的审查判断</td><td rowspan="5">可以作为证据使用。</td><td colspan="2">初查过程中收集、提取的电子数据，以及通过网络在线提取的电子数据。</td></tr>
<tr><td rowspan="4">收集、提取程序有不影响电子数据真实性的瑕疵，经补正或作出合理解释的。</td><td>未以封存状态移送的。</td></tr>
<tr><td>笔录或者清单上没有侦查人员、电子数据持有人（提供人）、见证人签名或者盖章的。</td></tr>
<tr><td>对电子数据的名称、类别、格式等注明不清的。</td></tr>
<tr><td>有其他瑕疵的。</td></tr>
<tr><td rowspan="3">不得作为定案根据。</td><td rowspan="3">影响电子数据真实性的根本性缺陷。</td><td>电子数据系篡改、伪造或者无法确定真伪的。</td></tr>
<tr><td>电子数据有增加、删除、修改等情形，影响电子数据真实性的。</td></tr>
<tr><td>其他无法保证电子数据真实性的情形。</td></tr>
</table>

四、刑事证据的运用

（一）口供的运用规则

对一切案件的判处都要重证据，重调查研究，不轻信口供。只有被告人供述，没有其他证据的，不能认定被告人有罪和处以刑罚；没有被告人供述，证据确实、充分的，可以认定被告人有罪和处以刑罚。

根据被告人的供述、指认提取到了隐蔽性很强的物证、书证，且被告人的供述与其他证明犯罪事实发生的证据相互印证，并排除串供、逼供、诱供等可能性的，可以认定被告人有罪。

（二）间接证据的运用规则

没有直接证据，但间接证据同时符合下列条件的，可以认定被告人有罪：①证据已经查证属实；②证据之间相互印证，不存在无法排除的矛盾和无法解释的疑问；③全案证据已经形成完整的证明体系；④根据证据认定案件事实足以排除合理怀疑，结论具有唯一性；⑤运用证据进行的推理符合逻辑和经验。

（三）被告人是否达到法定责任年龄的认定规则

审查被告人实施被指控的犯罪时或者审判时是否达到相应法定责任年龄，应当根据户籍证明、出生证明文件、学籍卡、人口普查登记、无利害关系人的证言等证据综合判断。证明被告人已满 14 周岁、16 周岁、18 周岁或者不满 75 周岁的证据不足的，应当认定被告人不满 14 周岁、不满 16 周岁、不满 18 周岁或者已满 75 周岁。

例 5 下列案件能够作出有罪认定的是哪一选项？

A. 甲供认自己强奸了乙，乙否认，该案没有其他证据

B. 甲指认乙强奸了自己，乙坚决否认，该案没有其他证据

C. 某单位资金 30 万元去向不明，会计说局长用了，局长说会计用了，该案没有其他证据

D. 甲乙二人没有通谋，各自埋伏，几乎同时向丙开枪，后查明丙身中一弹，甲乙对各自犯罪行为供认不讳，但收集到的证据无法查明这一枪到底是谁打中的。

提示： 选项A、B、C中均只有被告人供述，没有其他证据，不能认定被告人有罪和处以刑罚。

第三节　刑事证据的分类

命题分析

"刑事证据的分类"中，"有罪证据与无罪证据"的分类多年没有考过，"言辞证据与实物证据""原始证据与传来证据""直接证据与间接证据"的分类考查过多次，而且后两组证据分类经常被放在一起考查。

从考查形式和内容来看，考查方式均为小案例，要求考生找出选项中的某类证据，或者找出同时属于两类证据的证据。没有考查过各类证据的具体运用。

从考查趋势来看，"原始证据与传来证据""直接证据与间接证据"再次被考查的可能性仍然很大。

知识点精讲

一、原始证据与传来证据

原始证据和传来证据的划分比较简单，它们是以证据材料的来源不同为依据来分类的。

凡是来自原始出处，即直接来源于案件事实的证据材料，是原始证据。例如，被害人对自己受害经过的陈述、犯罪嫌疑人、被告人对自己罪行的供述、证人根据自己看到和直接听到的事实所提供的证言、书证的原件、物证的原物等。

凡非直接来源于案件事实，而是经过中间环节中转后形成的证据，是传来证据。分析某个证据是原始证据还是传来证据的一个比较简单的方法就是看其在侦查人员收集该证据之前有没有经过中转环节（侦查人员收集证据的行为不能算作中转环节），如证人根据从别人处听到的情况所作的转述、物证的复制品、书证的复印件等。

> **注意：** 不要简单地把复印件、复制品当然地视为传来证据。比如，在案发现场找到的印制的大量反动宣传的传单，这些传单均是复印件，但并没有经过中转环节，而是直接来源于案件事实，所以也是原始证据。

二、言词证据与实物证据

根据证据的表现形式不同，可以将证据分为言词证据和实物证据。

凡是表现为人的陈述，即以言词作为表现形式的证据，是言词证据：证人证言、被害人陈述、犯罪嫌疑人、被告人供述和辩解、鉴定意见。此外，辨认笔录、侦查实验笔录通常也属于言词证据。

凡是以实物作为表现形式的证据，是实物证据，如物证、书证、勘验、检查笔录、视听资料、电子数据。

> **注意：**鉴定意见虽然经常表现为实物的形式，但属于言词证据（鉴定人的意见）。此外，联系前述行政机关在行政执法过程中搜集的实物证据可以直接在刑事诉讼中作为证据使用，但言词证据须转化后方能使用。

三、直接证据与间接证据

（一）直接证据与间接证据的划分

直接证据和间接证据的划分相对复杂些，它们是以证据与案件主要事实之间的证明关系为划分依据的。所谓“案件主要事实”，就是指有无犯罪事实和犯罪事实是否为嫌疑人所为。所谓“证明关系”，是指证据的证明内容与案件主要事实的关系，也即其证明内容是能够单独、直接地反映案件的主要事实，还是仅仅只能反映其中的某一方面，需要与其他证据相结合才能推断出案件的主要事实。

直接证据可分为肯定的直接证据和否定的直接证据。肯定的直接证据要包含两个要素：第一，存在犯罪事实（事）；第二，犯罪事实为某嫌疑人所为（人）。其证明内容是“谁实施了什么犯罪”。例如，被害人指认犯罪分子的陈述；犯罪嫌疑人、被告人对犯罪事实的供述；现场目击者指认犯罪分子并陈述犯罪事实的证言；记载有犯罪人和犯罪事实的书证或视听资料等。否定的直接证据只要否定其中一个要素即可。其证明内容是“不存在犯罪事实”（无事）或者“犯罪事实非某嫌疑人所为”（非此人）。例如，确定没有发生犯罪的勘验笔录，犯罪嫌疑人、被告人对犯罪的否认等。

间接证据则不能单独、直接地反映案件的主要事实，既不能直接证明是谁实施了什么犯罪事实，也不能直接证明不存在犯罪事实或者犯罪事实不是犯罪嫌疑人所为，其只能反映出案件事实的某一个方面，必须结合其他证据才能推断出案件的主要事实。例如，反映犯罪嫌疑人、被告人到过现场，但无法反映出其实施了犯罪行为的物品、痕迹；反映犯罪动机、目的的书证；反映发生了犯罪，但无法反映犯罪人是谁的勘验笔录等。

（二）直接证据“能够单独地、直接地证明案件主要事实”与“孤证不能定案”

各种教材对直接证据的定义都是“能够单独地、直接地证明案件主要事实”，可能会有考生困惑于这有违“孤证不能定案”的原则。

事实上，这里的“能够单独地、直接地证明案件主要事实”是就其证明内容所包含的要素而言的，与证据的真伪无关。只要证据本身直观地表达了谁实施了什么犯罪事实，或者不存在犯罪事实，或者犯罪事实不是某人所为，它就是直接证据，无论真伪。

“孤证不能定案”涉及证据的真伪问题，是指任何证据都要有其他证据与之相印证，才能作为定案的根据。直接证据要想成为定案根据，也必须有其他证据的印证。但这种“印证”与间接证据需要与其他证据相结合才能推断出案件主要事实的“结合”是完全不同的。前者是为了保障直接证据的可靠性，后者是为了弥补间接证据证明内容的不完整性。无论是直接证据还是间接证据，都要依靠其他证据的印证来证明其可靠性。不同的是，直接证据一旦被印证为可靠，即可直接对是否存在犯罪事实及谁实施了犯罪事实得出肯定或否定的结论，间接证据即便被印证为可靠，也无法直接得出这一结论。

（三）直接证据与间接证据、原始证据与传来证据的易混淆点解析

直接证据与间接证据的划分是以其证明内容与案件主要事实之间的关系为划分依据的，与证据的来源是直接的还是间接的没有关系。

由于各种教材对原始证据的解释中都有“直接”的字眼儿，即“直接来源于案件事实”，而对传来证据的解释中都有“间接”的字眼，即“从间接的非第一来源获得”，这导致考生容易将直接证据和间接证据的划分与原始证据和传来证据的划分弄混，认为直接证据就是直接来源于案件事实的证据，间接证据就是非直接来源于案件事实的证据。其实直接证据与间接证据与案件的来源无关，它们都既有可能是原始证据，也有可能是传来证据。

例 1　张某伪造、变造国家机关公文、证件、印章案的下列哪一证据既属于言词证据，又属于间接证据？

A. 用于伪造、变造国家机关公文、证件、印章的设备、工具

B. 伪造、变造的国家机关公文、证件、印章

C. 张某关于实施伪造、变造行为的供述

D. 判别国家机关公文、证件、印章真伪的鉴定结论

提示：选项 A、B 中的证据均属于间接证据和实物证据。选项 C 中的证据反映了谁实施了什么犯罪，属于直接证据。选项 D 中的鉴定意见是鉴定人就专门性问题发表的意见，而且一旦鉴定人出庭就要以言辞方式提出鉴定意见，因此鉴定意见在本质上属于言词证据。判别国家机关公文、证件、印章真伪的鉴定意见只能反映存在犯罪事实，不能反映犯罪事实系谁所为，因此为间接证据。

例 2　下列哪一选项既属于原始证据，又属于间接证据？

A. 被告人丁某承认伤害被害人的供述

B. 证人王某陈述看到被告人丁某在案发现场擦拭手上血迹的证言

C. 证人李某陈述被害人向他讲过被告人丁某伤害她的经过

D. 被告人丁某精神病鉴定结论的抄本

提示：选项 A 中的证据为原始证据、直接证据。选项 C 中的证据为传来证据、直接证据。选项 D 中的抄本非原件，属于传来证据。如其内容为丁某完全丧失辨认和控制能力，则丁某不负刑事责任，其所实施的行为虽然具有危害后果，但不属于犯罪行为，相当于否定犯罪事实的存在，属于否定性的直接证据。如其内容为丁某并未完全丧失辨认和控制能力，则只能证明丁某具有刑事责任能力，而不能证明其实施了犯罪行为，为间接证据。对于选项 B，从来源看，被告人丁某在案发现场擦拭血迹是证人王某直接接触案件而得来的证言，而非对他人陈述的转述，因此是原始证据，而非传来证据。从内容看，其证明内容仅为丁某在现场擦拭血迹，而非实施犯罪行为，至于其是否实施了犯罪行为，还需要结合其他证据才能推断，因而是间接证据，而非直接证据。

例3 甲致乙重伤，收集到下列证据，其中既属于直接证据，又属于原始证据的是哪一项？

A. 有被害人血迹的匕首

B. 证人看到甲身上有血迹，从现场走出的证言

C. 匕首上留下的指印与甲的指纹同一的鉴定结论

D. 乙对甲伤害自己过程的陈述

提示：选项A、B、C均为原始证据，同时均为间接证据。它们均无法单独、直接证明甲伤害了乙，而只有与其他证据相结合才能作出推断。选项D正确。

例4 下列哪些选项属于实物证据？

A. 杀人案中现场看验笔录

B. 贪污案中证明贪污数额的账册

C. 强奸案汇总证明被害人精神状态的鉴定结论（意见）

D. 伤害案中证明伤害发生过程情况的监控录像

提示：关键是注意鉴定意见属于言词证据。

第八章 证据规则

第一节 非法证据排除规则

重要法条及司法解释

一、非法证据排除的范围

《刑事诉讼法》第 56 条第 1 款。

《最高人民法院关于适用〈中华人民共和国刑事诉讼法〉的解释》第 95 条。

《关于办理刑事案件严格排除非法证据若干问题的规定》第 2~7 条。

二、非法证据排除的程序

《关于办理刑事案件严格排除非法证据若干问题的规定》第 14~18、23~40 条。

《人民检察院刑事诉讼规则（试行）》第 378 条。

《人民检察院刑事诉讼规则（试行）》第 379 条。

命题分析

“非法证据排除规则”可以说是近十余年来最热的考点，可谓刑事诉讼法的“重中之重”。从考查内容来看，涉及非法证据排除规则理解与适用的各个方面，包括该规则的功能、排除范围、适用程序等。从考查趋势来看，2017 年 6 月，最高人民法院、最高人民检察院、公安部、国家安全部、司法部联合发布了《关于办理刑事案件严格排除非法证据若干问题的规定》，近年已多次考查，接下来几年命制题目的可能性仍然极大，考生须高度重视。

知识点精讲

一、非法证据排除的范围

非法证据是一个含义较广的概念，严格来说，只要是通过违反法律规定的方式取得的证据都属于非法证据。但是，出于价值平衡的考虑，被排除的非法证据往往只是那些违法取证情况比较严重的证据。《刑事诉讼法》所规定的非法证据的排除范围是比较窄的，后来的《最高人民法院关于适用〈中华人民共和国刑事诉讼法〉的解释》《关于建立健全防范刑事冤假错案工作机制的意见》等扩大了这一范围。目前，关于非法证据排除范围的最新规定是 2017 年 6 月发布的《关于办理刑事案件严格排除非法证据若干问题的规定》（2017）。

（一）非法证据排除的范围

《刑事诉讼法》第54条第1款规定：“采用刑讯逼供等非法方法收集的犯罪嫌疑人、被告人供述和采用暴力、威胁等非法方法收集的证人证言、被害人陈述，应当予以排除。收集物证、书证不符合法定程序，可能严重影响司法公正的，应当予以补正或者作出合理解释；不能补正或者作出合理解释的，对该证据应当予以排除。”

《最高人民法院关于适用〈中华人民共和国刑事诉讼法〉的解释》第95条规定：“使用肉刑或者变相肉刑，或者采用其他使被告人在肉体上或者精神上遭受剧烈疼痛或者痛苦的方法，迫使被告人违背意愿供述的，应当认定为刑事诉讼法第五十四条规定的‘刑讯逼供等非法方法’。认定刑事诉讼法第五十四条规定的‘可能严重影响司法公正’，应当综合考虑收集物证、书证违反法定程序以及所造成后果的严重程度等情况。”

《关于办理刑事案件严格排除非法证据若干问题的规定》（2017）第2条规定：“采取殴打、违法使用戒具等暴力方法或者变相肉刑的恶劣手段，使犯罪嫌疑人、被告人遭受难以忍受的痛苦而违背意愿作出的供述，应当予以排除。”

《关于办理刑事案件严格排除非法证据若干问题的规定》（2017）第3条规定：“采用以暴力或者严重损害本人及其近亲属合法权益等进行威胁的方法，使犯罪嫌疑人、被告人遭受难以忍受的痛苦而违背意愿作出的供述，应当予以排除。”

《关于办理刑事案件严格排除非法证据若干问题的规定》（2017）第4条规定：“采用非法拘禁等非法限制人身自由的方法收集的犯罪嫌疑人、被告人供述，应当予以排除。”

《关于办理刑事案件严格排除非法证据若干问题的规定》（2017）第6条规定：“采用暴力、威胁以及非法限制人身自由等非法方法收集的证人证言、被害人陈述，应当予以排除。”

《关于办理刑事案件严格排除非法证据若干问题的规定》（2017）第7条规定：“收集物证、书证不符合法定程序，可能严重影响司法公正的，应当予以补正或者作出合理解释；不能补正或者作出合理解释的，对有关证据应当予以排除。”

上述规定可通过下表理解和记忆：

<table>
<tr><th></th><th>种类</th><th>手段</th><th>内容</th><th>程度要求</th></tr>
<tr><td rowspan="7">非法证据的排除范围</td><td rowspan="3">犯罪嫌疑人、被告人供述</td><td>暴力方法或变相肉刑。</td><td>采取殴打、违法使用戒具等暴力方法或者变相肉刑的恶劣手段。</td><td rowspan="2">使犯罪嫌疑人、被告人遭受难以忍受的痛苦而违背意愿作出供述。</td></tr>
<tr><td>威胁。</td><td>以暴力或严重损害本人及其近亲属合法权益等进行威胁。</td></tr>
<tr><td>非法限制人身自由。</td><td>非法拘禁等。</td><td></td></tr>
<tr><td rowspan="3">证人证言、被害人陈述</td><td>暴力。</td><td rowspan="3"></td><td rowspan="3"></td></tr>
<tr><td>威胁。</td></tr>
<tr><td>非法限制人身自由等。</td></tr>
<tr><td>物证、书证</td><td colspan="2">不符合法定程序，可能严重影响司法公正，不能补正或作出合理解释。</td><td>综合考虑违反法定程序及所造成后果的严重程度等。</td></tr>
</table>

通过表格比较上述规定，可以得出如下的结论：

（1）对非法取得的证人证言、被害人陈述的排除范围最广。首先，会导致证人证言、被害人陈述被排除的非法取证行为除了暴力、威胁或非法限制人身自由以外，还包括“等”，也即通过其他非法方法取得的证人证言、被害人陈述也要被予以排除。其次，凡是采取了暴力、威胁或非法限制人身自由等非法方法取得的证人证言、被害人陈述，都要予以排除，对暴力所达到的程度、威胁的内容等，没有特别的要求。

（2）对非法取得的犯罪嫌疑人、被告人供述的排除范围要小于前者。首先，会导致犯罪嫌疑人、被告人供述被排除的非法取证行为仅限于暴力（暴力方法或变相肉刑）、威胁、非法限制人身自由，不包括其他方法。其次，对暴力的程度、威胁的内容都有要求，只有“采取殴打、违法使用戒具等暴力方法或者变相肉刑的恶劣手段”“以暴力或严重损害本人及其近亲属合法权益等进行威胁”，且达到了“使犯罪嫌疑人、被告人遭受到难以忍受的痛苦而违背意愿”作出的供述才会被排除。最后，对采用限制人身自由的方法所取得的供述的排除，要求对人身自由的限制达到类似于非法拘禁的程度，但并不要求达到使犯罪嫌疑人、被告人遭受到难以忍受的痛苦而违背意愿供述的程度。

（3）对非法取得的物证、书证的排除范围最窄。要同时符合以下三个条件的物证、书证才会被排除：一是不符合法定程序，二是可能严重影响司法公正，三是不能补正或作出合理解释。

（二）重复供述的排除

《关于办理刑事案件严格排除非法证据若干问题的规定》（2017）第5条规定：“采用刑讯逼供方法使犯罪嫌疑人、被告人作出供述，之后犯罪嫌疑人、被告人受该刑讯逼供行为影响而作出的与该供述相同的重复性供述，应当一并排除，但下列情形除外：（一）侦查期间，根据控告、举报或者自己发现等，侦查机关确认或者不能排除以非法方法收集证据而更换侦查人员，其他侦查人员再次讯问时告知诉讼权利和认罪的法律后果，犯罪嫌疑人自愿供述的；（二）审查逮捕、审查起诉和审判期间，检察人员、审判人员讯问时告知诉讼权利和认罪的法律后果，犯罪嫌疑人、被告人自愿供述的。”

综上，重复供述可采的条件是：第一，换人。也即将非法讯问的侦查人员更换为其他侦查人员或更换为检察人员、审判人员。第二，告知。更换后的讯问人员在讯问时要告知其诉讼权利和认罪的法律后果。第三，自愿。即犯罪嫌疑人为自愿供述。只有满足这三个条件的重复供述才是可采的。

二、非法证据排除的程序

（一）侦查阶段

《关于办理刑事案件严格排除非法证据若干问题的规定》（2017）第14条规定：“犯罪嫌疑人及其辩护人在侦查期间可以向人民检察院申请排除非法证据。对犯罪嫌疑人及其辩护人提供相关线索或者材料的，人民检察院应当调查核实。调查结论应当书面告知犯罪嫌疑人及其辩护人。对确有以非法方法收集证据情形的，人民检察院应当向侦查机关提出纠正意见。侦查机关对审查认定的非法证据，应当予以排除，不得作为提请批准逮捕、移送审查起诉的根据。对重大案件，人民检察院驻看守所检察人员应当在侦查终结前询问犯罪嫌疑人，核查是否存在刑讯逼供、非法取证情形，并同步录音录像。经核查，确有刑讯逼供、非法取证情形的，侦查机关应当及时排除非法证据，不得作为提请批准逮捕、移送审查起诉的根据。”

《关于办理刑事案件严格排除非法证据若干问题的规定》（2017）第15条规定：“对侦查终结的案件，侦查机关应当全面审查证明证据收集合法性的证据材料，依法排除非法证据。排除非法证据后，证据不足的，不得移送审查起诉。侦查机关发现办案人员非法取证的，应当依法作出处理，并可另行指派侦查人员重新调查取证。”

上述规定中有以下要点：

（1）犯罪嫌疑人及其辩护人在侦查期间可以向人民检察院提出。

（2）对犯罪嫌疑人及其辩护人提供相关线索或者材料的，人民检察院应当调查核实。调查结论应当书面告知犯罪嫌疑人及其辩护人。对确有以非法方法收集证据情形的，人民检察院应当向侦查机关提出纠正意见。

（3）对重大案件，人民检察院驻看守所检察人员应当在侦查终结前询问犯罪嫌疑人，核查是否存在刑讯逼供、非法取证情形，并同步录音录像。

（4）侦查机关发现非法取证的，可另行指派侦查人员重新调查取证。

（5）排除非法证据后，证据不足的，不得移送审查起诉。

（二）审查逮捕阶段、审查起诉阶段

《关于办理刑事案件严格排除非法证据若干问题的规定》（2017）第16条规定：“审查逮捕、审查起诉期间讯问犯罪嫌疑人，应当告知其有权申请排除非法证据，并告知诉讼权利和认罪的法律后果。”

《关于办理刑事案件严格排除非法证据若干问题的规定》（2017）第17条规定：“审查逮捕、审查起诉期间，犯罪嫌疑人及其辩护人申请排除非法证据，并提供相关线索或者材料的，人民检察院应当调查核实。调查结论应当书面告知犯罪嫌疑人及其辩护人。人民检察院在审查起诉期间发现侦查人员以刑讯逼供等非法方法收集证据的，应当依法排除相关证据并提出纠正意见，必要时人民检察院可以自行调查取证。人民检察院对审查认定的非法证据，应当予以排除，不得作为批准或者决定逮捕、提起公诉的根据。被排除的非法证据应当随案移送，并写明为依法排除的非法证据。”

《关于办理刑事案件严格排除非法证据若干问题的规定》（2017）第18条规定：“人民检察院依法排除非法证据后，证据不足，不符合逮捕、起诉条件的，不得批准或者决定逮捕、提起公诉。对于人民检察院排除有关证据导致对涉嫌的重要犯罪事实未予认定，从而作出不批准逮捕、不起诉决定，或者对涉嫌的部分重要犯罪事实决定不起诉的，公安机关、国家安全机关可要求复议、提请复核。”

《人民检察院刑事诉讼规则（试行）》第378条规定：“人民检察院在审查起诉中，发现可能存在刑事诉讼法第五十四条规定的以非法方法收集证据情形的，可以要求侦查机关对证据收集的合法性作出书面说明或者提供相关证明材料。”

《人民检察院刑事诉讼规则（试行）》第379条规定：“人民检察院公诉部门在审查中发现侦查人员以非法方法收集犯罪嫌疑人供述、被害人陈述、证人证言等证据材料的，应当依法排除非法证据并提出纠正意见，同时可以要求侦查机关另行指派侦查人员重新调查取证，必要时人民检察院也可以自行调查取证。”

上述规定中有以下要点：

（1）审查逮捕、审查起诉期间讯问犯罪嫌疑人，应当告知其有权申请排除非法证据，并告知诉讼权利和认罪的法律后果。

（2）发现可能有非法取证情形的，可以要求侦查机关对证据收集的合法性作出书面说明或者提供相关证明材料。

（3）排除非法证据后，可以要求侦查机关另行指派侦查人员重新调查取证，必要时可以自行调查取证。

（4）被排除的非法证据应当随案移送，并写明为依法排除的非法证据。

（5）因排除非法证据而不批准逮捕、不起诉的，公安机关、国家安全机关可要求复议、提请复核。

（三）审判阶段

1. 开庭前

（1）庭前准备

《关于办理刑事案件严格排除非法证据若干问题的规定》（2017）第23条规定："人民法院向被告人及其辩护人送达起诉书副本时，应当告知其有权申请排除非法证据。被告人及其辩护人申请排除非法证据，应当在开庭审理前提出，但在庭审期间发现相关线索或者材料等情形除外。人民法院应当在开庭审理前将申请书和相关线索或者材料的复制件送交人民检察院。"

（2）庭前审查

《关于办理刑事案件严格排除非法证据若干问题的规定》（2017）第24条规定："被告人及其辩护人在开庭审理前申请排除非法证据，未提供相关线索或者材料，不符合法律规定的申请条件的，人民法院对申请不予受理。"

（3）庭前会议

《关于办理刑事案件严格排除非法证据若干问题的规定》（2017）第25条规定："被告人及其辩护人在开庭审理前申请排除非法证据，按照法律规定提供相关线索或者材料的，人民法院应当召开庭前会议。人民检察院应当通过出示有关证据材料等方式，有针对性地对证据收集的合法性作出说明。人民法院可以核实情况，听取意见。人民检察院可以决定撤回有关证据，撤回的证据，没有新的理由，不得在庭审中出示。被告人及其辩护人可以撤回排除非法证据的申请。撤回申请后，没有新的线索或者材料，不得再次对有关证据提出排除申请。"

《关于办理刑事案件严格排除非法证据若干问题的规定》（2017）第26条规定："公诉人、被告人及其辩护人在庭前会议中对证据收集是否合法未达成一致意见，人民法院对证据收集的合法性有疑问的，应当在庭审中进行调查；人民法院对证据收集的合法性没有疑问，且没有新的线索或者材料表明可能存在非法取证的，可以决定不再进行调查。"

上述内容可以通过下表理解和记忆：

	主体	行为	后果
庭前会议	被告人及其辩护人	在开庭审理前申请排除非法证据，按照法律规定提供相关线索或者材料。	人民法院应当召开庭前会议。
		可以撤回排除非法证据的申请。	没有新的线索或材料，不得再次对有关证据提出排除申请。
	人民检察院	应当通过出示有关证据材料等方式，有针对性地对证据收集的合法性作出说明。	
		可以决定撤回有关证据。	没有新的理由，不得在庭审中出示。
	人民法院	可以核实情况，听取意见。	
		对证据收集的合法性有疑问的。	应当在庭审中进行调查。
		对证据收集的合法性没有疑问，且没有新的线索或材料表明可能存在非法取证。	可以决定不再进行调查。

2. 庭审中的证据合法性调查

《关于办理刑事案件严格排除非法证据若干问题的规定》（2017）第28条规定："公诉人宣读起诉书后，法庭应当宣布开庭审理前对证据收集合法性的审查及处理情况。"

《关于办理刑事案件严格排除非法证据若干问题的规定》（2017）第29条规定："被告人及其辩护人在开庭审理前未申请排除非法证据，在法庭审理过程中提出申请的，应当说明理由。对前述情形，法庭经审查，对证据收集的合法性有疑问的，应当进行调查；没有疑问的，应当驳回申请。法庭驳回排除非法证据申请后，被告人及其辩护人没有新的线索或者材料，以相同理由再次提出申请的，法庭不再审查。"

《关于办理刑事案件严格排除非法证据若干问题的规定》（2017）第30条规定："庭审期间，法庭决定对证据收集的合法性进行调查的，应当先行当庭调查。但为防止庭审过分迟延，也可以在法庭调查结束前进行调查。"

《关于办理刑事案件严格排除非法证据若干问题的规定》（2017）第31条规定："公诉人对证据收集的合法性加以证明，可以出示讯问笔录、提讯登记、体检记录、采取强制措施或者侦查措施的法律文书、侦查终结前对讯问合法性的核查材料等证据材料，有针对性地播放讯问录音录像，提请法庭通知侦查人员或者其他人员出庭说明情况。被告人及其辩护人可以出示相关线索或者材料，并申请法庭播放特定时段的讯问录音录像。侦查人员或者其他人员出庭，应当向法庭说明证据收集过程，并就相关情况接受发问。对发问方式不当或者内容与证据收集的合法性无关的，法庭应当制止。公诉人、被告人及其辩护人可以对证据收集的合法性进行质证、辩论。"

《关于办理刑事案件严格排除非法证据若干问题的规定》（2017）第27条规定："被告人及其辩护人申请人民法院通知侦查人员或者其他人员出庭，人民法院认为现有证据材料不能证明证据收集的合法性，确有必要通知上述人员出庭作证或者说明情况的，可以通知上述人员出庭。"

上述未加色部分可通过下表理解和记忆：

<table>
<tr><th></th><th>主体</th><th colspan="2">行为</th><th>后果</th></tr>
<tr><td rowspan="12">庭审中的证据合法性调查</td><td rowspan="5">被告人及其辩护人</td><td colspan="2" rowspan="2">在开庭审理前未申请排除非法证据，在法庭审理过程中提出申请的，应当说明理由。</td><td>法庭经审查有疑问的，应予调查。</td></tr>
<tr><td>没有疑问，驳回申请后没有新线索或材料以相同理由再次申请的，不再审查。</td></tr>
<tr><td colspan="2">出示相关线索或者材料。</td><td></td></tr>
<tr><td colspan="2">申请播放特定时段的讯问录音录像。</td><td></td></tr>
<tr><td colspan="2">申请法院通知侦查人员或其他人员出庭。</td><td>法院认为现有证据材料不能证明证据合法性，确有必要的，可通知其出庭。</td></tr>
<tr><td rowspan="7">公诉人</td><td rowspan="5">出示证据材料</td><td>讯问笔录。</td><td></td></tr>
<tr><td>提讯登记。</td><td></td></tr>
<tr><td>体检记录。</td><td></td></tr>
<tr><td>采取侦查或强制措施的法律文书。</td><td></td></tr>
<tr><td>侦查终结前对讯问合法性的核查材料等。</td><td></td></tr>
<tr><td colspan="2">有针对性地播放讯问录音录像。</td><td></td></tr>
<tr><td colspan="2">提请法庭通知侦查人员或其他人员出庭说明情况。</td><td>向法庭说明证据收集过程，并就相关情况接受发问。</td></tr>
</table>

《关于办理刑事案件严格排除非法证据若干问题的规定》（2017）第32条规定："法庭对控辩双方提供的证据有疑问的，可以宣布休庭，对证据进行调查核实。必要时，可以通知公诉人、辩护人到场。"

3. 调查后的处理

《关于办理刑事案件严格排除非法证据若干问题的规定》（2017）第33条规定："法庭对证据收集的合法性进行调查后，应当当庭作出是否排除有关证据的决定。必要时，可以宣布休庭，由合议庭评议或者提交审判委员会讨论，再次开庭时宣布决定。在法庭作出是否排除有关证据的决定前，不得对有关证据宣读、质证。"

《关于办理刑事案件严格排除非法证据若干问题的规定》（2017）第34条规定："经法庭审理，确认存在本规定所规定的以非法方法收集证据情形的，对有关证据应当予以排除。法庭根据相关线索或者材料对证据收集的合法性有疑问，而人民检察院未提供证据或者提供的证据不能证明证据收集的合法性，不能排除存在本规定所规定的以非法方法收集证据情形的，对有关证据应当予以排除。对依法予以排除的证据，不得宣读、质证，不得作为判决的根据。"

上述规定可通过下表理解和记忆：

<table>
<tr><td rowspan="5">调查后的处理</td><td rowspan="3">程序</td><td>调查后。</td><td>当庭作出是否排除有关证据的决定。</td></tr>
<tr><td>必要时。</td><td>宣布休庭，由合议庭评议或提交审判委员会讨论，再次开庭时宣布决定。</td></tr>
<tr><td>决定前及排除后。</td><td>不得对有关证据宣读、质证。</td></tr>
<tr><td rowspan="2">条件</td><td>确认存在非法取证。</td><td rowspan="2">对有关证据应当予以排除。</td></tr>
<tr><td>不能排除存在非法取证。</td></tr>
</table>

《关于办理刑事案件严格排除非法证据若干问题的规定》（2017）第35条规定："人民法院排除非法证据后，案件事实清楚，证据确实、充分，依据法律认定被告人有罪的，应当作出有罪判决；证据不足，不能认定被告人有罪的，应当作出证据不足、指控的犯罪不能成立的无罪判决；案件部分事实清楚，证据确实、充分的，依法认定该部分事实。"

《关于办理刑事案件严格排除非法证据若干问题的规定》（2017）第36条规定："人民法院对证据收集合法性的审查、调查结论，应当在裁判文书中写明，并说明理由。"

《关于办理刑事案件严格排除非法证据若干问题的规定》（2017）第37条规定："人民法院对证人证言、被害人陈述等证据收集合法性的审查、调查，参照上述规定。"

综上，需要特别强调的是，被告人及其辩护人申请排除非法证据，应当提供相关线索或者材料，否则人民法院在开庭前会不予受理，在开庭后会驳回申请，但这种提供相关线索或者材料的责任与公诉人在证据合法性调查中所承担的证明责任所要达到的标准是不一样的。被告人及其辩护人提供的线索或者材料只要能够达到使人民法院对证据收集的合法性产生疑问即可，一旦人民法院对此产生疑问，就要启动证据合法性调查；公诉人对证据合法性的证明则必须达到能够排除非法取证的程度，也即确认存在法定非法取证情形的，相关证据要排除；无法确认但也无法排除存在法定非法取证情形的，相关证据也要被排除。这也说明公诉人对其所主张的证据合法须承担证明责任，而被告人及其辩护人对其所主张的非法取证并不承担证明责任，仅承担提供线索或材料的责任。

例　关于非法证据的排除，下列哪些说法是正确的？

A. 非法证据排除的程序，可以根据当事人等申请而启动，也可以由法庭依职权启动

B. 申请排除以非法方法收集的证据的，应当提供相关线索或者材料

C. 检察院应当对证据收集的合法性加以证明

D. 只有确认存在《刑事诉讼法》第54条规定的以非法方法收集证据情形时，才可以对有关证据应当予以排除

提示：本题的错误选项是D，错误的原因在于，即便也不能确认存在法定的非法取证情形，只要无法排除存在法定的非法取证情形，相关证据还是应被排除。

4. 二审

《关于办理刑事案件严格排除非法证据若干问题的规定》（2017）第38条规定："人民检察院、被告人及其法定代理人提出抗诉、上诉，对第一审人民法院有关证据收集合法性的审查、调查结论提出异议的，第二审人民法院应当审查。被告人及其辩护人在第一审程序中未申请排除非法证据，在第二审程序中提出申请的，应当说明理由。第二审人民法院应当审查。人民检察院在第一审程序中未出示证据证明证据收集的合法性，第一审人民法院依法排除有关证据的，人民检察院在第二审程序中不得出示之前未出示的证据，但在第一审程序后发现的除外。"

第二审程序适用"全面审查原则"，因此对人民检察院、被告人及其法定代理人就第一审人民法院有关证据收集合法性的审查、调查结论提出异议的，当然应当审查。这一点无须特别记忆。但是对规定中的加颜色显示部分应当予以留意。人民检察院在一审中发现但是却没有出示能够证明取证合法的证据，导致相关证据被排除后，又要求在二审程序中出示的：不予准许。但如果该证据是在一审后才被发现的，则可以出示。

《关于办理刑事案件严格排除非法证据若干问题的规定》（2017）第 39 条规定："第二审人民法院对证据收集合法性的调查，参照上述第一审程序的规定。"

《关于办理刑事案件严格排除非法证据若干问题的规定》（2017）第 40 条规定："第一审人民法院对被告人及其辩护人排除非法证据的申请未予审查，并以有关证据作为定案根据，可能影响公正审判的，第二审人民法院可以裁定撤销原判，发回原审人民法院重新审判。第一审人民法院对依法应当排除的非法证据未予排除的，第二审人民法院可以依法排除非法证据。排除非法证据后，原判决认定事实和适用法律正确、量刑适当的，应当裁定驳回上诉或者抗诉，维持原判；原判决认定事实没有错误，但适用法律有错误，或者量刑不当的，应当改判；原判决事实不清楚或者证据不足的，可以裁定撤销原判，发回原审人民法院重新审判。"

<table>
<tr><th>一审</th><th>二审</th><th colspan="2">排除后的处理</th></tr>
<tr><td>一审法院未审查非法证据排除申请，并以有关证据作为定案根据，可能影响公正审判。</td><td>可以裁定撤销原判，发回原审人民法院重新审判。</td><td colspan="2"></td></tr>
<tr><td rowspan="3">一审法院对依法应当排除的非法证据未予排除的。</td><td rowspan="3">可以依法排除。</td><td>原判决认定事实和适用法律正确、量刑适当。</td><td>应当裁定驳回上诉或者抗诉，维持原判。</td></tr>
<tr><td>原判决认定事实没有错误，但适用法律有错误，或者量刑不当的。</td><td>应当改判。</td></tr>
<tr><td>原判决事实不清楚或证据不足的。</td><td>可以裁定撤销原判，发回原审人民法院重新审判。</td></tr>
</table>

关于二审法院排除非法证据后的处理，可以与《刑事诉讼法》第 225 条关于一般情况下二审后的处理相对比。该条规定："第二审人民法院对不服第一审判决的上诉、抗诉案件，经过审理后，应当按照下列情形分别处理：（一）原判决认定事实和适用法律正确、量刑适当的，应当裁定驳回上诉或者抗诉，维持原判；（二）原判决认定事实没有错误，但适用法律有错误，或者量刑不当的，应当改判；（三）原判决事实不清楚或者证据不足的，可以在查清事实后改判；也可以裁定撤销原判，发回原审人民法院重新审判。原审人民法院对于依照前款第三项规定发回重新审判的案件作出判决后，被告人提出上诉或者人民检察院提出抗诉的，第二审人民法院应当依法作出判决或者裁定，不得再发回原审人民法院重新审判。"可见，其区别主要在于，对于一般的二审案件，经审理认为原判决事实不清或者证据不足的，有两种处理，一是查清事实后改判，二是裁定撤销原判，发回原审人民法院重新审判。而对于二审中排除了一审未予排除的非法证据导致原判决事实不清或者证据不足的，《关于办理刑事案件严格排除非法证据若干问题的规定》（2017）第 40 条仅仅规定了一种处理方式，即可以裁定撤销原判，发回原审人民法院重新审判。

第二节 传闻证据规则

命题分析

传闻证据规则近年考查了多次。从考查内容来看，主要涉及传闻证据的识别。从考查趋势来看，近年来关于证据规则的考题大幅上升。可以预见，至少在未来的几年内，对证据规则的考查频率仍然会比较高。

知识点精讲

传闻证据规则也称“传闻证据排除规则”，就是指传闻证据应被排除，不能用作认定案件事实的根据，也即不具有证据资格或可采性。所谓“传闻证据”，是指除亲身感知案件的人在法庭上提供的陈述以外的证据，也即只要不是亲身感知案件的人在法庭上所做的陈述，一概属于传闻证据。它主要有两种表现形式：一是书面传闻证据，即亲身感知案件的人在法庭外所作的书面证人证言和记录其法庭外证言的询问笔录；二是言辞传闻证据，即非亲身感知案件的人对他人陈述的转述。

排除传闻证据的主要理由包括：一是传闻证据的真实性可能受到转述的影响，也即可能因为故意或者过失导致转述错误或偏差；二是传闻证据无法在法庭上接受交叉询问，无法保障真实性，也无法保障当事人的对质权；三是书面传闻证据的提供者或者言辞传闻证据的原始提供者不在法庭上当着法官的面陈述，违反直接言辞原则。

我国《刑事诉讼法》第59条规定：“证人证言必须在法庭上经过公诉人、被害人和被告人、辩护人双方质证并且查实以后，才能作为定案的根据……”但第187条又规定：“公诉人、当事人或者辩护人、诉讼代理人对证人证言有异议，且该证人证言对案件定罪量刑有重大影响，人民法院认为证人有必要出庭作证的，证人应当出庭作证。”第190条规定：“……对未到庭的证人的证言笔录……应当当庭宣读……”这些规定说明我国允许在控辩双方无异议或者证人证言对定罪量刑影响不大、人民法院认为证人没有必要出庭时使用庭外的书面证言。同时，我国也不排除转述的证人证言。因此，我国实际上尚未确立传闻证据规则，而只是部分地体现了该规则的精神。

第三节 意见证据规则

重要法条及司法解释

《最高人民法院关于适用〈中华人民共和国刑事诉讼法〉的解释》第75条。

命题分析

意见证据规则近年来考查频率较高。从考查内容和形式看，内容涉及意见证据规则的功能、内容和适用范围。既有直接考查相关理论的，也有小型的案例分析，但内容比较简单，难度不大。从考查趋势来看，证据规则的考查频率增加，相应的，意见证据规则再次被考查的可能性也很大。

知识点精讲

意见证据规则是指证人只能陈述自己亲身感受和经历的事实，而不得陈述对该事实的意见或者结论。例如，证人说："我看见张三从那个屋里出来。"这就是对事实的陈述，而如其说"肯定是张三干的"，这就是意见。再如，证人说："我看见张三突然又哭又笑"，这就是对事实的陈述，而如其说"张三肯定有精神病"，这就是意见。证人的意见不能作为证据使用。

意见证据规则源于英美法系。英美国家将证人分为"专家证人"和"普通证人"。专家证人可以基于专业知识提供意见证据，而普通证人只能就其亲手感受和经历的事实提供证言，而不能提供意见、推论或结论。但也存在一些例外。英美法系意见证据规则的理论依据主要有：第一，根据事实作出判断是事实裁判者的职权，证人的职责只是把事实提供给裁判者，而不是对该事实作出判断并发表意见；第二，普通证人发表意见可能对案件事实的认定产生误导；第三，普通证人缺乏发表意见所需要的专门性知识与经验；第四，普通证人的意见对案件事实的认定没有价值。

我国的鉴定人类似于英美法系的专家证人，其所出具的鉴定意见就是一种意见证据，不受意见证据规则的规制。但证人不能提供意见证据。《最高人民法院关于适用〈中华人民共和国刑事诉讼法〉的解释》第75条规定："证人的猜测性、评论性、推断性的证言，不得作为证据使用，但根据一般生活经验判断符合事实的除外。"这就是我国的意见证据规则。有的时候，证人陈述意见是不可避免的，例如"他看上去二十多岁"也是一种意见，但是这属于根据一般生活经验可以判断的事项，如其符合事实，是可以作为证据使用的。

例　"证人猜测性、评论性、推断性的证言，不能作为证据使用"，系下列哪一证据规则的要求？

B. 意见证据规则

提示：选项B正确。

第四节　补强证据规则

重要法条及司法解释

《刑事诉讼法》第55条第1款。

《最高人民法院关于适用〈中华人民共和国刑事诉讼法〉的解释》第109条。

命题分析

补强证据规则以往考查的次数不多，主要涉及对该规则的理解，有一定难度，需要注意把握该规则的内涵。

知识点精讲

一、补强证据规则的内涵

所谓“补强证据”，是指用以增强另一证据证明力的证据。一开始收集到的对证实案情有重要意义的证据，称为“主证据”，而用以印证该证据真实性的其他证据，就称之为“补强证据”。

补强证据规则，是指为了防止误认事实或发生其他危险性，而在运用某些证明力显然薄弱的证据认定案情时，必须有其他证据补强其证明力，才能被法庭采信为定案根据。在刑事诉讼中，通常需要补强的证据的不仅包括犯罪嫌疑人、被告人的供述，而且包括证人证言、被害人陈述等特定证据。

补强证据必须满足以下条件：

（1）补强证据必须具有证据能力；

（2）补强证据本身必须具有担保补强对象真实的能力，但其作用仅在于担保特定补强对象的真实性，而非对整个待证事实或案件事实具有补强作用；

（3）补强证据必须具有独立的来源。例如：被告人在审前程序中所作的供述就不能作为其当庭供述的补强证据。

二、我国刑事诉讼中的补强证据规则

（一）口供补强规则

《刑事诉讼法》第55条第1款：只有被告人供述，没有其他证据的，不能认定被告人有罪和处以刑罚。

（二）对特定证人证言、被害人陈述补强的规则

《最高人民法院关于适用〈中华人民共和国刑事诉讼法〉的解释》第109条：下列证据应当慎重使用，有其他证据印证的，可以采信：①生理上、精神上有缺陷，对案件事实的认知和表达存在一定困难，但尚未丧失正确认知、表达能力的被害人、证人和被告人所作的陈述、证言和供述；②与被告人有亲属关系或者其他密切关系的证人所作的有利被告人的证言，或者与被告人有利害冲突的证人所作的不利被告人的证言。

> **注意：**补强证据与补强对象必须具有独立的来源。比如，证明讯问过程合法的同步录音录像；证明获取被告人口供过程合法，经侦查人员签名并加盖公章的书面材料；根据被告人供述提取到的隐蔽性极强、并能与被告人供述和其他证据相印证的物证。以上都具有同一来源，都不属于补强证据。

第五节 最佳证据规则

重要法条及司法解释

《最高人民法院关于适用〈中华人民共和国刑事诉讼法〉的解释》第 70~71 条。

命题分析

最佳证据规则相对简单，很少考查。从考查思路来看，主要是把握规则的含义，避免望文生义。

知识点精讲

最佳证据规则，又称“原始证据规则”，是指以文字、符号、图形等方式记载的内容来证明案情时，原件才是最佳证据。该规则要求书证的提供者应尽量提供原件，如果提供副本、抄本、复制本等非原始材料，则必须提供充足理由加以说明，否则不得作为证据使用。

我国刑事诉讼法并没有明确规定最佳证据规则，但在有关司法解释中体现了最佳证据规则的精神。比如《最高人民法院关于适用〈中华人民共和国刑事诉讼法〉的解释》第 70 条规定：据以定案的物证应当是原物。原物不便搬运，不易保存，依法应当由有关部门保管、处理，或者依法应当返还的，可以拍摄、制作足以反映原物外形和特征的照片、录像、复制品。物证的照片、录像、复制品，不能反映原物的外形和特征的，不得作为定案的根据。物证的照片、录像、复制品，经与原物核对无误、经鉴定为真实或者以其他方式确认为真实的，可以作为定案的根据。第 71 条规定：据以定案的书证应当是原件。取得原件确有困难的，可以使用副本、复制件。书证有更改或者更改迹象不能作出合理解释，或者书证的副本、复制件不能反映原件及其内容的，不得作为定案的根据。书证的副本、复制件，经与原件核对无误、经鉴定为真实或者以其他方式确认为真实的，可以作为定案的根据。

注意：在我国刑事诉讼中复印件、复制件一般具有证据资格。

第九章　证明

重要法条及司法解释

《最高人民法院关于适用〈中华人民共和国刑事诉讼法〉的解释》第 64 条第 1 款。

《人民检察院刑事诉讼规则（试行）》第 437 条。

命题分析

本章知识点近年考查过多次，均采取了小案例形式，考查最为频繁的是“证明对象”。“证明责任”和“证明标准”常见于主观题的考查中，也不排除在客观题中通过小案例的形式考查对于这两个概念的理解。

知识点精讲

一、证明对象

刑事诉讼的证明对象也称“证明客体”“待证事实”或“要证事实”，是证明主体运用一定的证明方法所要证明的一切法律要件事实。

（一）待证事实

刑事诉讼中的事实可以分为两大类：待证事实和免证事实。其中，待证事实是作为证明对象的事实，包括：

（1）实体法事实。实体法事实是指能够引起实体法规定的法律后果的事实，即关于定罪量刑的事实。具体包括以下几类：第一，犯罪构成要件事实；第二，影响量刑轻重的各种量刑事实；第三，足以排除行为的违法性、可罚性和行为人刑事责任的事实，即所谓“违法阻却事由”和“责任阻却事由”。例如，正当防卫、紧急避险、行使职权以及意外事件等虽然造成了损害后果但不具有违法性的行为；依据《刑事诉讼法》第 15 条的规定不需要追究刑事责任的行为；行为人因未达到法定的刑事责任年龄或因患精神病而不具有刑事责任能力时实施的造成危害后果但不承担刑事责任的行为。

（2）程序法事实。程序法事实是指能够引起程序法规定的法律后果的事实，包括作为回避理由的事实、导致诉讼期限被耽误的事实、违法法定程序的事实，等等。

证据事实不是证明对象，而是证明手段。

关于待证事实，《最高人民法院关于适用〈中华人民共和国刑事诉讼法〉的解释》第 64 条第 1 款规定：“应当运用证据证明的案件事实包括：（一）被告人、被害人的身份；（二）被指控的犯罪是否存在；（三）被指控的犯罪是否为被告人所实施；（四）被告人有无刑事责任能力，有无罪过，实施犯罪的动机、目的；（五）实施犯罪的时间、地点、手段、后果以及案件起因等；（六）被告人在共同犯罪中的地位、作用；（七）被告人有无从重、从轻、减轻、免除处罚情节；（八）有关附带民事诉讼、涉案财物处理的事实；（九）有关管辖、回避、延期审理等的程序事实；（十）与定罪量刑有关的其他事实。”

上述内容可通过下表予以理解，但无须逐项记忆：

<table>
<tr><td rowspan="11">待证事实</td><td rowspan="10">实体法事实（有关定罪量刑的事实）</td><td>被告人、被害人的身份。</td></tr>
<tr><td>被指控的犯罪是否存在。</td></tr>
<tr><td>被指控的犯罪是否为被告人所实施。</td></tr>
<tr><td>被告人有无刑事责任能力，有无罪过，实施犯罪的动机、目的。</td></tr>
<tr><td>实施犯罪的时间、地点、手段、后果以及案件起因等。</td></tr>
<tr><td>被告人在共同犯罪中的地位、作用。</td></tr>
<tr><td>被告人有无从重、从轻、减轻、免除处罚情节。</td></tr>
<tr><td>有关附带民事诉讼、涉案财物处理的事实。</td></tr>
<tr><td>与定罪量刑有关的其他事实。</td></tr>
<tr><td></td></tr>
<tr><td>程序法事实</td><td>有关管辖、回避、延期审理等的程序事实。</td></tr>
</table>

例1 关于吴某涉嫌故意泄露国家秘密罪，下列哪些选项属于需要运用证据加以证明的事实？

A. 吴某是否为国家机关工作人员

B. 是否存在为吴某所实施的被指控事实

C. 被指控事实是否情节严重

D. 是否具有法定或酌定从重、从轻、减轻及免除处罚的情节

提示： 上述事实均为与定罪量刑有关的事实，故均为待证事实。

例2 关于死刑案件的证明对象的表述，下列哪些选项是正确的？

A. 被指控的犯罪事实的发生

B. 被告人实施犯罪的时间、地点、手段、后果以及其他情节

C. 被害人有无过错及过错程度

D. 被告人的近亲属是否协助抓获被告人

提示： 以上事实亦均为待证事实。比较容易引起困惑的是选项D是否属于与定罪量刑有关的事实。对此，《关于办理死刑案件审查判断证据若干问题的规定》第36条规定：“在对被告人作出有罪认定后，人民法院认定被告人的量刑事实，除审查法定情节外，还应审查以下影响量刑的情节：（一）案件起因；（二）被害人有无过错及过错程度，是否对矛盾激化负有责任及责任大小；（三）被告人的近亲属是否协助抓获被告人；（四）被告人平时表现及有无悔罪态度；（五）被害人附带民事诉讼赔偿情况，被告人是否取得被害人或者被害人近亲属谅解；（六）其他影响量刑的情节。”可见，在死刑案件中，被告人的近亲属是否协助抓获被告人是与量刑有关的事实，因此也属于待证事实。

（二）免证事实

免证事实是指免除控辩双方举证，由法院直接确认的事实。对此，《人民检察院刑事诉讼规则（试行）》第437条规定：“在法庭审理中，下列事实不必提出证据进行证明：（一）为一般人共同知晓的常识性事实；（二）人民法院生效裁判所确认的并且未依审判监督程序重新审理的事实；（三）法律、法规的内容以及适用等属于审判人员履行职务所应当知晓的事实；（四）在法庭审理中不存在异议的程序事实；（五）法律规定的推定事实；（六）自然规律或者定律。”

例3 甲乙两家曾因宅基地纠纷诉至法院，尽管有法院生效裁判，但甲乙两家关于宅基地的争议未得到根本解决。一日，甲、乙因各自车辆谁先过桥引发争执继而扭打，甲拿起车上的柴刀砍中乙颈部，乙当场死亡。对此，下列哪一选项是不需要用证据证明的免证事实？

D. 法院就甲乙两家宅基地纠纷所作出的裁判事项

提示：该事实属于“人民法院生效裁判所确认的并且未依审判监督程序重新审理的事实”。

例4 石某杀人后弃尸河中。在法庭审理中，对下列哪些事实不必提出证据证明？

A. 被弃尸的河流从案发村镇穿过的事实

B. 刑法关于杀人罪的法律规定

C. 检察机关和石某都没有异议的案件基本事实

提示：选项A中的事实属于“一般人共同知晓的常识性事实”。选项B中的事实属于“法律、法规的内容以及适用等属于审判人员履行职务所应当知晓的事实”。选项C容易引起困惑，该事实不属于免证事实。根据《人民检察院刑事诉讼规则（试行）》第437条的规定，只有在法庭审理中不存在异议的“程序事实”才不需要提供证据证明。而本选项中的没有异议的“案件基本事实”不属于免证事实。

二、证明责任

（一）含义

证明责任也称为“举证责任”，是指检察院或者某些当事人应当收集或提供证据证明应予认定的案件事实或有利于自己的主张的责任；否则，将承担起主张不能成立的后果。

证明责任解决的问题：诉讼中出现的案件事实，应当由谁提供证据加以证明，以及在诉讼结束时如果案件事实仍然处于真伪不明的状态，应当由谁来承担败诉或不利的诉讼后果。

（二）特点

（1）证明责任总是与一定的诉讼主张相联系。

（2）证明责任是提供证据责任与说服责任的统一。仅仅提出证据并不等于履行了证明责任，还必须尽可能地说服裁判者相信所主张的实施存在或不存在。

（3）证明责任总是和一定的不利诉讼后果相联系。如果控诉方不能提供确实充分的证据或诉讼结束时案件仍处于事实真伪不明的状态，指控的罪名便不能成立。

（三）证明责任的分担

我国刑事诉讼中证明责任的承担主体：公诉人和自诉案件的自诉人。

犯罪嫌疑人、被告人不承担证明自己无罪的责任。

在特定案件（巨额财产来源不明罪及非法持有属于国家绝密、机密文件、资料、物品罪中），犯罪嫌疑人、被告人也负有提出证据的责任。

在非法证据排除程序中，当事人及其辩护人、诉讼代理人申请人民法院排除以非法方法收集的证据的，应当提供涉嫌非法取证的人员、时间、地点、方式、内容等相关线索或者材料。——初步的证明责任

证明取证合法性的证明责任由公诉方承担。

例 5 关于我国刑事诉讼中证明责任的分担，下列说法正确的是：

A. 犯罪嫌疑人应当如实回答侦查人员的提问，承担证明自己无罪的责任

B. 自诉人对其控诉承担提供证据予以证明的责任

C. 律师进行无罪辩护时必须承担提供证据证明其主张成立的责任

D. 在巨额财产来源不明案，检察机关应当证明国家工作人员的财产明显超过合法收入且差距巨大这一事实的存在

提示：本题考查的是对我国刑事诉讼中证明责任的分担的理解。选项 A 的错误比较明显，犯罪嫌疑人不承担证明自己无罪的责任。选项 B 说法正确，按照谁主张、谁举证的原则，自诉人对其诉讼主张承担证明责任。选项 C 有一定的迷惑性，律师进行无罪辩护时，为证明其辩护主张成立，当然应当要提出相应的证据，但注意，这并非是一种责任，而是辩护的权利。责任意味着一旦举证不力要承担相应的不利后果，但无罪辩护不成立，并不意味着被告人有罪。选项 D 说法正确。在巨额财产来源不明罪中，虽然被告人有提出证据的责任，但前提是公诉方已经证明国家工作人员的财产明显超过合法收入且差距巨大这一事实的存在。

三、证明标准

所谓“证明标准”，是指法律规定的检察机关和当事人运用证据证明案件事实要求达到的程度。

我国刑事诉讼的证明标准是：证据确实、充分。即应当符合以下条件：①定罪量刑的事实都有证据证明；②据以定案的证据均经法定程序查证属实；③综合全案证据，对所认定事实已排除合理怀疑。

注意：这是有罪判决的证明标准，换句话说，无罪判决并不要求无罪的证据确实、充分，只要指控不成立，即可做出无罪判决。

刑事诉讼各阶段证明标准

阶段	证明标准
立案	有犯罪事实，且需要追究刑事责任。
逮捕	有证据证明有犯罪事实：①有证据证明发生了犯罪事实；②有证据证明该犯罪事实是犯罪嫌疑人实施的；③证明犯罪嫌疑人实施犯罪行为的证据已有查证属实的。
侦查终结	犯罪事实清楚，证据确实、充分：①定罪量刑的事实都有证据证明；②据以定案的证据均经法定程序查证属实；③综合全案证据，对所认定事实已排除合理怀疑。
提起公诉	
有罪判决	

第十章 强制措施

第一节 强制措施概述

命题分析

强制措施概述部分主要涉及对适用强制措施的原则和应当考虑的因素的理解。考查方式相对灵活，不需要机械记忆，重在理解。

知识点精讲

一、强制措施的内涵

强制措施在刑事诉讼中发挥着重要作用，可以防止犯罪嫌疑人、被告人逃避侦查、起诉和审判，防止犯罪嫌疑人、被告人实施妨害诉讼的活动或继续进行犯罪活动，防止犯罪嫌疑人、被告人自杀以及发生其他意外事件，还可以起到震慑犯罪分子，鼓励群众积极同犯罪行为作斗争，以及预防犯罪的作用。但由于强制措施涉及宪法所保障的公民的人身自由权，因此其适用必须慎重，遵循相应的原则并全面考虑相关因素。

二、适用原则

适用强制措施应当遵循必要性原则、相当性原则和变更性原则。

（1）必要性原则是指只有在为保证刑事诉讼的顺利进行而有必要时方能采取，若无必要，不得随意适用强制措施。

（2）相当性原则，又称为“比例原则”，是指适用何种强制措施，应当与犯罪嫌疑人、被告人的人身危险性程度和涉嫌犯罪的轻重程度相适应。

（3）变更性原则，是指强制措施的适用，需要随着诉讼的进展、犯罪嫌疑人、被告人及案件情况的变化而及时变更或解除。

三、应当考虑的因素

除遵循上述三项原则外，适用强制措施还要全面考虑一系列的因素：

（1）犯罪嫌疑人、被告人所实施行为的社会危害性。社会危害性越大，采取强制措施的必要性也就越大，适用的强制措施的强制力度也就越高。

（2）犯罪嫌疑人、被告人逃避侦查、起诉和审判或者进行各种妨害刑事诉讼的行为的可能性。可能性越大，采取强制措施的必要性及强度就越高。

（3）公安司法机关对案件事实的调查情况和对案件证据的掌握情况。适用强制措施必须按照法定条件，只有根据已经查明的案件事实和已有的证据，才能确定对犯罪嫌疑人、被告人具体采用的强制措施的种类。

（4）犯罪嫌疑人、被告人的个人情况。如其身体健康状况，是否正在怀孕、哺乳自己婴儿的妇女等，以确定是否对其采用强制措施和采用何种强制措施。

第二节　拘传

重要法条及司法解释

《刑事诉讼法》第 119 条。

《人民检察院刑事诉讼规则（试行）》第 78~82 条。

命题分析

拘传相对于另外四种强制措施，考查的频率较低。考点主要集中在拘传的时间、地点以及与传唤的区别等较细致的问题上，难度不大，但是考生须在结合案例考查时留意题干中的细节。

知识点精讲

一、拘传与传唤

	拘传	传唤
对象	未被羁押的犯罪嫌疑人、被告人。	当事人。
是否具有强制力	强制措施。	不具有强制性。
法律手续	出示《拘传证》。	出示《传唤通知书》，但对于在现场发现的犯罪嫌疑人，侦查人员经出示工作证件，可以口头传唤，但应当在讯问笔录中注明情况。

注意：拘传不以传唤不到为前提，可以不经传唤，直接拘传。

二、拘传的程序

（1）拘传的适用对象：犯罪嫌疑人、被告人。

（2）拘传的适用主体：公、检、法均可以自己决定，自己执行（执行拘传的公安司法人员人数不得少于 2 人），此外国家安全机关、军队保卫部门等也可。

（3）拘传的时间：传唤、拘传持续的时间不得超过 12 小时；案情特别重大、复杂，需要采取拘留、逮捕措施的，传唤、拘传持续的时间不得超过 24 小时。不得以连续传唤、拘传的形式变相拘禁犯罪嫌疑人（两次拘传的间隔时间一般不得少于 12 个小时）。传唤、拘传犯罪嫌疑人，应当保证犯罪嫌疑人的饮食和必要的休息时间。

（4）拘传的地点：对不需要逮捕、拘留的犯罪嫌疑人，可以传唤到犯罪嫌疑人所在市、县内的指定地点或者到他的住处进行讯问，但是应当出示人民检察院或者公安机关的证明文件。

例 关于拘传，下列哪些说法是正确的？

A. 对在现场发现的犯罪嫌疑人，经出示工作证件可以口头拘传，并在笔录中注明

B. 拘传持续的时间不得超过 12 小时

C. 案情特别重大、复杂，需要采取拘留、逮捕措施的，拘传持续的时间不得超过 24 小时

D. 对于被拘传的犯罪嫌疑人，可以连续讯问 24 小时

提示： 选项 A 错误。可以口头传唤，而不是口头拘传，拘传时必须履行法定手续。选项 B、C 正确。《刑事诉讼法》第 119 条第 2 款规定，传唤、拘传持续的时间不得超过 12 小时；案情特别重大、复杂，需要采取拘留、逮捕措施的，传唤、拘传持续的时间不得超过 24 小时。选项 D 错误。拘传犯罪嫌疑人，应当保证犯罪嫌疑人的饮食和必要的休息时间，所以连续讯问 24 小时错误。

第三节　取保候审

重要法条及司法解释

《刑事诉讼法》第 67~73 条。

《最高人民法院关于适用〈中华人民共和国刑事诉讼法〉的解释》第 116 条第 2 款、第 117~119、121~124、127、129 条。

《人民检察院刑事诉讼规则（试行）》第 87 条第 2 款、第 90、102 条。

《公安机关办理刑事案件程序规定》第 95、96、98 条。

《最高人民法院、最高人民检察院、公安部、国家安全部、司法部、全国人大法制工作委员会关于实施刑事诉讼法若干问题的规定》第 14 条。

命题分析

在取保候审的诸多考点中，“取保候审的适用条件”很少考查，而“保证人与保证金保证”近年来则被考查过多次，涉及保证金保证和保证人保证的比重大体相当。“被取保候审人的义务和违反义务的处理”近年来也被考查过多次，均涉及 2012 年刑事诉讼法修改后的新增内容。

从考查形式和内容来看，这两个考点的考查方式均既有小案例形式的，也有直接考查法律规定的。考查内容多为对多个考点的综合考查，有的涉及取保候审的其他考点，有的

则涉及其他强制措施中的考点，很少有仅考查单一考点的题。

从考查趋势来看，对取保候审再度考查的可能性仍然很大，且更有可能是与其他考点一起进行综合考查。

知识点精讲

一、保证人保证与保证金保证

《刑事诉讼法》第67条规定："人民法院、人民检察院和公安机关决定对犯罪嫌疑人、被告人取保候审，应当责令犯罪嫌疑人、被告人提出保证人或者交纳保证金。"因此，取保候审的方式有两种：保证人保证和保证金保证。值得注意的是，对同一犯罪嫌疑人或被告人的取保候审，不得同时使用保证人保证和保证金保证方式，只能择其一而适用。

（一）保证人保证

1. 保证人保证的适用情形和保证人的数量

对下列被告人决定取保候审的，可以责令其提出一至二名保证人：①无力交纳保证金的；②未成年或者已满75周岁的；③不宜收取保证金的其他被告人。

2. 保证人的条件

保证人必须符合下列条件：①与本案无牵连；②有能力履行保证义务；③享有政治权利，人身自由未受到限制；④有固定的住处和收入。

3. 保证人的义务

保证人应当履行以下义务：①监督被保证人遵守取保候审期间应当遵守的相关规定；②发现被保证人可能发生或者已经发生违反规定的行为的，应当及时向执行机关报告。

4. 保证人未履行保证义务的责任

被保证人违反取保候审期间应遵守的规定，保证人未履行保证义务的，对保证人处以罚款，构成犯罪的，依法追究刑事责任。

根据案件事实和法律规定，认为已经构成犯罪的被告人在取保候审期间逃匿的，如果系保证人协助被告人逃匿，或者保证人明知被告人藏匿地点但拒绝向司法机关提供，对保证人应当依法追究刑事责任。

对取保候审保证人是否履行了保证义务，由公安机关认定，对保证人的罚款决定，也由公安机关作出。

5. 保证人保证方式的变更

被告人被取保候审期间，保证人不愿继续履行保证义务或者丧失履行保证义务能力的，人民法院应当在收到保证人的申请或者公安机关的书面通知后三日内，责令被告人重新提出保证人或者交纳保证金，或者变更强制措施，并通知公安机关。

上述内容可通过下表理解和记忆：

<table>
<tr><td rowspan="11">保证人保证</td><td>数量</td><td colspan="2">一至二名保证人。</td></tr>
<tr><td rowspan="3">适用对象</td><td colspan="2">无力交纳保证金的。</td></tr>
<tr><td colspan="2">未成年或者已满75周岁的。</td></tr>
<tr><td colspan="2">不宜收取保证金的其他被告人。</td></tr>
<tr><td rowspan="2">义务</td><td colspan="2">监督被保证人遵守本法第69条的规定。</td></tr>
<tr><td colspan="2">发现被保证人可能发生或者已经发生违反本法第69条规定的行为的，应当及时向执行机关报告。</td></tr>
<tr><td rowspan="3">责任</td><td>被保证人有违反本法第69条规定的行为，保证人未履行保证义务的，构成犯罪的。</td><td rowspan="2">依法追究刑事责任。</td></tr>
<tr><td>已经构成犯罪的被告人在取保候审期间逃匿的，如果系保证人协助被告人逃匿，或者保证人明知被告人藏匿地点但拒绝向司法机关提供。</td></tr>
<tr><td colspan="2">保证人是否履行了保证义务由公安机关认定，罚款决定也由公安机关作出。</td></tr>
<tr><td rowspan="2">变更</td><td>保证人不愿继续履行保证义务。</td><td rowspan="2">责令被告人重新提出保证人或交纳保证金，或变更强制措施。</td></tr>
<tr><td>保证人丧失履行保证义务能力。</td></tr>
</table>

（二）保证金保证

1. 保证金的数额与收取管理

取保候审的决定机关应当综合考虑保证诉讼活动正常进行的需要，被取保候审人的社会危险性，案件的性质、情节，可能判处刑罚的轻重，被取保候审人的经济状况等情况，确定保证金的数额。提供保证金的人应当将保证金存入执行机关指定银行的专门账户。

对决定取保候审的被告人使用保证金保证的，应当责令被告人或者为其提供保证金的单位、个人将保证金一次性存入公安机关指定银行的专门账户。

《人民检察院刑事诉讼规则（试行）》第90条规定："采取保证金担保方式的，人民检察院可以根据犯罪嫌疑人的社会危险性，案件的性质、情节、危害后果，可能判处刑罚的轻重，犯罪嫌疑人的经济状况等，责令犯罪嫌疑人交纳一千元以上的保证金，对于未成年犯罪嫌疑人可以责令交纳五百元以上的保证金。"

2. 保证金的退还

犯罪嫌疑人、被告人在取保候审期间未违反相关规定的，取保候审结束的时候，凭解除取保候审的通知或者有关法律文书到银行领取退还的保证金。

对被取保候审的被告人的判决、裁定生效后，应当解除取保候审、退还保证金的，如果保证金属于其个人财产，人民法院可以书面通知公安机关将保证金移交人民法院，用以退赔被害人、履行附带民事赔偿义务或者执行财产刑，剩余部分应当退还被告人。

3. 保证金的"继承"

保证金的"继承"是指，如果已采取保证金取保候审的案件进入下一诉讼阶段，而下一诉讼阶段的机关决定继续采取保证金取保候审的，应重新作出取保候审的决定，期限也重新计算，但是不再重新收取保证金。

公安机关决定对犯罪嫌疑人取保候审，案件移送人民检察院审查起诉后，对于需要继续取保候审的，人民检察院应当依法重新作出取保候审决定，并对犯罪嫌疑人办理取保候审手续。取保候审的期限应当重新计算并告知犯罪嫌疑人。对继续采取保证金方式取保候审的，被取保候审人没有违反刑事诉讼法相关规定的，不变更保证金数额，不再重新收取保证金。

人民检察院、公安机关已经对犯罪嫌疑人取保候审、监视居住，案件起诉至人民法院后决定继续取保候审、监视居住的，应当重新办理手续，期限重新计算；继续使用保证金保证的，不再收取保证金。

4. 保证金的没收

公安机关在宣读没收保证金决定书时，应当告知如果对没收保证金的决定不服，被取保候审人或者其法定代理人可以向作出决定的公安机关申请复议。被取保候审人或者其法定代理人对复议决定不服的，可以向上一级公安机关申请复核一次。对上级公安机关撤销或者变更没收保证金决定的，下级公安机关应当执行。

5. 保证金的上缴

没收保证金的决定已过复议期限，或者经上级公安机关复核后维持原决定的，公安机关应当及时通知指定的银行将没收的保证金按照国家的有关规定上缴国库，并在三日以内通知决定取保候审的机关。

6. 保证金的暂扣

被取保候审人没有违反取保候审期间应遵守的相关规定，但在取保候审期间涉嫌重新故意犯罪被立案侦查的，负责执行的公安机关应当暂扣其交纳的保证金，待人民法院判决生效后，根据有关判决作出处理。

上述内容可通过下表理解和记忆：

<table>
<tr><td rowspan="20">保证金保证</td><td rowspan="8">金额</td><td>决定主体</td><td>取保候审的决定机关。</td></tr>
<tr><td rowspan="5">考虑因素</td><td>保证诉讼活动正常进行的需要。</td></tr>
<tr><td>被取保候审人的社会危险性。</td></tr>
<tr><td>案件的性质、情节。</td></tr>
<tr><td>可能判处刑罚的轻重。</td></tr>
<tr><td>被取保候审人的经济状况等。</td></tr>
<tr><td rowspan="2">起点金额</td><td>一千元以上。</td></tr>
<tr><td>未成年犯罪嫌疑人为五百元以上。</td></tr>
<tr><td>收取</td><td colspan="2">一次性存入（县级以上）公安机关指定银行的专门账户。</td></tr>
<tr><td rowspan="5">退还</td><td colspan="2">凭解除取保候审的通知或者有关法律文书到银行领取。</td></tr>
<tr><td rowspan="4">如果保证金属于其个人财产，人民法院可以书面通知公安机关将保证金移交人民法院。</td><td>退赔被害人。</td></tr>
<tr><td>履行附带民事赔偿义务。</td></tr>
<tr><td>执行财产刑。</td></tr>
<tr><td>剩余部分应当退还被告人。</td></tr>
<tr><td>继承</td><td colspan="2">如下一阶段仍采保证金取保，需重新作出决定、计算期限，但不再收取保证金。</td></tr>
<tr><td rowspan="2">没收</td><td colspan="2">可向作出决定的公安机关申请复议。</td></tr>
<tr><td colspan="2">对复议决定不服的可向上一级公安机关申请复核。</td></tr>
<tr><td rowspan="2">上缴</td><td>没收保证金的决定已过复议期限。</td><td rowspan="2">通知指定的银行上缴国库，并在三日以内通知决定取保候审的机关。</td></tr>
<tr><td>经上级公安机关复核后维持原决定的。</td></tr>
<tr><td>暂扣</td><td>涉嫌重新故意犯罪被立案侦查。</td><td>暂扣保证金，待判决生效后依判决处理。</td></tr>
</table>

例 1　甲涉嫌盗窃罪被逮捕。甲父为其申请取保候审，公安机关要求甲父交纳 10 万元

保证金。甲父请求减少保证金的数额。公安机关在确定保证金数额时应当考虑下列哪些情况?

A. 当地经济水平落后

B. 甲和甲父靠种地为生且无其他收入，生活贫困

C. 甲只偷他人一头牛，可能判处的刑罚不重

D. 甲无前科，社会危险性小，妨碍诉讼可能性小

提示： 选项B涉及被取保候审人的经济状况。选项C涉及可能判处刑罚的轻重。选项D涉及被取保候审人的社会危险性。

对于选项A，最高人民法院、最高人民检察院、公安部、国家安全部1999年联合发布了《关于取保候审若干问题的规定》(1999)(以下简称《规定》)，该《规定》第5条规定:“采取保证金形式取保候审的，保证金的起点数额为一千元。决定机关应当以保证被取保候审人不逃避、不妨碍刑事诉讼活动为原则，综合考虑犯罪嫌疑人、被告人的社会危险性，案件的情节、性质，可能判处刑罚的轻重，犯罪嫌疑人、被告人经济状况，当地的经济发展水平等情况，确定收取保证金的数额。”虽然根据该条规定，选项A的表述也正确。但根据《刑事诉讼法》第70条的规定，则选项A不应入选。

二、被取保候审人的义务及违反义务的处理

(一) 被取保候审人的义务

1. 法定义务

法定义务是指法律规定的每一个被取保候审的犯罪嫌疑人、被告人在取保候审期间都必须履行的义务，包括：①未经执行机关批准不得离开所居住的市、县；②住址、工作单位和联系方式发生变动的，在二十四小时以内向执行机关报告；③在传讯的时候及时到案；④不得以任何形式干扰证人作证；⑤不得毁灭、伪造证据或者串供。

2. 酌定义务

酌定义务是指人民法院、人民检察院和公安机关根据案件和被取保候审人的具体情况，责令被取保候审人在取保候审期间须遵守的义务，可以包括以下一项或多项：①不得进入特定的场所；②不得与特定的人员会见或者通信；③不得从事特定的活动；④将护照等出入境证件、驾驶证件交执行机关保存。

上述内容可通过下表理解和记忆：

<table>
<tr><td rowspan="9">被取保候审人的义务</td><td rowspan="5">法定义务</td><td>未经执行机关批准不得离开所居住的市、县。</td></tr>
<tr><td>住址、工作单位和联系方式发生变动的，在24小时以内向执行机关报告。</td></tr>
<tr><td>在传讯的时候及时到案。</td></tr>
<tr><td>不得以任何形式干扰证人作证。</td></tr>
<tr><td>不得毁灭、伪造证据或者串供。</td></tr>
<tr><td rowspan="4">酌定义务</td><td>不得进入特定的场所。</td></tr>
<tr><td>不得与特定的人员会见或者通信。</td></tr>
<tr><td>不得从事特定的活动。</td></tr>
<tr><td>将护照等出入境证件、驾驶证件交执行机关保存。</td></tr>
</table>

例 2 关于被法院决定取保候审的被告人在取保候审期间应当遵守的法定义务，下列哪些选项是正确的？

A. 未经法院批准不得离开所居住的市、县

B. 未经公安机关批准不得会见他人

C. 在传讯的时候及时到案

D. 不得以任何形式干扰证人作证

提示： 选项 A 错误，原因在于，应当是未经执行机关，也即公安机关的批准，不得离开所居住的市、县。不过，根据《公安机关办理刑事案件程序规定》第 91 条的规定，人民法院、人民检察院决定取保候审的，负责执行的公安机关在批准被取保候审人离开所居住的市、县前，应当征得决定机关的同意。选项 B 错误，原因在于，未经公安机关批准不得会见他人是被监视居住人应当履行的义务，被取保候审人无此义务。

（二）被取保候审人违反义务的处理

被取保候审的犯罪嫌疑人、被告人违反在取保候审期间应遵守的规定，已交纳保证金的，没收部分或者全部保证金，并且区别情形，责令犯罪嫌疑人、被告人具结悔过，重新交纳保证金、提出保证人，或者监视居住、予以逮捕。对违反取保候审规定，需要予以逮捕的，可以对犯罪嫌疑人、被告人先行拘留。

被取保候审的被告人具有下列情形之一的，人民法院应当决定逮捕：①故意实施新的犯罪的；②企图自杀、逃跑的；③毁灭、伪造证据，干扰证人作证或者串供的；④对被害人、举报人、控告人实施打击报复的；⑤经传唤，无正当理由不到案，影响审判活动正常进行的；⑥擅自改变联系方式或者居住地，导致无法传唤，影响审判活动正常进行的；⑦未经批准，擅自离开所居住的市、县，影响审判活动正常进行，或者两次未经批准，擅自离开所居住的市、县的；⑧违反规定进入特定场所、与特定人员会见或者通信、从事特定活动，影响审判活动正常进行，或者两次违反有关规定的；⑨依法应当决定逮捕的其他情形。

人民法院发现使用保证金保证的被取保候审人违反《刑事诉讼法》第 71 条第 1 款、第 2 款规定的，应当提出没收部分或者全部保证金的书面意见，连同有关材料一并送交负责执行的公安机关处理。人民法院收到公安机关已经没收保证金的书面通知或者变更强制措施的建议后，应当区别情形，责令被告人具结悔过，重新交纳保证金或者提出保证人，或者变更强制措施，并通知公安机关。人民法院决定对被依法没收保证金的被告人继续取保候审的，取保候审的期限连续计算。

上述规定可以通过下表理解和记忆：

<table>
<tr><td rowspan="13">被取保候审人违反规定的处理</td><td rowspan="13">没收部分或全部保证金</td><td colspan="3">责令犯罪嫌疑人、被告人具结悔过。</td></tr>
<tr><td colspan="3">重新交纳保证金、提出保证人（取保候审期限连续计算）。</td></tr>
<tr><td colspan="3">监视居住。</td></tr>
<tr><td rowspan="10">予以逮捕</td><td rowspan="9">原因</td><td>故意实施新的犯罪的。</td></tr>
<tr><td>企图自杀、逃跑的。</td></tr>
<tr><td>毁灭、伪造证据，干扰证人作证或者串供的。</td></tr>
<tr><td>对被害人、举报人、控告人实施打击报复的。</td></tr>
<tr><td>经传唤，无正当理由不到案，影响审判活动正常进行的。</td></tr>
<tr><td>擅自改变联系方式或者居住地，导致无法传唤，影响审判活动正常进行的。</td></tr>
<tr><td>未经批准，擅自离开所居住的市、县，影响审判活动正常进行，或者两次未经批准，擅自离开所居住的市、县的。</td></tr>
<tr><td>违反规定进入特定场所、与特定人员会见或者通信、从事特定活动，影响审判活动正常进行，或者两次违反有关规定的。</td></tr>
<tr><td>依法应当决定逮捕的其他情形。</td></tr>
<tr><td>程序</td><td>可以对犯罪嫌疑人、被告人先行拘留。</td></tr>
</table>

第四节　监视居住

重要法条及司法解释

《刑事诉讼法》第 74~79 条。

《最高人民法院关于适用〈中华人民共和国刑事诉讼法〉的解释》第 126 条第 2 款。

《人民检察院刑事诉讼规则（试行）》第 114 条。

《公安机关办理刑事案件程序规定》第 109 条第 1 款。

命题分析

“监视居住”中“指定居所监视居住”是 2012 年刑事诉讼法修改后的新增内容，近年来考查多次，足见其重要性。需要考生特别注意的是，2018 年刑事诉讼法修改后，指定居所监视居住中的适用案件类型删掉了“特别重大贿赂犯罪”。

从考查形式和内容来看，考查形式均为小案例形式，内容则涉及指定居所监视居住的适用条件和执行中的特殊规定，多是对强制措施各个考点的综合考查，而非专门针对指定居所监视居住的单一考查。

从考查趋势来看，指定居所监视居住被再度考查的可能性也很大，但也仍会是被与其他考点一起进行综合考查。

知识点精讲

一、监视居住

（一）监视居住的适用对象

根据《刑事诉讼法》第74条的规定：人民法院、人民检察院和公安机关对符合逮捕条件，有下列情形之一的犯罪嫌疑人、被告人，可以监视居住：①患有严重疾病、生活不能自理的；②怀孕或者正在哺乳自己婴儿的妇女；③系生活不能自理的人的唯一扶养人；④因为案件的特殊情况或者办理案件的需要，采取监视居住措施更为适宜的；⑤羁押期限届满，案件尚未办结，需要采取监视居住措施的。

对符合取保候审条件，但犯罪嫌疑人、被告人不能提出保证人，也不交纳保证金的，可以监视居住。

注意：监视居住的适用对象可以分为两类：一是本来可以逮捕的，但因为有上述5种情形，因此可以采用监视居住，不是必须监视居住；二是本来可以取保候审，但因为无法提供保证人或者保证金，因此可以监视居住。

<table>
<tr><td rowspan="6">监视居住适用条件</td><td rowspan="5">符合逮捕条件</td><td>患有严重疾病、生活不能自理的。</td></tr>
<tr><td>怀孕或者正在哺乳自己婴儿的妇女。</td></tr>
<tr><td>系生活不能自理的人的唯一扶养人。</td></tr>
<tr><td>因为案件的特殊情况或者办理案件的需要，采取监视居住措施更为适宜的。</td></tr>
<tr><td>羁押期限届满，案件尚未办结，需要采取监视居住措施的。</td></tr>
<tr><td>符合取保条件</td><td>不能提出保证人，也不交纳保证金的。</td></tr>
</table>

（二）监视居住的程序

（1）主体：公、检、法都有权决定，但由公安机关负责执行；人民检察院对指定居所监视居住的决定和执行是否合法实行监督。

（2）时间：不得超过6个月。

注意：公安机关决定对犯罪嫌疑人监视居住的，案件移送人民检察院审查起诉后，对于需要继续监视居住的，人民检察院应当依法重新作出监视居住决定，并对犯罪嫌疑人办理手续，监视居住的期限应当重新计算。

（3）地点：应当在犯罪嫌疑人、被告人的住处执行。

（4）监控方式：执行机关对被监视居住的犯罪嫌疑人、被告人，可以采取电子监控、不定期检查等监视方法对其遵守监视居住规定的情况进行监督；在侦查期间，可以对被监视居住的犯罪嫌疑人的通信进行监控。

（三）被监视居住人的义务

根据《刑事诉讼法》第77条的规定：被监视居住的犯罪嫌疑人、被告人应当遵守以下规定：①未经执行机关批准不得离开执行监视居住的处所；②未经执行机关批准不得会见他人或者通信；③在传讯的时候及时到案；④不得以任何形式干扰证人作证；⑤不得毁灭、伪造证据或者串供；⑥将护照等出入境证件、身份证件、驾驶证件交执行机关保存。

违反义务的处理：被监视居住的犯罪嫌疑人、被告人违反规定，情节严重的，可以予以逮捕；需要予以逮捕的，可以对犯罪嫌疑人、被告人先行拘留。

> **注意：**以上规定要注意和取保候审的相关规定进行对比记忆。

二、指定居所监视居住

指定居所监视居住是监视居住中的一种特殊情况，因此，指定居所监视居住的适用条件首先涉及监视居住的适用条件。

（一）指定居所监视居住的特殊适用条件

监视居住应当在犯罪嫌疑人、被告人的住处执行；无固定住处的，可以在指定的居所执行。对于涉嫌危害国家安全犯罪、恐怖活动犯罪，在住处执行可能有碍侦查的，经公安机关批准，也可以在指定的居所执行。

上述内容可以通过下表理解和记忆：

<table>
<tr><td rowspan="3">指定居所监视居住适用条件</td><td>所有犯罪</td><td colspan="2">无固定住处</td></tr>
<tr><td>危害国家安全犯罪</td><td rowspan="2">在住处执行可能有碍侦查</td><td rowspan="2">经上一级公安机关批准</td></tr>
<tr><td>恐怖活动犯罪</td></tr>
</table>

> **注意：**2018年刑事诉讼法修改后删掉了特别重大贿赂犯罪。

（二）执行指定居所监视居住中的特殊规定

1. 执行地点

可以在指定的居所执行，但不得在羁押场所、专门的办案场所执行。

2. 及时通知被监视居住人家属

《刑事诉讼法》第75条第2款规定：“指定居所监视居住的，除无法通知的以外，应当在执行监视居住后二十四小时以内，通知被监视居住人的家属。”该款规定仅要求将犯罪嫌疑人、被告人已被指定居所监视居住的信息通知其家属，并没有规定通知的内容。

关于指定居所监视居住中通知家属的内容，各部门的解释及规定均不相同。

《最高人民法院关于适用〈中华人民共和国刑事诉讼法〉的解释》第126条第2款规定：“对被告人指定居所监视居住后，人民法院应当在二十四小时内，将监视居住的原因和处所通知其家属；确实无法通知的，应当记录在案。”也即通知内容包括监视居住的原因和处所。

《公安机关办理刑事案件程序规定》第109条第1款规定：“指定居所监视居住的，除无法通知的以外，应当制作监视居住通知书，在执行监视居住后二十四小时以内，由决定机关通知被监视居住人的家属。”没有明确规定通知内容。

3. 折抵刑期

指定居所监视居住的期限应当折抵刑期。被判处管制的，监视居住一日折抵刑期一日；被判处拘役、有期徒刑的，监视居住二日折抵刑期一日。

第五节 拘留的执行与期限

重要法条及司法解释

《刑事诉讼法》第 82、83、85、86 条。

《公安机关办理刑事案件程序规定》第 121 条第 2 款、第 122 条第 2 款、第 123 条。

命题分析

拘留的考点比较集中。“拘留的决定、执行和期限”曾考查过多次；“拘留的适用情形”考查较少；其余考点则从未考查过。

从考查内容来看，对“拘留的决定、执行和期限”的考查实际上基本集中于“拘留的执行”，“拘留的期限”仅在一个单选选项中出现过一次，“拘留的决定”则从未被考查过。对拘留执行的考查与对强制措施中其他考点的考查一样，大多是混同于其他考点中进行综合考查，考查内容涉及拘留证的出示、送看守所羁押、拘留后的讯问等多方面内容，且非常注重对细节的考查。

从考查趋势来看，未来考查的重点应仍集中于拘留的执行，且仍会与其他考点一起进行综合考查，单独考查的可能性不大。

知识点精讲

一、拘留的执行

公安机关拘留人的时候，必须出示拘留证。拘留后，应当立即将被拘留人送看守所羁押，至迟不得超过 24 小时。除无法通知或者涉嫌危害国家安全犯罪、恐怖活动犯罪通知可能有碍侦查的情形以外，应当在拘留后 24 小时以内，通知被拘留人的家属。有碍侦查的情形消失以后，应当立即通知被拘留人的家属。

公安机关对被拘留的人，应当在拘留后的 24 小时以内进行讯问。在发现不应当拘留的时候，必须立即释放，发给释放证明。

犯罪嫌疑人被送交看守所羁押以后，侦查人员对其进行讯问，应当在看守所内进行。

紧急情况下，对于符合拘留条件的，应当将犯罪嫌疑人带至公安机关后立即审查，办理法律手续。

异地执行拘留的，应当在到达管辖地后 24 小时以内将犯罪嫌疑人送看守所羁押。

拘留通知书应当写明拘留原因和羁押处所。

上述内容可以通过下表理解和记忆：

<table>
<tr><th></th><th>时间</th><th>行为</th><th colspan="3">备注</th></tr>
<tr><td rowspan="8">拘留的执行</td><td>拘留时</td><td>出示拘留证。</td><td colspan="3">紧急情况下应带至公安机关后立即审查，办理法律手续。</td></tr>
<tr><td rowspan="6">24 小时以内</td><td rowspan="2">送看守所羁押。</td><td colspan="3">立即，至迟不超过 24 小时。</td></tr>
<tr><td colspan="3">异地执行拘留的，到达管辖地后 24 小时以内。</td></tr>
<tr><td rowspan="2">通知家属</td><td rowspan="2">例外</td><td>无法通知</td><td></td></tr>
<tr><td>涉嫌危害国家安全犯罪、恐怖活动犯罪通知可能有碍侦查。</td><td>有碍侦查的情形消失后应立即通知家属。</td></tr>
<tr><td rowspan="2">讯问</td><td colspan="2">送看守所羁押前</td><td></td></tr>
<tr><td colspan="2">送看守所羁押后</td><td>在看守所内讯问</td></tr>
<tr><td>发现不应拘留</td><td colspan="4">立即释放，发给释放证明。</td></tr>
</table>

上述规定和表格中有两点值得注意：

（1）并非所有犯罪都可因“通知可能有碍侦查”而暂不通知被拘留人家属，只有“涉嫌危害国家安全犯罪、恐怖活动犯罪”的才能因“通知可能有碍侦查”而暂不通知家属。

（2）将被拘留人送看守所羁押和对被拘留人进行讯问，都要在拘留后的 24 小时以内进行，因此并非一定要将被拘留人送看守所羁押后才能讯问，但是一旦将被拘留人送看守所羁押，讯问就只能在看守所进行。

二、拘留的期限

公安机关对被拘留的人，认为需要逮捕的，应当在拘留后的三日以内，提请人民检察院审查批准。在特殊情况下，提请审查批准的时间可以延长一日至四日。对于流窜作案、多次作案、结伙作案的重大嫌疑分子，提请审查批准的时间可以延长至三十日。人民检察院应当自接到公安机关提请批准逮捕书后的七日以内，作出批准逮捕或者不批准逮捕的决定。人民检察院不批准逮捕的，公安机关应当在接到通知后立即释放，并且将执行情况及时通知人民检察院。对于需要继续侦查，并且符合取保候审、监视居住条件的，依法取保候审或者监视居住。

根据上述规定，拘留的期限可以通过下表理解和记忆：

<table>
<tr><th></th><th colspan="2">条件</th><th>提请批准逮捕</th><th>审查逮捕期限</th><th>拘留期限</th></tr>
<tr><td rowspan="5">拘留的期限</td><td colspan="2">一般情况下</td><td>三日以内</td><td rowspan="5">七日以内</td><td>十日以内</td></tr>
<tr><td colspan="2">特殊情况下</td><td>可延长一至四日</td><td>十四日以内</td></tr>
<tr><td rowspan="3">重大嫌疑分子</td><td>流窜作案</td><td rowspan="3">可延长至三十日</td><td rowspan="3">三十七日以内</td></tr>
<tr><td>多次作案</td></tr>
<tr><td>结伙作案</td></tr>
</table>

例 甲涉嫌黑社会性质组织犯罪，10 月 5 日上午 10 时被刑事拘留。下列哪一处置是违法的？

A. 甲于当月 6 日上午 10 时前被送至看守所羁押

B. 甲涉嫌黑社会性质组织犯罪，因考虑通知家属有碍进一步侦查，决定暂不通知

C. 甲在当月6日被送至看守所之前，公安机关对其进行了讯问

D. 讯问后，发现甲依法需要逮捕，当月8日提请检察院审批

提示：选项B当选，违法原因在于只有“涉嫌危害国家安全犯罪、恐怖活动犯罪”的才能因“通知可能有碍侦查”而暂不通知家属。“黑社会性质组织犯罪”不在此列。

选项A在24小时以内送看守所羁押，不违法。选项C因送看守所羁押至迟不能超过24小时，因此在甲被送至看守所之前进行讯问应尚在24小时以内，也不违法。

当月8日为拘留后三日以内，在拘留后三日以内提请人民检察院批准逮捕是合法的，因本题要选出违法的选项，选项D不当选。

第六节 逮捕的批准和决定程序

重要法条及司法解释

《刑事诉讼法》第87~94条。

《人民检察院刑事诉讼规则（试行）》第303~306条。

命题分析

逮捕的考点比较分散。其中，“逮捕的适用情形”“逮捕的执行”很少考查，因此我们这里均不作为重点展开讨论。

“逮捕的批准和决定程序”近年考查过多次。从考查内容来看，多是专门考查审查逮捕中的讯问，因此我们将在下文中重点讨论审查逮捕中的讯问。从考查趋势上看，审查逮捕中的讯问仍将是比较重要的考点。

知识点精讲

一、审查逮捕的程序

公安机关要求逮捕犯罪嫌疑人的时候，应当写出提请批准逮捕书，连同案卷材料、证据，一并移送同级人民检察院审查批准。必要的时候，人民检察院可以派人参加公安机关对于重大案件的讨论。（提前介入）

人民检察院审查批准或者决定逮捕犯罪嫌疑人，由侦查监督部门办理。

侦查监督部门办理审查逮捕案件，应当审阅案卷材料和证据，依法讯问犯罪嫌疑人、询问证人等诉讼参与人、听取辩护律师意见，制作审查逮捕意见书，提出批准或者决定逮捕、不批准或者不予逮捕的意见，经部门负责人审核后，报请检察长批准或者决定；重大案件应当经检察委员会讨论决定。侦查监督部门办理审查逮捕案件，不另行侦查，不得直接提出采取取保候审措施的意见。

关于审查逮捕中讯问犯罪嫌疑人的范围，《刑事诉讼法》第88条规定：“人民检察院审

查批准逮捕，可以讯问犯罪嫌疑人；有下列情形之一的，应当讯问犯罪嫌疑人：（一）对是否符合逮捕条件有疑问的；（二）犯罪嫌疑人要求向检察人员当面陈述的；（三）侦查活动可能有重大违法行为的。人民检察院审查批准逮捕，可以询问证人等诉讼参与人，听取辩护律师的意见；辩护律师提出要求的，应当听取辩护律师的意见。”

但《人民检察院刑事诉讼规则（试行）》第305条扩大了应当讯问的犯罪嫌疑人的范围，该条规定：“侦查监督部门办理审查逮捕案件，可以讯问犯罪嫌疑人；有下列情形之一的，应当讯问犯罪嫌疑人：（一）对是否符合逮捕条件有疑问的；（二）犯罪嫌疑人要求向检察人员当面陈述的；（三）侦查活动可能有重大违法行为的；（四）案情重大疑难复杂的；（五）犯罪嫌疑人系未成年人的；（六）犯罪嫌疑人是盲、聋、哑人或者是尚未完全丧失辨认或者控制自己行为能力的精神病人的。讯问未被拘留的犯罪嫌疑人，讯问前应当征求侦查机关的意见，并做好办案安全风险评估预警工作。是否符合逮捕条件有疑问主要包括罪与非罪界限不清的，据以定罪的证据之间存在矛盾的，犯罪嫌疑人的供述前后矛盾或者违背常理的，有无社会危险性难以把握的，以及犯罪嫌疑人是否达到刑事责任年龄需要确认等情形。重大违法行为是指办案严重违反法律规定的程序，或者存在刑讯逼供等严重侵犯犯罪嫌疑人人身权利和其他诉讼权利等情形。”

此外，《人民检察院刑事诉讼规则（试行）》第306条还规定：“在审查逮捕中对被拘留的犯罪嫌疑人不予讯问的，应当送达听取犯罪嫌疑人意见书，由犯罪嫌疑人填写后及时收回审查并附卷。经审查发现应当讯问犯罪嫌疑人的，应当及时讯问。”

上述规定中的要点可通过下表理解和记忆：

<table>
<tr><th></th><th>方法</th><th>条件</th><th>备注</th></tr>
<tr><td rowspan="11">审查逮捕的程序</td><td rowspan="6">一般情况可以讯问犯罪嫌疑人；有下列情形之一的，应当讯问犯罪嫌疑人。</td><td>对是否符合逮捕条件有疑问的。</td><td rowspan="6">讯问未被拘留的犯罪嫌疑人，讯问前应当征求侦查机关的意见。</td></tr>
<tr><td>犯罪嫌疑人要求向检察人员当面陈述的。</td></tr>
<tr><td>侦查活动可能有重大违法行为的。</td></tr>
<tr><td>案情重大疑难复杂的。</td></tr>
<tr><td>犯罪嫌疑人系未成年人的。</td></tr>
<tr><td>犯罪嫌疑人是盲、聋、哑人或者是尚未完全丧失辨认或者控制自己行为能力的精神病人的。</td></tr>
<tr><td>送达听取意见书。</td><td colspan="2">对未被讯问的被拘留人。</td></tr>
<tr><td colspan="3">可以询问证人等诉讼参与人。</td></tr>
<tr><td colspan="3">可以听取辩护律师的意见，辩护律师提出要求的，应当听取。</td></tr>
<tr><td colspan="3">必要的时候，人民检察院可以派人参加公安机关对于重大案件的讨论。</td></tr>
<tr><td colspan="3">不另行侦查。</td></tr>
</table>

例 检察院审查批准逮捕时，遇有下列哪一情形依法应当讯问犯罪嫌疑人？

A. 辩护律师提出要求的

B. 犯罪嫌疑人要求向检察人员当面陈述的

C. 犯罪嫌疑人要求会见律师的

D. 共同犯罪的

提示：选项 A、C、D 的情况均不属于审查逮捕时应当讯问犯罪嫌疑人的情形。

二、审查逮捕的决定

人民检察院审查批准逮捕犯罪嫌疑人由检察长决定。重大案件应当提交检察委员会讨论决定。

人民检察院对于公安机关提请批准逮捕的案件进行审查后，应当根据情况分别作出批准逮捕或者不批准逮捕的决定。对于批准逮捕的决定，公安机关应当立即执行，并且将执行情况及时通知人民检察院。对于不批准逮捕的，人民检察院应当说明理由，需要补充侦查的，应当同时通知公安机关。

公安机关对人民检察院不批准逮捕的决定，认为有错误的时候，可以要求复议，但是必须将被拘留的人立即释放。如果意见不被接受，可以向上一级人民检察院提请复核。上级人民检察院应当立即复核，作出是否变更的决定，通知下级人民检察院和公安机关执行。

上述规定中的要点可通过下表理解和记忆：

<table>
<tr><th></th><th></th><th>公安机关</th><th>检察院</th></tr>
<tr><td rowspan="7">审查逮捕的决定</td><td rowspan="2">批准逮捕</td><td>立即执行。</td><td rowspan="2"></td></tr>
<tr><td>将执行情况及时通知检察院。</td></tr>
<tr><td rowspan="5">不批准逮捕</td><td rowspan="3"></td><td>说明理由。</td></tr>
<tr><td>需要补充侦查的，应同时通知公安机关。</td></tr>
<tr><td>不得直接提出采取取保候审措施的意见。</td></tr>
<tr><td>要求复议，并立即释放被拘留人。</td><td></td></tr>
<tr><td>向上一级人民检察院提请复核。</td><td></td></tr>
</table>

第七节 羁押必要性审查

重要法条及司法解释

《刑事诉讼法》第 95 条。

《人民检察院办理羁押必要性审查案件规定（试行）》第 2、3、7、8、11～13、15～25、27 条。

命题分析

羁押必要性审查是 2012 年刑事诉讼法修改后的新增内容。2016 年最高人民检察院又发布了《人民检察院办理羁押必要性审查案件规定（试行）》，对《人民检察院刑事诉讼规则（试行）》中的相关规定作出了调整。近年来考查频率非常高，是非常重要的考点。

从考查形式和内容来看，对羁押必要性的考查大多也采小案例形式，考查内容涉及羁押必要性审查的主体、原则、方式、处理等各个方面，而且很多内容都为多次考查。

从考查趋势看，对羁押必要性再次予以考查的可能性仍然很大，而且仍有可能予以专门考查，考查内容将主要涉及《人民检察院办理羁押必要性审查案件规定（试行）》中的相关规定。

知识点精讲

一、羁押必要性审查的对象、主体及启动方式

（一）羁押必要性审查的对象

《刑事诉讼法》第95条规定："犯罪嫌疑人、被告人被逮捕后，人民检察院仍应当对羁押的必要性进行审查。对不需要继续羁押的，应当建议予以释放或者变更强制措施……"

羁押必要性审查，是指人民检察院依据刑事诉讼法的相关规定，对被逮捕的犯罪嫌疑人、被告人有无继续羁押的必要性进行审查，对不需要继续羁押的，建议办案机关予以释放或者变更强制措施的监督活动。

（二）羁押必要性审查的主体

《人民检察院办理羁押必要性审查案件规定（试行）》第3条规定："羁押必要性审查案件由办案机关对应的同级人民检察院刑事执行检察部门统一办理，侦查监督、公诉、侦查、案件管理、检察技术等部门予以配合。"

《人民检察院办理羁押必要性审查案件规定（试行）》第8条规定："羁押必要性审查的申请由办案机关对应的同级人民检察院刑事执行检察部门统一受理。办案机关对应的同级人民检察院控告检察、案件管理等部门收到羁押必要性审查申请后，应当在一个工作日以内移送本院刑事执行检察部门。其他人民检察院收到羁押必要性审查申请的，应当告知申请人向办案机关对应的同级人民检察院提出申请，或者在两个工作日以内将申请材料移送办案机关对应的同级人民检察院，并告知申请人。"

上述规定与《人民检察院刑事诉讼规则（试行）》中的相关规定不一致，《人民检察院办理羁押必要性审查案件规定（试行）》出台后应以《人民检察院办理羁押必要性审查案件规定（试行）》为准。

（三）羁押必要性审查的启动方式

1. 依申请启动

《人民检察院办理羁押必要性审查案件规定（试行）》第7条规定："犯罪嫌疑人、被告人及其法定代理人、近亲属、辩护人申请进行羁押必要性审查的，应当说明不需要继续羁押的理由。有相关证明材料的，应当一并提供。"

《人民检察院办理羁押必要性审查案件规定（试行）》第27条规定："人民检察院依看守所建议进行羁押必要性审查的，参照依申请进行羁押必要性审查的程序办理。"

2. 依职权启动

《人民检察院办理羁押必要性审查案件规定（试行）》第11条规定："刑事执行检察部门对本院批准逮捕和同级人民法院决定逮捕的犯罪嫌疑人、被告人，应当依职权对羁押必要性进行初审。"

上述规定可通过下表理解和记忆：

<table>
<tr><td rowspan="6">羁押必要性审查</td><td>对象</td><td colspan="3">被逮捕的犯罪嫌疑人、被告人有无继续羁押的必要性。</td></tr>
<tr><td>主体</td><td colspan="3">同级人民检察院刑事执行检察部门。</td></tr>
<tr><td rowspan="4">启动</td><td rowspan="2">依申请</td><td>犯罪嫌疑人、被告人及其法定代理人、近亲属、辩护人。</td><td rowspan="2">应当说明不需要继续羁押的理由，有相关证明材料的，应一并提供。</td></tr>
<tr><td>看守所。</td></tr>
<tr><td rowspan="2">依职权</td><td>本院批准逮捕的。</td><td></td></tr>
<tr><td>同级人民法院决定逮捕的。</td><td></td></tr>
</table>

二、羁押必要性审查的方法

（一）审查方式

《人民检察院办理羁押必要性审查案件规定（试行）》第13条规定：“人民检察院进行羁押必要性审查，可以采取以下方式：（一）审查犯罪嫌疑人、被告人不需要继续羁押的理由和证明材料；（二）听取犯罪嫌疑人、被告人及其法定代理人、辩护人的意见；（三）听取被害人及其法定代理人、诉讼代理人的意见，了解是否达成和解协议；（四）听取现阶段办案机关的意见；（五）听取侦查监督部门或者公诉部门的意见；（六）调查核实犯罪嫌疑人、被告人的身体状况；（七）其他方式。”

（二）公开审查的原则及其例外

《人民检察院办理羁押必要性审查案件规定（试行）》第13条规定：“人民检察院可以对羁押必要性审查案件进行公开审查。但是，涉及国家秘密、商业秘密、个人隐私的案件除外。公开审查可以邀请与案件没有利害关系的人大代表、政协委员、人民监督员、特约检察员参加。”

（三）羁押必要性的评估

《人民检察院办理羁押必要性审查案件规定（试行）》第15条规定：“人民检察院应当根据犯罪嫌疑人、被告人涉嫌犯罪事实、主观恶性、悔罪表现、身体状况、案件进展情况、可能判处的刑罚和有无再危害社会的危险等因素，综合评估有无必要继续羁押犯罪嫌疑人、被告人。”

《人民检察院办理羁押必要性审查案件规定（试行）》第16条规定：“评估犯罪嫌疑人、被告人有无继续羁押必要性可以采取量化方式，设置加分项目、减分项目、否决项目等具体标准。犯罪嫌疑人、被告人的得分情况可以作为综合评估的参考。”

上述规定可通过下表理解和记忆：

<table>
<tr><td rowspan="11">羁押必要性审查</td><td rowspan="7">审查方式</td><td colspan="2">审查犯罪嫌疑人、被告人不需要继续羁押的理由和证明材料。</td></tr>
<tr><td colspan="2">听取犯罪嫌疑人、被告人及其法定代理人、辩护人的意见。</td></tr>
<tr><td colspan="2">听取被害人及其法定代理人、诉讼代理人的意见，了解是否达成和解协议。</td></tr>
<tr><td colspan="2">听取现阶段办案机关的意见。</td></tr>
<tr><td colspan="2">听取侦查监督部门或者公诉部门的意见。</td></tr>
<tr><td colspan="2">调查核实犯罪嫌疑人、被告人的身体状况。</td></tr>
<tr><td colspan="2">其他方式。</td></tr>
<tr><td rowspan="2">公开审查</td><td colspan="2">可邀与案件无利害关系的人大代表、政协委员、人民监督员、特约检察员参加。</td></tr>
<tr><td>例外</td><td>涉及国家秘密、商业秘密、个人隐私的案件。</td></tr>
<tr><td rowspan="2">评估</td><td>依据</td><td>犯罪嫌疑人、被告人涉嫌犯罪事实、主观恶性、悔罪表现、身体状况、案件进展情况、可能判处的刑罚和有无再危害社会的危险。</td></tr>
<tr><td>方法</td><td>可以采取量化方式，量化结果仅为参考。</td></tr>
</table>

三、羁押必要性审查后的处理

《人民检察院办理羁押必要性审查案件规定（试行）》第 17 条规定："经羁押必要性审查，发现犯罪嫌疑人、被告人具有下列情形之一的，应当向办案机关提出释放或者变更强制措施的建议：（一）案件证据发生重大变化，没有证据证明有犯罪事实或者犯罪行为系犯罪嫌疑人、被告人所为的；（二）案件事实或者情节发生变化，犯罪嫌疑人、被告人可能被判处拘役、管制、独立适用附加刑、免予刑事处罚或者判决无罪的；（三）继续羁押犯罪嫌疑人、被告人，羁押期限将超过依法可能判处的刑期的；（四）案件事实基本查清，证据已经收集固定，符合取保候审或者监视居住条件的。"

《人民检察院办理羁押必要性审查案件规定（试行）》第 18 条规定："经羁押必要性审查，发现犯罪嫌疑人、被告人具有下列情形之一，且具有悔罪表现，不予羁押不致发生社会危险性的，可以向办案机关提出释放或者变更强制措施的建议：（一）预备犯或者中止犯；（二）共同犯罪中的从犯或者胁从犯；（三）过失犯罪的；（四）防卫过当或者避险过当的；（五）主观恶性较小的初犯；（六）系未成年人或者年满七十五周岁的人；（七）与被害方依法自愿达成和解协议，且已经履行或者提供担保的；（八）患有严重疾病、生活不能自理的；（九）系怀孕或者正在哺乳自己婴儿的妇女；（十）系生活不能自理的人的唯一扶养人；（十一）可能被判处一年以下有期徒刑或者宣告缓刑的；（十二）其他不需要继续羁押犯罪嫌疑人、被告人的情形。"

上述规定可通过下表理解和记忆：

<table>
<tr><td rowspan="16">羁押必要性审查后的处理</td><td rowspan="4">应当向办案机关提出释放或者变更强制措施的建议。</td><td colspan="2">案件证据发生重大变化，没有证据证明有犯罪事实或者犯罪行为系犯罪嫌疑人、被告人所为的。</td></tr>
<tr><td colspan="2">案件事实或者情节发生变化，犯罪嫌疑人、被告人可能被判处拘役、管制、独立适用附加刑、免予刑事处罚或者判决无罪的。</td></tr>
<tr><td colspan="2">继续羁押犯罪嫌疑人、被告人，羁押期限将超过依法可能判处的刑期的。</td></tr>
<tr><td colspan="2">案件事实基本查清，证据已经收集固定，符合取保候审或监视居住条件的。</td></tr>
<tr><td rowspan="12">可以向办案机关提出释放或者变更强制措施的建议。</td><td rowspan="12">有悔罪表现，不予羁押不致发生社会危险性（不必逐项记忆）。</td><td>预备犯或者中止犯。</td></tr>
<tr><td>共同犯罪中的从犯或者胁从犯。</td></tr>
<tr><td>过失犯罪的。</td></tr>
<tr><td>防卫过当或者避险过当的。</td></tr>
<tr><td>主观恶性较小的初犯。</td></tr>
<tr><td>系未成年人或者年满 75 周岁的人。</td></tr>
<tr><td>与被害方依法自愿达成和解协议，且已经履行或者提供担保的。</td></tr>
<tr><td>患有严重疾病、生活不能自理的。</td></tr>
<tr><td>系怀孕或者正在哺乳自己婴儿的妇女。</td></tr>
<tr><td>系生活不能自理的人的唯一扶养人。</td></tr>
<tr><td>可能被判处一年以下有期徒刑或者宣告缓刑的。</td></tr>
<tr><td>其他不需要继续羁押犯罪嫌疑人、被告人的情形。</td></tr>
</table>

四、羁押必要性审查的程序

（一）立案程序

《人民检察院办理羁押必要性审查案件规定（试行）》第12条规定："经初审，对于犯罪嫌疑人、被告人可能具有本规定第十七条、第十八条情形之一的，检察官应当制作立案报告书，经检察长或者分管副检察长批准后予以立案。对于无理由或者理由明显不成立的申请，或者经人民检察院审查后未提供新的证明材料或者没有新的理由而再次申请的，由检察官决定不予立案，并书面告知申请人。"

（二）结案程序

《人民检察院办理羁押必要性审查案件规定（试行）》第20条规定："办理羁押必要性审查案件，应当在立案后十个工作日以内决定是否提出释放或者变更强制措施的建议。案件复杂的，可以延长五个工作日。"

《人民检察院办理羁押必要性审查案件规定（试行）》第21条规定："经审查认为无继续羁押必要的，检察官应当报经检察长或者分管副检察长批准，以本院名义向办案机关发出释放或者变更强制措施建议书，并要求办案机关在十日以内回复处理情况。释放或者变更强制措施建议书应当说明不需要继续羁押犯罪嫌疑人、被告人的理由和法律依据。"

《人民检察院办理羁押必要性审查案件规定（试行）》第22条规定："人民检察院应当跟踪办案机关对释放或者变更强制措施建议的处理情况。办案机关未在十日以内回复处理情况的，可以报经检察长或者分管副检察长批准，以本院名义向其发出纠正违法通知书，要求其及时回复。"

《人民检察院办理羁押必要性审查案件规定（试行）》第23条规定："经审查认为有继续羁押必要的，由检察官决定结案，并通知办案机关。"

《人民检察院办理羁押必要性审查案件规定（试行）》第24条规定："对于依申请立案审查的案件，人民检察院办结后，应当将提出建议和办案机关处理情况，或者有继续羁押必要的审查意见和理由及时书面告知申请人。"

《人民检察院办理羁押必要性审查案件规定（试行）》第25条规定："刑事执行检察部门应当通过检察机关统一业务应用系统等途径将审查情况、提出建议和办案机关处理情况及时通知本院侦查监督、公诉、侦查等部门。"

上述规定可通过下表理解和记忆：

<table>
<tr><th></th><th></th><th>条件</th><th>处理</th><th colspan="3">程序</th></tr>
<tr><td rowspan="6">羁押必要性审查</td><td rowspan="2">立案程序</td><td>略</td><td>立案</td><td colspan="3">经检察长或分管副检察长批准。</td></tr>
<tr><td>略</td><td>不立案</td><td colspan="3">由检察官决定。</td></tr>
<tr><td rowspan="4">结案程序</td><td rowspan="2">无羁押必要性。</td><td rowspan="2">发出释放或变更强制措施建议书。</td><td rowspan="2">报经检察长或分管副检察长批准。</td><td>要求办案机关十日内回复。</td><td>未回复的，可报批准，发出纠正违法通知书。</td></tr>
<tr><td colspan="2">书面告知申请人。</td></tr>
<tr><td rowspan="2">有羁押必要性。</td><td rowspan="2">结案。</td><td rowspan="2">由检察官决定。</td><td colspan="2">通知办案机关。</td></tr>
<tr><td colspan="2">书面告知申请人。</td></tr>
</table>

第八节 逮捕的变更、撤销或解除

重要法条及司法解释

《刑事诉讼法》第 96~99 条。

《最高人民法院关于适用〈中华人民共和国刑事诉讼法〉的解释》第 133、134 条。

命题分析

“逮捕的变更、撤销或解除”近年来考查了多次，是非常高频的考点，其中，既有专门考查，也有与其他考点混合的综合考查。

从考查内容和趋势来看，历年来关于这一考点的考查大多集中于对《最高人民法院关于适用〈中华人民共和国刑事诉讼法〉的解释》中“应当”和“可以”的不同情形的考查，未来亦将如此。

知识点精讲

一、《刑事诉讼法》关于强制措施的变更、撤销或解除的一般规定

一般而言，强制措施的撤销或者变更是因为适用强制措施的条件自始或嗣后不存在，导致采取强制措施不当，因而予以撤销或者变更。强制措施的解除或者变更则是因为在强制措施执行的过程中出现了其他情形，导致不宜继续适用，因而予以解除或变更。

（1）采取强制措施不当的：人民法院、人民检察院和公安机关如果发现对犯罪嫌疑人、被告人采取强制措施不当的，应当及时撤销或者变更。公安机关释放被逮捕的人或者变更逮捕措施的，应当通知原批准的人民检察院。

（2）采取强制措施法定期限届满的：人民法院、人民检察院或者公安机关对被采取强制措施法定期限届满的犯罪嫌疑人、被告人，应当予以释放、解除取保候审、监视居住或者依法变更强制措施。犯罪嫌疑人、被告人及其法定代理人、近亲属或者辩护人对于人民法院、人民检察院或者公安机关采取强制措施法定期限届满的，有权要求解除强制措施。

（3）不能在法定办案期限办结的：犯罪嫌疑人、被告人被羁押的案件，不能在本法规定的侦查羁押、审查起诉、一审、二审期限内办结的，对犯罪嫌疑人、被告人应当予以释放；需要继续查证、审理的，对犯罪嫌疑人、被告人可以取保候审或者监视居住。

上述规定可通过下表理解和记忆：

<table>
<tr><th></th><th>事由</th><th>处理</th></tr>
<tr><td rowspan="6">强制措施的变更、撤销或解除</td><td rowspan="2">采取强制措施不当。</td><td>及时撤销或者变更。</td></tr>
<tr><td>公安机关释放被逮捕的人或者变更逮捕措施的，应当通知原批准的人民检察院。</td></tr>
<tr><td rowspan="2">采取强制措施法定期限届满。</td><td>予以释放、解除取保候审、监视居住或者依法变更强制措施。</td></tr>
<tr><td>犯罪嫌疑人、被告人及其法定代理人、近亲属或辩护人有权要求解除。</td></tr>
<tr><td rowspan="2">羁押，不能在法定期限内办结。</td><td>予以释放。</td></tr>
<tr><td>需要继续查证、审理的，可以取保候审或者监视居住。</td></tr>
</table>

此外，犯罪嫌疑人、被告人及其法定代理人、近亲属或者辩护人有权申请变更强制措施。人民法院、人民检察院和公安机关收到申请后，应当在三日以内作出决定；不同意变更强制措施的，应当告知申请人，并说明不同意的理由。

二、《最高人民法院关于适用〈中华人民共和国刑事诉讼法〉的解释》关于逮捕的变更、撤销或解除的规定

《最高人民法院关于适用〈中华人民共和国刑事诉讼法〉的解释》第133条规定："被逮捕的被告人具有下列情形之一的，人民法院可以变更强制措施：（一）患有严重疾病、生活不能自理的；（二）怀孕或者正在哺乳自己婴儿的；（三）系生活不能自理的人的唯一扶养人。"

《最高人民法院关于适用〈中华人民共和国刑事诉讼法〉的解释》第134条规定："第一审人民法院判决被告人无罪、不负刑事责任或者免除刑事处罚，被告人在押的，应当在宣判后立即释放。被逮捕的被告人具有下列情形之一的，人民法院应当变更强制措施或者予以释放：（一）第一审人民法院判处管制、宣告缓刑、单独适用附加刑，判决尚未发生法律效力的；（二）被告人被羁押的时间已到第一审人民法院对其判处的刑期期限的；（三）案件不能在法律规定的期限内审结的。"

上述规定可通过下表理解和记忆：

<table>
<tr><th></th><th>处理</th><th>事由</th><th colspan="2">程序</th></tr>
<tr><td rowspan="7">逮捕的变更撤销解除</td><td>应当予以释放。</td><td>一审判决无罪、不负刑事责任或免除刑事处罚。</td><td rowspan="7">立即将变更强制措施决定书或者释放通知书送交公安机关执行。</td><td rowspan="7">检察院建议的应在收到建议后十日内将处理情况通知检察院。</td></tr>
<tr><td rowspan="3">应当变更强制措施或予以释放。</td><td>第一审人民法院判处管制、宣告缓刑、单独适用附加刑，判决尚未发生法律效力的。</td></tr>
<tr><td>被告人被羁押的时间已到第一审人民法院对其判处的刑期期限的。</td></tr>
<tr><td>案件不能在法律规定的期限内审结的。</td></tr>
<tr><td rowspan="3">可以变更强制措施或予以释放。</td><td>患有严重疾病、生活不能自理的。</td></tr>
<tr><td>怀孕或者正在哺乳自己婴儿的。</td></tr>
<tr><td>系生活不能自理的人的唯一扶养人。</td></tr>
</table>

例 关于应当变更为取保候审、监视居住或解除强制措施，下列哪一选项是正确的？

A. 甲被逮捕后发现患有严重疾病

B. 乙被逮捕后经检查正在怀孕

C. 丙被逮捕后侦查羁押期限届满仍须继续查证

D. 丁被逮捕后一审法院判处有期徒刑1年缓刑2年，判决尚未发生效力

提示：选项A、B均属于“可以”而非“应该”变更强制措施的情形。

第十一章　附带民事诉讼

第一节　附带民事诉讼的成立条件

重要法条及司法解释

《刑事诉讼法》第 101 条。

《最高人民法院关于适用〈中华人民共和国刑事诉讼法〉的解释》第 138～140、160 条。

命题分析

“附带民事诉讼的成立条件”近年来年考查较多，其中 2016 年有 3 道考题涉及这一考点，2017 年有 2 道，考查频率之高鲜有其他考点能及，足见其重要性。

从考查内容和趋势上看，这些考查的内容实际上都集中于两个问题：一是哪些损失是可以通过附带民事诉讼来追偿的；二是不能提起附带民事诉讼的特殊情形。至于附带民事诉讼的其他成立条件实际上鲜有涉及。未来对此考点的考查也仍可能集中于这两方面的问题。

知识点精讲

一、附带民事诉讼成立的前提是刑事诉讼的成立

附带民事诉讼成立的前提是刑事诉讼的成立，无论是公诉还是自诉。如果刑事诉讼不能成立，附带民事诉讼也不成立，可以另行提起民事诉讼。

人民法院认定公诉案件被告人的行为不构成犯罪，对已经提起的附带民事诉讼，经调解不能达成协议的，应当一并作出刑事附带民事判决。人民法院准许人民检察院撤回起诉的公诉案件，对已经提起的附带民事诉讼，可以进行调解；不宜调解或者经调解不能达成协议的，应当裁定驳回起诉，并告知附带民事诉讼原告人可以另行提起民事诉讼。

可见，对于已经提起附带民事诉讼而人民法院判决无罪的案件和人民检察院撤回起诉的案件，在处理上是不一样的，这是因为，对于人民检察院撤回起诉的，刑事诉讼已不复存在，因此不能作出附带民事诉讼的判决。

上述内容可通过下表理解和记忆：

<table>
<tr><th>前提</th><th>条件</th><th>调解不能达成协议的处理</th></tr>
<tr><td rowspan="2">已经提起附带民事诉讼。</td><td>判决无罪</td><td>一并作出刑事附带民事判决。</td></tr>
<tr><td>撤回起诉</td><td>裁定驳回起诉，告知可以另行提起民事诉讼。</td></tr>
</table>

二、被害人遭受的必须是物质损失

（一）可以提起附带民事诉讼的损失

可以提起附带民事诉讼的损失包括：

（1）被害人因人身权利受到犯罪侵犯而遭受的物质损失。例如，故意伤害案件中被害人因被告人的犯罪行为受伤而支出的医疗费、误工费等。

（2）被害人因财物被犯罪分子毁坏而遭受的物质损失。这要求被害人的财物必须是被犯罪分子毁坏了，无法直接追缴了，而不是被非法占有或处置了，后者可以责令退赔或依法追缴，不需要通过附带民事诉讼解决。

（二）不能提起附带民事诉讼的损失

1. 精神损失

因受到犯罪侵犯，提起附带民事诉讼或者单独提起民事诉讼要求赔偿精神损失的，人民法院不予受理。

2. 被告人非法占有、处置被害人财产的

被告人非法占有、处置被害人财产的，应当依法予以追缴或者责令退赔。被害人提起附带民事诉讼的，人民法院不予受理。例如，被害人被盗的财产就不能通过附带民事诉讼追偿，而应直接依法予以追缴或者责令退赔。

3. 国家工作人员在行使职权时犯罪给被害人造成的损失

国家机关工作人员在行使职权时，侵犯他人人身、财产权利构成犯罪，被害人或者其法定代理人、近亲属提起附带民事诉讼的，人民法院不予受理，但应当告知其可以依法申请国家赔偿。

上述内容可通过下表理解和记忆：

<table>
<tr><th></th><th>损失性质</th><th>条件</th><th colspan="2">处理</th></tr>
<tr><td rowspan="5">可提起附带民事诉讼</td><td rowspan="4">物质损失</td><td>人身权利受到犯罪侵犯。</td><td colspan="2" rowspan="2">受理</td></tr>
<tr><td>财产被犯罪分子毁坏。</td></tr>
<tr><td>被告人非法占有、处置被害人财产。</td><td rowspan="3">不予受理</td><td>依法予以追缴或责令退赔。</td></tr>
<tr><td>国家工作人员在行使职权时侵犯他人人身、财产权利。</td><td>告知依法申请国家赔偿。</td></tr>
<tr><td colspan="2">精神损失</td><td>另行提起民事诉讼。</td></tr>
</table>

三、被害人的物质损失是因被告人的犯罪行为造成的

被害人的物质损失必须是因被告人的犯罪行为造成的，也即与犯罪行为之间具有因果关系，而且必须是已经遭受的实际损失和必然造成的物质损失，不能是间接的、或然性的

损失。例如，故意伤害案中被害人因养伤而产生的误工费就属于必然造成的物质损失，可以提起附带民事诉讼；但是如果被害人称其因养伤而错过了一笔生意，这笔生意就属于间接的、或然性的损失，不能提起附带民事诉讼。

第二节　附带民事诉讼的当事人

重要法条及司法解释

《刑事诉讼法》第 101 条。

《最高人民法院关于适用〈中华人民共和国刑事诉讼法〉的解释》第 142 条第 1、2 款，第 143、144、146 条。

命题分析

“附带民事诉讼的当事人”近年考查过多次。从考查形式和内容来看，均采用小案例形式，考查内容涉及司法解释中所规定的各种情形，要求考生对相关规定熟练掌握。

从考查趋势上看，不排除再次考查的可能性，但更有可能是与附带民事诉讼的其他考点一起进行综合考查，而非单独考查。

知识点精讲

一、有权提起附带民事诉讼的主体

被害人由于被告人的犯罪行为而遭受物质损失的，在刑事诉讼过程中，有权提起附带民事诉讼。被害人死亡或者丧失行为能力的，被害人的法定代理人、近亲属有权提起附带民事诉讼。如果是国家财产、集体财产遭受损失的，人民检察院在提起公诉的时候，可以提起附带民事诉讼。

国家财产、集体财产遭受损失，受损失的单位未提起附带民事诉讼，人民检察院在提起公诉时提起附带民事诉讼的，人民法院应当受理。人民检察院提起附带民事诉讼的，应当列为附带民事诉讼原告人。

附带民事诉讼的原告人可通过下表理解和记忆：

<table>
<tr><th></th><th colspan="2">范围</th><th>条件</th></tr>
<tr><td rowspan="4">原告人</td><td rowspan="2">被害人</td><td>因犯罪行为遭受物质损失的自然人。</td><td></td></tr>
<tr><td>因犯罪行为遭受物质损失的单位。</td><td></td></tr>
<tr><td colspan="2">被害人的法定代理人、近亲属。</td><td>被害人死亡或者为丧失行为能力。</td></tr>
<tr><td colspan="2">人民检察院。</td><td>国家、集体财产遭受损失，受损失的单位未提起附带民事诉讼。</td></tr>
</table>

二、附带民事诉讼中依法负有赔偿责任的人

附带民事诉讼中依法负有赔偿责任的人包括：①刑事被告人以及未被追究刑事责任的其他共同侵害人；②刑事被告人的监护人；③死刑罪犯的遗产继承人；④共同犯罪案件中，案件审结前死亡的被告人的遗产继承人；⑤对被害人的物质损失依法应当承担赔偿责任的其他单位和个人。附带民事诉讼被告人的亲友自愿代为赔偿的，应当准许。

被害人或者其法定代理人、近亲属仅对部分共同侵害人提起附带民事诉讼的，人民法院应当告知其可以对其他共同侵害人，包括没有被追究刑事责任的共同侵害人，一并提起附带民事诉讼，但共同犯罪案件中同案犯在逃的除外。被害人或者其法定代理人、近亲属放弃对其他共同侵害人的诉讼权利的，人民法院应当告知其相应法律后果，并在裁判文书中说明其放弃诉讼请求的情况。

共同犯罪案件，同案犯在逃的，不应列为附带民事诉讼被告人。逃跑的同案犯到案后，被害人或者其法定代理人、近亲属可以对其提起附带民事诉讼，但已经从其他共同犯罪人处获得足额赔偿的除外。

上述规定可通过下表理解和记忆：

<table>
<tr><th></th><th>范围</th><th colspan="2">备注</th></tr>
<tr><td rowspan="5">负有赔偿责任的人</td><td>刑事被告人以及未被追究刑事责任的其他共同侵害人。</td><td></td><td rowspan="5">附带民事诉讼被告人的亲友自愿代为赔偿的，应当准许。</td></tr>
<tr><td>刑事被告人的监护人。</td><td></td></tr>
<tr><td>死刑罪犯的遗产继承人。</td><td rowspan="2">在所继承遗产的范围内承担赔偿责任。</td></tr>
<tr><td>共同犯罪案件中，案件审结前死亡的被告人的遗产继承人。</td></tr>
<tr><td>对被害人的物质损失依法应承担赔偿责任的其他单位和个人。</td><td></td></tr>
<tr><td rowspan="2">不列为被告</td><td>共同犯罪中在逃的同案犯。</td><td colspan="2">到案后，被害人或者其法定代理人、近亲属可以对其提起附带民事诉讼，但已经从其他共同犯罪人处获得足额赔偿的除外。</td></tr>
<tr><td>被害人对其放弃诉讼权利的其他共同侵害人。</td><td colspan="2">人民法院应当告知其相应法律后果，并在裁判文书中说明其放弃诉讼请求的情况。</td></tr>
</table>

第三节　附带民事诉讼的调解与审判

重要法条及司法解释

《刑事诉讼法》第 103、104 条。

《最高人民法院关于适用〈中华人民共和国刑事诉讼法〉的解释》第 148、153～159、161、163 条。

命题分析

“附带民事诉讼的调解与审判”近年来考查次数较多，是非常高频的考点。

从考查内容和方式来看，既有小型的案例分析，也有直接考查法律规定的。考查内容几乎涉及有关附带民事诉讼调解的所有法律规定及司法解释，涉及审判的则相对较少。

从考查趋势来看，未来关于此考点的考查重点应在于附带民事诉讼中的调解。

知识点精讲

一、附带民事诉讼的调解

（一）侦查、审查起诉期间的调解

侦查、审查起诉期间，有权提起附带民事诉讼的人提出赔偿要求，经公安机关、人民检察院调解，当事人双方已经达成协议并全部履行，被害人或者其法定代理人、近亲属又提起附带民事诉讼的，人民法院不予受理，但有证据证明调解违反自愿、合法原则的除外。

例1　关于附带民事诉讼，下列哪一选项是正确的？

A. 在侦查、审查起诉阶段，被害人提出赔偿要求经记录在案的，公安机关、检察院可以对民事赔偿部分进行调解

B. 在侦查、审查起诉阶段，经调解当事人达成协议并已给付，被害人又向法院提起附带民事诉讼的，法院不再受理

提示：选项A正确，选项B错误。

（二）一审期间的调解

人民法院审理附带民事诉讼案件，可以根据自愿、合法的原则进行调解。经调解达成协议的，应当制作调解书。调解书经双方当事人签收后，即具有法律效力。调解达成协议并即时履行完毕的，可以不制作调解书，但应当制作笔录，经双方当事人、审判人员、书记员签名或者盖章后即发生法律效力。

调解未达成协议或者调解书签收前当事人反悔的，附带民事诉讼应当同刑事诉讼一并判决。

例2　关于附带民事诉讼，下列哪一选项是正确的？

C. 法院审理刑事附带民事诉讼案件，可以进行调解

D. 附带民事诉讼经调解达成协议并当庭执行完毕的，无须制作调解书，也不需记入笔录

提示：选项C正确，选项D错误。

（三）二审期间的调解

第一审期间未提起附带民事诉讼，在第二审期间提起的，第二审人民法院可以依法进行调解；调解不成的，告知当事人可以在刑事判决、裁定生效后另行提起民事诉讼。

上述内容可以通过下表理解和记忆：

<table>
<tr><th></th><th>阶段</th><th>条件</th><th>后果</th></tr>
<tr><td rowspan="6">附带民事诉讼调解</td><td>审前</td><td>达成协议并全部履行。</td><td>又提起附带民事诉讼的，不予受理（有证据证明调解违反自愿、合法原则的除外）。</td></tr>
<tr><td rowspan="4">一审</td><td>达成协议。</td><td>制作调解书，双方签收后生效。</td></tr>
<tr><td>达成协议并即时履行完毕。</td><td>可不制作调解书，但应制作笔录，各方签名或盖章后生效。</td></tr>
<tr><td>未达成协议。</td><td rowspan="2">附带民事诉讼应当同刑事诉讼一并判决。</td></tr>
<tr><td>调解书签收前当事人反悔。</td></tr>
<tr><td>二审</td><td>调解不成。</td><td>告知当事人可在刑事裁判生效后另行提起民事诉讼。</td></tr>
</table>

二、附带民事诉讼的审判

（一）审判组织

附带民事诉讼应当同刑事案件一并审判，只有为了防止刑事案件审判的过分迟延，才可以在刑事案件审判后，由同一审判组织继续审理附带民事诉讼；同一审判组织的成员确实不能继续参与审判的，可以更换。

（二）当事人拒不到庭的处理

附带民事诉讼原告人经传唤，无正当理由拒不到庭，或者未经法庭许可中途退庭的，应当按撤诉处理。刑事被告人以外的附带民事诉讼被告人经传唤，无正当理由拒不到庭，或者未经法庭许可中途退庭的，附带民事部分可以缺席判决。

<table>
<tr><th>主体</th><th>条件</th><th>处理</th></tr>
<tr><td rowspan="2">附带民事诉讼原告人</td><td>无正当理由拒不到庭。</td><td rowspan="2">应当按撤诉处理。</td></tr>
<tr><td>未经法庭许可中途退庭。</td></tr>
<tr><td rowspan="2">刑事被告人以外的附带民事诉讼被告人</td><td>经传唤无正当理由拒不到庭。</td><td rowspan="2">附带民事部分可以缺席判决。</td></tr>
<tr><td>未经法庭许可中途退庭。</td></tr>
</table>

注意：“按撤诉处理”是“应当”，“缺席判决”则是“可以”，而非“应当”。

（三）判决

1. 刑事部分

审理刑事附带民事诉讼案件，人民法院应当结合被告人赔偿被害人物质损失的情况认定其悔罪表现，并在量刑时予以考虑。

2. 附带民事部分

对附带民事诉讼作出判决，应当根据犯罪行为造成的物质损失，结合案件具体情况，确定被告人应当赔偿的数额。犯罪行为造成被害人人身损害的，应当赔偿医疗费、护理费、交通费等为治疗和康复支付的合理费用，以及因误工减少的收入。造成被害人残疾的，还应当赔偿残疾生活辅助具费等费用；造成被害人死亡的，还应当赔偿丧葬费等费用。驾驶机动车致人伤亡或者造成公私财产重大损失，构成犯罪的，依照《中华人民共和国道路交通安全法》第76条的规定确定赔偿责任。附带民事诉讼当事人就民事赔偿问题达成调解、和解协议的，赔偿范围、数额不受上述限制。

人身损害赔偿范围	一般情况	医疗费、护理费、交通费等为治疗和康复支付的合理费用。
		因误工减少的收入。
	残疾	残疾生活辅助具费等费用。
	死亡	丧葬费等费用。

人民检察院提起附带民事诉讼的，人民法院经审理，认为附带民事诉讼被告人依法应当承担赔偿责任的，应当判令附带民事诉讼被告人直接向遭受损失的单位作出赔偿；遭受损失的单位已经终止，有权利义务继受人的，应当判令其向继受人作出赔偿；没有权利义务继受人的，应当判令其向人民检察院交付赔偿款，由人民检察院上缴国库。

（四）适用法律

人民法院审理附带民事诉讼案件，除刑法、刑事诉讼法以及刑事司法解释已有规定的以外，适用民事法律的有关规定。

例3 某县检察院以涉嫌故意伤害罪对十六岁的马某提起公诉，被害人刘某提起附带民事诉讼。对此，下列哪些选项是正确的？

A. 在审理该案时，法院只能适用《刑法》《刑事诉讼法》等有关的刑事法律

B. 在审查起诉阶段，马某、刘某已就赔偿达成协议且马某按照协议给付了刘某五万元，法院仍可以受理刘某提起的附带民事诉讼

提示：选项A、B均错误。

第十二章　立案

重要法条及司法解释

《刑事诉讼法》第 109~114 条。

《人民检察院刑事诉讼规则（试行）》第 554、555、557~560、562 条。

《关于刑事立案监督有关问题的规定（试行）》第 4~6、8、10~11 条。

命题分析

“立案”这一章内容不多，但考查次数较多，属于“性价比”很高的考点。从以往考试来看，考点主要集中在两个部分：一是立案的材料来源，主要考查报案、举报、控告之间的区别，但因为考点较简单，经常和其他考点，比如管辖、回避以及本章的立案监督等知识点综合考查。二是立案监督，近年考查频率很高。从考查内容来看，《刑事诉讼法》仅就检察机关对公安机关应立案而不立案的情况予以监督作出了规定，《人民检察院刑事诉讼规则（试行）》则补充了对公安机关不应立案而立案的情况的监督，并就立案监督的程序和工作流程予以了详细的规定。此外，最高人民检察院和公安部还于 2010 年联合发布了《关于刑事立案监督有关问题的规定（试行）》。但是纵观近十年来的考题，对立案监督问题的考查大多都是对《刑事诉讼法》规定的考查，鲜有涉及《人民检察院刑事诉讼规则（试行）》和《关于刑事立案监督有关问题的规定（试行）》的，后两者更侧重于检察院内部的工作流程，并非考试重点。从考查趋势来看，刑事诉讼法关于立案监督的规定仍为考查重点。为了使考生能更全面地理解立案监督的相关问题，本章对《人民检察院刑事诉讼规则（试行）》的规定也将有所涉及。

知识点精讲

一、立案的材料来源

（1）侦查机关自行发现的犯罪事实或者获得的犯罪线索；

（2）单位和个人的报案或者举报；

（3）被害人的报案或者控告；

（4）犯罪人的自首。

注意：报案、举报、控告之间的区别可以通过下表理和记忆：

	报案	举报	控告
主体	所有单位和个人，包含被害人。	被害人以外的人。	只能是被害人。
内容	有犯罪事实发生。	犯罪事实及嫌疑人。	犯罪事实及嫌疑人。

前后联系：与第三章中"被害人的诉讼权利"结合复习。

例 1　国家机关工作人员李某多次利用职务之便向境外间谍机构提供涉及国家机密的情报，同事赵某发现其行迹后决定写信揭发李某。关于赵某行为的性质，下列哪一选项是正确的？

A. 控告　　　　B. 告诉

C. 举报　　　　D. 报案

提示：本题考查报案、控告和举报的区别。选项 A 错误。控告是指被害人（包括自诉人和被害单位）就其人身权利、财产权利遭受不法侵害的事实及犯罪嫌疑人的有关情况，向公安司法机关揭露和告发，要求依法追究其刑事责任的诉讼行为。选项 B 错误。告诉，针对的是自诉案件，对于自诉案件，被害人有权向人民法院直接起诉。被害人死亡或者丧失行为能力的，被害人的法定代理人、近亲属有权向人民法院起诉。本题并不是自诉案件，赵某也不是自诉人。选项 C 正确。举报是指单位和个人对其发现的犯罪事实或者犯罪嫌疑人向公安机关、人民检察院和人民法院进行告发、揭露的行为。选项 D 错误。报案是指单位和个人以及被害人发现有犯罪事实发生，但尚不知犯罪嫌疑人为何人时，向公安机关、人民检察院、人民法院告发的行为。本题中，赵某明确知道犯罪嫌疑人。

二、立案的程序

（一）受理立案材料

（1）公、检、法对于报案、举报、控告和自首，首先都应当接受（不分立案管辖），对不属于自己管辖的，应当移送主管机关（情况紧急，必须采取紧急措施的，应当先采取紧急措施再移送），并通知报案人、举报人、控告人。

（2）公、检、法应当保障报案人、举报人、控告人及其近亲属的安全。

（二）审查立案材料

在立案之前对立案材料审查过程中，初查只能用任意性措施（不具有强制性，不得限制被调查对象人身、财产权利的措施，如询问、勘验检查、鉴定等），不得使用带有强制性的措施，如查封、扣押、搜查、冻结以及技术侦查措施。

注意：法院在受理自诉案件时，立案前不得进行调查。

（三）审查后的处理

无论是否立案，必须书面决定。

对于有控告人的，应当将不立案的决定告知控告人。控告人如果不服，可以申请复议。对于复议决定不服的，还可以向上一级公安机关申请复核。控告人也可以申请检察院进行立案监督，还可以提起自诉。

三、立案监督

广义的立案监督既包括检察机关的监督，也包括控告人的监督，即控告人对公安机关不立案的决定不服的可以申请复议。这里仅讨论检察机关的监督。

（一）部门分工

公安机关应当立案而不立案或者不应当立案而立案的控告、申诉应由人民检察院的控告检察部门受理，经审查认为需要公安机关说明不立案或者立案理由的，应当及时将案件移送侦查监督部门办理。

（二）立案监督的程序

人民检察院认为公安机关对应当立案侦查的案件而不立案侦查的，或者被害人认为公安机关对应当立案侦查的案件而不立案侦查，向人民检察院提出的，人民检察院应当要求公安机关说明不立案的理由。人民检察院认为公安机关不立案理由不能成立的，应当通知公安机关立案，公安机关接到通知后应当立案。

《人民检察院刑事诉讼规则（试行）》规定的立案监督包括公安机关应立案而不立案和不应立案而立案的两方面的监督，基本步骤如下（只需要理解和记忆表格中显示的基本步骤即可）：

1. 要求公安机关书面说明理由

人民检察院侦查监督部门经过调查、核实有关证据材料，认为需要公安机关说明不立案理由的，经检察长批准，应当要求公安机关书面说明不立案的理由。有证据证明公安机关可能存在违法动用刑事手段插手民事、经济纠纷，或者利用立案实施报复陷害、敲诈勒索以及谋取其他非法利益等违法立案情形，尚未提请批准逮捕或者移送审查起诉的，经检察长批准，应当要求公安机关书面说明立案理由。

人民检察院要求公安机关说明不立案或者立案理由，应当制作要求说明不立案理由通知书或者要求说明立案理由通知书，及时送达公安机关，并且告知公安机关在收到要求说明不立案理由通知书或者要求说明立案理由通知书后七日以内，书面说明不立案或者立案的情况、依据和理由，连同有关证据材料回复人民检察院。

2. 公安机关书面说明理由

公安机关收到人民检察院要求说明不立案理由通知书后，应当在七日内将说明情况书面答复人民检察院。

3. 通知公安机关立案或撤案

人民检察院认为公安机关不立案理由不能成立，发出通知立案书时，应当将有关证明应当立案的材料同时移送公安机关。

公安机关说明不立案或者立案的理由后，人民检察院侦查监督部门应当进行审查，认为公安机关不立案或者立案理由不能成立的，经检察长或者检察委员会讨论决定，应当通知公安机关立案或者撤销案件。侦查监督部门认为公安机关不立案或者立案理由成立的，应当通知控告检察部门，由其在十日以内将不立案或者立案的理由和根据告知被害人及其法定代理人、近亲属或者行政执法机关。

人民检察院通知公安机关立案或者撤销案件，应当制作通知立案书或者通知撤销案件书，说明依据和理由，连同证据材料送达公安机关，并且告知公安机关应当在收到通知立案书后十五日以内立案，对通知撤销案件书没有异议的应当立即撤销案件，并将立案决定书或者撤销案件决定书及时送达人民检察院。

4. 公安机关立案

公安机关收到通知立案书后，应当在十五日内决定立案，并将立案决定书送达人民检察院。

人民检察院通知公安机关立案或者撤销案件的，应当依法对执行情况进行监督。公安机关在收到通知立案书或者通知撤销案件书后超过十五日不予立案或者既不提出复议、复核也不撤销案件的，人民检察院应当发出纠正违法通知书予以纠正。公安机关仍不纠正的，报上一级人民检察院协商同级公安机关处理。公安机关立案后三个月以内未侦查终结的，人民检察院可以向公安机关发出立案监督案件催办函，要求公安机关及时向人民检察院反馈侦查工作进展情况。

5. 公安机关对撤销案件通知提出复议、复核

对于公安机关认为人民检察院撤销案件通知有错误要求同级人民检察院复议的，人民检察院应当重新审查，在收到要求复议意见书和案卷材料后七日以内作出是否变更的决定，并通知公安机关。对于公安机关不接受人民检察院复议决定提请上一级人民检察院复核的，上级人民检察院应当在收到提请复核意见书和案卷材料后十五日以内作出是否变更的决定，通知下级人民检察院和公安机关执行。上级人民检察院复核认为撤销案件通知有错误的，下级人民检察院应当立即纠正；上级人民检察院复核认为撤销案件通知正确的，应当作出复核决定并送达下级公安机关。

综上，对于人民检察院通知立案的，公安机关应当立案，不能提出异议；对于人民检察院通知撤销案件的，公安机关可以提出复议、复核。

上述规定可通过下表理解和记忆：

			七日内		十五日内		
公安机关	应当立案而不立案。		书面说明理由。		立案		
公安机关	违法立案，尚未提请批捕或移送审查起诉。		书面说明理由。		撤案		
公安机关	违法立案，尚未提请批捕或移送审查起诉。		书面说明理由。		提出复议。		提请上一级检复核。
检察院		经检察长批准要求说明理由。		经检察长或检委会决定通知立案或撤案。		决定是否变更。	

例 2　被害人向检察院投诉，公安机关对于他遭受犯罪侵害的线索应当立案侦查而未立案侦查。检察院的下列哪些做法是正确的？

C. 公安机关应当立案而作出不立案决定的，经检察长批准，应当要求公安机关书面说明不立案的理由

提示：选项 C 正确。

第十三章 侦查

第一节 讯问犯罪嫌疑人

重要法条及司法解释

《刑事诉讼法》第 118~123 条。

命题分析

“讯问犯罪嫌疑人”近年来考查较多，频率之高非大部分考点所能比。

从考查形式来看，均为选择题中的部分选项，多被与其他侦查措施等相关内容一并予以综合考查。从考查内容来看，几乎涉及《刑事诉讼法》关于讯问犯罪嫌疑人的每一条规定。因此可以说本节中几乎每一句话都是重点。

从考查趋势来看，该考点仍将为必考点，但与其他考点进行综合考查的可能性较大。

知识点精讲

一、讯问主体、地点与期间

讯问犯罪嫌疑人必须由人民检察院或者公安机关的侦查人员负责进行。讯问的时候，侦查人员不得少于二人。犯罪嫌疑人被送交看守所羁押以后，侦查人员对其进行讯问，应当在看守所内进行。

对不需要逮捕、拘留的犯罪嫌疑人，可以传唤到犯罪嫌疑人所在市、县内的指定地点或者到他的住处进行讯问，但是应当出示人民检察院或者公安机关的证明文件。对在现场发现的犯罪嫌疑人，经出示工作证件，可以口头传唤，但应当在讯问笔录中注明。传唤、拘传持续的时间不得超过 12 小时；案情特别重大、复杂，需要采取拘留、逮捕措施的，传唤、拘传持续的时间不得超过 24 小时。不得以连续传唤、拘传的形式变相拘禁犯罪嫌疑人。传唤、拘传犯罪嫌疑人，应当保证犯罪嫌疑人的饮食和必要的休息时间。

上述规定可通过下表理解和记忆：

<table>
<tr><td rowspan="6">讯问</td><td>主体</td><td colspan="2">侦查人员</td><td>不得少于二人</td></tr>
<tr><td rowspan="3">地点</td><td rowspan="2">不需要逮捕、拘留。</td><td>犯罪嫌疑人所在市、县内的指定地点。</td><td rowspan="2">传唤犯罪嫌疑人，出示证明文件；
现场发现的，出示工作证件，口头传唤，在讯问笔录中注明。</td></tr>
<tr><td>住处</td></tr>
<tr><td>送交看守所羁押后。</td><td colspan="2">看守所内。</td></tr>
<tr><td rowspan="2">期间</td><td>一般情况下。</td><td>不得超过 12 小时。</td><td rowspan="2">不得以连续传唤、拘传的形式变相拘禁犯罪嫌疑人；应保证饮食和必要的休息时间。</td></tr>
<tr><td>案情特别重大、复杂，需要拘留、逮捕的。</td><td>不得超过 24 小时。</td></tr>
</table>

例　关于讯问犯罪嫌疑人的地点，下列选项正确的有哪些？

A. 对不需要逮捕、拘留的犯罪嫌疑人，可以传唤到犯罪嫌疑人所在市、县的公安局进行讯问

B. 对不需要逮捕、拘留的犯罪嫌疑人，可以传唤到犯罪嫌疑人所在市、县的公司内进行讯问

C. 对于已经被逮捕羁押的犯罪嫌疑人，应当在看守所内进行讯问

D. 犯罪现场发现的犯罪嫌疑人，可以当场口头传唤，但须出示工作证并在讯问笔录中注明

提示：四个选项均正确。

二、讯问程序

（一）基本程序

侦查人员在讯问犯罪嫌疑人的时候，应当首先讯问犯罪嫌疑人是否有犯罪行为，让他陈述有罪的情节或者无罪的辩解，然后向他提出问题。犯罪嫌疑人对侦查人员的提问，应当如实回答。但是对与本案无关的问题，有拒绝回答的权利。侦查人员在讯问犯罪嫌疑人的时候，应当告知犯罪嫌疑人如实供述自己罪行可以从宽处理的法律规定。

上述规定的要点如下：

（1）首先讯问犯罪嫌疑人是否有犯罪行为，让他陈述有罪的情节或者无罪的辩解。

（2）然后向他提出问题。犯罪嫌疑人对侦查人员的提问应当如实回答，但是对于与本案无关的问题，有拒绝回答的权利。

（3）应当告知犯罪嫌疑人如实供述自己的罪行可以从宽处理的法律规定。

（二）讯问聋、哑犯罪嫌疑人的程序

讯问聋、哑的犯罪嫌疑人，应当有通晓聋、哑手势的人参加，并且将这种情况记明笔录。

（三）制作讯问笔录和书写供词

讯问笔录应当交犯罪嫌疑人核对，对于没有阅读能力的，应当向他宣读。如果记载有遗漏或者差错，犯罪嫌疑人可以提出补充或者改正。犯罪嫌疑人承认笔录没有错误后，应当签名或者盖章。侦查人员也应当在笔录上签名。犯罪嫌疑人请求自行书写供述的，应当准许。必要的时候，侦查人员也可以要求犯罪嫌疑人亲笔书写供词。

（四）讯问时录音录像制度

侦查人员在讯问犯罪嫌疑人的时候，可以对讯问过程进行录音或者录像；对于可能判处无期徒刑、死刑的案件或者其他重大犯罪案件，应当对讯问过程进行录音或者录像。录音或者录像应当全程进行，保持完整性。

<table>
<tr><td rowspan="2">讯问时录音或录像</td><td>可以</td><td colspan="2">一般情况下。</td></tr>
<tr><td>应当</td><td>可能判处无期徒刑、死刑或其他重大犯罪案件。</td><td>全程进行，保持完整性。</td></tr>
</table>

第二节　询问证人、被害人的程序和方式

重要法条及司法解释

《刑事诉讼法》第124~127条。

命题分析

“询问证人、被害人的程序和方式”近年考查过多次。从考查内容来看，其中主要都是考查询问地点，足见其重要性。

从考查趋势来看，该考点仍为考查重点。其实，《刑事诉讼法》关于询问证人、被害人的规定比较简单，因为询问证人可以参照讯问犯罪嫌疑人的程序，而询问被害人又可以适用询问证人的程序，而如此简单的规定考查频率却非常高，因此考生要牢牢掌握，不应在此考点上失分。

知识点精讲

侦查人员询问证人，可以在现场进行，也可以到证人所在单位、住处或者证人提出的地点进行，在必要的时候，可以通知证人到人民检察院或者公安机关提供证言。在现场询问证人，应当出示工作证件，到证人所在单位、住处或者证人提出的地点询问证人，应当出示人民检察院或者公安机关的证明文件。询问证人应当个别进行。

<table>
<tr><td rowspan="4">询问证人的地点</td><td>现场</td><td>出示工作证件</td></tr>
<tr><td>证人所在单位、住处。</td><td rowspan="2">出示侦查机关的证明文件。</td></tr>
<tr><td>证人提出的地点。</td></tr>
<tr><td>侦查机关</td><td>必要时通知证人。</td></tr>
</table>

询问证人，应当告知他应当如实地提供证据、证言和有意作伪证或者隐匿罪证要负的法律责任。

注意询问证人和讯问犯罪嫌疑人有以下区别：

（1）对犯罪嫌疑人的讯问适用传唤，对证人的询问适用通知。

（2）对犯罪嫌疑人可以在犯罪嫌疑人所在市县内的指定地点进行讯问，对证人则不可以。对证人可以在其自己提出的地点进行询问，但不能为其指定地点。

（3）现场询问证人、讯问犯罪嫌疑人，应当出示工作证件；到证人所在单位、住处或者证人提出的地点询问证人，把犯罪嫌疑人传唤到其所在市县内的指定地点或者到他的住处讯问犯罪嫌疑人，则应出示侦查机关的证明文件。

（4）只有在必要的时候，才可以通知证人到人民检察院或公安机关提供证言。

例 关于询问被害人，下列选项正确的有哪些？

A. 侦查人员可以在现场进行询问

B. 侦查人员可以在指定的地点进行询问

C. 侦查人员可以通知被害人到侦查机关接受询问

D. 询问笔录应当交被害人核对，如记载有遗漏或者差错，被害人可以提出补充或者改正

提示：选项B错误。选项A、C、D均正确。

第三节 勘验、检查的程序

重要法条及司法解释

《刑事诉讼法》第128~133条。

《公安机关办理刑事案件程序规定》第210、211、213、216条。

《最高人民法院关于适用〈中华人民共和国刑事诉讼法〉的解释》第67条。

命题分析

"勘验、检查的程序"，连同侦查实验在内，近年几乎每年必考，是非常高频的考点。从考查内容来看，多次考查均涉及见证人问题。其他考点中仅涉及过人身检查中的一些特殊规定。从考查形式来看，多为与其他侦查措施一并出现在各个选项中被予以综合考查。

从考查趋势来看，勘验、检查程序被再度考查的可能性仍然很大，且并不局限于见证人问题。

知识点精讲

一、勘验、检查

（一）参加人员

侦查人员对于与犯罪有关的场所、物品、人身、尸体应当进行勘验或者检查。在必要的时候，可以指派或者聘请具有专门知识的人，在侦查人员的主持下进行勘验、检查。

公安机关对案件现场进行勘查不得少于二人。勘查现场时，应当邀请与案件无关的公民作为见证人。

《最高人民法院关于适用〈中华人民共和国刑事诉讼法〉的解释》第 67 条规定："下列人员不得担任刑事诉讼活动的见证人：（一）生理上、精神上有缺陷或者年幼，不具有相应辨别能力或者不能正确表达的人；（二）与案件有利害关系，可能影响案件公正处理的人；（三）行使勘验、检查、搜查、扣押等刑事诉讼职权的公安、司法机关的工作人员或者其聘用的人员。由于客观原因无法由符合条件的人员担任见证人的，应当在笔录材料中注明情况，并对相关活动进行录像。"

上述规定可通过下表予以理解和记忆：

<table>
<tr><td rowspan="5">勘验检查参加人</td><td>侦查人员</td><td colspan="3">现场勘查不得少于二人。</td></tr>
<tr><td>具有专门知识的人</td><td colspan="3">在必要的时候，在侦查人员的主持下进行勘验、检查。</td></tr>
<tr><td rowspan="3">见证人</td><td rowspan="3">不适格</td><td>生理上、精神上有缺陷或者年幼，不具有相应辨别能力或者不能正确表达的人。</td><td rowspan="3">由于客观原因无法找到适格见证人的，应在笔录材料中注明，并录像。</td></tr>
<tr><td>与案件有利害关系，可能影响案件公正处理。</td></tr>
<tr><td>行使相关刑事诉讼职权的公安、司法机关的工作人员或者其聘用的人员。</td></tr>
</table>

可见，勘验检查等刑事诉讼活动应当邀请见证人参加，但如果因客观原因无法找到适格的见证人，也可以在没有见证人的情况下进行，但应当在笔录材料中注明，并对相关活动进行录像。

（二）程序

1. 必须持有证明文件

侦查人员执行勘验、检查，必须持有人民检察院或者公安机关的证明文件。

2. 解剖尸体的条件与程序

对于死因不明的尸体，公安机关有权决定解剖，并且通知死者家属到场。

为了确定死因，经县级以上公安机关负责人批准，可以解剖尸体，并且通知死者家属到场，让其在解剖尸体通知书上签名。死者家属无正当理由拒不到场或者拒绝签名的，侦查人员应当在解剖尸体通知书上注明。对身份不明的尸体，无法通知死者家属的，应当在笔录中注明。

<table>
<tr><td rowspan="3">尸体解剖</td><td>条件</td><td colspan="3">死因不明。</td></tr>
<tr><td rowspan="2">程序</td><td colspan="3">经县级以上公安机关负责人批准。</td></tr>
<tr><td>通知死者家属到场并让其在通知书上签名。</td><td>无正当理由拒不到场或拒绝签名的，在通知书上注明。</td><td>因尸体身份不明无法通知死者家属的在笔录中注明。</td></tr>
</table>

3. 人身检查的条件和程序

为了确定被害人、犯罪嫌疑人的某些特征、伤害情况或者生理状态，可以对人身进行检查，可以提取指纹信息，采集血液、尿液等生物样本。犯罪嫌疑人如果拒绝检查，侦查人员认为必要的时候，可以强制检查。检查妇女的身体，应当由女工作人员或者医师进行。

注意两点：第一，对拒绝检查的犯罪嫌疑人在必要的时候可以强制检查，对被害人不能强制检查；第二，检查妇女身体，应当由女工作人员或医师进行，对医师没有性别要求。

例　关于侦查中的检查，下列哪一说法是正确的？

A. 检查只能对现场、物品、尸体进行

B. 检查可以由具有专门知识的人在侦查人员的主持下进行

C. 检查不需要任何证件

D. 检查对任何对象都可以强制进行

提示：选项 B 正确。

4. 制作笔录

勘验、检查的情况应当写成笔录，由参加勘验、检查的人和见证人签名或者盖章。

勘查现场，应当拍摄现场照片、绘制现场图，制作笔录，由参加勘查的人和见证人签名。对重大案件的现场，应当录像。

5. 复验复查

人民检察院审查案件的时候，对公安机关的勘验、检查，认为需要复验、复查时，可以要求公安机关复验、复查，并且可以派检察人员参加。

二、侦查实验

为了查明案情，在必要的时候，经公安机关负责人批准，可以进行侦查实验。侦查实验的情况应当写成笔录，由参加实验的人签名或者盖章。必要时，应当对侦查实验过程进行录音或者录像。

侦查实验，禁止一切足以造成危险、侮辱人格或者有伤风化的行为。

第四节　辨认的程序

重要法条及司法解释

《公安机关办理刑事案件程序规定》第 249~253 条。

命题分析

“辨认的程序”近年来考查过多次，是较为重要的考点。

从考查的形式和内容来看，与对其他强制措施的考查（大多是将不同的强制措施分列于各个选项进行综合考查）不同，对辨认程序的 5 次考查均系对辨认的单独的、专门的考查，足见其重要性。考查内容涉及辨认程序的各个方面。

从考查趋势来看，辨认程序仍为考查重点。《刑事诉讼法》并未对辨认的具体程序作出规定，《公安机关办理刑事案件程序规定》和《人民检察院刑事诉讼规则（试行）》则对辨认程序予以了较详细的规定，而且略有不同。以往的考题对《人民检察院刑事诉讼规则（试行）》的相关规定考查得也比较多，但是受监察体制改革的影响，我们只需要了解《公安机关办理刑事案件程序规定》中的相关规定。

知识点精讲

一、辨认主体和辨认对象

为了查明案情，在必要的时候，侦查人员可以让被害人、证人或者犯罪嫌疑人对与犯罪有关的物品、文件、尸体、场所或者犯罪嫌疑人进行辨认。

辨认主体			辨认对象				
被害人	证人	犯罪嫌疑人	物品	文件	尸体	场所	犯罪嫌疑人

二、辨认程序

（一）个别辨认

辨认应当在侦查人员的主持下进行。主持辨认的侦查人员不得少于二人。几名辨认人对同一辨认对象进行辨认时，应当由辨认人个别进行。

（二）混杂辨认

辨认时，应当将辨认对象混杂在特征相类似的其他对象中，不得给辨认人任何暗示。辨认犯罪嫌疑人时，被辨认的人数不得少于七人；对犯罪嫌疑人照片进行辨认的，不得少于十人的照片；辨认物品时，混杂的同类物品不得少于五件。对场所、尸体等特定辨认对象进行辨认，或者辨认人能够准确描述物品独有特征的，陪衬物不受数量的限制。

混杂辨认		
	犯罪嫌疑人。	不得少于七人。
	犯罪嫌疑人照片。	不得少于十人的照片。
	物品。	同类物品不得少于五件。
	场所、尸体等特定辨认对象。	不受数量的限制。
	辨认人能够准确描述物品独有特征的。	不受数量的限制。

（三）对辨认人的保护

对犯罪嫌疑人的辨认，辨认人不愿意公开进行时，可以在不暴露辨认人的情况下进行，并应当为其保守秘密。

（四）制作辨认笔录

对辨认经过和结果，应当制作辨认笔录，由侦查人员、辨认人、见证人签名。必要时，应当对辨认过程进行录音或者录像。

例 公安机关抓获一起抢夺案犯罪嫌疑人黄某、王某。王某声称被错抓，公安机关决定组织对王某进行辨认。关于公安机关的做法，下列哪些选项是正确的？

A. 让 2 名被害人一同对王某进行辨认

B. 让黄某单独对王某进行辨认

C. 在辨认时没有安排见证人在场

D. 将王某混在其他 5 名被辨认人当中

提示：选项A错误，原因在于违反了个别辨认的规则。选项D错误，原因在于，对犯罪嫌疑人的辨认，被辨认的人数不得少于7人，因此至少要混在其他6名被辨认人中才符合规定。

选项C可能存在争议，《人民检察院刑事诉讼规则（试行）》第259条规定："……必要的时候，可以有见证人在场。"说明没有见证人在场是可以的。但《人民检察院刑事诉讼规则（试行）》的相关规定已经停用，且本案并不属于检察机关管辖。根据《公安机关办理刑事案件程序规定》，辨认笔录要由见证人签名，说明应当邀请见证人。但是本题公布的答案中选项C是正确的。此外，本案是对犯罪嫌疑人的辨认，而《公安机关办理刑事案件程序规定》第252条规定"对犯罪嫌疑人的辨认，辨认人不愿意公开进行时，可以在不暴露辨认人的情况下进行，并应当为其保守秘密。"不邀请见证人参加可否作为保密措施，值得讨论。

第五节　技术侦查

重要法条及司法解释

《刑事诉讼法》第150~154条。

《公安机关办理刑事案件程序规定》第254~264条。

命题分析

技术侦查是2012年刑事诉讼法修改后的新增内容，几乎每年必考，所占分值较高。

从考查方式和内容来看，多为针对技术侦查的专门考查，主要集中于技术侦查适用的案件范围和相关证据的证据资格及使用方法。

从考查趋势来看，技术侦查再次考查的可能性仍然很大。需要注意的是，2018年刑事诉讼法修改后，检察机关采取技术侦查的案件类型进行了修改。

知识点精讲

一、技术侦查及秘密侦查的措施

技术侦查措施是指由设区的市一级以上公安机关负责技术侦查的部门实施的记录监控、行踪监控、通信监控、场所监控等措施。

为了查明案情，在必要的时候，经公安机关负责人决定，可以由有关人员隐匿其身份实施侦查。但是，不得诱使他人犯罪，不得采用可能危害公共安全或者发生重大人身危险的方法。对涉及给付毒品等违禁品或者财物的犯罪活动，公安机关根据侦查犯罪的需要，可以依照规定实施控制下交付。

> **注意：**由有关人员隐匿身份侦查的，不得诱使他人犯罪，不得采用可能危害公共安全或者发生重大人身危险的方法。
>
> 控制下交付适用于给付毒品等违禁品或者财物的犯罪活动。

二、技术侦查的适用对象

技术侦查措施的适用对象是犯罪嫌疑人、被告人以及与犯罪活动直接关联的人员。

三、技术侦查的适用范围

公安机关在立案后，对于危害国家安全犯罪、恐怖活动犯罪、黑社会性质的组织犯罪、重大毒品犯罪或者其他严重危害社会的犯罪案件，根据侦查犯罪的需要，经过严格的批准手续，可以采取技术侦查措施。追捕被通缉或者批准、决定逮捕的在逃的犯罪嫌疑人、被告人，经过批准，可以采取追捕所必需的技术侦查措施。

需要注意的是，修改后的《刑事诉讼法》第 150 条第 2 款对检察机关实施技术侦查的案件类型进行了修改，规定：人民检察院在立案后，对于利用职权实施的严重侵犯公民人身权利的重大犯罪案件，根据侦查犯罪的需要，经过严格的批准手续，可以采取技术侦查措施，按照规定交有关机关执行。

四、技术侦查的程序

批准决定应当根据侦查犯罪的需要，确定采取技术侦查措施的种类和适用对象。采取技术侦查措施，必须严格按照批准的措施种类、适用对象和期限执行。

批准决定自签发之日起三个月以内有效。对于不需要继续采取技术侦查措施的，应当及时解除；对于复杂、疑难案件，期限届满仍有必要继续采取技术侦查措施的，经过批准，有效期可以延长，每次不得超过三个月。

侦查人员对采取技术侦查措施过程中知悉的国家秘密、商业秘密和个人隐私，应当保密；对采取技术侦查措施获取的与案件无关的材料，必须及时销毁。采取技术侦查措施获取的材料，只能用于对犯罪的侦查、起诉和审判，不得用于其他用途。公安机关依法采取技术侦查措施，有关单位和个人应当配合，并对有关情况予以保密。

五、对技术侦查收集证据的使用

《刑事诉讼法》第 154 条规定："依照本节规定采取侦查措施收集的材料在刑事诉讼中可以作为证据使用。"说明依照该节规定采取侦查措施所收集的材料是具有证据资格的。

该证据可能危及有关人员的人身安全，或者可能产生其他严重后果的，应当采取不暴露有关人员身份、技术方法等保护措施，必要的时候，可以由审判人员在庭外对证据进行核实。

条件	措施
使用该证据可能危及有关人员的人身安全，或者可能产生其他严重后果的。	采取不暴露有关人员身份、技术方法等保护措施。
	必要时由审判人员在庭外对证据进行核实。

例 关于技术侦查，下列哪些说法是正确的？

A. 适用于严重危害社会的犯罪案件

B. 必须在立案后实施

D. 获得的材料需要经过转化才能在法庭上使用

提示：选项 D 错误。

第六节　补充侦查

重要法条及司法解释

《刑事诉讼法》第 90、175、204、205、208 条。

《人民检察院刑事诉讼规则（试行）》第 304、325、381、383、385、403、456、457、460 条。

《最高人民法院关于适用〈中华人民共和国刑事诉讼法〉的解释》第 223、226 条。

命题分析

“补充侦查”近年来考查过多次。从考查内容来看，补充侦查可分为审查逮捕阶段、审查起诉阶段和法庭审理阶段的补充侦查，近十余年来的真题对各个阶段的补充侦查均有所涉及，但相较而言，审查逮捕阶段的补充侦查占比较小，而审查起诉阶段的补充侦查占比较大。

从考查趋势来看，补充侦查，尤其是审查起诉阶段的补充侦查，仍为重点考点。

知识点精讲

一、审查逮捕阶段的补充侦查

人民检察院对于公安机关提请批准逮捕的案件进行审查后，应当根据情况分别作出批准逮捕或者不批准逮捕的决定。对于不批准逮捕的，人民检察院应当说明理由，需要补充侦查的，应当同时通知公安机关，而不能自行侦查。

人民检察院作出不批准逮捕决定，并且通知公安机关补充侦查的案件，公安机关在补充侦查后又提请复议的，人民检察院应当告知公安机关重新提请批准逮捕。公安机关坚持复议的，人民检察院不予受理。也即公安机关补充侦查后只能重新提请批准逮捕，不能提请复议。

二、审查起诉阶段的补充侦查

人民检察院审查案件，对于需要补充侦查的，可以退回公安机关补充侦查，也可以自行侦查。

（一）退回补充侦查

对于退回补充侦查的案件，应当在一个月以内补充侦查完毕。

补充侦查完毕移送人民检察院后，人民检察院重新计算审查起诉期限。

补充侦查以二次为限。对于在审查起诉期间改变管辖的案件，改变管辖前后退回补充侦查的次数总共不得超过二次。

人民检察院对于二次退回补充侦查的案件，仍然认为证据不足，不符合起诉条件的，经检察长或者检察委员会决定，应当作出不起诉决定。人民检察院对于经过一次退回补充侦查的案件，认为证据不足，不符合起诉条件，且没有退回补充侦查必要的，可以作出不起诉决定。

（二）自行侦查

自行侦查的，必要时可以要求公安机关提供协助。

人民检察院在审查起诉中决定自行侦查的，应当在审查起诉期限内侦查完毕。

上述规定可以通过下表理解和记忆：

<table>
<tr><th></th><th>方式</th><th>期限</th><th>次数限制</th><th colspan="2">条件</th><th>处理</th><th>后果</th></tr>
<tr><td rowspan="3">审查起诉阶段</td><td rowspan="2">退回公安机关补充侦查。</td><td rowspan="2">一个月以内。</td><td rowspan="2">二次（改变管辖前后总共不得超过二次）</td><td>二次</td><td>证据不足，不符合起诉条件。</td><td>应当作出不起诉决定。</td><td rowspan="2">重新计算审查起诉期限。</td></tr>
<tr><td>一次</td><td>证据不足，不符合起诉条件，且没有退回补充侦查必要的。</td><td>可以做出不起诉决定。</td></tr>
<tr><td>自行侦查。</td><td colspan="2">审查起诉期限内。</td><td colspan="4">必要时可以要求公安机关提供协助。</td></tr>
</table>

三、法庭审理阶段的补充侦查

法庭审理阶段的补充侦查可分为人民检察院建议补充侦查和人民法院建议补充侦查两种情况。

（一）人民检察院建议补充侦查

在法庭审判过程中，检察人员发现提起公诉的案件需要补充侦查，建议延期审理的，合议庭应当同意，但建议延期审理不得超过二次。每次应当在一个月以内补充侦查完毕。

人民检察院应当自行收集证据和进行侦查，必要时可以要求侦查机关提供协助；也可以书面要求侦查机关补充提供证据，但不得将案件退回侦查机关补充侦查。

法庭宣布延期审理后，人民检察院应当在补充侦查的期限内提请人民法院恢复法庭审理或者撤回起诉。补充侦查期限届满后，经法庭通知，人民检察院未将案件移送人民法院，且未说明原因的，人民法院可以决定按人民检察院撤诉处理。

人民检察院补充侦查的案件，补充侦查完毕移送人民法院后，人民法院重新计算审理期限。

上述规定可通过下表理解和记忆：

<table>
<tr><th></th><th colspan="2">方式</th><th>期限</th><th>次数</th><th>人民检察院的处理</th><th>后果</th></tr>
<tr><td rowspan="2">庭审阶段</td><td rowspan="2">自行侦查</td><td>必要时可要求侦查机关协助。</td><td rowspan="2">一个月以内。</td><td rowspan="2">二次</td><td>提请人民法院恢复法庭审理。</td><td rowspan="2">重新计算审理期限。</td></tr>
<tr><td>也可书面要求侦查机关补充提供证据。</td><td>撤回起诉（期满未将案件移送人民法院，且未说明原因的，人民法院可以决定按撤诉处理）。</td></tr>
</table>

（二）人民法院建议补充侦查

审判期间，被告人提出新的立功线索的，人民法院可以建议人民检察院补充侦查。人民检察院应当审查有关理由，并作出是否补充侦查的决定。人民检察院不同意的，可以要求人民法院就起诉指控的犯罪事实依法作出裁判。

	条件	人民检察院的处理
人民法院建议补充侦查	被告人提出新的立功线索。	补充侦查。
		要求人民法院就起诉指控的犯罪事实依法作出裁判。

除表格内容外，还需注意两点：

（1）对于合议庭发现被告人可能有自首、坦白、立功等法定量刑情节，而人民检察院移送的案卷中没有相关证据材料的，应直接通知人民检察院移送，而不是补充侦查。

（2）对人民法院提出建议的，一旦人民检察院选择补充侦查，则补充侦查的方式、期限、次数、补充侦查完毕后的处理及其对审限的影响等，都与人民检察院建议补充侦查的一样，也即与前面的表格内容一样。

最后，比较三个阶段的补充侦查，可以发现，从侦查方式上来说，在审查逮捕阶段，人民检察院只能退回公安机关补充侦查，不能自行侦查；在庭审阶段，人民检察院只能自行侦查，不能退回公安机关补充侦查；在审查起诉阶段，人民检察院则既可退回公安机关补充侦查，也可自行侦查。

第七节　侦查监督

重要法条及司法解释

《人民检察院刑事诉讼规则（试行）》第564~575条。

命题分析

“侦查监督”以往考查的次数并不多，但由于涉及的内容较多，且在监察体制改革后，检察机关有进一步加强诉讼监督，尤其是侦查监督的必要，所以将来这部分考查的可能性较大。

知识点精讲

一、概念

侦查监督是指人民检察院依法对侦查机关的侦查活动是否合法进行的监督。侦查监督是法律监督的组成部分。

二、监督的途径

（1）通过审查逮捕、审查起诉来发审查侦查活动是否合法。

（2）根据案件需要，通过派员参加公安机关对于重大案件的讨论和其他侦查活动，发现公安机关在侦查活动中的违法行为。①对于情节轻微的，由检察人员口头方式向侦查人员或者公安机关负责人提出纠正意见，并及时向本部门负责人汇报，必要时，由部门负责人提出；②对于情节较重的违法情形，应当报请检察长批准后，向公安机关发出纠正违法通知书；③构成犯罪的，移送有关部门依法追究刑事责任。

（3）接受诉讼参与人对侦查机关或侦查人员侵犯其诉讼权利的行为提出的控告。

（4）通过审查公安机关执行检察院批准或不批准逮捕决定情况的通知、释放被逮捕的犯罪嫌疑人或者变更逮捕措施的通知，发现侦查活动中的违法行为。

例 关于检察院侦查监督，下列哪些选项是正确的？

A. 发现侦查人员杨某和耿某以欺骗的方法收集犯罪嫌疑人供述，立即提出纠正意见，同时要求侦查机关另行指派除杨某和耿某以外的侦查人员重新调查取证

B. 发现侦查人员伍某等人以引诱的方法收集犯罪嫌疑人供述，只能要求侦查机关重新取证，不能自行取证

C. 发现侦查人员邵某有刑讯逼供行为，且导致犯罪嫌疑人重伤，应当立案侦查

D. 甲县检察院可派员参加甲县公安局对于重大案件的讨论，无权参与甲县公安局的其他侦查活动

提示：本题考查检察院的侦查监督。选项A正确，选项B错误。《人民检察院刑事诉讼规则（试行）》第379条规定，人民检察院公诉部门在审查中发现侦查人员以非法方法收集犯罪嫌疑人供述、被害人陈述、证人证言的，应当提出纠正意见，同时应当要求侦查机关另行指派侦查人员重新调查取证，必要时人民检察院也可以自行调查取证。选项C正确。《人民检察院刑事诉讼规则（试行）》第572条规定，人民检察院侦查监督部门、公诉部门发现侦查人员在侦查活动中的违法行为情节严重，构成犯罪的，应当移送本院侦查部门审查，并报告检察长。发现违法情况，应当提出意见通知公安机关纠正。构成犯罪的，移送有关部门依法追究刑事责任。选项D错误。《人民检察院刑事诉讼规则（试行）》第567条规定，人民检察院根据需要可以派员参加公安机关对于重大案件的讨论和其他侦查活动，发现违法行为，情节较轻的可以口头纠正，情节较重的应当报请检察长批准后，向公安机关发出纠正违法通知书。

第十四章　起诉

第一节　审查起诉

重要法条及司法解释

《刑事诉讼法》第 169、171 条。

《人民检察院刑事诉讼规则（试行）》第 154 条第 3 款、第 361、362、365、366、368～371、374、377～379、384 条。

命题分析

"审查起诉"近年来考查过多次。从考查内容来看，审查起诉的考点下包含了移送审查起诉案件的受理、审查起诉的内容、审查起诉的步骤和方法、审查起诉的期限等小考点，但主要都是考查审查起诉中对一些特殊情况的处理，尤其是两次补充侦查后发现遗漏罪行及共同犯罪同案犯在逃的处理。从考查趋势上来看，未来关于审查起诉的考查主要还会集中于对特殊情况的处理。

此外，2018 年刑事诉讼法修改后"审查起诉"部分变动较大，一是增加了认罪认罚的相关规定，二是增加了与监察法的衔接，这两个考点在 2019 年已经考查，考生应高度重视，在后面的章节中我们将专门解析，本节不再赘述。

知识点精讲

一、审查起诉的方法

人民检察院审查案件，应当讯问犯罪嫌疑人，听取辩护人、被害人及其诉讼代理人的意见，并记录在案。辩护人、被害人及其诉讼代理人提出书面意见的，应当附卷。

直接听取辩护人、被害人及其诉讼代理人的意见有困难的，可以通知辩护人、被害人及其诉讼代理人提出书面意见，在指定期限内未提出意见的，应当记录在案。

对于重大、疑难、复杂的案件，人民检察院认为确有必要时，可以派员适时介入侦查活动，对收集证据、适用法律提出意见，监督侦查活动是否合法。

上述规定可通过下表理解和记忆：

<table>
<tr><th></th><th>条件</th><th colspan="2">方法</th></tr>
<tr><td rowspan="7">审查起诉的方法</td><td></td><td colspan="2">阅卷</td></tr>
<tr><td></td><td colspan="2">讯问犯罪嫌疑人。</td></tr>
<tr><td></td><td colspan="2">听取辩护人、被害人及其诉讼代理人的意见。</td></tr>
<tr><td rowspan="2">直接听取意见有困难的。</td><td rowspan="2">可通知辩护人、被害人及诉讼代理人提出书面意见。</td><td>应当附卷。</td></tr>
<tr><td>在指定期限内未提出意见的，记录在案。</td></tr>
<tr><td rowspan="2">重大疑难复杂的案件，确有必要时。</td><td rowspan="2">派员适时介入侦查活动。</td><td>对收集证据、适用法律提出意见。</td></tr>
<tr><td>监督侦查活动是否合法。</td></tr>
</table>

二、审查起诉中各种情况的处理

（一）关于管辖问题的处理

各级人民检察院提起公诉，应当与人民法院审判管辖相适应。

公诉部门收到移送审查起诉的案件后，经审查认为不属于本院管辖的，应当移送有管辖权的人民检察院。认为属于上级人民法院管辖的第一审案件的，应当报送上一级人民检察院，同时通知移送审查起诉的公安机关；认为属于同级其他人民法院管辖的第一审案件的，应当移送有管辖权的人民检察院或者报送共同的上级人民检察院指定管辖，同时通知移送审查起诉的公安机关。上级人民检察院受理同级公安机关移送审查起诉案件，认为属于下级人民法院管辖的，可以交下级人民检察院审查，由下级人民检察院向同级人民法院提起公诉，同时通知移送审查起诉的公安机关。一人犯数罪、共同犯罪和其他需要并案审理的案件，只要其中一人或者一罪属于上级人民检察院管辖的，全案由上级人民检察院审查起诉。需要依照刑事诉讼法的规定指定审判管辖的，人民检察院应当在侦查机关移送审查起诉前协商同级人民法院办理指定管辖有关事宜。

关于上述规定，可以通过下表理解和记忆：

<table>
<tr><th></th><th>情形</th><th colspan="2">处理</th></tr>
<tr><td rowspan="4">管辖</td><td>属于上级人民法院管辖。</td><td>应报送上一级人民检察院。</td><td rowspan="4">同时通知移送审查起诉的公安机关。</td></tr>
<tr><td rowspan="2">属于同级其他人民法院管辖。</td><td>应移送有管辖权的人民检察院。</td></tr>
<tr><td>（或）报送共同的上级人民检察院指定管辖。</td></tr>
<tr><td>属于下级人民法院管辖。</td><td>可交下级人民检察院审查。</td></tr>
</table>

上述规定中，对于上级人民检察院受理同级公安机关移送审查起诉案件，认为属于下级人民法院管辖的，可以交下级人民检察院审查。在这一个规定中，有两点值得注意：

（1）是“可以”而不是“应当”交下级人民检察院审查。也就是说，上级人民检察院受理同级公安机关移送审查起诉的案件，认为属于下级人民检察院管辖的，既可以交下级人民检察院审查，也可以自己审查。

（2）中级人民法院受理同级人民检察院提起公诉的案件，认为属于基层人民法院管辖的，则应当依法审判，不应再交基层人民法院审判。对此，《最高人民法院关于适用〈中华人民共和国刑事诉讼法〉的解释》第12条规定：“人民检察院认为可能判处无期徒刑、死刑，向中级人民法院提起公诉的案件，中级人民法院受理后，认为不需要判处无期徒刑、死刑的，应当依法审判，不再交基层人民法院审判。”

> **注意**：人民检察院立案侦查时认为属于直接立案侦查的案件，在审查起诉阶段发现不属于人民检察院管辖，案件事实清楚、证据确实充分，符合起诉条件的，可以直接起诉；事实不清、证据不足的，应当及时移送有管辖权的机关办理。（《人民检察院刑事诉讼规则（试行）》第 392 条）

例 1　检察院在审查起诉时，下列哪一处理方式是错误的？

C. 甲县公安局将蔡某抢劫案移送甲县检察院审查起诉，甲县检察院审查认为蔡某可能会被判处死刑，遂将案件退回

D. 甲县检察院受理移送起诉的谭某诈骗案，认为应当由谭某居住地的乙县检察院起诉，遂将案卷材料移送乙县检察院审查起诉，但未通知甲县公安局

提示：选项 C 错误，正确的做法应当是报送上一级人民检察院。选项 D 错误，正确的做法应当是同时通知甲县公安局。

（二）关于证据问题的处理

1. 对各种类证据的审查

人民检察院认为需要对案件中某些专门性问题进行鉴定而侦查机关没有鉴定的，应当要求侦查机关进行鉴定；必要时也可以由人民检察院进行鉴定或者由人民检察院送交有鉴定资格的人进行。人民检察院自行进行鉴定的，可以商请侦查机关派员参加，必要时可以聘请有鉴定资格的人参加。

人民检察院对鉴定意见有疑问的，可以询问鉴定人并制作笔录附卷，也可以指派检察技术人员或者聘请有鉴定资格的人对案件中的某些专门性问题进行补充鉴定或者重新鉴定。公诉部门对审查起诉案件中涉及专门技术问题的证据材料需要进行审查的，可以送交检察技术人员或者其他有专门知识的人审查，审查后应当出具审查意见。

人民检察院审查案件的时候，对公安机关的勘验、检查，认为需要复验、复查的，应当要求公安机关复验、复查，人民检察院可以派员参加，也可以自行复验、复查，商请公安机关派员参加，必要时也可以聘请专门技术人员参加。

人民检察院对物证、书证、视听资料、电子数据及勘验、检查、辨认、侦查实验等笔录存在疑问的，可以要求侦查人员提供获取、制作的有关情况。必要时也可以询问提供物证、书证、视听资料、电子数据及勘验、检查、辨认、侦查实验等笔录的人员和见证人并制作笔录附卷，对物证、书证、视听资料、电子数据进行技术鉴定。

人民检察院对证人证言笔录存在疑问或者认为对证人的询问不具体或者有遗漏的，可以对证人进行询问并制作笔录附卷。

对于随案移送的讯问犯罪嫌疑人录音、录像或者人民检察院调取的录音、录像，人民检察院应当审查相关的录音、录像；对于重大、疑难、复杂的案件，必要时可以审查全部录音、录像。

这部分内容较多，不需要逐条详细记忆，只需要把握一个基本的原则，即人民检察院在审查起诉中对证据有疑问的，可以采取要求相关人员提供情况、询问、鉴定、补充鉴定或者重新鉴定、复验、复查、审查录音、录像等多种方式，对于鉴定、复验、复查等，既可以要求公安机关进行，也可以自己进行并商情公安机关派员参加。对于录音、录像，一般只需要审查相关的录音、录像，对于重大、疑难、复杂的案件，必要时可以审查全部录音、录像。

2. 对证据方面特殊情况的处理

人民检察院对侦查机关移送的案件进行审查后，在法院作出生效判决之前，认为需要补充提供法庭审判所必需的证据的，可以书面要求侦查机关提供。

人民检察院在审查起诉中，发现可能存在《刑事诉讼法》第54条规定的以非法方法收集证据情形的，可以要求侦查机关对证据收集的合法性作出书面说明或者提供相关证明材料。

人民检察院公诉部门在审查中发现侦查人员以非法方法收集犯罪嫌疑人供述、被害人陈述、证人证言等证据材料的，应当依法排除非法证据并提出纠正意见，同时可以要求侦查机关另行指派侦查人员重新调查取证，必要时人民检察院也可以自行调查取证。

上述内容可通过下表理解和记忆：

	情形	处理
审查起诉	需要补充提供庭审所必需的证据。	书面要求侦查机关提供。
	可能存在非法取证情形的。	要求侦查机关作出书面说明或提供相关证明材料。
	侦查人员以非法方法收集犯罪嫌疑人供述、被害人陈述、证人证言等证据材料的。	依法排除非法证据并提出纠正意见。
		要求侦查机关另行指派侦查人员重新调查取证。
		必要时自行调查取证。

（三）关于经两次补充侦查后又发现的新的犯罪事实的处理

人民检察院对已经退回侦查机关二次补充侦查的案件，在审查起诉中又发现新的犯罪事实的，应当移送侦查机关立案侦查；对已经查清的犯罪事实，应当依法提起公诉。

（四）关于犯罪嫌疑人在逃的处理

对于移送审查起诉的案件，如果犯罪嫌疑人在逃的，应当要求公安机关采取措施保证犯罪嫌疑人到案后再移送审查起诉。共同犯罪案件中部分犯罪嫌疑人在逃的，对在案的犯罪嫌疑人的审查起诉应当依法进行。

（五）关于发现漏犯和漏犯的处理

人民检察院在办理公安机关移送起诉的案件中，发现遗漏罪行或者依法应当移送审查起诉同案犯罪嫌疑人的，应当要求公安机关补充移送审查起诉；对于犯罪事实清楚，证据确实、充分的，人民检察院也可以直接提起公诉。

例2 关于检察院审查起诉，下列哪一选项是正确的？

A. 认为需要对公安机关的勘验、检查进行复验、复查的，可以自行复验、复查

B. 发现侦查人员以非法方法收集证据的，应当自行调查取证

C. 对已经退回公安机关二次补充侦查的案件，在审查起诉中又发现新的犯罪事实的，应当将已侦查的案件和新发现的犯罪一并移送公安机关立案侦查

D. 认为遗漏同案犯罪嫌疑人需要补充侦查的，应当决定自行侦查

提示：选项 A 正确。

第二节　与监察法的衔接

重要法条及司法解释

《刑事诉讼法》第 170、172 条。

命题分析

本考点是 2018 年《刑事诉讼法》修改新增加的主要内容之一，2019 年已经考查，仍属于今后几年的必考考点之一，重要性无须多言。

知识点精讲

一、调整了检察机关的立案管辖范围

由于检察机关立案管辖范围的变化（参见第三章），2018 年刑事诉讼法相应地修改了以下内容：

（1）侦查阶段辩护律师会见犯罪嫌疑人需要经过办案机关同意的案件范围（**删去了特别重大贿赂犯罪案件**）。

（2）可以适用指定居所监视居住的案件类型也减少为两类（**删去了特别重大贿赂犯罪案件**）。

（3）检察机关可以适用技术侦查措施的案件类型调整为，**对于利用职权实施的严重侵犯公民人身权利的重大犯罪案件，根据侦查犯罪的需要，经过严格的批准手续，可以采取技术侦查措施，按照规定交有关机关执行（删去了重大的贪污、贿赂犯罪案件）**。

二、监察机关移送审查起诉

人民检察院对于监察机关移送起诉的案件，依照本法和监察法的有关规定进行审查。人民检察院经审查，认为需要补充核实的，应当退回监察机关补充调查，必要时可以自行补充侦查。

对于监察机关移送起诉的已采取留置措施的案件，人民检察院应当对犯罪嫌疑人先行拘留，留置措施自动解除。人民检察院应当在拘留后的十日以内作出是否逮捕、取保候审或者监视居住的决定。在特殊情况下，决定的时间可以延长一至四日。人民检察院决定采取强制措施的期间不计入审查起诉期限。

三、审查起诉的期限

人民检察院对于监察机关、公安机关移送起诉的案件，应当在一个月以内作出决定，

重大、复杂的案件，可以延长十五日；犯罪嫌疑人认罪认罚，符合速裁程序适用条件的，应当在十日以内作出决定；对可能判处的有期徒刑超过一年的，可以延长至十五日。

第三节 不起诉

重要法条及司法解释

《刑事诉讼法》第 175 条第 4 款，第 177~181 条。

《人民检察院刑事诉讼规则（试行）》第 401~425 条。

命题分析

"不起诉"近年来考查过多次。从考查内容和形式来看，主要考查各种不起诉的适用条件和不起诉的救济程序。形式上大多为小案例，需要一定的案例分析能力，有些案例和选项设计暗藏陷阱，需要认真甄别，总体上难度较大。此外，在不起诉的程序中还考查过一次涉案财产的处理，由于只考过一次，本书不作为重点讨论。从考查趋势来看，不起诉几乎为必考题目，重点仍为不起诉的适用条件和救济程序。

知识点精讲

一、不起诉的种类

不起诉可以分为法定不起诉、酌定不起诉、存疑不起诉和附条件不起诉四类，其中，附条件不起诉仅适用于未成年犯罪嫌疑人，且前三类不起诉作出的是不起诉决定，附条件不起诉作出的则是附条件不起诉决定。

（一）法定不起诉

法定不起诉是指犯罪嫌疑人没有犯罪事实，或者有《刑事诉讼法》第 16 条规定的情形之一的，人民检察院应当作出不起诉决定。法定不起诉又称"绝对不起诉"或"应当不起诉"。对于犯罪嫌疑人没有犯罪事实或者依法不应当追究刑事责任的，人民检察院应当、必须、只能做出不起诉决定，没有其他选择。

前文中对《刑事诉讼法》第 16 条规定的不追究刑事责任的情形已有讨论，这里不再赘述。

（二）酌定不起诉

酌定不起诉是指对于犯罪情节轻微，依照刑法规定不需要判处刑罚或者免除刑罚的，人民检察院可以作出不起诉决定。酌定不起诉又称"相对不起诉"。对于犯罪情节轻微，依照刑法规定不需要判处刑罚或者免除刑罚的，人民检察院可以决定不起诉，也可以决定起诉。

《刑法》第 37 条对"犯罪情节轻微不需要判处刑罚"作出了规定，即"对于犯罪情节轻微不需要判处刑罚的，可以免予刑事处罚，但是可以根据案件的不同情况，予以训诫或者责令具结悔过、赔礼道歉、赔偿损失，或者由主管部门予以行政处罚或者行政处分"。

《刑法》总则和分则中均有关于"免除刑罚"的规定，其中总则中关于"免除刑罚"的规定主要有：①又聋又哑的人或者盲人犯罪，可以从轻、减轻或者免除处罚；②正当防卫明显超过必要限度造成重大损害的，应当负刑事责任，但是应当减轻或者免除处罚；③紧急避险超过必要限度造成不应有的损害的，应当负刑事责任，但是应当减轻或者免除处罚；④对于预备犯，可以比照既遂犯从轻、减轻处罚或者免除处罚；⑤对于中止犯，没有造成损害的，应当免除处罚；造成损害的，应当减轻处罚；⑥对于从犯，应当从轻、减轻处罚或者免除处罚；⑦对于被胁迫参加犯罪的，应当按照他的犯罪情节减轻处罚或者免除处罚；⑧对于自首的犯罪分子，可以从轻或者减轻处罚。其中，犯罪较轻的，可以免除处罚；⑨有重大立功表现的，可以减轻或者免除处罚；⑩凡在中华人民共和国领域外犯罪，依照本法应当负刑事责任的，虽然经过外国审判，仍然可以依照本法追究，但是在外国已经受过刑罚处罚的，可以免除或者减轻处罚。

关于是具有上述可以免除刑罚的情形，就可以做出不起诉决定，还是必须同时具备"犯罪情节轻微"才能作出不起诉决定，通说认为，必须同时具备两个条件。例如，即便有重大立功表现，如果犯罪情节并非轻微，也不能做出不起诉决定。

（三）存疑不起诉

证据不足不起诉是指，人民检察院对于二次退回补充侦查的案件，仍然认为证据不足，不符合起诉条件的，应当作出不起诉决定，和对于经过一次退回补充侦查的案件，认为证据不足，不符合起诉条件，且没有退回补充侦查必要的，可以作出不起诉决定。存疑不起诉又称"证据不足不起诉"。

（四）附条件不起诉

《刑事诉讼法》第 282 条第 1 款规定："对于未成年人涉嫌《刑法分则》第四章、第五章、第六章规定的犯罪，可能判处一年有期徒刑以下刑罚，符合起诉条件，但有悔罪表现的，人民检察院可以作出附条件不起诉的决定……"该款规定的情形即为附条件不起诉。关于附条件不起诉的具体内容，我们放在"未成年人刑事案件诉讼程序"章中再予讨论。

上述内容可通过下表理解和记忆：

不起诉的种类	条件	后果
法定不起诉	没有犯罪事实。	应当不起诉。
	有《刑事诉讼法》第 16 条规定的情形之一。	
酌定不起诉	犯罪情节轻微，依照刑法规定不需要判处刑罚。	可以不起诉。
	犯罪情节轻微，依照刑法规定可以免除刑罚。	
存疑不起诉	二次退回补充侦查，仍然认为证据不足。	应当不起诉。
	一次退回补充侦查，认为证据不足，且没有退回补充侦查必要的。	可以不起诉。
附条件不起诉	未成年人涉嫌《刑法分则》第四、五、六章的犯罪，可能判处一年有期徒刑以下刑罚，符合起诉条件，但有悔罪表现的。	可以附条件不起诉。

二、不起诉的救济程序

（一）公安机关要求复议、提请复核

对于公安机关移送起诉的案件，人民检察院决定不起诉的，应当将不起诉决定书送达公安机关。公安机关认为不起诉的决定有错误的时候，可以要求复议，如果意见不被接受，可以向上一级人民检察院提请复核。

（二）被害人申诉或自诉

对于有被害人的案件，决定不起诉的，人民检察院应当将不起诉决定书送达被害人。被害人如果不服，可以自收到决定书后七日以内向上一级人民检察院申诉，请求提起公诉。人民检察院应当将复查决定告知被害人。对人民检察院维持不起诉决定的，被害人可以向人民法院起诉。被害人也可以不经申诉，直接向人民法院起诉。人民法院受理案件后，人民检察院应当将有关案件材料移送人民法院。

（三）被不起诉人申诉

《刑事诉讼法》第181条规定："对于人民检察院依照本法第一百七十七条第二款规定作出的不起诉决定，被不起诉人如果不服，可以自收到决定书后七日以内向人民检察院申诉。人民检察院应当作出复查决定，通知被不起诉的人，同时抄送公安机关。"

《人民检察院刑事诉讼规则（试行）》第421条第1款规定："被不起诉人对不起诉决定不服，在收到不起诉决定书后七日以内提出申诉的，应当由作出决定的人民检察院刑事申诉检察部门立案复查。被不起诉人在收到不起诉决定书七日后提出申诉的，由刑事申诉检察部门审查后决定是否立案复查。"

可见，根据《刑事诉讼法》的规定，只有酌定不起诉的被不起诉人才能提出申诉，但《人民检察院刑事诉讼规则（试行）》却无此限制。

上述内容可通过下表来理解和记忆：

	作出不起诉决定的检察院	上一级检察院	法院
公安机关	要求复议。	提请复核。	
被害人		提出申诉。	提出自诉。
被不起诉人	提出申诉。		

关于上述内容，还有以下三点需要注意：

（1）公安机关只能对自己移送起诉的案件的不起诉决定要求复议复核。

（2）被害人的申诉应当向上一级检察院提出，如果其向作出不起诉决定的人民检察院提出，后者应当将申诉材料连同案卷一并报送上一级人民检察院；被不起诉人的申诉应当向作出不起诉决定的检察院提出。

（3）被害人可以在人民检察院维持不起诉决定后向人民法院提起自诉，也可以不经申诉直接提起自诉。

例1 某看守所干警甲，因涉嫌虐待被监管人乙被立案侦查。在审查起诉期间，A地基层检察院认为甲情节显著轻微，不构成犯罪，遂作不起诉处理。关于该决定，下列哪一

选项是正确的?

A. 公安机关有权申请复议复核

B. 某甲有权向原决定检察院申诉

C. 某乙有权向上一级检察院申诉。某乙是被害人，有权向上一级人民检察院申诉

D. 申诉后，上级检察院维持不起诉决定的，某乙可以向该地的中级人民法院提起自诉

提示：选项C正确。选项A的错误原因是，本案不属于公安机关的管辖范围，并非公安机关移送起诉的案件，因此公安机关无权申请复议复核。选项B的错误原因是，因“情节显著轻微，不构成犯罪”而做出的不起诉属于法定不起诉，根据《刑事诉讼法》的规定，只有酌定不起诉的被不起诉人才有权申诉。（这一点因《人民检察院刑事诉讼规则（试行）》有不同规定，现存争议）选项D的错误原因是，被害人虽应向上一级人民检察院提出申诉，但却不应向上一级人民法院提出自诉，而仍应向基层人民法院提出自诉。

例2 被害人对于检察院作出不起诉决定不服而在七日内提出申诉时，下列哪一说法是正确的?

A. 由作出决定的检察院受理被害人的申诉。错误原因是，应当由上一级人民检察院受理被害人的申诉

B. 由与作出决定的检察院相对应的法院受理被害人的申诉。错误原因是，法院受理的是被害人的自诉，而非申诉

C. 被害人提出申诉同时又向法院起诉的，法院应裁定驳回起诉。错误原因是，被害人可以同时向上一级人民检察院提出申诉，并向法院提出自诉，法院应当受理被害人的自诉，并通知人民检察院，人民检察院收到通知后应停止复查

D. 被害人提出申诉后又撤回的，仍可向法院起诉。既然被害人可以不经申诉而直接向法院起诉，那么申诉后又撤回的，当然也仍可向法院起诉

提示：选项D正确。选项A的错误原因是，应当由上一级人民检察院受理被害人的申诉。选项B的错误原因是，法院受理的是被害人的自诉，而非申诉。选项C的错误原因是，被害人可以同时向上一级人民检察院提出申诉，并向法院提出自诉，法院应当受理被害人的自诉，并通知人民检察院，人民检察院收到通知后应停止复查。

（四）人民检察院复查

人民检察院发现不起诉决定确有错误，符合起诉条件的，应当撤销不起诉决定，提起公诉。

最高人民检察院对地方各级人民检察院的起诉、不起诉决定，上级人民检察院对下级人民检察院的起诉、不起诉决定，发现确有错误的，应当予以撤销或者指令下级人民检察院纠正。

人民检察院收到人民法院受理被害人对被不起诉人起诉的通知后，人民检察院应当终止复查，将作出不起诉决定所依据的有关案件材料移送人民法院

此外，人民检察院作出证据不足不起诉的，在发现新的证据，符合起诉条件时，可以提起公诉。

上述规定可通过下表理解和记忆：

检察院 条件	作出不起诉决定的人民检察院	上一级人民检察院	最高人民检察院及上级人民检察院
发现不起诉确有错误，符合起诉条件。	撤销不起诉决定，提起公诉。	撤销不起诉决定或指令下级人民检察院纠正。	
收到人民法院受理被害人自诉的通知。		中止复查，将有关案件材料移送人民法院。	
疑罪不起诉，发现新证据，符合起诉条件。	可以提起公诉。		

第十五章　刑事审判概述

第一节　我国刑事审判模式

命题分析

“我国刑事审判模式”近年来考查了多次，分值较高。从考查内容和考查形式来看，多为判断具体的改革措施是否反映了我国刑事审判模式“控辩式”改革的方向。关于刑事审判模式的考查很多都要结合刑事诉讼构造的基础知识加以判断。从考查趋势来看，对刑事审判模式再予考查的可能性仍然存在，考生应对相关的基本知识有所了解。

知识点精讲

一、1979 年刑事诉讼法所确立的刑事审判模式

我国 1979 年刑事诉讼法受苏俄模式的影响，确立的是超职权主义审判模式。其特点包括：第一，庭前审查为实体审查；第二，法官完全主导和控制法庭审判程序；第三，被告人诉讼地位弱化，辩护权受到抑制；第四，控审不分，法官协助检察官行使控诉职能。

二、1996 年刑事诉讼法修改对刑事审判模式的变革

我国 1996 年刑事诉讼法修改对审判模式进行了重大改革，主要是吸收了英美法系当事人主义的对抗式因素，并保留了职权主义的某些特征。其主要变革包括：第一，庭前审查由实体性审查改为程序性审查；第二，强化了控方的举证责任和辩方的辩护职能，弱化了法官的事实调查功能；第三，扩大了辩方的权利范围，强化了庭审的对抗性。上述改革使我国刑事审判模式具有了当事人主义的某些特征，学界一般称其为“控辩式”审判方式。

三、2012 年刑事诉讼法修改对控辩式刑事审判模式的完善

2012 年刑事诉讼法的再次修改沿着控辩式庭审方式改革的方向取得了新的进展，主要表现为继续强化庭审对抗和加强人权保障。例如，扩大强制辩护的适用范围、强化辩护律师的权利、建立非法证据排除规则、强化法庭调查和辩论、强化证人保护、建立证人作证补偿制度、强制证人出庭作证制度、鉴定人出庭提供意见制度，等等。

四、以审判为中心的诉讼制度改革

2014 年十八届四中全会出台《中共中央关于全面深化改革若干重大问题的决定》，提

出"推进以审判为中心的诉讼制度改革"。2016 年，最高人民法院、最高人民检察院、公安部、国家安全部、司法部联合发布《关于推进以审判为中心的刑事诉讼制度改革的意见》，对以审判为中心的诉讼制度改革做出了进一步的规范。例如，强调未经人民法院依法判决对任何人都不得确定有罪原则和证据裁判原则，继续完善取证程序和非法证据排除规则，完善举证责任智斗，完善庭前会议程序，规范法庭调查程序，完善对证人、鉴定人的法庭质证规则，完善法庭辩论规则，完善当庭宣判制度，强调严格依法裁判，健全诉讼参与人权利保障制度，建立法律援助值班律师制度，完善法律援助制度，推进案件繁简分流，优化司法资源配置，等等。其中，规范法庭调查程序、完善对证人、鉴定人的法庭质证规则、完善法庭辩论规则等都直接强化了控辩审的庭审方式。

对"以审判为中心"的理解要点：

从证据层面：①未经人民法院依法判决，对任何人都不得确定有罪。严格按照法律规定的证据裁判要求，没有证据不得认定犯罪事实。②侦查机关侦查终结，人民检察院提起公诉，人民法院作出有罪判决，都应当做到犯罪事实清楚，证据确实、充分。③侦查机关、人民检察院应当按照裁判的要求和标准收集、固定、审查、运用证据，人民法院应当按照法定程序认定证据，依法作出裁判。人民法院作出有罪判决，对于证明犯罪构成要件的事实，应当综合全案证据排除合理怀疑，对于量刑证据存疑的，应当作出有利于被告人的认定。

从程序层面：突出审判程序在刑事诉讼中的中心地位，确保庭审在查明事实、认定证据、保护诉权、公正裁判上起关键性作用。①规范法庭调查程序，确保诉讼证据出示在法庭、案件事实查明在法庭。证明被告人有罪或者无罪、罪轻或者罪重的证据，都应当在法庭上出示，依法保障控辩双方的质证权利。②完善法庭辩论规则，确保控辩意见发表在法庭。③完善当庭宣判制度，确保裁判结果形成在法庭。可概括成"四个在庭"：证据质证在法庭、案件事实查明在法庭、诉辩意见发表在法庭、裁判理由形成在法庭。

第二节　刑事审判原则

重要法条及司法解释

《刑事诉讼法》第 188、285 条。

命题分析

四个原则中容易考查的是"审判公开""直接言词"和"集中审理"三项原则，"辩论原则"相对简单，简要掌握其含义即可。"审判公开"原则是一个重要考点，主要是结合案例考查审判公开的具体规定。"直接言词"和"集中审理"原则没有明确的法条规定，主要是对其含义的理解和掌握。

知识点精讲

一、审判公开原则

（一）审判公开的概念

审判公开是指人民法院审理案件和宣告判决，公开进行，允许公民到法庭旁听，允许新闻记者采访报道，也就是把法庭的全过程，除了休庭评议之外都公之于众。审判公开是一项民主的审判原则，已为现代各国立法所普遍规定。我国《宪法》第 130 条规定：人民法院审理案件，除法律规定的特别情况外，一律公开进行。《刑事诉讼法》第 11 条也规定：人民法院审判案件，除本法另有规定的以外，一律公开进行。

就公开的内容而言，审判公开包括审理过程的公开和审判结果的公开。审理过程公开就是要公开开庭，当庭调查事实和证据，当庭进行辩论；审判结果公开就是要公开宣告判决，包括公开判决的内容、判决的理由和根据。

就公开的对象而言，审判公开包括向当事人公开和向社会公开。向当事人公开要求开庭审理，而不得进行书面审理，案件事实与证据的调查应当在当事人的参加下进行。向社会公开就是允许公民到场旁听审判过程，允许新闻记者向社会公开报道审判活动和审判结果。

（二）审判公开的基本规定

应当不公开	涉及国家秘密的案件（注意，不是涉外案件）。
	个人隐私的案件。
	审判时不满 18 周岁的案件（经未成年被告人及其法定代理人同意，未成年被告人所在学校和未成年人保护组织可以派代表到场）。到场代表的人数和范围，由法庭决定。到场代表经法庭同意，可以参与对未成年被告人的法庭教育工作。 对依法公开审理，但可能需要封存犯罪记录的案件，不得组织人员旁听。 对未成年人刑事案件宣告判决应当公开进行，但不得采取召开大会等形式。对依法应当封存犯罪记录的案件，宣判时，不得组织人员旁听；有旁听人员的，应当告知其不得传播案件信息（《最高人民法院关于适用〈中华人民共和国刑事诉讼法〉的解释》第 487 条）。
可以不公开	涉及商业秘密的案件：当事人申请不公开审理的，可以决定不公开审理。
公开审理的程序要求	公开审判的案件，在开庭三日以前先期公布案由、被告人姓名、开庭时间和地点。
不公开审理的程序要求	对于不公开审理的案件，应当当庭宣布不公开审理的理由。
	依法不公开审理的案件，任何公民包括与审理该案无关的法院工作人员和被告人的近亲属都不得旁听。但法律另有规定的除外。
	精神病人、醉酒的人、未经人民法院批准的未成年人以及其他不宜旁听的人不得旁听案件审理（《最高人民法院关于适用〈中华人民共和国刑事诉讼法〉的解释》第 187 条）。
公开审理转为不公开审理	公开审理案件时，公诉人、诉讼参与人提出涉及国家秘密、商业秘密或者个人隐私的证据的，法庭应当制止。有关证据确与本案有关的，可以根据具体情况，决定将案件转为不公开审理，或者对相关证据的法庭调查不公开进行。
宣判必须公开，但评议一律秘密进行。 重大、疑难、复杂案件，可以邀请人大代表、政协委员、基层群众代表等旁听观审。	

二、直接言词原则

直接言词原则包括直接原则和言词原则两项原则。

1. 直接原则是指法官必须与诉讼当事人和诉讼参与人直接接触，直接审查案件事实材料和证据。具体体现为：

（1）直接审理原则：庭审中，法官，公诉人，诉讼参与人应当在场，除非法律另有规定，上述人员不在场的审判无效。

（2）直接采证原则：法官必须亲自、当庭调查证据，不得以书面审查方式采信证据。

2. 言词原则是指法庭审理必须以口头陈述的方式进行。除非法律有明确规定，凡是未经口头调查之证据，不得作为定案的依据采纳。

目前，刑事诉讼法中没有明确的条文直接规定直接言词原则，但审判程序中关于证人、鉴定人出庭的规定，关于庭审质证的规定等，都体现了审判中的直接言词原则的精神。

例1 下列哪一选项体现直接言词原则的要求？

A. 法官亲自收集证据

B. 法官亲自在法庭上听取当事人、证人及其他诉讼参与人的口头陈述

C. 法庭审理尽可能不中断地进行

D. 法庭审理应当公开进行证据调查与辩论

提示： 选项B体现了直接言词原则的要求。选项A仅体现直接原则中的直接采证原则，不符合题意。选项C体现的是集中审理原则。选项D体现的是审判公开原则。

三、集中审理原则

集中审理原则是指，法院开庭审理案件，应在不更换审判人员的条件下连续进行，不得中断审理的诉讼原则。其内容包括：

（1）一个案件组成一个审判庭进行审理；

（2）法庭成员不可更换；

（3）证据调查与法庭辩论集中进行；

（4）庭审不中断并迅速作出裁判。

例2 下列哪些选项体现了集中审理原则的要求？

A. 案件一旦开始审理即不得更换法官

B. 法庭审理应不中断地进行

C. 更换法官或者庭审中断时间较长的，应当重新进行审理

D. 法庭审理应当公开进行

提示： 选项D错误。法庭审理应当公开进行是“审判公开原则”的体现，不是“集中审理原则”的体现。

第三节　合议庭

重要法条及司法解释

《刑事诉讼法》第 183~185 条、第 216 条第 1 款、第 249 条。

《最高人民法院关于适用〈中华人民共和国刑事诉讼法〉的解释》第 176~179 条。

《关于进一步加强合议庭职责的若干规定》第 1、4~6、10 条。

命题分析

"合议庭"近年来有一定的考查频率。从考查内容来看，主要考查最高人民法院 2010 年发布的《关于进一步加强合议庭职责的若干规定》、二审程序和死刑复核程序中合议庭的组成。此前，最高人民法院曾于 2002 年发布了《关于人民法院合议庭工作的若干规定》，该规定的部分内容已被《关于进一步加强合议庭职责的若干规定》吸收，且近十年来没有被考过，因此本书不作为重点予以介绍。此外，2018 年刑事诉讼法修改后，对于合议庭的人员组成以及人民陪审制进行了修改，虽然改动不大，但要留意。

知识点精讲

一、合议庭的适用范围和组成方式

基层人民法院、中级人民法院审判第一审案件，应当由审判员三人或者由审判员和人民陪审员共三人或者七人组成合议庭进行（注意：新增加的七人制合议庭），但是基层人民法院适用简易程序、速裁程序的案件可以由审判员一人独任审判。（关于速裁程序，后文有专章解析）

高级人民法院审判第一审案件，应当由审判员三人至七人或者由审判员和人民陪审员共三人或者七人组成合议庭进行。最高人民法院审判第一审案件，应当由审判员三人至七人组成合议庭进行。

人民法院审判上诉和抗诉案件，由审判员三人或者五人组成合议庭进行。

适用简易程序审理案件，对可能判处三年有期徒刑以下刑罚的，可以组成合议庭进行审判，也可以由审判员一人独任审判；对可能判处的有期徒刑超过三年的，应当组成合议庭进行审判。审判员依法独任审判时，行使与审判长相同的职权。

最高人民法院复核死刑案件，高级人民法院复核死刑缓期执行的案件，应当由审判员三人组成合议庭进行。

二、合议庭的活动原则和程序

（一）平等参与、持续参与、充分参与

合议庭全体成员应平等参与案件的审理（含不开庭审理案件的阅卷）、评议和裁判：

《关于进一步加强合议庭职责的若干规定》第 1 条规定："合议庭是人民法院的基本审

判组织。合议庭全体成员平等参与案件的审理、评议和裁判，依法履行审判职责。”

《关于进一步加强合议庭职责的若干规定》第4条规定：“依法不开庭审理的案件，合议庭全体成员均应当阅卷，必要时提交书面阅卷意见。”

《关于进一步加强合议庭职责的若干规定》第5条规定：“开庭审理时，合议庭全体成员应当共同参加，不得缺席、中途退庭或者从事与该庭审无关的活动。合议庭成员未参加庭审、中途退庭或者从事与该庭审无关的活动，当事人提出异议的，应当纠正。合议庭仍不纠正的，当事人可以要求休庭，并将有关情况记入庭审笔录。”

《关于进一步加强合议庭职责的若干规定》第6条第1条规定：“合议庭全体成员均应当参加案件评议。评议案件时，合议庭成员应当针对案件的证据采信、事实认定、法律适用、裁判结果以及诉讼程序等问题充分发表意见。必要时，合议庭成员还可提交书面评议意见。”

（二）评议规则

开庭审理和评议案件，应当由同一合议庭进行。合议庭成员在评议案件时，应当独立表达意见并说明理由。意见分歧的，应当按多数意见作出决定，但少数意见应当记入笔录。评议笔录由合议庭的组成人员在审阅确认无误后签名。评议情况应当保密。

（三）提交审判委员会讨论决定的案件范围和程序

合议庭审理、评议后，应当及时作出判决、裁定。拟判处死刑的案件、人民检察院抗诉的案件，合议庭应当提请院长决定提交审判委员会讨论决定。对合议庭成员意见有重大分歧的案件、新类型案件、社会影响重大的案件以及其他疑难、复杂、重大的案件，合议庭认为难以作出决定的，可以提请院长决定提交审判委员会讨论决定。人民陪审员可以要求合议庭将案件提请院长决定是否提交审判委员会讨论决定。对提请院长决定提交审判委员会讨论决定的案件，院长认为不必要的，可以建议合议庭复议一次。独任审判的案件，审判员认为有必要的，也可以提请院长决定提交审判委员会讨论决定。

审判委员会的决定，合议庭、独任审判员应当执行；有不同意见的，可以建议院长提交审判委员会复议。

上述规定可以通过下表理解和记忆：

<table>
<tr><th></th><th colspan="2">案件</th><th>程序</th><th>院长</th><th>审判委员会</th></tr>
<tr><td rowspan="2">应当提请</td><td colspan="2">拟判处死刑的案件。</td><td rowspan="6">提请院长决定提交审判委员会讨论决定。</td><td rowspan="6">院长认为不必要，可以建议合议庭复议一次。</td><td rowspan="6">审判委员会的决定，合议庭、独任审判员应当执行；有不同意见的，可以建议院长提交审判委员会复议。</td></tr>
<tr><td colspan="2">人民检察院抗诉的案件。</td></tr>
<tr><td rowspan="4">可以提请</td><td rowspan="4">合议庭难以作出决定的。</td><td>合议庭成员意见有重大分歧的案件。</td></tr>
<tr><td>新类型案件</td></tr>
<tr><td>社会影响重大的案件。</td></tr>
<tr><td>其他疑难、复杂、重大案件。</td></tr>
</table>

例1 关于合议庭的组成及活动原则，下列哪些选项是正确的？

A. 在审判员不能参加合议庭时，经院长指定，助理审判员可以临时代行审判员职务担任审判长

B. 开庭审理和评议案件，必须由同一合议庭进行

C. 合议庭成员如有意见分歧，应当按照三分之二以上多数作出决定

D. 经审判委员会讨论决定的案件，合议庭有不同意见时，可以建议院长提交审判委员会复议

提示：选项 B、D 正确。

（四）合议庭成员的责任

《关于进一步加强合议庭职责的若干规定》第 6 条第 2 款规定："合议庭成员评议时发表意见不受追究。"

《关于进一步加强合议庭职责的若干规定》第 10 条规定："合议庭组成人员存在违法审判行为的，应当按照《人民法院审判人员违法审判责任追究办法（试行）》等规定追究相应责任。合议庭审理案件有下列情形之一的，合议庭成员不承担责任：（一）因对法律理解和认识上的偏差而导致案件被改判或者发回重审的；（二）因对案件事实和证据认识上的偏差而导致案件被改判或者发回重审的；（三）因新的证据而导致案件被改判或者发回重审的；（四）因法律修订或者政策调整而导致案件被改判或者发回重审的；（五）因裁判所依据的其他法律文书被撤销或变更而导致案件被改判或者发回重审的；（六）其他依法履行审判职责不应当承担责任的情形。"

上述规定可通过下表理解和记忆：

<table>
<tr><td rowspan="6">不承担责任</td><td rowspan="2">主观原因</td><td>因对法律理解和认识上的偏差。</td><td rowspan="5">导致案件被改判或者发回重审的。</td></tr>
<tr><td>因对案件事实和证据认识上的偏差。</td></tr>
<tr><td rowspan="3">客观原因</td><td>因新的证据。</td></tr>
<tr><td>因法律修订或者政策调整。</td></tr>
<tr><td>因裁判所依据的其他法律文书被撤销或变更。</td></tr>
<tr><td colspan="3">其他依法履行审判职责不应当承担责任的情形。</td></tr>
</table>

例 2　根据《最高人民法院关于进一步加强合议庭职责的若干规定》，关于合议庭，下列哪些说法是正确的？

B. 合议庭成员因对案件事实和证据认识上的偏差而导致案件被改判或者发回重审的不承担责任

C. 合议庭成员因法律修订或者政策调整而导致案件被改判或者发回重审的不承担责任

提示：选项 B、C 均正确。

第四节　人民陪审制

重要法条及司法解释

《刑事诉讼法》第 13、183 条。

《人民陪审员法》。

命题分析

虽然《刑事诉讼法》中对人民陪审员的规定很少，但是2018年4月新制定的《人民陪审员法》较之以往的《关于人民陪审员参加审判活动若干问题的规定》（2010）却有较大变化，考生应重点关注，未来几年命题的可能性很大。

知识点精讲

一、人民陪审员任职资格

公民担任人民陪审员，应当具备下列条件：①拥护中华人民共和国宪法；②年满28周岁；③遵纪守法、品行良好、公道正派；④具有正常履行职责的身体条件。担任人民陪审员，一般应当具有高中以上文化程度。

不能担任陪审员的情形：

（1）职业禁止。下列人员不能担任人民陪审员：①人民代表大会常务委员会的组成人员，监察委员会、人民法院、人民检察院、公安机关、国家安全机关、司法行政机关的工作人员；②律师、公证员、仲裁员、基层法律服务工作者；③其他因职务原因不适宜担任人民陪审员的人员。

（2）违纪违法。有下列情形之一的，不得担任人民陪审员：①受过刑事处罚的；②被开除公职的；③被吊销律师、公证员执业证书的；④被纳入失信被执行人名单的；⑤因受惩戒被免除人民陪审员职务的；⑥其他有严重违法违纪行为，可能影响司法公信的。

二、人民陪审员的名额与产生

（一）名额

人民陪审员的名额，由基层人民法院根据审判案件的需要，提请同级人民代表大会常务委员会确定。人民陪审员的名额数不低于本院法官数的三倍。

（二）产生

1. 随机抽选

司法行政机关会同基层人民法院、公安机关，从辖区内的常住居民名单中随机抽选拟任命人民陪审员数五倍以上的人员作为人民陪审员候选人，对人民陪审员候选人进行资格审查，征求候选人意见。司法行政机关会同基层人民法院，从通过资格审查的人民陪审员候选人名单中随机抽选确定人民陪审员人选，由基层人民法院院长提请同级人民代表大会常务委员会任命。

2. 申请推荐

因审判活动需要，可以通过个人申请和所在单位、户籍所在地或者经常居住地的基层群众性自治组织、人民团体推荐的方式产生人民陪审员候选人，经司法行政机关会同基层人民法院、公安机关进行资格审查，确定人民陪审员人选，由基层人民法院院长提请同级人民代表大会常务委员会任命。依照前款规定产生的人民陪审员，不得超过人民陪审员名额数的五分之一。

三、任职宣誓与任职期限

人民陪审员经人民代表大会常务委员会任命后，应当公开进行就职宣誓。宣誓仪式由基层人民法院会同司法行政机关组织。人民陪审员的任期为五年，一般不得连任。

四、合议庭的组成

2018年《刑事诉讼法》第183条：基层人民法院、中级人民法院审判第一审案件，应当由审判员三人或者由审判员和人民陪审员共三人或者七人组成合议庭进行，但是基层人民法院适用简易程序、速裁程序的案件可以由审判员一人独任审判。

高级人民法院审判第一审案件，应当由审判员三人至七人或者由审判员和人民陪审员共三人或者七人组成合议庭进行。最高人民法院审判第一审案件，应当由审判员三人至七人组成合议庭进行。

> **注意**：最高人民法院审理案件、上诉和抗诉案件没有人民陪审员。

五、陪审的案件范围

人民法院审判第一审刑事、民事、行政案件，有下列情形之一的，由人民陪审员和法官组成合议庭进行：①涉及群体利益、公共利益的；②人民群众广泛关注或者其他社会影响较大的；③案情复杂或者有其他情形，需要由人民陪审员参加审判的。人民法院审判前款规定的案件，法律规定由法官独任审理或者由法官组成合议庭审理的，从其规定。

人民法院审判下列第一审案件，由人民陪审员和法官组成七人合议庭进行：①可能判处十年以上有期徒刑、无期徒刑、死刑，社会影响重大的刑事案件；②根据民事诉讼法、行政诉讼法提起的公益诉讼案件；③涉及征地拆迁、生态环境保护、食品药品安全，社会影响重大的案件；④其他社会影响重大的案件。

第一审刑事案件被告人、民事案件原告或者被告、行政案件原告申请由人民陪审员参加合议庭审判的，人民法院可以决定由人民陪审员和法官组成合议庭审判。

六、人民陪审员参与审判

（1）审判长应当履行与案件审判相关的指引、提示义务，但不得妨碍人民陪审员对案件的独立判断。合议庭评议案件，审判长应当对本案中涉及的事实认定、证据规则、法律规定等事项及应当注意的问题，向人民陪审员进行必要的解释和说明。

（2）人民陪审员参加三人合议庭审判案件，对事实认定、法律适用，独立发表意见，行使表决权。

（3）人民陪审员参加七人合议庭审判案件，对事实认定，独立发表意见，并与法官共同表决；对法律适用，可以发表意见，但不参加表决。

（4）合议庭评议案件，实行少数服从多数的原则。人民陪审员同合议庭其他组成人员意见分歧的，应当将其意见写入笔录。合议庭组成人员意见有重大分歧的，人民陪审员或者法官可以要求合议庭将案件提请院长决定是否提交审判委员会讨论决定。

七、免职

人民陪审员有下列情形之一，经所在基层人民法院会同司法行政机关查证属实的，由院长提请同级人民代表大会常务委员会免除其人民陪审员职务：①本人因正当理由申请辞去人民陪审员职务的；②具有《人民陪审员法》第6条、第7条所列情形之一的（即前述职业禁止、违纪违法）；③无正当理由，拒绝参加审判活动，影响审判工作正常进行的；④违反与审判工作有关的法律及相关规定，徇私舞弊，造成错误裁判或者其他严重后果的。

人民陪审员有前款第①项、第②项所列行为的，可以采取通知其所在单位、户籍所在地或者经常居住地的基层群众性自治组织、人民团体，在辖区范围内公开通报等措施进行惩戒；构成犯罪的，依法追究刑事责任。

八、履职保障

（一）人身安全

人民陪审员的人身和住所安全受法律保护。任何单位和个人不得对人民陪审员及其近亲属打击报复。对报复陷害、侮辱诽谤、暴力侵害人民陪审员及其近亲属的，依法追究法律责任。

（二）经济补偿

人民陪审员参加审判活动期间，所在单位不得克扣或者变相克扣其工资、奖金及其他福利待遇。人民陪审员参加审判活动期间，由人民法院依照有关规定按实际工作日给予补助。人民陪审员因参加审判活动而支出的交通、就餐等费用，由人民法院依照有关规定给予补助。

第十六章　公诉案件第一审程序

第一节　公诉案件庭前审查

重要法条及司法解释

《最高人民法院关于适用〈中华人民共和国刑事诉讼法〉的解释》第 181 条。

命题分析

“公诉案件庭前审查”近年来考查多次，考查内容非常集中，均系考查在庭前审查中对各种特殊情况的处理，实际上就是考查《最高人民法院关于适用〈中华人民共和国刑事诉讼法〉的解释》第 181 条的规定。除少数选项外，大多是对法律规定的直接考查，不需要进行过多分析。从考查趋势来看，《最高人民法院关于适用〈中华人民共和国刑事诉讼法〉的解释》第 181 条的规定未来仍可能予以考查。

知识点精讲

对公诉案件的庭前审查主要就是考查《最高人民法院关于适用〈中华人民共和国刑事诉讼法〉的解释》第 181 条的规定，即“人民法院对提起公诉的案件审查后，应当按照下列情形分别处理：（一）属于告诉才处理的案件，应当退回人民检察院，并告知被害人有权提起自诉；（二）不属于本院管辖或者被告人不在案的，应当退回人民检察院；（三）不符合前条第二项至第八项规定之一，需要补充材料的，应当通知人民检察院在三日内补送；（四）依照刑事诉讼法第二百条第三项规定宣告被告人无罪后，人民检察院根据新的事实、证据重新起诉的，应当依法受理；（五）依照本解释第二百四十二条规定裁定准许撤诉的案件，没有新的事实、证据，重新起诉的，应当退回人民检察院；（六）符合刑事诉讼法第十六条第二项至第六项规定情形的，应当裁定终止审理或者退回人民检察院；（七）被告人真实身份不明，但符合刑事诉讼法第一百六十条第二款规定的，应当依法受理”。

上述规定可通过下表理解和记忆：

<table>
<tr><th></th><th>情形</th><th colspan="2">处理</th></tr>
<tr><td rowspan="8">公诉案件庭前审查</td><td>属于告诉才处理的案件。</td><td rowspan="5">退回检察院</td><td>告知被害人有权自诉。</td></tr>
<tr><td>不属于本院管辖。</td><td rowspan="2"></td></tr>
<tr><td>被告人不在案。</td></tr>
<tr><td>符合《刑事诉讼法》第16条依法不追究刑事责任的情形（除了“情节显著轻微，危害不大，不认为是犯罪的”）。</td><td>或者裁定终止审理。</td></tr>
<tr><td>准许撤诉的案件，没有新的事实、证据，重新起诉的。</td><td></td></tr>
<tr><td>因证据不足而宣告无罪后，检察院根据新的事实、证据重新起诉。</td><td colspan="2" rowspan="2">依法受理。</td></tr>
<tr><td>被告人真实身份不明，按其自报的姓名起诉的。</td></tr>
<tr><td>需要补充材料。</td><td colspan="2">通知人民检察院在三日内补送。</td></tr>
</table>

例1 法院对检察院提起公诉的案件进行庭前审查，下列哪些做法是正确的？

A. 发现被告人张某在起诉前已从看守所脱逃的，退回检察院

B. 法院裁定准许撤诉的抢劫案，检察院因被害人范某不断上访重新起诉的，不予受理

C. 起诉时提供的一名外地证人石某没有列明住址和通讯处的，通知检察院补送

D. 某被告人被抓获后始终一言不发，也没有任何有关姓名、年龄、住址、单位等方面的信息或线索的，不予受理

提示：选项B错误，正确的处理应当是退回检察院。选项D错误，选项中的情况应当依法受理。《刑事诉讼法》第158条第2款规定：“犯罪嫌疑人不讲真实姓名、住址，身份不明的，应当对其身份进行调查，侦查羁押期限自查清其身份之日起计算，但是不得停止对其犯罪行为的侦查取证。对于犯罪事实清楚，证据确实、充分，确实无法查明其身份的，也可以按其自报的姓名起诉、审判。”

例2 某县法院在对杨某绑架案进行庭前审查中，发现下列哪些情形时，应当将案件退回检察机关？

A. 杨某在绑架的过程中杀害了人质。本案不应由基层人民法院管辖，因此应退回检察机关

B. 杨某在审查起诉期间从看守所逃脱。本案属于被告人不在案的，因此应退回检察院

C. 检察机关移送起诉材料未附证据目录

D. 检察机关移送起诉材料欠缺已经委托辩护人的住址、通讯处

提示：选项C、D错误，两种情况都应当通知检察机关补送材料，而不是将案件退回检察机关。

第二节　庭前会议

重要法条及司法解释

《刑事诉讼法》第 187 条第 2 款。

《最高人民法院关于适用〈中华人民共和国刑事诉讼法〉的解释》第 183、184 条。

命题分析

庭前会议是 2012 年刑事诉讼法修改后增加的新内容，为高频考点。考查内容非常集中，均涉及庭前会议可否对非法证据排除作出决定。从考查趋势来看，庭前会议未来仍有可能再次考查。

知识点精讲

一、庭前会议的适用范围

案件具有下列情形之一的，审判人员可以召开庭前会议：①当事人及其辩护人、诉讼代理人申请排除非法证据的；②证据材料较多、案情重大复杂的；③社会影响重大的；④需要召开庭前会议的其他情形。

上述规定可以通过下表理解和记忆：

庭前会议的适用范围	当事人及其辩护人、诉讼代理人申请排除非法证据的。
	证据材料较多、案情重大复杂的。
	社会影响重大的。
	需要召开庭前会议的其他情形。

二、庭前会议的参加人员

在开庭以前，审判人员可以召集公诉人、当事人和辩护人、诉讼代理人，对回避、出庭证人名单、非法证据排除等与审判相关的问题，了解情况，听取意见。

召开庭前会议，根据案件情况，可以通知被告人参加。

三、庭前会议的内容及效力

召开庭前会议，审判人员可以就下列问题向控辩双方了解情况，听取意见：①是否对案件管辖有异议；②是否申请有关人员回避；③是否申请调取在侦查、审查起诉期间公安机关、人民检察院收集但未随案移送的证明被告人无罪或者罪轻的证据材料；④是否提供新的证据；⑤是否对出庭证人、鉴定人、有专门知识的人的名单有异议；⑥是否申请排除非法证据；⑦是否申请不公开审理；⑧与审判相关的其他问题。

审判人员可以询问控辩双方对证据材料有无异议，对有异议的证据，应当在庭审时重点调查；无异议的，庭审时举证、质证可以简化。

被害人或者其法定代理人、近亲属提起附带民事诉讼的，可以调解。

庭前会议情况应当制作笔录。

上述内容可通过下表理解和记忆：

<table>
<tr><td rowspan="11">庭前会议的内容及效力</td><td rowspan="8">了解情况、听取意见</td><td colspan="3">是否对案件管辖有异议。</td></tr>
<tr><td colspan="3">是否申请有关人员回避。</td></tr>
<tr><td colspan="3">是否申请调取在侦查、审查起诉期间公安机关、人民检察院收集但未随案移送的证明被告人无罪或者罪轻的证据材料。</td></tr>
<tr><td colspan="3">是否提供新的证据。</td></tr>
<tr><td colspan="3">是否对出庭证人、鉴定人、有专门知识的人的名单有异议。</td></tr>
<tr><td colspan="3">是否申请排除非法证据。</td></tr>
<tr><td colspan="3">是否申请不公开审理。</td></tr>
<tr><td colspan="3">与审判相关的其他问题。</td></tr>
<tr><td rowspan="2">询问</td><td rowspan="2">对证据材料有无异议。</td><td>有异议</td><td>在庭审时重点调查。</td></tr>
<tr><td>无异议</td><td>庭审时举证、质证可以简化。</td></tr>
<tr><td colspan="4">对附带民事诉讼进行调解。</td></tr>
</table>

可见，庭前会议只能就相关问题了解情况、听取意见，而不能做出实质性的决定。例如，庭前会议不能就是否排除非法证据作出决定。

第三节　法庭调查的程序

重要法条及司法解释

《刑事诉讼法》第190~196条。

《最高人民法院关于适用〈中华人民共和国刑事诉讼法〉的解释》第195~201、206、213~217条。

命题分析

“法庭调查的程序”是重点考点，几乎每年必考。从考查内容来看，主要涉及证人、鉴定人出庭制度，因此证人、鉴定人出庭，包括其出庭的条件、不出庭的后果、强制证人出庭制度等都是非常高频的考点。法庭调查的基本步骤中所涉及的其他程序也有所考查，但相对而言频率较低，且一般都只是作为选择题中的个别选项出现。

从考查趋势来看，本考点的考查重点仍然是与证人、鉴定人出庭有关的内容。

知识点精讲

一、证人、鉴定人、有专门知识的人出庭制度

（一）证人、鉴定人出庭的条件和拒不出庭的后果

公诉人、当事人或者辩护人、诉讼代理人对证人证言有异议，且该证人证言对案件定

罪量刑有重大影响，人民法院认为证人有必要出庭作证的，证人应当出庭作证。人民警察就其执行职务时目击的犯罪情况作为证人出庭作证，适用前款规定。公诉人、当事人或者辩护人、诉讼代理人对鉴定意见有异议，人民法院认为鉴定人有必要出庭的，鉴定人应当出庭作证。经人民法院通知，鉴定人拒不出庭作证的，鉴定意见不得作为定案的根据。

（二）强制证人出庭制度

经人民法院通知，证人没有正当理由不出庭作证的，人民法院可以强制其到庭，但是被告人的配偶、父母、子女除外。证人没有正当理由拒绝出庭或者出庭后拒绝作证的，予以训诫，情节严重的，经院长批准，处以十日以下的拘留。被处罚人对拘留决定不服的，可以向上一级人民法院申请复议。复议期间不停止执行。

（三）证人可以不出庭的条件和替代方法

证人具有下列情形之一，无法出庭作证的，人民法院可以准许其不出庭：①在庭审期间身患严重疾病或者行动极为不便的；②居所远离开庭地点且交通极为不便的；③身处国外短期无法回国的；④有其他客观原因，确实无法出庭的。具有前款规定情形的，可以通过视频等方式作证。

（四）有专门知识的人出庭的条件和人数限制

公诉人、当事人及其辩护人、诉讼代理人申请法庭通知有专门知识的人出庭，就鉴定意见提出意见的，应当说明理由。法庭认为有必要的，应当通知有专门知识的人出庭。申请有专门知识的人出庭，不得超过二人。有多种类鉴定意见的，可以相应增加人数。有专门知识的人出庭，适用鉴定人出庭的有关规定。

上述内容可通过下表理解和记忆：

<table>
<tr><th></th><th>主体</th><th colspan="2">条件</th><th>拒不出庭的效果</th></tr>
<tr><td rowspan="11">证人、鉴定人出庭作证</td><td rowspan="7">证人（含执行职务时目击犯罪的警察）</td><td rowspan="3">积极条件（应当出庭作证）</td><td>控辩双方对证人证言有异议。</td><td rowspan="3">强制出庭（被告人的配偶、父母、子女除外）。</td></tr>
<tr><td>证人证言对案件定罪量刑有重大影响。</td></tr>
<tr><td>人民法院认为证人有必要出庭作证。</td></tr>
<tr><td rowspan="4">消极条件（可以准许其不出庭）</td><td>庭审期间身患严重疾病或行动极为不便。</td><td rowspan="4">可通过视频等方式作证。</td></tr>
<tr><td>居所远离开庭地点且交通极为不便的。</td></tr>
<tr><td>身处国外短期无法回国的。</td></tr>
<tr><td>有其他客观原因，确实无法出庭的。</td></tr>
<tr><td rowspan="2">鉴定人</td><td rowspan="2">积极条件</td><td>控辩双方对鉴定意见有异议。</td><td rowspan="2">鉴定意见不得作为定案的根据。</td></tr>
<tr><td>人民法院认为鉴定人有必要出庭。</td></tr>
<tr><td rowspan="2">有专门知识的人</td><td rowspan="2">积极条件</td><td>需要就鉴定意见提出意见的。</td><td rowspan="2"></td></tr>
<tr><td>人民法院认为有必要的。</td></tr>
</table>

通过上表可以看出，证人、鉴定人出庭制度存在以下区别：

（1）条件不同。证人应当出庭作证的条件除了控辩双方有异议、人民法院认为有必要外，还多一条，即“证人证言对定罪量刑有重大影响”；鉴定人应当出庭提供意见的条件则只有控辩双方有异议、人民法院认为有必要这两条，不要求鉴定意见对定罪量刑有重大影响。

（2）证人或鉴定人拒不出庭的效果不同。一则，对无正当理由拒不出庭的证人，除被告人的配偶、父母、子女外，可强制出庭；对拒不出庭的鉴定人不能强制出庭。二则，鉴定人如果拒不出庭，其鉴定意见不得作为定案的根据；证人如果不出庭或出庭后拒绝作证，法律仅对其规定了相应的惩戒措施，但并没有规定其庭前的证言不得作为定案的根据。

此外，关于强制证人出庭制度，可通过下表理解和记忆：

<table>
<tr><td rowspan="2">强制到庭</td><td>条件</td><td colspan="2">经人民法院通知证人无正当理由不出庭作证。</td></tr>
<tr><td>适用人员</td><td colspan="2">除被告人配偶、父母、子女以外的证人。</td></tr>
<tr><td rowspan="4">惩戒</td><td rowspan="2">条件</td><td colspan="2">无正当理由拒不到庭。</td></tr>
<tr><td colspan="2">出庭后拒绝作证。</td></tr>
<tr><td rowspan="2">措施</td><td colspan="2">训诫</td></tr>
<tr><td>拘留</td><td>情节严重的，经院长批准，处十日以下拘留。
可向上一级法院申请复议，复议期间不停止执行。</td></tr>
</table>

关于强制证人出庭制度，需要注意以下几点：

（1）对被告人的配偶、父母、子女不能够强制出庭。

（2）对无正当理由拒不到庭或到庭后拒绝作证的证人可以采取的惩戒措施是训诫和拘留，没有罚款。拘留只能在情节严重的情况下，经院长批准后才能适用，且不得超过十日。

（3）对拘留决定不服可向上一级人民法院申请复议，而不是向作出拘留决定的人民法院申请复议。

例 1 关于证人出庭作证，下列哪些说法是正确的？

A. 需要出庭作证的警察就其执行职务时目击的犯罪情况出庭作证，适用证人作证的规定

B. 警察就其非执行职务时目击的犯罪情况出庭作证，不适用证人作证的规定

C. 对了解案件情况的人，确有必要时，可以强制到庭作证

D. 证人没有正当理由拒绝出庭作证的，只有情节严重，才可以处以拘留，且拘留不可以超过十日

提示：选项 A、D 正确。选项 B 错误，警察在非执行职务时目击犯罪，就相当于普通证人，当然适用证人作证的规定。选项 C 错误，对被告人的配偶、父母、子女不能强制出庭。

例 2 关于司法鉴定，下列哪些选项是正确的？

C. 当事人对鉴定人胡某的鉴定意见有异议，经法院通知，胡某应当出庭作证

提示：选项 C 正确。

二、法庭调查的基本流程

（一）宣读起诉书及向当事人发问

公诉人在法庭上宣读起诉书后，被告人、被害人可以就起诉书指控的犯罪进行陈述，公诉人可以讯问被告人。被害人、附带民事诉讼的原告人和辩护人、诉讼代理人，经审判长许可，可以向被告人发问。审判人员可以讯问被告人。

审判长宣布法庭调查开始后，应当先由公诉人宣读起诉书；有附带民事诉讼的，再由附带民事诉讼原告人或者其法定代理人、诉讼代理人宣读附带民事起诉状。

起诉书指控的被告人的犯罪事实为两起以上的，法庭调查一般应当分别进行。

在审判长主持下，被告人、被害人可以就起诉书指控的犯罪事实分别陈述。

在审判长主持下，公诉人可以就起诉书指控的犯罪事实讯问被告人。经审判长准许，被害人及其法定代理人、诉讼代理人可以就公诉人讯问的犯罪事实补充发问；附带民事诉讼原告人及其法定代理人、诉讼代理人可以就附带民事部分的事实向被告人发问；被告人的法定代理人、辩护人，附带民事诉讼被告人及其法定代理人、诉讼代理人可以在控诉一方就某一问题讯问完毕后向被告人发问。

讯问同案审理的被告人，应当分别进行。必要时，可以传唤同案被告人等到庭对质。

经审判长准许，控辩双方可以向被害人、附带民事诉讼原告人发问。

审判人员可以讯问被告人。必要时，可以向被害人、附带民事诉讼当事人发问。

上述规定可通过下表理解和记忆：

<table>
<tr><th></th><th>步骤</th><th colspan="2">条件和主体</th><th>程序</th><th>备注</th></tr>
<tr><td rowspan="10">宣读起诉书及向当事人发问</td><td rowspan="2">宣读起诉书。</td><td colspan="2">公诉人</td><td colspan="2">宣读起诉书。</td></tr>
<tr><td colspan="2">附带民诉原告人方</td><td colspan="2">宣读附带民事起诉状。</td></tr>
<tr><td>当事人陈述。</td><td colspan="2">被告人、被害人</td><td>可就指控的犯罪事实分别陈述。</td><td>犯罪事实为两起以上的，法庭调查一般应分别进行。</td></tr>
<tr><td rowspan="5">讯问被告人或向被告人发问。</td><td>审判长主持下</td><td>公诉人</td><td>可就指控的犯罪事实讯问被告人。</td><td rowspan="5">讯问同案审理的被告人，应分别进行。必要时，可以传唤同案被告人等到庭对质。</td></tr>
<tr><td rowspan="3">经审判长准许</td><td>被害人方</td><td>可补充发问。</td></tr>
<tr><td>附带民事诉讼原告人方</td><td>可就附带民事部分的事实发问。</td></tr>
<tr><td>被告人方及附带民事诉讼被告人方</td><td>可在控方就某一问题讯问完毕后发问。</td></tr>
<tr><td></td><td>审判人员</td><td>可以讯问被告人。</td></tr>
<tr><td rowspan="2">向被害人、附带民事诉讼原告人发问。</td><td>经审判长准许</td><td>控辩双发</td><td rowspan="2">可以向被害人、附带民事诉讼原告人发问。</td><td rowspan="2"></td></tr>
<tr><td>必要时</td><td>审判人员</td></tr>
</table>

（二）向出庭的证人、鉴定人、有专门知识的人发问

证人作证，审判人员应当告知他要如实地提供证言和有意作伪证或者隐匿罪证要负的法律责任。公诉人、当事人和辩护人、诉讼代理人经审判长许可，可以对证人、鉴定人发问。审判长认为发问的内容与案件无关的时候，应当制止。审判人员可以询问证人、鉴定人。

向证人、鉴定人发问，应当先由提请通知的一方进行；发问完毕后，经审判长准许，对方也可以发问。

控辩双方的讯问、发问方式不当或者内容与本案无关的，对方可以提出异议，申请审判长制止，审判长应当判明情况予以支持或者驳回；对方未提出异议的，审判长也可以根据情况予以制止。

审判人员认为必要时，可以询问证人、鉴定人、有专门知识的人。

向证人、鉴定人、有专门知识的人发问应当分别进行。证人、鉴定人、有专门知识的人经控辩双方发问或者审判人员询问后，审判长应当告知其退庭。证人、鉴定人、有专门知识的人不得旁听对本案的审理。

上述规定可通过下表理解和记忆：

<table>
<tr><th>步骤</th><th colspan="2">程序和主体</th><th>顺序</th><th colspan="2">制止条件及程序</th><th>退庭</th></tr>
<tr><td rowspan="5">向证人、鉴定人、有专门知识的人发问。</td><td rowspan="4">经审判长准许</td><td>公诉人</td><td rowspan="4">先由提请通知的一方发问完毕后，经审判长准许，对方也可发问。</td><td rowspan="4">讯问、发问方式不当或内容与本案无关。</td><td rowspan="4">对方可提出异议，申请审判长制止，审判长应判明情况予以支持或者驳回；审判长也可依职权予以制止。</td><td rowspan="5">应当分别进行；不得旁听对本案的审理。</td></tr>
<tr><td>当事人</td></tr>
<tr><td>辩护人</td></tr>
<tr><td>诉讼代理人</td></tr>
<tr><td>必要时</td><td>审判人员</td><td colspan="3"></td></tr>
</table>

（三）出示物证、宣读作为证据的文书

公诉人、辩护人应当向法庭出示物证，让当事人辨认，对未到庭的证人的证言笔录、鉴定人的鉴定意见、勘验笔录和其他作为证据的文书，应当当庭宣读。审判人员应当听取公诉人、当事人和辩护人、诉讼代理人的意见。

上述规定可通过下表理解和记忆：

<table>
<tr><td rowspan="5">出示物证、宣读作为证据的文书</td><td>出示</td><td>物证</td><td>让当事人辨认</td><td rowspan="5">审判人员应当听取公诉人、当事人和辩护人、诉讼代理人的意见。</td></tr>
<tr><td rowspan="4">宣读</td><td>未到庭的证人的证言笔录。</td><td rowspan="4"></td></tr>
<tr><td>未到庭的鉴定人的鉴定意见。</td></tr>
<tr><td>勘验笔录。</td></tr>
<tr><td>其他作为证据的文书。</td></tr>
</table>

例3 在法庭审理中，控方向法庭出示被告人实施抢劫时所持的匕首。关于该匕首，

应当履行的法庭调查程序，下列哪些选项是正确的？

A. 让被害人辨认　　B. 让被告人辨认

C. 听取辩护人意见　　D. 听取诉讼代理人意见

提示：四个选项均正确。

例 4　按照我国《刑事诉讼法》的规定，关于法庭审理活动先后顺序的排列，下列哪一选项的组合是正确的？①宣读勘验笔录；②公诉人发表公诉词；③讯问被告人；④询问证人、鉴定人；⑤出示物证；⑥被告人最后陈述。

B. ③④⑤①②⑥

提示：“公诉词”不同于“公诉书”，它是公诉人对案件事实、证据和适用法律发表的总结性意见，在法庭辩论的首轮发言中发表。

第四节　对不同案件的裁判

重要法条及司法解释

《刑事诉讼法》第 200 条。

《最高人民法院关于适用〈中华人民共和国刑事诉讼法〉的解释》第 241、242 条。

命题分析

该考点近年来考查过多次，但所占分值不高。从考查内容来看，人民法院对不同案件的裁判实际上就出自《最高人民法院关于适用〈中华人民共和国刑事诉讼法〉的解释》第 241 条的规定。有些考点虽然考查频率较高，但由于涉及的法条多，所以平均到各个法条上考查的频率并不算高。因此对这一考点的考查实际上就是对该条规定的考查，考生应重点掌握。

知识点精讲

《刑事诉讼法》第 200 条规定：“在被告人最后陈述后，审判长宣布休庭，合议庭进行评议，根据已经查明的事实、证据和有关的法律规定，分别作出以下判决：（一）案件事实清楚，证据确实、充分，依据法律认定被告人有罪的，应当作出有罪判决；（二）依据法律认定被告人无罪的，应当作出无罪判决；（三）证据不足，不能认定被告人有罪的，应当作出证据不足、指控的犯罪不能成立的无罪判决。”

《最高人民法院关于适用〈中华人民共和国刑事诉讼法〉的解释》第 241 条规定：“对第一审公诉案件，人民法院审理后，应当按照下列情形分别作出判决、裁定：（一）起诉指控的事实清楚，证据确实、充分，依据法律认定指控被告人的罪名成立的，应当作出有罪判决；（二）起诉指控的事实清楚，证据确实、充分，指控的罪名与审理认定的罪名不一致的，应当按照审理认定的罪名作出有罪判决；（三）案件事实清楚，证据确实、充分，依据法律认定被告人无罪的，应当判决宣告被告人无罪；（四）证据不足，不能认定被告人有罪的，应当以证据不足、指控的犯罪不能成立，判决宣告被告人无罪；（五）案件部分事实清楚，证据确实、充分的，应当作出有罪或者无罪的判决；对事实不清、证据不足部分，不予认定；（六）被告人因不满十六周岁，不予刑事处罚的，应当判决宣告被告人不负刑事责任；（七）被告人是精神病人，在不能辨认或者不能控制自己行为时造成危害结果，不予刑事处罚的，应当判决宣告被告人不负刑事责任；（八）犯罪已过追诉时效期限且不是必须追诉，或者经特赦令免除刑罚的，应当裁定终止审理；（九）被告人死亡的，应当裁定终止审理；根据已查明的案件事实和认定的证据，能够确认无罪的，应当判决宣告被告人无罪。具有前款第二项规定情形的，人民法院应当在判决前听取控辩双方的意见，保障被告人、辩护人充分行使辩护权。必要时，可以重新开庭，组织控辩双方围绕被告人的行为构成何罪进行辩论。”

《最高人民法院关于适用〈中华人民共和国刑事诉讼法〉的解释》第242条规定：“宣告判决前，人民检察院要求撤回起诉的，人民法院应当审查撤回起诉的理由，作出是否准许的裁定。”

上述规定可通过下表理解和记忆：

<table>
<tr><th></th><th>情形</th><th>裁判</th></tr>
<tr><td rowspan="10">人民法院对不同案件的裁判</td><td>起诉指控的事实清楚，证据确实、充分，依据法律认定指控被告人的罪名成立。</td><td>作出有罪判决。</td></tr>
<tr><td>起诉指控的事实清楚，证据确实、充分，指控的罪名与审理认定的罪名不一致的。</td><td>按照审理认定的罪名作出有罪判决。</td></tr>
<tr><td>案件事实清楚，证据确实、充分，依据法律认定被告人无罪的。</td><td>判决宣告被告人无罪。</td></tr>
<tr><td>案件部分事实清楚，证据确实、充分的。</td><td>作出有罪或者无罪的判决，对事实不清、证据不足部分，不予认定。</td></tr>
<tr><td>证据不足，不能认定被告人有罪的。</td><td>以证据不足、指控的犯罪不能成立，判决宣告被告人无罪。</td></tr>
<tr><td>被告人因不满16周岁，不予刑事处罚的。</td><td rowspan="2">判决宣告被告人不负刑事责任。</td></tr>
<tr><td>被告人是精神病人，在不能辨认或者不能控制自己行为时造成危害结果，不予刑事处罚的。</td></tr>
<tr><td>被告人死亡的，应当裁定终止审理；根据已查明的案件事实和认定的证据，能够确认无罪的。</td><td>判决宣告被告人无罪。</td></tr>
<tr><td>犯罪已过追诉时效期限且不是必须追诉，或者经特赦令免除刑罚的。</td><td>裁定终止审理。</td></tr>
<tr><td>宣告判决前，人民检察院要求撤回起诉的。</td><td>裁定准许或不准许撤诉。</td></tr>
</table>

关于上述表格，需注意如下几个问题：

（1）终止审理和准许或不准许撤诉不涉及实体问题，因此用裁定；除此之外，凡涉及被告人有罪无罪、是否承担刑事责任的实体问题的，均用判决。

（2）起诉指控的事实清楚，证据确实、充分，指控的罪名与审理认定的罪名不一致的，应当按照审理认定的罪名作出有罪判决，但是在判决前应当听取控辩双方的意见，保障被告人、辩护人充分行使辩护权。必要时，可重新开庭，组织控辩双方围绕被告人的行为构成何罪进行辩论。

（3）以证据不足、指控的犯罪不能成立，判决宣告被告人无罪后，人民检察院根据新的事实、证据重新起诉的，应在新案的判决书中注明情况，前案判决不予撤销。

例 检察院以涉嫌盗窃罪对赵某提起公诉。经审理，法院认为证明指控事实的证据间存在矛盾且无法排除，同时查明赵某年龄认定有误，该案发生时赵某未满16周岁。关于本案，法院应当采取下列哪一做法？

C. 作证据不足、指控的犯罪不能成立的无罪判决

D. 判决宣告赵某不负刑事责任。

提示：选项C正确。选项D错误，只有被告人实施了危害社会的行为，才谈得上他是否应当承担刑事责任。对于被告人实施了危害社会的行为证据不足的，应当以证据不足、指控的犯罪不能成立，判决宣告被告人无罪，而不是判决宣告被告人不负刑事责任。

第五节 单位犯罪案件的审理程序

重要法条及司法解释

《最高人民法院关于适用〈中华人民共和国刑事诉讼法〉的解释》第279~281、284~287条。

命题分析

“单位犯罪案件的审理程序”近年来考查过多次，为高频考点。从考查内容和形式来看，单位犯罪案件的审理程序涉及的法条也不多，几乎每个法条都被考查过，而且每次考查都是针对单位犯罪案件审理程序的专门考查，足见其重要性。从考查趋势来看，单位犯罪的各个条文均为重点法条，对于此类涉及法条少而考查频率高的考点，考生应确保不失分。

知识点精讲

一、能够担任被告单位诉讼代表人的人员范围及条件

被告单位的诉讼代表人，应当是法定代表人或者主要负责人；法定代表人或者主要负责人被指控为单位犯罪直接负责的主管人员或者因客观原因无法出庭的，应当由被告单位委托其他负责人或者职工作为诉讼代表人。但是，有关人员被指控为单位犯罪的其他直接责任人员或者知道案件情况、负有作证义务的除外。

上述规定可通过下表理解和记忆：

<table>
<tr><th>可担任诉讼代表人的</th><th>积极条件（可以担任）</th><th>消极条件（不能担任）</th></tr>
<tr><td rowspan="2">法定代表人或主要负责人。</td><td rowspan="2"></td><td>被指控为单位犯罪直接负责的主管人员。</td></tr>
<tr><td>因客观原因无法出庭。</td></tr>
<tr><td rowspan="2">其他负责人或者职工。</td><td rowspan="2">法定代表人或主要负责人无法担任诉讼代表人，由被告单位委托。</td><td>被指控为单位犯罪的其他直接责任人员。</td></tr>
<tr><td>知道案件情况、负有作证义务。</td></tr>
</table>

二、被告单位诉讼代表人的出庭程序

开庭审理单位犯罪案件，应当通知被告单位的诉讼代表人出庭；没有诉讼代表人参与诉讼的，应当要求人民检察院确定。被告单位的诉讼代表人不出庭的，应当按照下列情形分别处理：①诉讼代表人系被告单位的法定代表人或者主要负责人，无正当理由拒不出庭的，可以拘传其到庭；因客观原因无法出庭，或者下落不明的，应当要求人民检察院另行确定诉讼代表人；②诉讼代表人系被告单位的其他人员的，应当要求人民检察院另行确定诉讼代表人出庭。

关于被告单位的诉讼代表人不出庭的处理可通过下表理解和记忆：

<table>
<tr><th>诉讼代表人</th><th>不出庭原因</th><th>处理</th></tr>
<tr><td rowspan="2">系被告单位的法定代表人或者主要负责人。</td><td>无正当理由拒不出庭的。</td><td>可以拘传其到庭。</td></tr>
<tr><td>因客观原因无法出庭或下落不明的。</td><td rowspan="2">要求人民检察院另行确定诉讼代表人。</td></tr>
<tr><td>系被告单位的其他人员的。</td><td></td></tr>
</table>

例 1 在单位犯罪案件的审理程序中，如被告单位的诉讼代表人与被指控为单位犯罪直接负责的主管人员是同一人，应当由下列哪一主体另行确定被告单位诉讼代表人？

C. 检察院

提示：选项 C 正确。

三、被告单位诉讼代表人的权利

被告单位的诉讼代表人享有刑事诉讼法规定的有关被告人的诉讼权利。开庭时，将诉讼代表人席位置于审判台前左侧，与辩护人席并列。

四、单位犯罪中的财产处理

被告单位的违法所得及其孳息，尚未被依法追缴或者查封、扣押、冻结的，人民法院应当决定追缴或者查封、扣押、冻结。

为保证判决的执行，人民法院可以先行查封、扣押、冻结被告单位的财产，或者由被告单位提出担保。

五、被告单位发生变化的处理

审判期间，被告单位被撤销、注销、吊销营业执照或者宣告破产的，对单位犯罪直接负责的主管人员和其他直接责任人员应当继续审理。

审判期间，被告单位合并、分立的，应当将原单位列为被告单位，并注明合并、分立情况。对被告单位所判处的罚金以其在新单位的财产及收益为限。

上述规定可通过下表理解和记忆：

被告单位的变化	处理
被撤销、注销、吊销营业执照或者宣告破产。	对单位犯罪直接负责的主管人员和其他直接责任人员应继续审理。
合并、分立的。	将原单位列为被告单位，并注明合并、分立情况。
	对被告单位所判处的罚金以其在新单位的财产及收益为限。

例 2　某电子科技有限公司因涉嫌虚开增值税专用发票罪被提起公诉，公司董事长、总经理、会计等 5 人被认定为该单位犯罪的直接责任人员。在法院审理中，该公司被注销。关于法院的处理，下列哪一选项是正确的？

A. 继续审理

提示： 选项 A 正确。

第六节　延期审理（补充和变更起诉）

重要法条及司法解释

《刑事诉讼法》第 204 条。

《最高人民法院关于适用〈中华人民共和国刑事诉讼法〉的解释》第 86、221～223、226、243 条。

《人民检察院刑事诉讼规则（试行）》第 280、455 条、第 456 条第 2 款、第 471 条、第 474 条第 2 款。

命题分析

算上作为延期审理情形的补充和变更起诉，延期审理近年来的考查频率较高。从考查趋势来看，补充或者变更起诉的相关问题仍然为考查重点，延期审理本身倒在其次。

知识点精讲

一、延期审理的适用情形和后果

（一）延期审理的适用情形

《刑事诉讼法》第 204 条规定："在法庭审判过程中，遇有下列情形之一，影响审判进行的，可以延期审理：（一）需要通知新的证人到庭，调取新的物证，重新鉴定或者勘验的；（二）检察人员发现提起公诉的案件需要补充侦查，提出建议的；（三）由于申请回避而不能进行审判的。”

《最高人民法院关于适用〈中华人民共和国刑事诉讼法〉的解释》第86条第2款规定：“鉴定人由于不能抗拒的原因或者有其他正当理由无法出庭的，人民法院可以根据情况决定延期审理或者重新鉴定。”

《人民检察院刑事诉讼规则（试行）》第455条规定：“法庭审判过程中遇有下列情形之一的，公诉人可以建议法庭延期审理：（一）发现事实不清、证据不足，或者遗漏罪行、遗漏同案犯罪嫌疑人，需要补充侦查或者补充提供证据的；（二）被告人揭发他人犯罪行为或者提供重要线索，需要补充侦查进行查证的；（三）发现遗漏罪行或者遗漏同案犯罪嫌疑人，虽不需要补充侦查和补充提供证据，但需要补充、追加或者变更起诉的；（四）申请人民法院通知证人、鉴定人出庭作证或者有专门知识的人出庭提出意见的；（五）需要调取新的证据，重新鉴定或者勘验的；（六）公诉人出示、宣读开庭前移送人民法院的证据以外的证据，或者补充、变更起诉，需要给予被告人、辩护人必要时间进行辩护准备的；（七）被告人、辩护人向法庭出示公诉人不掌握的与定罪量刑有关的证据，需要调查核实的；（八）公诉人对证据收集的合法性进行证明，需要调查核实的。在人民法院开庭审理前发现具有上述情形之一的，人民检察院可以建议人民法院延期审理。”

上述规定可通过下表理解和记忆：

<table>
<tr><td rowspan="5">延期审理</td><td>由于申请回避而不能进行审判的。</td><td></td></tr>
<tr><td rowspan="3">检察人员建议延期审理的。</td><td>需要补充侦查的。</td></tr>
<tr><td>需要补充、追加或者变更起诉的。</td></tr>
<tr><td>需要对有关证据予以调查核实的。</td></tr>
<tr><td>需要补充提供证据的（通知新的证人到庭，调取新的物证，重新鉴定或者勘验等）。</td><td></td></tr>
</table>

关于上表，需要注意以下问题：

（1）对“由于申请回避而不能进行审判的”，法院可依职权决定延期审理；对“检察人员建议延期审理”的，法院可依检察院的建议决定延期审理；对“需要补充提供证据的”，法院可依控辩双方的申请而决定延期审理。

（2）对需要补充侦查的，人民法院只有对被告人提出新的立功线索的才可以建议人民检察院补充侦查，此外均应由人民检察院建议补充侦查，人民法院不能建议人民检察院补充侦查。对此，《最高人民法院关于适用〈中华人民共和国刑事诉讼法〉的解释》第226条第2款规定：“审判期间，被告人提出新的立功线索的，人民法院可以建议人民检察院补充侦查。”

（3）对需要对有关证据予以调查核实的，人民检察院可以建议延期审理；其中，对于需要对证据的合法性予以调查核实的，可以建议延期审理，也可以建议休庭；但如果是人民法院依职权决定对证据进行调查核实的，则适用休庭。对此，《人民检察院刑事诉讼规则（试行）》第446条第3款规定：“公诉人不能当庭证明证据收集的合法性，需要调查核实的，可以建议法庭休庭或者延期审理。”《刑事诉讼法》第196条规定：“法庭审理过程中，合议庭对证据有疑问的，可以宣布休庭，对证据进行调查核实。人民法院调查核实证据，可以进行勘验、检查、查封、扣押、鉴定和查询、冻结。”

（4）对需要给予被告人、辩护人必要时间进行辩护准备的，《人民检察院刑事诉讼规则（试行）》的规定是人民检察院“可以建议法庭延期审理”，但《最高人民法院关于适用〈中华人民共和国刑事诉讼法〉的解释》的规定是“法庭可以宣布休庭”。《最高人民法院关于适用〈中华人民共和国刑事诉讼法〉的解释》第221条规定：“辩护方提出需要对新的证据作辩护准备的，法庭可以宣布休庭，并确定准备辩护的时间。”

此外，《人民检察院刑事诉讼规则（试行）》还有以下几条关于延期审理的特殊规定：

《人民检察院刑事诉讼规则（试行）》第280条规定：“因为特殊原因，在较长时间内不宜交付审判的特别重大复杂的案件，由最高人民检察院报请全国人民代表大会常务委员会批准延期审理。”

《人民检察院刑事诉讼规则（试行）》第471条规定：“转为普通程序审理的案件，公诉人需要为出席法庭进行准备的，可以建议人民法院延期审理。”

《人民检察院刑事诉讼规则（试行）》第474条第2款规定：“人民检察院在接到第二审人民法院决定开庭、查阅案卷通知后，可以查阅或者调阅案卷材料，查阅或者调阅案卷材料应当在接到人民法院的通知之日起一个月以内完成。在一个月以内无法完成的，可以商请人民法院延期审理。”

这几种情形的延期审理分别为在交付审判之前、按普通程序的审理开始之前、第二审程序的审理开始之前，因为特殊情况，延迟审理开始的日期，与前述审理过程中的延期审理不同。

（二）延期审理的期限

《人民检察院刑事诉讼规则（试行）》第456条第2款规定：“法庭宣布延期审理后，人民检察院应当在补充侦查的期限内提请人民法院恢复法庭审理或者撤回起诉。公诉人在法庭审理过程中建议延期审理的次数不得超过两次，每次不得超过一个月。”该规定是仅适用于因补充侦查而建议延期审理的情形，还是适用于所有检察院建议延期审理的情形，存在争议。

《最高人民法院关于适用〈中华人民共和国刑事诉讼法〉的解释》第223条规定：“审判期间，公诉人发现案件需要补充侦查，建议延期审理的，合议庭应当同意，但建议延期审理不得超过两次。”可见《最高人民法院关于适用〈中华人民共和国刑事诉讼法〉的解释》的相关规定仅适用于因公诉人需要补充侦查而建议延期审理的情形。

此外，《最高人民法院关于适用〈中华人民共和国刑事诉讼法〉的解释》第222条第2款规定：“延期审理的案件，符合刑事诉讼法第二百零二条第一款规定的，可以报请上级人民法院批准延长审理期限。”而《刑事诉讼法》第208条第1款规定：“人民法院审理公诉案件，应当在受理后二个月以内宣判，至迟不得超过三个月。对于可能判处死刑的案件或者附带民事诉讼的案件，以及有本法第一百五十六条规定情形之一的，经上一级人民法院批准，可以延长三个月；因特殊情况还需要延长的，报请最高人民法院批准。”《刑事诉讼法》第158条规定的情形包括：“（一）交通十分不便的边远地区的重大复杂案件；（二）重大的犯罪集团案件；（三）流窜作案的重大复杂案件；（四）犯罪涉及面广，取证困难的重大复杂案件。”可见，除补充侦查完毕移送人民法院后要重新计算审理期限外，其余的延期审理并不影响案件的审限，除非案件本身就符合《刑事诉讼法》第208条第1款规定的可以延长的情形。

例1 关于刑事案件的延期审理和中止审理，下列哪些说法是正确的？

A. 延期审理适用于法庭审理过程中，中止审理适用于法院受理案件后至作出判决前

B. 导致延期审理的原因是庭审自身出现障碍，因而不停止法庭审理以外的诉讼活动，导致中止审理的原因是出现了不能抗拒的情况，使诉讼活动无法正常进行，因而暂停诉讼活动

C. 延期审理的案件再行开庭的时间具有可预见性，中止审理的案件再行开庭的时间往往无法预见

D. 不论是延期审理还是中止审理，其时间都计入审理期限

提示：选项D错误，原因在于，中止审理的时间不计入审限；因补充侦查而延期审理的，补充侦查完毕移送人民法院的，人民法院重新计算审限。前者只是中止审理的时间不计入审限，中止审理之前的审理时间还要计入审限；后者则是重新计算审限，补充侦查完毕移送人民法院之前的时间均不再计入审限。

二、补充、追加和变更起诉

《人民检察院刑事诉讼规则（试行）》第455条规定："法庭审判过程中遇有下列情形之一的，公诉人可以建议法庭延期审理：……（三）发现遗漏罪行或者遗漏同案犯罪嫌疑人，虽不需要补充侦查和补充提供证据，但需要补充、追加或者变更起诉的……"

《最高人民法院关于适用〈中华人民共和国刑事诉讼法〉的解释》第243条规定："审判期间，人民法院发现新的事实，可能影响定罪的，可以建议人民检察院补充或者变更起诉；人民检察院不同意或者在七日内未回复意见的，人民法院应当就起诉指控的犯罪事实，依照本解释第二百四十一条的规定作出判决、裁定。"

上述规定可通过下表理解和记忆：

	条件	处理	条件	处理
检察院	发现遗漏罪行。	补充、追加或者变更起诉。		
	发现遗漏同案犯罪嫌疑人。			
法院	发现新的事实可能影响定罪。	建议检察院补充或变更起诉。	检察院不同意。	就起诉指控的犯罪事实依法裁判。
			七日内未回复。	

例2 法庭在审理被告人某甲入室盗窃案的过程中发现，某甲在实施犯罪过程中，为逃避抓捕曾以暴力伤害被害人。关于法院的做法，下列哪一选项是正确的？

A. 建议检察机关补充侦查

B. 建议检察机关变更起诉

C. 建议检察机关撤回起诉

D. 应当自行补充侦查

提示：选项 A、C、D 均错误。

第七节　判决、裁定和决定

命题分析

该考点主要考查三者之间的区别，难度不大，考生只需掌握住下列要点，尤其是区别即可。

知识点精讲

判决、裁定和决定，是法院在审理案件过程中或者审理结束后，根据事实和法律，解决案件实体问题和诉讼程序问题，对当事人及其他诉讼参与人所作的具有拘束力的处理决定。

	判决	裁定	决定
适用主体	法院	法院	公、检、法
适用对象	实体问题	主要解决程序问题（程序性裁定），少数实体问题（实体性裁定，比如减刑、假释的裁定）。	程序问题（例外：强制医疗的决定解决实体问题）。
适用阶段	审判	审判	诉讼各阶段。
适用方式	书面	书面或口头。	书面或口头。
效力	一审判决可以上诉或抗诉，期限为十日。	一审裁定可以上诉或抗诉，期限为五日。	一般一经作出，立即生效。可以申请复议、复核，但不影响生效。
数量	生效判决只有一个。	生效裁定可以有多个。	可以有多个。

例　关于刑事判决与裁定的区别，下列哪一选项是正确的？

A. 判决解决案件的实体问题，裁定解决案件的程序问题

B. 一案中只能有一个判决，裁定可以有若干个

C. 判决只能以书面的形式表现，裁定只以口头作出

D. 不服判决与不服裁定的上诉、抗诉期限不同

提示：选项 A 错误。判决解决案件的实体问题；裁定主要是解决案件的程序问题，以及部分实体问题（如减刑、假释）。选项 B 错误。一个案件可能出现多个判决，但是最终发生法律效力并被执行的判决只能有一个；发生法律效力并执行的裁定可以有若干个。选项 C 错误。裁定既可以用书面形式也可以用口头形式。选项 D 正确。不服判决与不服裁定的上诉、抗诉期限是不同的，不服判决的上诉、抗诉期是十日，不服裁定的上诉、抗诉期是五日。

第十七章　自诉案件第一审程序

重要法条及司法解释

《刑事诉讼法》第 114、210~213 条。

《最高人民法院关于适用〈中华人民共和国刑事诉讼法〉的解释》第 260、263~277 条。

命题分析

“自诉案件第一审程序”几乎每年必考，是非常高频的考点。从考查内容和形式来看，关于自诉案件第一审程序的每一条法律规定和司法解释几乎都考查过，既有在一道题中考查自诉案件第一审程序中多个小考点的，也有就其中一个小考点进行专门考查的，还有与其他考点一起进行综合考查的。既有小案例形式的，也有直接考查法条或司法解释的规定的。从考查趋势来看，与多数考点中要注意掌握重点法条不同，自诉案件中的每个法条都属于重点法条，都有考查的可能性，都应熟练掌握。

知识点精讲

一、有权提起自诉的人

对于自诉案件，被害人有权向人民法院直接起诉。

如果被害人死亡、丧失行为能力或者因受强制、威吓等无法告诉，或者是限制行为能力人以及因年老、患病、盲、聋、哑等不能亲自告诉，其法定代理人、近亲属告诉或者代为告诉的，人民法院应当依法受理。被害人的法定代理人、近亲属告诉或者代为告诉，应当提供与被害人关系的证明和被害人不能亲自告诉的原因的证明。

上述规定可通过下表理解和记忆：

条件	范围	备注
	自诉案件被害人	
自诉案件被害人死亡、丧失行为能力或者因受强制、威吓等无法告诉，或者是限制行为能力人以及因年老、患病、盲、聋、哑等不能亲自告诉。	被害人的法定代理人、近亲属。	应提供与被害人关系和被害人不能亲自告诉的原因证明。

二、自诉案件的受理程序

（一）不予受理与驳回起诉

对自诉案件，人民法院应当在十五日内审查完毕。经审查，符合受理条件的，应当决定立案，并书面通知自诉人或者代为告诉人。具有下列情形之一的，应当说服自诉人撤回起诉；自诉人不撤回起诉的，裁定不予受理：①不属于本解释第一条规定的案件的；②缺乏罪证的；③犯罪已过追诉时效期限的；④被告人死亡的；⑤被告人下落不明的；⑥除因证据不足而撤诉的以外，自诉人撤诉后，就同一事实又告诉的；⑦经人民法院调解结案后，自诉人反悔，就同一事实再行告诉的。

对已经立案，经审查缺乏罪证的自诉案件，自诉人提不出补充证据的，人民法院应当说服其撤回起诉或者裁定驳回起诉；自诉人撤回起诉或者被驳回起诉后，又提出了新的足以证明被告人有罪的证据，再次提起自诉的，人民法院应当受理。

自诉人对不予受理或者驳回起诉的裁定不服的，可以提起上诉。第二审人民法院查明第一审人民法院作出的不予受理裁定有错误的，应当在撤销原裁定的同时，指令第一审人民法院立案受理；查明第一审人民法院驳回起诉裁定有错误的，应当在撤销原裁定的同时，指令第一审人民法院进行审理。

上述规定可通过下表理解和记忆：

<table>
<tr><th></th><th colspan="2">情形</th><th>处理</th><th>不撤</th><th colspan="2">二审发现
一审裁定错误</th><th colspan="2">再次起诉</th></tr>
<tr><td rowspan="7">立案前</td><td colspan="2">不属于自诉案件。</td><td rowspan="8">说服自诉人撤回起诉。</td><td rowspan="7">裁定不予受理。</td><td rowspan="8">撤销原裁定。</td><td rowspan="7">指令一审法院立案受理。</td><td rowspan="8">因缺乏罪证而撤回起诉或被裁定不予受理或驳回起诉后，又提出了新的足以证明被告人有罪的证据再次起诉的。</td><td rowspan="8">应当受理。</td></tr>
<tr><td colspan="2">缺乏罪证的。</td></tr>
<tr><td colspan="2">被告人下落不明。</td></tr>
<tr><td rowspan="2">不需要追究刑事责任。</td><td>犯罪已过追诉时效期限。</td></tr>
<tr><td>被告人死亡。</td></tr>
<tr><td rowspan="2">就同一事实再行告诉。</td><td>除因证据不足外撤诉后。</td></tr>
<tr><td>经人民法院调解结案后。</td></tr>
<tr><td>立案后</td><td colspan="2">经审查缺乏罪证，自诉人提不出补充证据。</td><td>裁定驳回起诉。</td><td>指令一审法院审理。</td></tr>
</table>

（二）存在共同侵害人或共同被害人的处理

自诉人明知有其他共同侵害人，但只对部分侵害人提起自诉的，人民法院应当受理，并告知其放弃告诉的法律后果；自诉人放弃告诉，判决宣告后又对其他共同侵害人就同一事实提起自诉的，人民法院不予受理。共同被害人中只有部分人告诉的，人民法院应当通知其他被害人参加诉讼，并告知其不参加诉讼的法律后果。被通知人接到通知后表示不参加诉讼或者不出庭的，视为放弃告诉。第一审宣判后，被通知人就同一事实又提起自诉的，人民法院不予受理。但是，当事人另行提起民事诉讼的，不受此限制。

上述规定可通过下表理解和记忆：

<table>
<tr><th colspan="2">情形</th><th>程序</th><th colspan="3">法律后果</th><th>备注</th></tr>
<tr><td>共同侵害人</td><td>只起诉部分侵害人。</td><td>应当受理，告知其放弃告诉的法律后果。</td><td></td><td>判决宣告后又对其他共同侵害人就同一事实提起自诉的。</td><td rowspan="2">不予受理。</td><td rowspan="2">当事人另行提起民事诉讼，不受此限制。</td></tr>
<tr><td>共同被害人</td><td>只有部分被害人告诉。</td><td>通知其他被害人参加诉讼，告知法律后果。</td><td>接到通知后表示不参加或不出庭的，视为放弃告诉。</td><td>第一审宣判后，被通知人就同一事实又提起自诉的。</td></tr>
</table>

三、自诉案件的审理程序

（一）开庭审判的条件：犯罪事实清楚，有足够证据

人民法院对于自诉案件进行审查后，对犯罪事实清楚，有足够证据的，应当开庭审判。

自诉案件当事人因客观原因不能取得的证据，申请人民法院调取的，应当说明理由，并提供相关线索或者材料。人民法院认为有必要的，应当及时调取。

（二）审判程序

1. 一般规定

自诉案件，符合简易程序适用条件的，可以适用简易程序审理。不适用简易程序审理的自诉案件，参照适用公诉案件第一审普通程序的有关规定。换句话说，自诉案件的审判程序和公诉案件的审判程序没有根本区别，自诉案件能否适用简易程序，要看自诉案件是否符合简易程序的适用条件。

被告人实施两个以上犯罪行为，分别属于公诉案件和自诉案件的，在审理公诉案件时，可以一并审理自诉案件；但是如果是在审理自诉案件的过程中发现被告人还实施了属于公诉案件的犯罪，则应当将公诉案件移送有管辖权的侦查机关，因为公诉案件还需要侦查，无法一并审理。

例 1 关于简易程序，下列哪些选项是正确的？

A. 自诉案件都可以适用简易程序

提示： 选项 A 错误，自诉案件能否适用简易程序，要看其是否符合简易程序的适用条件。

例 2 某法院在审理张某自诉伤害案中，发现被告人还实施过抢劫。对此，下列哪一做法是正确的？

A. 继续审理伤害案，将抢劫案移送有管辖权的公安机关

提示： 选项 A 正确。

2. 各种特殊情况的处理

判决宣告前，自诉案件的当事人可以自行和解，自诉人可以撤回自诉。人民法院经审查，认为和解、撤回自诉确属自愿的，应当裁定准许；认为系被强迫、威吓等，并非出于自愿的，不予准许。

裁定准许撤诉或者当事人自行和解的自诉案件，被告人被采取强制措施的，人民法院应当立即解除。

自诉人经两次传唤，无正当理由拒不到庭，或者未经法庭准许中途退庭的，人民法院应当裁定按撤诉处理。部分自诉人撤诉或者被裁定按撤诉处理的，不影响案件的继续审理。

被告人在自诉案件审判期间下落不明的，人民法院应当裁定中止审理。被告人到案后，应当恢复审理，必要时应当对被告人依法采取强制措施。

法庭审理过程中，审判人员对证据有疑问，需要调查核实的，可以宣布休庭，对证据进行调查核实。人民法院调查核实证据，可以进行勘验、检查、查封、扣押、鉴定和查询、冻结。

上述规定可通过下表理解和记忆：

情形	条件		处理	备注
当事人自行和解或自诉人撤回自诉。	审查	确属自愿。	裁定准许。	立即解除被告人的强制措施。
		系被强迫、威吓等，非出于自愿。	不予准许。	
自诉人经两次传唤，无正当理由拒不到庭。			裁定按撤诉处理。	部分自诉人撤诉或者被裁定按撤诉处理的，不影响案件的继续审理。
未经法庭准许中途退庭。				
被告人在自诉案件审判期间下落不明。			裁定中止审理。	被告人到案后，应恢复审理，必要时应对被告人依法采取强制措施。
合议庭对证据有疑问。			宣布休庭。	对证据进行调查核实。

3. 判决

对自诉案件，应当参照公诉案件的有关规定作出判决；对依法宣告无罪的案件，其附带民事部分应当依法进行调解或者一并作出判决。

（三）调解

1. 调解的适用范围

人民法院对自诉案件，可以进行调解；自诉人在宣告判决前，可以同被告人自行和解或者撤回自诉。但公诉转自诉的案件不适用调解，也即被害人有证据证明对被告人侵犯自己人身、财产权利的行为应当依法追究刑事责任，而公安机关或者人民检察院不予追究被告人刑事责任的案件，被害人提起自诉的，不适用调解。

值得注意的是，和解在案件范围上无此限制。

2. 调解的程序

人民法院审理自诉案件，可以在查明事实、分清是非的基础上，根据自愿、合法的原则进行调解。调解达成协议的，应当制作刑事调解书，由审判人员和书记员署名，并加盖人民法院印章。调解书经双方当事人签收后，即具有法律效力。调解没有达成协议，或者调解书签收前当事人反悔的，应当及时作出判决。

上述规定可通过下表理解和记忆：

<table>
<tr><td rowspan="6">自诉案件中的调解</td><td rowspan="2">适用范围</td><td colspan="3">告诉才处理的案件。</td></tr>
<tr><td colspan="3">被害人有证据证明的轻微刑事案件。</td></tr>
<tr><td>原则</td><td colspan="3">在查明事实、分清是非的基础上，自愿、合法。</td></tr>
<tr><td rowspan="3">程序</td><td>达成协议的。</td><td>制作刑事调解书。</td><td>当事人签收后，即具有法律效力。</td></tr>
<tr><td>没有达成协议。</td><td colspan="2" rowspan="2">及时作出判决。</td></tr>
<tr><td>签收前当事人反悔。</td></tr>
</table>

例 3 关于自诉案件的和解和调解，下列哪些说法是正确的？

A. 和解和调解适用于自诉案件

B. 和解和调解都适用于告诉才处理和被害人有证据证明的轻微案件

C. 和解和调解应当制作调解书、和解协议，由审判人员和书记员署名并加盖法院印章

D. 对于当事人已经签收调解书或法院裁定准许自诉人撤诉的案件，被告人被羁押的，应当予以解除

提示： 选项 B、D 正确。选项 A 错误，调解不适用于第三类（公诉转自诉）自诉案件。选项 C 错误，和解协议是双方当事人自行达成的协议，不由审判人员和书记员署名，也不加盖法院印章。

（四）反诉

告诉才处理和被害人有证据证明的轻微刑事案件的被告人或者其法定代理人在诉讼过程中，可以对自诉人提起反诉。

反诉必须符合下列条件：①反诉的对象必须是本案自诉人；②反诉的内容必须是与本案有关的行为；③反诉的案件必须属于告诉才处理或被害人有证据证明的轻微刑事案件。

反诉案件适用自诉案件的规定，应当与自诉案件一并审理。自诉人撤诉的，不影响反诉案件的继续审理。

上述规定可通过下表理解和记忆：

<table>
<tr><td rowspan="7">自诉案件中的反诉</td><td rowspan="2">适用范围</td><td>告诉才处理的案件。</td></tr>
<tr><td>被害人有证据证明的轻微刑事案件。</td></tr>
<tr><td rowspan="3">条件</td><td>反诉的对象必须是本案自诉人。</td></tr>
<tr><td>反诉的内容必须是与本案有关的行为。</td></tr>
<tr><td>反诉的案件必须是告诉才处理的案件或被害人有证据证明的轻微刑事案件。</td></tr>
<tr><td rowspan="2">程序</td><td>与自诉案件一并审理。</td></tr>
<tr><td>自诉人撤诉的，不影响反诉案件的继续审理。</td></tr>
</table>

例 4 关于自诉案件，下列哪一选项是正确的？

A. 法院都可以进行调解

B. 当事人在宣告判决前，可以自行和解

C. 被告人在诉讼过程中可以提起反诉

D. 只能由被害人亲自告诉

提示：选项 B 正确。选项 A 错误，只能对告诉才处理的案件和被害人有证据证明的轻微刑事案件进行调解。选项 C 错误，只有告诉才处理的案件和被害人有证据证明的轻微刑事案件的被告人才能提起反诉。选项 D 错误，如果被害人死亡、丧失行为能力或者因受强制、威吓等无法告诉，或者是限制行为能力人以及因年老、患病、盲、聋、哑等不能亲自告诉，其法定代理人、近亲属可以告诉或者代为告诉。

例 5　关于自诉案件的审理，下列哪些做法是正确的？

A. 甲、乙系一起伤害案件的自诉人，案件审理中甲撤回起诉，法院继续案件审理

B. 某伤害案，因检察院作出不起诉决定，被害人提起自诉，审理中自诉人与被告人和解而撤回自诉，法院经审查准许

C. 某遗弃案，被告人在第二审程序中提出反诉，法院予以受理并与原自诉合并审理

D. 某侵犯知识产权案，第二审中当事人和解，法院裁定准许撤回自诉并撤销一审判决

提示：选项 A、B、D 正确。

对公诉案件的庭前审查主要就是考查《最高人民法院关于适用〈中华人民共和国刑事诉讼法〉的解释》第 181 条的规定，即："人民法院对提起公诉的案件审查后，应当按照下列情形分别处理：（一）属于告诉才处理的案件，应当退回人民检察院，并告知被害人有权提起自诉；（二）不属于本院管辖或者被告人不在案的，应当退回人民检察院；（三）不符合前条第二项至第八项规定之一，需要补充材料的，应当通知人民检察院在三日内补送；（四）依照刑事诉讼法第二百条第三项规定宣告被告人无罪后，人民检察院根据新的事实、证据重新起诉的，应当依法受理；（五）依照本解释第二百四十二条规定裁定准许撤诉的案件，没有新的事实、证据，重新起诉的，应当退回人民检察院；（六）符合刑事诉讼法第十六条第二项至第六项规定情形的，应当裁定终止审理或者退回人民检察院；（七）被告人真实身份不明，但符合刑事诉讼法第一百六十条第二款规定的，应当依法受理。"

上述规定可通过下表理解和记忆：

<table>
<tr><th></th><th>情形</th><th colspan="2">处理</th></tr>
<tr><td rowspan="8">公诉案件庭前审查</td><td>属于告诉才处理的案件。</td><td rowspan="5">退回检察院</td><td>告知被害人有权自诉。</td></tr>
<tr><td>不属于本院管辖。</td><td rowspan="2"></td></tr>
<tr><td>被告人不在案。</td></tr>
<tr><td>符合《刑事诉讼法》第 16 条依法不追究刑事责任的情形（除了"情节显著轻微，危害不大，不认为是犯罪的"）。</td><td>或者裁定终止审理。</td></tr>
<tr><td>准许撤诉的案件，没有新的事实、证据，重新起诉的。</td><td></td></tr>
<tr><td>因证据不足而宣告无罪后，检察院根据新的事实、证据重新起诉。</td><td colspan="2" rowspan="2">依法受理。</td></tr>
<tr><td>被告人真实身份不明，按其自报的姓名起诉的。</td></tr>
<tr><td>需要补充材料。</td><td colspan="2">通知人民检察院在三日内补送。</td></tr>
</table>

例 6　法院对检察院提起公诉的案件进行庭前审查，下列哪些做法是正确的？

A. 发现被告人张某在起诉前已从看守所脱逃的，退回检察院

B. 法院裁定准许撤诉的抢劫案，检察院因被害人范某不断上访重新起诉的，不予受理

C. 起诉时提供的一名外地证人石某没有列明住址和通讯处的，通知检察院补送

D. 某被告人被抓获后始终一言不发，也没有任何有关姓名、年龄、住址、单位等方面的信息或线索的，不予受理

提示：选项B错误，正确的处理应当是退回检察院。选项D错误，选项中的情况应当依法受理。《刑事诉讼法》第160条第2款规定："犯罪嫌疑人不讲真实姓名、住址，身份不明的，应当对其身份进行调查，侦查羁押期限自查清其身份之日起计算，但是不得停止对其犯罪行为的侦查取证。对于犯罪事实清楚，证据确实、充分，确实无法查明其身份的，也可以按其自报的姓名起诉、审判。"

例7 某县法院在对杨某绑架案进行庭前审查中，发现下列哪些情形时，应当将案件退回检察机关？

A. 杨某在绑架的过程中杀害了人质。本案不应由基层人民法院管辖，因此应退回检察机关

B. 杨某在审查起诉期间从看守所逃脱。本案属于被告人不在案的，因此应退回检察院

C. 检察机关移送起诉材料未附证据目录

D. 检察机关移送起诉材料欠缺已经委托辩护人的住址、通信处

提示：选项C、D错误，两种情况都应通知检察机关补送材料，而不是将案件退回检察机关。

第十八章　简易程序

第一节　简易程序的适用范围

重要法条及司法解释

《刑事诉讼法》第214、215条。

《最高人民法院关于适用〈中华人民共和国刑事诉讼法〉的解释》第290条。

命题分析

“简易程序的适用范围”近年来考查了多次，考查频率较高。从考查内容来看，一共就涉及两个法条和一个司法解释，内容比较集中。从考查趋势来看，简易程序的适用范围属于每年几乎必考的考点，而且由于其涉及法条少，因此属于复习和记忆难度与考查频率相比，性价比比较高的考点，考生应尽可能不要在此类考点上失分。

需要说明的是，2018年刑事诉讼法修改后新增加的重要内容：认罪认罚和速裁程序，尽管也属于简易程序的范畴，但为了更好地解析，我们在后面进行专章分析。

知识点精讲

基层人民法院管辖的案件，符合下列条件的，可以适用简易程序审判：①案件事实清楚、证据充分的；②被告人承认自己所犯罪行，对指控的犯罪事实没有异议的；③被告人对适用简易程序没有异议的。人民检察院在提起公诉的时候，可以建议人民法院适用简易程序。

具有下列情形之一的，不适用简易程序：①被告人是盲、聋、哑人；②被告人是尚未完全丧失辨认或者控制自己行为能力的精神病人；③有重大社会影响的；④共同犯罪案件中部分被告人不认罪或者对适用简易程序有异议的；⑤辩护人作无罪辩护的；⑥被告人认罪但经审查认为可能不构成犯罪的；⑦不宜适用简易程序审理的其他情形。

上述规定可以通过下表理解和记忆：

<table>
<tr><td rowspan="10">简易程序的适用范围</td><td rowspan="3">可以适用</td><td rowspan="3">基层人民法院管辖的案件。</td><td>案件事实清楚、证据充分。</td></tr>
<tr><td>被告人承认自己所犯罪行，对指控的犯罪事实没有异议。</td></tr>
<tr><td>被告人对适用简易程序没有异议。</td></tr>
<tr><td rowspan="7">不能适用</td><td colspan="2">被告人是盲、聋、哑人。</td></tr>
<tr><td colspan="2">被告人是尚未完全丧失辨认或者控制自己行为能力的精神病人。</td></tr>
<tr><td colspan="2">有重大社会影响的。</td></tr>
<tr><td colspan="2">共同犯罪案件中部分被告人不认罪或者对适用简易程序有异议的。</td></tr>
<tr><td colspan="2">辩护人作无罪辩护的。</td></tr>
<tr><td colspan="2">被告人认罪但经审查认为可能不构成犯罪的。</td></tr>
<tr><td colspan="2">不宜适用简易程序审理的其他情形。</td></tr>
</table>

例 下列哪一情形不得适用简易程序？

A. 未成年人案件

B. 共同犯罪案件

C. 有重大社会影响的案件

D. 被告人没有辩护人的案件

提示：选项C正确。

第二节 简易程序的特点

重要法条及司法解释

《刑事诉讼法》第215~221条。

《最高人民法院关于适用〈中华人民共和国刑事诉讼法〉的解释》第292~298条。

命题分析

“简易程序的特点”近年来考查了多次，考查频率很高。从考查内容来看，涉及简易程序各方面的特点，多为综合考查。其中，关于简易程序转化为普通程序的情形有过专门考查，但实际上只要把握住简易程序的适用范围，简易程序转化为普通程序的情形并不需要专门记忆，也即只要是不再符合简易程序适用范围的，均应转化为普通程序审理。从考查趋势上看，有关简易程序特点的各方面内容均可能再次考查。

知识点精讲

一、审判组织形式的简化

适用简易程序审理案件，对可能判处三年有期徒刑以下刑罚的，可以组成合议庭进行审判，也可以由审判员一人独任审判；对可能判处的有期徒刑超过三年的，应当组成合议庭进行审判。在独任审判的过程中发现对被告人可能判处的有期徒刑超过三年的，应当转由合议庭审理。

上述规定可通过下表理解和记忆：

简易程序的审判组织	可能判处三年有期徒刑以下刑罚的。	合议庭
		独任审判
	可能判处的有期徒刑超过三年的。	合议庭

二、程序的简化

（一）开庭前的准备程序简化

适用简易程序审理案件，人民法院应当在开庭三日前，将开庭的时间、地点通知人民检察院、自诉人、被告人、辩护人，也可以通知其他诉讼参与人。通知可以采用简便方式，但应当记录在案。

（二）庭审程序的简化

适用简易程序审理案件，经审判人员许可，被告人及其辩护人可以同公诉人、自诉人及其诉讼代理人互相辩论。

适用简易程序审理案件，不受第一审普通程序中关于送达期限、讯问被告人、询问证人、鉴定人、出示证据、法庭辩论程序规定的限制。但在判决宣告前应当听取被告人的最后陈述意见。

适用简易程序审理案件，可以对庭审作如下简化：①公诉人可以摘要宣读起诉书；②公诉人、辩护人、审判人员对被告人的讯问、发问可以简化或者省略；③对控辩双方无异议的证据，可以仅就证据的名称及所证明的事项作出说明；对控辩双方有异议，或者法庭认为有必要调查核实的证据，应当出示，并进行质证；④控辩双方对与定罪量刑有关的事实、证据没有异议的，法庭审理可以直接围绕罪名确定和量刑问题进行。

上述内容可通过下表理解和记忆：

可简化的程序	条件	简化方式
宣读起诉书。		可以摘要。
对被告人的讯问、发问。		可以简化或者省略。
证据调查。	控辩双方无异议。	可仅就证据名称及证明事项作出说明。
法庭审理。	对与定罪量刑有关的事实、证据没有异议。	可以直接围绕罪名确定和量刑问题进行。

（三）一般应当当庭宣判

适用简易程序审理案件，一般应当当庭宣判。

三、简易程序中不能简化的内容

（1）人民检察院应当派员出席法庭。

（2）审判人员应当询问被告人对指控的犯罪事实的意见，告知被告人适用简易程序审理的法律规定，确认被告人是否同意适用简易程序审理。

（3）被告人有辩护人的，应当通知其出庭。

（4）判长或者独任审判员应当当庭询问被告人对指控的犯罪事实的意见，告知被告人适用简易程序审理的法律规定，确认被告人是否同意适用简易程序。

（5）对控辩双方有异议，或者法庭认为有必要调查核实的证据，应当出示，并进行质证。

（6）判决宣告前应当听取被告人的最后陈述。

上述内容可通过下表理解和记忆：

不能简化的内容	公诉案件人民检察院应当派员出席法庭。
	被告人有辩护人的，应当通知其出庭。
	审判人员应当当庭询问被告人对指控的犯罪事实的意见，告知被告人适用简易程序审理的法律规定，确认被告人是否同意适用简易程序审理。
	对控辩双方有异议，或者法庭认为有必要调查核实的证据，应当出示，并进行质证。
	判决宣告前应当听取被告人的最后陈述。

例1 关于简易程序，下列哪些选项是正确的？

B. 即使适用简易程序，被告人最后陈述也不能取消

C. 被告人委托辩护人的，辩护人应当出庭

D. 经审判员准许，被告人可以同公诉人进行辩论

提示：选项B、D正确。

四、简易程序转为普通程序的情形

人民法院在审理过程中，发现不宜适用简易程序的，应当按照本章第一节或者第二节的规定重新审理，也即按照普通程序重新审理即可，不需要重新起诉。

适用简易程序审理案件，在法庭审理过程中，有下列情形之一的，应当转为普通程序审理：①被告人的行为可能不构成犯罪的；②被告人可能不负刑事责任的；③被告人当庭对起诉指控的犯罪事实予以否认的；④案件事实不清、证据不足的；⑤不应当或者不宜适用简易程序的其他情形。

上述内容可通过下表理解和记忆：

简易程序转化为普通程序的情形	被告人的行为可能不构成犯罪的。
	被告人可能不负刑事责任的。
	被告人当庭对起诉指控的犯罪事实予以否认的。
	案件事实不清、证据不足的。
	不应当或者不宜适用简易程序的其他情形。

例2 关于适用简易程序审理刑事案件变更为适用普通程序，下列哪些说法是正确的？

A. 法院可以决定直接变更为普通程序审理，不需要将案件退回检察院

B. 对于自诉案件变更为普通程序的，按照自诉案件程序审理

C. 自诉案件由简易程序转化为普通程序时原起诉仍然有效，自诉人不必另行起诉

D. 在适用普通程序后又发现可适用简易程序时，可以再次变更为简易程序

提示：选项 D 错误。

五、简易程序的审限

适用简易程序审理案件，人民法院应当在受理后二十日以内审结；对可能判处的有期徒刑超过三年的，可以延长至一个半月。注意是“可以延长至一个半月”，也即最多一个半月，而不是可以在二十日的基础上再延长一个半月。

转为普通程序审理的案件，审理期限应当从决定转为普通程序之日起计算。

第十九章　认罪认罚从宽制度与速裁程序

重要法条及司法解释

认罪认罚：《刑事诉讼法》第14、81、112、172~174、176、190、201、222、226条。

速裁程序：《刑事诉讼法》第172、183、222~226条。

《最高人民法院、最高人民检察院、公安部、国家安全部、司法部关于适用认罪认罚从宽制度的指导意见》。

命题分析

认罪认罚制度与速裁程序是2018年《刑事诉讼法》新增的重要内容，同时也是近年来我国刑事诉讼制度的一项重要改革措施，在2019年的法考中已经考查。随着2019年10月两高三部《关于适用认罪认罚从宽制度的指导意见》（本章简称《意见》）的出台，在2020年再次考查的可能性极大。

知识点精讲

一、认罪认罚从宽的含义

2018年《刑事诉讼法》第15条规定：犯罪嫌疑人、被告人自愿如实供述自己的罪行，承认指控的犯罪事实愿意接受处罚的，可以依法从宽处理。

（一）认罪

认罪是指犯罪嫌疑人、被告人自愿如实供述自己的罪行，对指控的犯罪事实没有异议。承认指控的主要犯罪事实，仅对个别事实情节提出异议，或者虽然对行为性质提出辩解但表示接受司法机关认定意见的，不影响"认罪"的认定。犯罪嫌疑人、被告人犯数罪，仅如实供述其中一罪或部分罪名事实的，全案不作"认罪"的认定，不适用认罪认罚从宽制度，但对如实供述的部分，人民检察院可以提出从宽处罚的建议，人民法院可以从宽处罚（《意见》第6条）。

（二）认罚

认罚是指犯罪嫌疑人、被告人真诚悔罪，愿意接受处罚。"认罚"，在侦查阶段表现为表示愿意接受处罚；在审查起诉阶段表现为接受人民检察院拟作出的起诉或不起诉决定，认可人民检察院的量刑建议，签署认罪认罚具结书；在审判阶段表现为当庭确认自愿签署具结书，愿意接受刑罚处罚。"认罚"考查的重点是犯罪嫌疑人、被告人的悔罪态度和悔罪表现，应当结合退赃退赔、赔偿损失、赔礼道歉等因素来考量。犯罪嫌疑人、被告人虽然表示"认罚"，却暗中串供、干扰证人作证、毁灭、伪造证据或者隐匿、转移财产，有赔偿能力而不赔偿损失，则不能适用认罪认罚从宽制度。犯罪嫌疑人、被告人享有程序选择权，不同意适用速裁程序、简易程序的，不影响“认罚”的认定（《意见》第7条）。

（三）从宽

从宽处理既包括实体上从宽处罚，也包括程序上从简处理。“可以从宽”是指一般应当体现法律规定和政策精神，予以从宽处理。但可以从宽不是一律从宽，对犯罪性质和危害后果特别严重、犯罪手段特别残忍、社会影响特别恶劣的犯罪嫌疑人、被告人，认罪认罚不足以从轻处罚的，依法不予从宽处罚。对于减轻、免除处罚，应当于法有据；不具备减轻处罚情节的，应当在法定幅度以内提出从轻处罚的量刑建议和量刑；对其中犯罪情节轻微不需要判处刑罚的，可以依法作出不起诉决定或者判决免予刑事处罚（《意见》第8条）。

（四）从宽幅度的把握

办理认罪认罚案件，应当区别认罪认罚的不同诉讼阶段、对查明案件事实的价值和意义、是否确有悔罪表现，以及罪行严重程度等，综合考量确定从宽的限度和幅度。在刑罚评价上，主动认罪优于被动认罪，早认罪优于晚认罪，彻底认罪优于不彻底认罪，稳定认罪优于不稳定认罪。

认罪认罚的从宽幅度一般应当大于仅有坦白或者虽认罪但不认罚的从宽幅度。对犯罪嫌疑人、被告人具有自首、坦白情节，同时认罪认罚的，应当在法定刑幅度内给予相对更大的从宽幅度。认罪认罚与自首、坦白不作重复评价。

对罪行较轻、人身危险性较小的，特别是初犯、偶犯，从宽幅度可以大一些；罪行较重、人身危险性较大的，以及累犯、再犯，从宽幅度应当从严把握。

二、认罪认罚从宽的适用原则

（一）贯彻宽严相济刑事政策

落实认罪认罚从宽制度，应当根据犯罪的具体情况，区分案件性质、情节和对社会的危害程度，实行区别对待，做到该宽则宽，当严则严，宽严相济，罚当其罪。对可能判处三年有期徒刑以下刑罚的认罪认罚案件，要尽量依法从简从快从宽办理，探索相适应的处理原则和办案方式；对因民间矛盾引发的犯罪，犯罪嫌疑人、被告人自愿认罪、真诚悔罪并取得谅解、达成和解、尚未严重影响人民群众安全感的，要积极适用认罪认罚从宽制度，特别是对其中社会危害不大的初犯、偶犯、过失犯、未成年犯，一般应当体现从宽；对严重危害国家安全、公共安全犯罪，严重暴力犯罪，以及社会普遍关注的重大敏感案件，应当慎重把握从宽，避免案件处理明显违背人民群众的公平正义观念。

（二）坚持罪责刑相适应原则

办理认罪认罚案件，既要考虑体现认罪认罚从宽，又要考虑其所犯罪行的轻重、应负刑事责任和人身危险性的大小，依照法律规定提出量刑建议，准确裁量刑罚，确保罚当其罪，避免罪刑失衡。特别是对于共同犯罪案件，主犯认罪认罚，从犯不认罪认罚的，人民法院、人民检察院应当注意两者之间的量刑平衡，防止因量刑失当严重偏离一般的司法认知。

（三）坚持证据裁判原则

办理认罪认罚案件，应当以事实为根据，以法律为准绳，严格按照证据裁判要求，全面收集、固定、审查和认定证据。坚持法定证明标准，侦查终结、提起公诉、作出有罪裁判应当做到犯罪事实清楚，证据确实、充分，防止因犯罪嫌疑人、被告人认罪而降低证据要求和证明标准。对犯罪嫌疑人、被告人认罪认罚，但证据不足，不能认定其有罪的，依法作出撤销案件、不起诉决定或者宣告无罪。

（四）坚持公、检、法三机关配合制约原则

办理认罪认罚案件，公、检、法三机关应当分工负责、互相配合、互相制约，保证犯罪嫌疑人、被告人自愿认罪认罚，依法推进从宽落实。要严格执法、公正司法，强化对自身执法司法办案活动的监督，防止产生“权权交易”“权钱交易”等司法腐败问题。

三、适用范围和条件

（一）认罪认罚从宽制度贯穿刑事诉讼全过程，适用于侦查、起诉、审判各个阶段。

（二）认罪认罚从宽制度没有适用罪名和可能判处刑罚的限定，所有刑事案件都可以适用，不能因罪轻、罪重或者罪名特殊等原因而剥夺犯罪嫌疑人、被告人自愿认罪认罚获得从宽处理的机会。但“可以”适用不是一律适用，犯罪嫌疑人、被告人认罪认罚后是否从宽，由司法机关根据案件具体情况决定。

四、认罪认罚中犯罪嫌疑人、被告人的权利保障

（一）法律帮助权：参见前述“值班律师制度”（《意见》第10~14条）。

（二）辩护权：认罪认罚案件犯罪嫌疑人、被告人委托辩护人或者法律援助机构指派律师为其辩护的，辩护律师在侦查、审查起诉和审判阶段，应当与犯罪嫌疑人、被告人就是否认罪认罚进行沟通，提供法律咨询和帮助，并就定罪量刑、诉讼程序适用等向办案机关提出意见（《意见》第15条）。

五、认罪认罚中被害人的权利保障（《意见》第16~18条）

（一）听取意见

办理认罪认罚案件，应当听取被害人及其诉讼代理人的意见，并将犯罪嫌疑人、被告人是否与被害方达成和解协议、调解协议或者赔偿被害方损失，取得被害方谅解，作为从宽处罚的重要考虑因素。人民检察院、公安机关听取意见情况应当记录在案并随案移送。

（二）促进和解谅解

对符合当事人和解程序适用条件的公诉案件，犯罪嫌疑人、被告人认罪认罚的，人民法院、人民检察院、公安机关应当积极促进当事人自愿达成和解。对其他认罪认罚案件，人民法院、人民检察院、公安机关可以促进犯罪嫌疑人、被告人通过向被害方赔偿损失、赔礼道歉等方式获得谅解，被害方出具的谅解意见应当随案移送。

人民法院、人民检察院、公安机关在促进当事人和解、谅解过程中，应当向被害方释明认罪认罚从宽、公诉案件当事人和解适用程序等具体法律规定，充分听取被害方意见，符合司法救助条件的，应当积极协调办理。

（三）被害方异议的处理

被害人及其诉讼代理人不同意对认罪认罚的犯罪嫌疑人、被告人从宽处理的，不影响

认罪认罚从宽制度的适用。犯罪嫌疑人、被告人认罪认罚，但没有退赃退赔、赔偿损失，未能与被害方达成调解或者和解协议的，从宽时应当予以酌减。犯罪嫌疑人、被告人自愿认罪并且愿意积极赔偿损失，但由于被害方赔偿请求明显不合理，未能达成调解或者和解协议的，一般不影响对犯罪嫌疑人、被告人从宽处理。

六、强制措施的适用（《意见》第 19~21 条）——程序的从宽

（一）社会危险性评估

人民法院、人民检察院、公安机关应当将犯罪嫌疑人、被告人认罪认罚作为其是否具有社会危险性的重要考虑因素。对于罪行较轻、采用非羁押性强制措施足以防止发生《刑事诉讼法》第 81 条第 1 款规定的社会危险性的犯罪嫌疑人、被告人，根据犯罪性质及可能判处的刑罚，依法可不适用羁押性强制措施。

（二）逮捕的适用

犯罪嫌疑人认罪认罚，公安机关认为罪行较轻、没有社会危险性的，应当不再提请人民检察院审查逮捕。对提请逮捕的，人民检察院认为没有社会危险性不需要逮捕的，应当作出不批准逮捕的决定。

（三）逮捕的变更

已经逮捕的犯罪嫌疑人、被告人认罪认罚的，人民法院、人民检察院应当及时审查羁押的必要性，经审查认为没有继续羁押必要的，应当变更为取保候审或者监视居住。

七、认罪认罚的程序

（一）侦查阶段（《意见》第 22~24 条）

1. 权利告知和听取意见

公安机关在侦查过程中，应当告知犯罪嫌疑人享有的诉讼权利、如实供述罪行可以从宽处理和认罪认罚的法律规定，听取犯罪嫌疑人及其辩护人或者值班律师的意见，记录在案并随案移送。

对在非讯问时间、办案人员不在场情况下，犯罪嫌疑人向看守所工作人员或者辩护人、值班律师表示愿意认罪认罚的，有关人员应当及时告知办案单位。

2. 认罪教育

公安机关在侦查阶段应当同步开展认罪教育工作，但不得强迫犯罪嫌疑人认罪，不得作出具体的从宽承诺。犯罪嫌疑人自愿认罪，愿意接受司法机关处罚的，应当记录在案并附卷。

3. 起诉意见

对移送审查起诉的案件，公安机关应当在起诉意见书中写明犯罪嫌疑人自愿认罪认罚情况。认为案件符合速裁程序适用条件的，可以在起诉意见书中建议人民检察院适用速裁程序办理，并简要说明理由。对可能适用速裁程序的案件，公安机关应当快速办理，对犯罪嫌疑人未被羁押的，可以集中移送审查起诉，但不得为集中移送拖延案件办理。

（二）审查起诉阶段（《意见》第 26~34 条）

1. 权利告知

案件移送审查起诉后，人民检察院应当告知犯罪嫌疑人享有的诉讼权利和认罪认罚的

法律规定，保障犯罪嫌疑人的程序选择权。告知应当采取书面形式，必要时应当充分释明。

2. 听取意见

犯罪嫌疑人认罪认罚的，人民检察院应当就下列事项听取犯罪嫌疑人、辩护人或者值班律师的意见，记录在案并附卷：①涉嫌的犯罪事实、罪名及适用的法律规定；②从轻、减轻或者免除处罚等从宽处罚的建议；③认罪认罚后案件审理适用的程序；（四）其他需要听取意见的情形。人民检察院未采纳辩护人、值班律师意见的，应当说明理由。

3. 自愿性、合法性审查

对侦查阶段认罪认罚的案件，人民检察院应当重点审查以下内容：①犯罪嫌疑人是否自愿认罪认罚，有无因受到暴力、威胁、引诱而违背意愿认罪认罚；②犯罪嫌疑人认罪认罚时的认知能力和精神状态是否正常；③犯罪嫌疑人是否理解认罪认罚的性质和可能导致的法律后果；④侦查机关是否告知犯罪嫌疑人享有的诉讼权利，如实供述自己罪行可以从宽处理和认罪认罚的法律规定，并听取意见；⑤起诉意见书中是否写明犯罪嫌疑人认罪认罚情况；⑥犯罪嫌疑人是否真诚悔罪，是否向被害人赔礼道歉。

经审查，犯罪嫌疑人违背意愿认罪认罚的，人民检察院可以重新开展认罪认罚工作。存在刑讯逼供等非法取证行为的，依照法律规定处理。

4. 证据开示

人民检察院可以针对案件具体情况，探索证据开示制度，保障犯罪嫌疑人的知情权和认罪认罚的真实性及自愿性。

5. 不起诉的适用

对认罪认罚后没有争议，不需要判处刑罚的轻微刑事案件，人民检察院可以依法作出不起诉决定。人民检察院应当加强对案件量刑的预判，对其中可能判处免刑的轻微刑事案件，可以依法作出不起诉决定。对认罪认罚后案件事实不清、证据不足的案件，应当依法作出不起诉决定。

6. 签署具结书

犯罪嫌疑人自愿认罪，同意量刑建议和程序适用的，应当在辩护人或者值班律师在场的情况下签署认罪认罚具结书。犯罪嫌疑人被羁押的，看守所应当为签署具结书提供场所。具结书应当包括犯罪嫌疑人如实供述罪行、同意量刑建议、程序适用等内容，由犯罪嫌疑人、辩护人或者值班律师签名。

犯罪嫌疑人认罪认罚，有下列情形之一的，不需要签署认罪认罚具结书：①犯罪嫌疑人是盲、聋、哑人，或者是尚未完全丧失辨认或者控制自己行为能力的精神病人的；②未成年犯罪嫌疑人的法定代理人、辩护人对未成年人认罪认罚有异议的；③其他不需要签署认罪认罚具结书的情形。上述情形犯罪嫌疑人未签署认罪认罚具结书的，不影响认罪认罚从宽制度的适用。

7. 提起公诉

人民检察院向人民法院提起公诉的，应当在起诉书中写明被告人认罪认罚情况，提出量刑建议，并移送认罪认罚具结书等材料。量刑建议书可以另行制作，也可以在起诉书中写明。

8. 量刑建议的提出

犯罪嫌疑人认罪认罚的，人民检察院应当就主刑、附加刑、是否适用缓刑等提出量刑建议。人民检察院提出量刑建议前，应当充分听取犯罪嫌疑人、辩护人或者值班律师的意见，尽量协商一致。

办理认罪认罚案件，人民检察院一般应当提出确定刑量刑建议。对新类型、不常见犯罪案件，量刑情节复杂的重罪案件等，也可以提出幅度刑量刑建议。提出量刑建议，应当说明理由和依据。

犯罪嫌疑人认罪认罚没有其他法定量刑情节的，人民检察院可以根据犯罪的事实、性质等，在基准刑基础上适当减让提出确定刑量刑建议。有其他法定量刑情节的，人民检察院应当综合认罪认罚和其他法定量刑情节，参照相关量刑规范提出确定刑量刑建议。

犯罪嫌疑人在侦查阶段认罪认罚的，主刑从宽的幅度可以在前款基础上适当放宽；被告人在审判阶段认罪认罚的，在前款基础上可以适当缩减。建议判处罚金刑的，参照主刑的从宽幅度提出确定的数额。

犯罪嫌疑人自愿认罪，同意量刑建议和程序适用的，应当在辩护人或者值班律师在场的情况下签署认罪认罚具结书。

（三）一审程序（《意见》第39~41条）

1. 审判阶段认罪认罚自愿性、合法性审查

办理认罪认罚案件，人民法院应当告知被告人享有的诉讼权利和认罪认罚的法律规定，听取被告人及其辩护人或者值班律师的意见。庭审中应当对认罪认罚的自愿性、具结书内容的真实性和合法性进行审查核实，重点核实以下内容：①被告人是否自愿认罪认罚，有无因受到暴力、威胁、引诱而违背意愿认罪认罚；②被告人认罪认罚时的认知能力和精神状态是否正常；③被告人是否理解认罪认罚的性质和可能导致的法律后果；④人民检察院、公安机关是否履行告知义务并听取意见；⑤值班律师或者辩护人是否与人民检察院进行沟通，提供了有效法律帮助或者辩护，并在场见证认罪认罚具结书的签署。

庭审中审判人员可以根据具体案情，围绕定罪量刑的关键事实，对被告人认罪认罚的自愿性、真实性等进行发问，确认被告人是否实施犯罪，是否真诚悔罪。

被告人违背意愿认罪认罚，或者认罪认罚后又反悔，依法需要转换程序的，应当按照普通程序对案件重新审理。发现存在刑讯逼供等非法取证行为的，依照法律规定处理。

2. 量刑建议的采纳

对于人民检察院提出的量刑建议，人民法院应当依法进行审查。对于事实清楚，证据确实、充分，指控的罪名准确，量刑建议适当的，人民法院应当采纳。具有下列情形之一的，不予采纳：①被告人的行为不构成犯罪或者不应当追究刑事责任的；②被告人违背意愿认罪认罚的；③被告人否认指控的犯罪事实的；④起诉指控的罪名与审理认定的罪名不一致的；⑤其他可能影响公正审判的情形。

对于人民检察院起诉指控的事实清楚，量刑建议适当，但指控的罪名与审理认定的罪名不一致的，人民法院可以听取人民检察院、被告人及其辩护人对审理认定罪名的意见，依法作出裁判。

人民法院不采纳人民检察院量刑建议的，应当说明理由和依据。

3. 量刑建议的调整

人民法院经审理，认为量刑建议明显不当，或者被告人、辩护人对量刑建议有异议且

有理有据的，人民法院应当告知人民检察院，人民检察院可以调整量刑建议。人民法院认为调整后的量刑建议适当的，应当予以采纳；人民检察院不调整量刑建议或者调整后仍然明显不当的，人民法院应当依法作出判决。

4. 被告人当庭认罪认罚案件的处理

被告人在侦查、审查起诉阶段没有认罪认罚，但当庭认罪，愿意接受处罚的，人民法院应当根据审理查明的事实，就定罪和量刑听取控辩双方意见，依法作出裁判（《意见》第49条）。

（四）二审程序

被告人在第一审程序中未认罪认罚，在第二审程序中认罪认罚的，审理程序依照刑事诉讼法规定的第二审程序进行。第二审人民法院应当根据其认罪认罚的价值、作用决定是否从宽，并依法作出裁判。确定从宽幅度时应当与第一审程序认罪认罚有所区别。

（五）社会调查评估（《意见》第35~48条）

1. 侦查阶段的社会调查

犯罪嫌疑人认罪认罚，可能判处管制、宣告缓刑的，公安机关可以委托犯罪嫌疑人居住地的社区矫正机构进行调查评估。

公安机关在侦查阶段委托社区矫正机构进行调查评估，社区矫正机构在公安机关移送审查起诉后完成调查评估的，应当及时将评估意见提交受理案件的人民检察院或者人民法院，并抄送公安机关。

2. 审查起诉阶段的社会调查

犯罪嫌疑人认罪认罚，人民检察院拟提出缓刑或者管制量刑建议的，可以及时委托犯罪嫌疑人居住地的社区矫正机构进行调查评估，也可以自行调查评估。人民检察院提起公诉时，已收到调查材料的，应当将材料一并移送，未收到调查材料的，应当将委托文书随案移送；在提起公诉后收到调查材料的，应当及时移送人民法院。

3. 审判阶段的社会调查

被告人认罪认罚，人民法院拟判处管制或者宣告缓刑的，可以及时委托被告人居住地的社区矫正机构进行调查评估，也可以自行调查评估。

社区矫正机构出具的调查评估意见，是人民法院判处管制、宣告缓刑的重要参考。对没有委托社区矫正机构进行调查评估或者判决前未收到社区矫正机构调查评估报告的认罪认罚案件，人民法院经审理认为被告人符合管制、缓刑适用条件的，可以判处管制、宣告缓刑。

4. 司法行政机关的职责

受委托的社区矫正机构应当根据委托机关的要求，对犯罪嫌疑人、被告人的居所情况、家庭和社会关系、一贯表现、犯罪行为的后果和影响、居住地村（居）民委员会和被害人意见、拟禁止的事项等进行调查了解，形成评估意见，及时提交委托机关。

八、简易程序

基层人民法院管辖的被告人认罪认罚案件，事实清楚、证据充分，被告人对适用简易程序没有异议的，可以适用简易程序审判。

适用简易程序审理认罪认罚案件，公诉人可以简要宣读起诉书，审判人员当庭询问被告人对指控的犯罪事实、证据、量刑建议及适用简易程序的意见，核实具结书签署的自愿性、真实性、合法性。法庭调查可以简化，但对有争议的事实和证据应当进行调查、质证，法庭辩论可以仅围绕有争议的问题进行。裁判文书可以简化。

九、普通程序

适用普通程序办理认罪认罚案件，可以适当简化法庭调查、辩论程序。公诉人宣读起诉书后，合议庭当庭询问被告人对指控的犯罪事实、证据及量刑建议的意见，核实具结书签署的自愿性、真实性、合法性。公诉人、辩护人、审判人员对被告人的讯问、发问可以简化。对控辩双方无异议的证据，可以仅就证据名称及证明内容进行说明；对控辩双方有异议，或者法庭认为有必要调查核实的证据，应当出示并进行质证。法庭辩论主要围绕有争议的问题进行，裁判文书可以适当简化。

十、速裁程序

（一）适用范围

基层人民法院管辖的可能判处三年有期徒刑以下刑罚的案件，案件事实清楚，证据确实、充分，被告人认罪认罚并同意适用速裁程序的，可以适用速裁程序，由审判员一人独任审判。人民检察院在提起公诉的时候，可以建议人民法院适用速裁程序。不得适用的情形：

（1）被告人是盲、聋、哑人，或者是尚未完全丧失辨认或者控制自己行为能力的精神病人的；

（2）被告人是未成年人的；

（3）案件有重大社会影响的；

（4）共同犯罪案件中部分被告人对指控的犯罪事实、罪名、量刑建议或者适用速裁程序有异议的；

（5）被告人与被害人或者其法定代理人没有就附带民事诉讼赔偿等事项达成调解或者和解协议的；

（6）其他不宜适用速裁程序审理的。

（二）速裁程序的审查起诉期限

犯罪嫌疑人认罪认罚，人民检察院经审查，认为符合速裁程序适用条件的，应当在十日以内作出是否提起公诉的决定；对可能判处的有期徒刑超过一年的，可以在十五日以内作出是否提起公诉的决定。

（三）速裁程序的审理期限

人民法院应当在受理后十日以内审结；对可能判处的有期徒刑超过一年的，应当在十五日以内审结。

（四）速裁案件的审理程序

适用速裁程序审理案件，不受刑事诉讼法规定的送达期限的限制，一般不进行法庭调查、法庭辩论，但在判决宣告前应当听取辩护人的意见和被告人的最后陈述意见。

人民法院适用速裁程序审理案件，可以在向被告人送达起诉书时一并送达权利义务告知书、开庭传票，并核实被告人自然信息等情况。根据需要，可以集中送达。

人民法院适用速裁程序审理案件，可以集中开庭，逐案审理。人民检察院可以指派公诉人集中出庭支持公诉。公诉人简要宣读起诉书后，审判人员应当当庭询问被告人对指控事实、证据、量刑建议以及适用速裁程序的意见，核实具结书签署的自愿性、真实性、合法性，并核实附带民事诉讼赔偿等情况。

适用速裁程序审理案件，应当当庭宣判。集中审理的，可以集中当庭宣判。宣判时，根据案件需要，可以由审判员进行法庭教育。裁判文书可以简化。

（五）速裁案件的二审程序

被告人不服适用速裁程序作出的第一审判决提出上诉的案件，可以不开庭审理。第二审人民法院审查后，按照下列情形分别处理：①发现被告人以事实不清、证据不足为由提出上诉的，应当裁定撤销原判，发回原审人民法院适用普通程序重新审理，不再按认罪认罚案件从宽处罚；②发现被告人以量刑不当为由提出上诉的，原判量刑适当的，应当裁定驳回上诉，维持原判；原判量刑不当的，经审理后依法改判。

（六）程序转化

人民法院在适用速裁程序审理过程中，发现有被告人的行为不构成犯罪或者不应当追究刑事责任、被告人违背意愿认罪认罚、被告人否认指控的犯罪事实情形的，应当转为普通程序审理。发现其他不宜适用速裁程序但符合简易程序适用条件的，应当转为简易程序重新审理。发现有不宜适用简易程序审理情形的，应当转为普通程序审理。

人民检察院在人民法院适用速裁程序审理案件过程中，发现有不宜适用速裁程序审理情形的，应当建议人民法院转为普通程序或者简易程序重新审理；发现有不宜适用简易程序审理情形的，应当建议人民法院转为普通程序重新审理。

十一、认罪认罚的反悔和撤回（《意见》第51~53条）

（一）不起诉后反悔的处理

因犯罪嫌疑人认罪认罚，人民检察院依照《刑事诉讼法》第177条第2款作出不起诉决定后，犯罪嫌疑人否认指控的犯罪事实或者不积极履行赔礼道歉、退赃退赔、赔偿损失等义务的，人民检察院应当进行审查，区分下列情形依法作出处理：

（1）发现犯罪嫌疑人没有犯罪事实，或者符合《刑事诉讼法》第16条规定的情形之一的，应当撤销原不起诉决定，依法重新作出不起诉决定；

（2）认为犯罪嫌疑人仍属于犯罪情节轻微，依照刑法规定不需要判处刑罚或者免除刑罚的，可以维持原不起诉决定；

（3）排除认罪认罚因素后，符合起诉条件的，应当根据案件具体情况撤销原不起诉决定，依法提起公诉。

（二）起诉前反悔的处理

犯罪嫌疑人认罪认罚，签署认罪认罚具结书，在人民检察院提起公诉前反悔的，具结书失效，人民检察院应当在全面审查事实证据的基础上，依法提起公诉。

（三）审判阶段反悔的处理

案件审理过程中，被告人反悔不再认罪认罚的，人民法院应当根据审理查明的事实，依法作出裁判。需要转换程序的，依照本意见的相关规定处理。

十二、未成年人认罪认罚案件的办理（《意见》第55~57条）

（一）听取意见

人民法院、人民检察院办理未成年人认罪认罚案件，应当听取未成年犯罪嫌疑人、被告人的法定代理人的意见，法定代理人无法到场的，应当听取合适成年人的意见，但受案时犯罪嫌疑人已经成年的除外。

（二）具结书签署

未成年犯罪嫌疑人签署认罪认罚具结书时，其法定代理人应当到场并签字确认。法定代理人无法到场的，合适成年人应当到场签字确认。法定代理人、辩护人对未成年人认罪认罚有异议的，不需要签署认罪认罚具结书。

（三）程序适用

未成年人认罪认罚案件，不适用速裁程序，但应当贯彻教育、感化、挽救的方针，坚持从快从宽原则，确保案件及时办理，最大限度地保护未成年人的合法权益。

第二十章　二审程序

第一节　第二审程序的审判原则

重要法条及司法解释

全面审查原则：《刑事诉讼法》第233条，《最高人民法院关于适用〈中华人民共和国刑事诉讼法〉的解释》第310~314条。

上诉不加刑原则：《刑事诉讼法》第237条，《最高人民法院关于适用〈中华人民共和国刑事诉讼法〉的解释》第325条、326、327条。

命题分析

"第二审程序的审判原则"几乎每年必考，所占分值较高，可谓重中之重。从考查内容和形式来看，以上诉不加刑原则的考查为主，全面审查原则考查较少。关于这两个原则的所有考查均是以案例形式出现的，部分案例还相对复杂，需要考生进行认真的分析。但实际上，只要考生牢牢把握住上诉不加刑原则的基本要求，以不变应万变，一般都能作出正确的判断。从考查趋势来看，上诉不加刑原则在未来几年仍可能每年必考，要重点复习。

知识点精讲

一、全面审查原则

第二审程序中的全面审查原则是指，第二审人民法院应当就第一审判决认定的事实和适用法律进行全面审查，不受上诉或者抗诉范围的限制。共同犯罪的案件只有部分被告人上诉的，应当对全案进行审查，一并处理。

具体包括以下几个方面：

（1）第二审人民法院审理上诉、抗诉案件，应当就第一审判决、裁定认定的事实和适用法律进行全面审查，不受上诉、抗诉范围的限制。

（2）共同犯罪案件，只有部分被告人提出上诉，或者自诉人只对部分被告人的判决提出上诉，或者人民检察院只对部分被告人的判决提出抗诉的，第二审人民法院应当对全案进行审查，一并处理。

（3）共同犯罪案件，上诉的被告人死亡，其他被告人未上诉的，第二审人民法院仍应对全案进行审查。经审查，死亡的被告人不构成犯罪的，应当宣告无罪；构成犯罪的，应当终止审理。对其他同案被告人仍应作出判决、裁定。

（4）刑事附带民事诉讼案件，只有附带民事诉讼当事人及其法定代理人上诉的，第二审人民法院应当对全案进行审查。经审查，第一审判决的刑事部分并无不当的，第二审人民法院只需就附带民事部分作出处理；第一审判决的附带民事部分事实清楚，适用法律正确的，应当以刑事附带民事裁定维持原判，驳回上诉。

（5）刑事附带民事诉讼案件，只有附带民事诉讼当事人及其法定代理人上诉的，第一审刑事部分的判决在上诉期满后即发生法律效力。应当送监执行的第一审刑事被告人是第二审附带民事诉讼被告人的，在第二审附带民事诉讼案件审结前，可以暂缓送监执行。

上述内容可通过下表理解和记忆：

<table>
<tr><th></th><th>案件</th><th>条件</th><th colspan="4">处理</th></tr>
<tr><td rowspan="8">全面审查原则</td><td>所有案件</td><td>无论上诉、抗诉的范围如何。</td><td colspan="4">就第一审判决、裁定认定的事实和适用法律进行全面审查。</td></tr>
<tr><td rowspan="6">共同犯罪案件</td><td>只有部分被告人提出上诉。</td><td rowspan="7">审查全案，一并处理</td><td colspan="3"></td></tr>
<tr><td>自诉人只对部分被告人的判决提出上诉。</td><td colspan="3"></td></tr>
<tr><td>检察院只对部分被告人的判决提出抗诉。</td><td colspan="3"></td></tr>
<tr><td rowspan="3">上诉的被告人死亡，其他被告人未上诉。</td><td rowspan="2">对死者</td><td colspan="2">宣告无罪</td></tr>
<tr><td colspan="2">终止审理</td></tr>
<tr><td colspan="3">对其他同案被告人仍应作出裁判。</td></tr>
<tr><td>刑事附带民事诉讼案件</td><td>只有附带民事诉讼当事人及其法定代理人上诉的。</td><td colspan="2">刑事部分并无不当的，只需就附带民事部分作出处理。</td><td>附带民事部分事实清楚，适用法律正确的，以刑事附带民事裁定维持原判，驳回上诉。</td></tr>
</table>

二、上诉不加刑原则

第二审人民法院审理被告人或者他的法定代理人、辩护人、近亲属上诉的案件，不得加重被告人的刑罚。第二审人民法院发回原审人民法院重新审判的案件，除有新的犯罪事实，人民检察院补充起诉的以外，原审人民法院也不得加重被告人的刑罚。人民检察院提出抗诉或者自诉人提出上诉的，不受此规定的限制。

审理被告人或者其法定代理人、辩护人、近亲属提出上诉的案件，不得加重被告人的刑罚，并应当执行下列规定：

（1）同案审理的案件，只有部分被告人上诉的，既不得加重上诉人的刑罚，也不得加重其他同案被告人的刑罚；

（2）原判事实清楚，证据确实、充分，只是认定的罪名不当的，可以改变罪名，但不得加重刑罚；

（3）原判对被告人实行数罪并罚的，不得加重决定执行的刑罚，也不得加重数罪中某罪的刑罚；

（4）原判对被告人宣告缓刑的，不得撤销缓刑或者延长缓刑考验期；

（5）原判没有宣告禁止令的，不得增加宣告；原判宣告禁止令的，不得增加内容、延长期限；

（6）原判对被告人判处死刑缓期执行没有限制减刑的，不得限制减刑；

（7）原判事实清楚，证据确实、充分，但判处的刑罚畸轻、应当适用附加刑而没有适用的，不得直接加重刑罚、适用附加刑，也不得以事实不清、证据不足为由发回第一审人民法院重新审判。必须依法改判的，应当在第二审判决、裁定生效后，依照审判监督程序重新审判。

人民检察院只对部分被告人的判决提出抗诉，或者自诉人只对部分被告人的判决提出上诉的，第二审人民法院不得对其他同案被告人加重刑罚。

被告人或者其法定代理人、辩护人、近亲属提出上诉的案件，第二审人民法院发回重新审判后，除有新的犯罪事实，人民检察院补充起诉的以外，原审人民法院不得加重被告人的刑罚。

上述内容可以通过下表理解和记忆：

<table>
<tr><th></th><th>前提</th><th>情形</th><th>处理</th></tr>
<tr><td rowspan="11">上诉不加刑原则</td><td rowspan="11">只有被告人一方上诉（人民检察院抗诉或自诉人上诉的不在此限）</td><td>同案审理的案件，只有部分被告人上诉。</td><td>既不得加重上诉人的刑罚，也不得加重其他同案被告人的刑罚。</td></tr>
<tr><td>人民检察院只对部分被告人的判决提出抗诉，或者自诉人只对部分被告人的判决提出上诉的。</td><td>不得对其他同案被告人加重刑罚。</td></tr>
<tr><td>原判事实清楚，证据确实、充分，只是认定的罪名不当。</td><td>可以改变罪名，但不得加重刑罚。</td></tr>
<tr><td>原判对被告人实行数罪并罚的。</td><td>既不得加重决定执行的刑罚，也不得加重数罪中某罪的刑罚。</td></tr>
<tr><td>原判对被告人宣告缓刑。</td><td>不得撤销缓刑或延长缓刑考验期。</td></tr>
<tr><td>原判没有宣告禁止令的。</td><td>不得增加宣告。</td></tr>
<tr><td>原判宣告禁止令的。</td><td>不得增加内容、延长期限。</td></tr>
<tr><td>原判对被告人判处死缓没有限制减刑。</td><td>不得限制减刑。</td></tr>
<tr><td rowspan="2">原判事实清楚，证据确实、充分，但判处的刑罚畸轻、应当适用附加刑而没有适用的。</td><td>不得直接加重刑罚、适用附加刑，也不得以事实不清、证据不足为由发回第一审人民法院重新审判。</td></tr>
<tr><td>必须依法改判的，应当二审裁判生效后，依照审判监督程序重新审判。</td></tr>
<tr><td>二审法院发回重新审判的案件。</td><td>除有新的犯罪事实，人民检察院补充起诉的以外，原审人民法院不得加重被告人的刑罚。</td></tr>
</table>

关于上表中的内容，需要注意以下几个问题：

（1）上诉不加刑原则的基本内容就是，在只有被告人一方上诉的情况下，第二审人民法院不得以任何理由、方式加重被告人的刑罚。在这一点上是不存在例外的。这与再审不加刑原则不同。《最高人民法院关于适用〈中华人民共和国刑事诉讼法〉的解释》第386条规定："除人民检察院抗诉的以外，再审一般不得加重被告人的刑罚。""一般"二字说明再审不加刑原则是存在例外的。

（2）对于只有被告人一方上诉，而二审发回重新审判的案件，原审人民法院也不得加重被告人的刑罚。在这一点上也不存在例外。对发回重审的案件，有新的犯罪事实，人民检察院补充起诉的，原审人民法院可能加重被告人的刑罚，但这是基于新诉的犯罪事实产生的刑罚，而非针对原来的犯罪事实加重刑罚，因此也不能算作是上诉不加刑原则的例外。

（3）对于上诉不加刑原则，只要把握住其“不得以任何理由和方式加重被告人的刑罚”这一基本要求即可，各种具体的情形实际上是万变不离其宗的，无须专门记忆。

例 1 某法院判决赵某犯诈骗罪处有期徒刑四年，犯盗窃罪处有期徒刑九年，合并执行有期徒刑十一年。赵某提出上诉。中级人民法院经审理认为，判处刑罚不当，犯诈骗罪应处有期徒刑五年，犯盗窃罪应处有期徒刑八年。根据上诉不加刑原则，下列哪一做法是正确的？

A. 以事实不清、证据不足为由发回原审法院重新审理

B. 直接改判两罪刑罚，分别为五年和八年，合并执行十二年

C. 直接改判两罪刑罚，分别为五年和八年，合并执行仍为十一年

D. 维持一审判决

提示：选项 D 正确。选项 A 错误，本案不存在事实不清、证据不足的情况，不能以此为由发回重审。选项 B、C 错误，原判对被告人实行数罪并罚的，不得加重决定执行的刑罚，也不得加重数罪中某罪的刑罚。

例 2 朱某自诉陈某犯诽谤罪，法院审理后，陈某反诉朱某侮辱罪。法院审查认为，符合反诉条件，合并审理此案，判处陈某有期徒刑一年，判处朱某有期徒刑一年。两人不服，均以对对方量刑过轻、己方量刑过重为由提出上诉。关于二审法院的判决，下列哪些选项是正确的？

A. 如认为对两人量刑均过轻，可同时加重朱某和陈某的刑罚

B. 如认为对某一人的量刑过轻，可加重该人的刑罚

C. 即使认为对两人量刑均过轻，也不得同时加重朱某和陈某的刑罚

D. 如认为一审量刑过轻，只能通过审判监督程序纠正。

提示：选项 A、B 正确，选项 C、D 错误。本案中自诉人和反诉人互为控方和辩方，其上诉的内容也均既有作为辩方的上诉，也有作为控方的上诉，由于存在控方以对方量刑较轻为由提出的上诉，因此本案二审不受上诉不加刑原则的限制。

例 3 下列哪一选项违反上诉不加刑原则？

A. 一审法院认定马某犯伤害罪判处有期徒刑三年，马某上诉，检察院没有抗诉，二审法院认为一审判决认定事实不清，发回原审法院重新审判

B. 一审法院认定赵某犯抢夺罪判处有期徒刑五年，赵某上诉，检察院没有抗诉，二审法院在没有改变刑期的情况下将罪名改判为抢劫罪

C. 一审法院以盗窃罪判处金某有期徒刑二年、王某有期徒刑一年，金某、王某以没有实施犯罪为由提起上诉，检察院认为对金某量刑畸轻提出抗诉，二审法院经审理认为一审

对金某、王某量刑均偏轻，但仅对金某改判为五年

D. 一审法院认定石某犯杀人罪判处死刑立即执行，犯抢劫罪判处无期徒刑，数罪并罚决定执行死刑立即执行。石某上诉后，二审法院认为石某在抢劫现场杀人只构成抢劫罪一个罪，遂撤销一审对杀人罪的认定，以抢劫罪判处死刑立即执行。

提示： 选项 A、B、C 均不违反上诉不加刑原则，不当选。选项 D 当选，原判对被告人实行数罪并罚的，既不得加重决定执行的刑罚，也不得加重数罪中某罪的刑罚。本案实际上加重了抢劫罪的刑罚，因此违反了上诉不加刑原则。

第二节　第二审程序的审理

重要法条及司法解释

《刑事诉讼法》第 238~240 条。

《最高人民法院关于适用〈中华人民共和国刑事诉讼法〉的解释》第 316~324 条。

命题分析

“第二审程序的审理”近年来考查次数较多。从考查内容来看，有关开庭审理的范围考查次数最多。关于二审程序中可否另行委托辩护人的问题，也有一定频率的考查，此外还考查过检察院阅卷、派员出庭、被告人出庭等问题。可见，除了开庭审理的范围以外，第二审程序的审理的具体考点比较分散，具体考查哪个法条或司法解释带有一定的随机性，因此相关的内容都应当尽可能地掌握。从考查形式上看，均为与二审程序中的其他考点相搭配所进行的综合考查。从考查趋势上看，该考点仍非常重要，考生需认真掌握。

知识点精讲

一、二审案件开庭审理的范围

下列案件，应当开庭审理：①被告人、自诉人及其法定代理人对第一审认定的事实、证据提出异议，可能影响定罪量刑的上诉案件；②被告人被判处死刑立即执行的上诉案件；③人民检察院抗诉的案件；④应当开庭审理的其他案件。被判处死刑立即执行的被告人没有上诉，同案的其他被告人上诉的案件，第二审人民法院应当开庭审理。

被告人被判处死刑缓期执行的上诉案件，虽不属于上述情形，有条件的，也应当开庭审理。

对上诉、抗诉案件，第二审人民法院经审查，认为原判事实不清、证据不足，或者具有《刑事诉讼法》第 238 条规定的违反法定诉讼程序情形，需要发回重新审判的，可以不开庭审理。

上述规定可以通过下表理解和记忆：

	案件	备注
二审应当开庭的案件	被告人、自诉人及其法定代理人对第一审认定的事实、证据提出异议，可能影响定罪量刑的上诉案件。	需要发回重新审判的，可以不开庭审理。
	被告人被判处死刑立即执行的上诉案件（含被判处死刑立即执行的被告人没有上诉，同案其他被告人上诉的案件）。	被告人被判死缓的上诉案件，有条件的也应开庭。
	人民检察院抗诉的案件。	
	应当开庭审理的其他案件。	

值得注意的是，对被告人、自诉人及其法定代理人对第一审认定的事实、证据提出异议，可能影响定罪量刑的上诉案件，如果经审查认为原判事实不清、证据不足，需要发回原审人民法院重审的，则可以不开庭审理而直接发回重审。

例 1　下列哪些二审案件依法应当开庭审理？

A. 甲犯贪污罪被一审判处有期徒刑五年，检察院认为量刑畸轻而抗诉的

B. 乙犯伤害罪被一审判处无期徒刑，乙上诉的。被告人一审被判处无期徒刑的，不属于应当开庭审理的范围

C. 丙犯抢劫罪被一审判处死刑缓期二年执行，丙对事实、证据无异议，以量刑过重为由上诉的

D. 丁犯杀人罪被一审判处死刑立即执行，丁上诉的

提示： 选项 A、D 正确。

二、二审案件开庭审理的方式和程序

（一）地点

第二审人民法院开庭审理上诉、抗诉案件，可以到案件发生地或者原审人民法院所在地进行。

（二）开庭前的准备

人民检察院提出抗诉的案件或者第二审人民法院开庭审理的公诉案件，同级人民检察院都应当派员出席法庭。也即只要是人民法院开庭审理的公诉案件，即便人民检察院没有提出抗诉的，同级人民检察院也应当派员出席法庭。开庭审理上诉、抗诉的公诉案件，应当通知同级人民检察院派员出庭。抗诉案件，人民检察院接到开庭通知后不派员出庭，且未说明原因的，人民法院可以裁定按人民检察院撤回抗诉处理，并通知第一审人民法院和当事人。

开庭审理第二审公诉案件，应当在决定开庭审理后及时通知人民检察院查阅案卷。自通知后的第二日起，人民检察院查阅案卷的时间不计入审理期限。

第二审期间，人民检察院或者被告人及其辩护人提交新证据的，人民法院应当及时通知对方查阅、摘抄或者复制

上述内容可通过下表理解和记忆：

<table>
<tr><th></th><th>条件</th><th colspan="2">处理</th></tr>
<tr><td rowspan="3">二审案件庭审前的准备</td><td>提交新证据。</td><td colspan="2">及时通知对方查阅、摘抄或者复制。</td></tr>
<tr><td rowspan="2">决定开庭。</td><td>及时通知检察院查阅案卷。</td><td>应在一个月以内查阅完毕。自通知后的第二日起，查阅案卷的时间不计入审理期限。</td></tr>
<tr><td>通知同级检察院派员出庭。</td><td>抗诉案件，检察院接到开庭通知后不派员出庭，且未说明原因，可裁定按撤回抗诉处理。</td></tr>
</table>

（三）审理程序

1. 法庭调查和法庭辩论的顺序

开庭审理上诉、抗诉案件，除参照适用第一审程序的有关规定外，应当按照下列规定进行：①法庭调查阶段，审判人员宣读第一审判决书、裁定书后，上诉案件由上诉人或者辩护人先宣读上诉状或者陈述上诉理由，抗诉案件由检察员先宣读抗诉书；既有上诉又有抗诉的案件，先由检察员宣读抗诉书，再由上诉人或者辩护人宣读上诉状或者陈述上诉理由；②法庭辩论阶段，上诉案件，先由上诉人、辩护人发言，后由检察员、诉讼代理人发言；抗诉案件，先由检察员、诉讼代理人发言，后由被告人、辩护人发言；既有上诉又有抗诉的案件，先由检察员、诉讼代理人发言，后由上诉人、辩护人发言。也即，上诉案件上诉方优先；抗诉案件和既有上诉又有抗诉的案件，抗诉方优先。

2. 审理程序的特点

开庭审理上诉、抗诉案件，可以重点围绕对第一审判决、裁定有争议的问题或者有疑问的部分进行。根据案件情况，可以按照下列方式审理：①宣读第一审判决书，可以只宣读案由、主要事实、证据名称和判决主文等；②法庭调查应当重点围绕对第一审判决提出异议的事实、证据以及提交的新的证据等进行；对没有异议的事实、证据和情节，可以直接确认；③对同案审理案件中未上诉的被告人，未被申请出庭或者人民法院认为没有必要到庭的，可以不再传唤到庭；④被告人犯有数罪的案件，对其中事实清楚且无异议的犯罪，可以不在庭审时审理。同案审理的案件，未提出上诉、人民检察院也未对其判决提出抗诉的被告人要求出庭的，应当准许。出庭的被告人可以参加法庭调查和辩论。

上述内容可通过下表理解和记忆：

<table>
<tr><th></th><th>总特点</th><th colspan="2">具体特点</th></tr>
<tr><td rowspan="6">二审开庭审理的特点</td><td rowspan="6">重点围绕对一审裁判有争议的问题或有疑问的部分进行。</td><td>宣读第一审判决书。</td><td>可以只宣读案由、主要事实、证据名称和判决主文等。</td></tr>
<tr><td rowspan="2">法庭调查。</td><td>应重点围绕对一审判决提出异议的事实、证据以及提交的新的证据等进行。</td></tr>
<tr><td>对没有异议的事实、证据和情节，可以直接确认。</td></tr>
<tr><td rowspan="2">对同案审理案件中未上诉，也未被抗诉的被告人。</td><td>未被申请出庭或法院认为没有必要到庭的，可不再传唤到庭。</td></tr>
<tr><td>要求出庭的，应当准许。出庭的被告人可以参加法庭调查和辩论。</td></tr>
<tr><td>被告人犯有数罪的。</td><td>对其中事实清楚且无异议的犯罪，可不在庭审时审理。</td></tr>
</table>

三、二审案件不开庭审理的方式和程序

第二审案件依法不开庭审理的，应当讯问被告人，听取其他当事人、辩护人、诉讼代理人的意见。合议庭全体成员应当阅卷，必要时应当提交书面阅卷意见。

据此，二审案件不开庭审理的方式和程序如下：

（1）合议庭成员共同阅卷，必要时应当提交书面阅卷意见。

（2）讯问被告人；对没有上诉的被告人也应当讯问。

（3）听取其他当事人、辩护人、诉讼代理人的意见。

（4）合议庭评议和宣判。

四、二审程序中的委托辩护

第二审期间，被告人除自行辩护外，还可以继续委托第一审辩护人或者另行委托辩护人辩护。共同犯罪案件，只有部分被告人提出上诉，或者自诉人只对部分被告人的判决提出上诉，或者人民检察院只对部分被告人的判决提出抗诉的，其他同案被告人也可以委托辩护人辩护。

第三节　对上诉、抗诉案件审理后的处理

重要法条及司法解释

《刑事诉讼法》第240~245条。

《最高人民法院关于适用〈中华人民共和国刑事诉讼法〉的解释》第328~334条。

命题分析

“对上诉、抗诉案件审理后的处理”近年考查了多次，占有一定分值。

“对附带民事诉讼案件和自诉案件的处理”近年虽然没有在客观题中考过，但曾连续两年出过案例分析大题。二审对自诉案件的处理也曾考查过。因此我们将这两个考点放在本节中一并讨论。

知识点精讲

一、对上诉、抗诉案件审理后的处理

第二审人民法院对不服第一审判决的上诉、抗诉案件，经过审理后，应当按照下列情形分别处理：①原判决认定事实和适用法律正确、量刑适当的，应当裁定驳回上诉或者抗诉，维持原判；②原判决认定事实没有错误，但适用法律有错误，或者量刑不当的，应当改判；③原判决事实不清楚或者证据不足的，可以在查清事实后改判；也可以裁定撤销原判，发回原审人民法院重新审判。

第二审人民法院发现第一审人民法院的审理有下列违反法律规定的诉讼程序的情形之

一的，应当裁定撤销原判，发回原审人民法院重新审判：①违反本法有关公开审判的规定的；②违反回避制度的；③剥夺或者限制了当事人的法定诉讼权利，可能影响公正审判的；④审判组织的组成不合法的；⑤其他违反法律规定的诉讼程序，可能影响公正审判的。

第二审人民法院对不服第一审裁定的上诉或者抗诉，经过审查后，应当分别情形用裁定驳回上诉、抗诉，或者撤销、变更原裁定。

上述内容可以通过下表理解和记忆：

<table>
<tr><th></th><th></th><th>事实、证据</th><th>适用法律、量刑</th><th>处理</th></tr>
<tr><td rowspan="12">对上诉抗诉案件审理后的处理</td><td rowspan="5">原判决</td><td rowspan="2">认定事实正确。</td><td>适用法律正确。</td><td rowspan="2">裁定驳回上诉或抗诉，维持原判。</td></tr>
<tr><td>量刑适当。</td></tr>
<tr><td rowspan="2">认定事实没有错误。</td><td>适用法律有错误。</td><td rowspan="2">改判。</td></tr>
<tr><td>量刑不当。</td></tr>
<tr><td>事实不清楚或证据不足。</td><td></td><td>在查清事实后改判。</td></tr>
<tr><td rowspan="5">原一审程序</td><td colspan="2">违反公开审判的规定。</td><td rowspan="5">裁定撤销原判，发回原审人民法院重新审判。</td></tr>
<tr><td colspan="2">违反回避制度的。</td></tr>
<tr><td colspan="2">剥夺或限制当事人的法定诉讼权利，可能影响公正审判。</td></tr>
<tr><td colspan="2">审判组织的组成不合法。</td></tr>
<tr><td colspan="2">其他违反法定诉讼程序可能影响公正审判。</td></tr>
<tr><td rowspan="2">裁定</td><td colspan="2"></td><td>裁定驳回上诉、抗诉。</td></tr>
<tr><td colspan="2"></td><td>撤销、变更原裁定。</td></tr>
</table>

例 1 甲杀人案，犯罪手段残忍，影响恶劣，第一审法院为防止被害人家属和旁听群众在法庭上过于激愤影响顺利审判，决定作为特例不公开审理。经审理，第一审法院判处甲死刑立即执行，甲上诉。对于本案，第二审法院下列哪些做法是正确的？

D. 撤销原判，发回重审

提示：本案第一审判决违反了刑事诉讼法有关公开审判的规定，根据《刑事诉讼法》第 238 条的规定，应当裁定撤销原判，发回重审。

二、对发回重审的案件的处理

原审人民法院对于发回重新审判的案件，应当另行组成合议庭，依照第一审程序进行审判。对于重新审判后的判决，可以上诉、抗诉。

第二审人民法院发回原审人民法院重新审判的案件，原审人民法院从收到发回的案件之日起，重新计算审理期限。

原判事实不清、证据不足，第二审人民法院发回重新审判的案件，原审人民法院重新作出判决后，被告人上诉或者人民检察院抗诉的，第二审人民法院应当依法作出判决、裁定，不得再发回重新审判。

第二审人民法院发现原审人民法院在重新审判过程中，有法定的违反法定程序的情形的，应当裁定撤销原判，发回重新审判。

上述内容可通过下表理解和记忆：

<table>
<tr><th></th><th>情由</th><th>程序</th><th colspan="2">处理</th></tr>
<tr><td rowspan="4">对发回重审案件的处理</td><td>因原判决事实不清、证据不足发回重审。</td><td rowspan="2">另行组成合议庭，依照第一审程序进行审判。</td><td rowspan="4">对重审后的判决，可上诉、抗诉。</td><td>第二审人民法院不得再发回重新审判。</td></tr>
<tr><td>因原一审程序违反法定程序发回重审。</td><td>根据《刑事诉讼法》第 236 条第 1 款分别情况处理。</td></tr>
<tr><td rowspan="2">重审过程中。</td><td>没有另行组成合议庭。</td><td rowspan="2">裁定撤销原判发回重审。</td></tr>
<tr><td>违法法定程序。</td></tr>
</table>

值得注意的是，二审发回重审的情形有两种：一是原判事实不清、证据不足，可以裁定撤销原判，发回重审；二是原一审程序违反法定程序（具有《刑事诉讼法》第 238 条规定的情形之一），依法应当裁定撤销原判，发回重审的。而并非所有发回重审的案件再次进入二审后，第二审人民法院都不能再发回重审。只有因原判事实不清、证据不足发回重审的案件再次进入二审后，第二审人民法院才不能再次发回重新审判。这主要是为了防止在司法实践中，一些证据不足的案件因反复发回重审而给被告人带来长期的羁押和权利侵害。

例 2 关于发回重审，下列哪一说法是不正确的？

A. 发回重审原则上不能超过二次

B. 在发回重审裁定书中应详细阐明发回重审的理由及法律根据

C. 一审剥夺或者限制了当事人的法定诉讼权利，可能影响公正审判的，应当发回重审

D. 发回重审应当撤销原判

提示：选项 A 说法不正确，当选，对因原判事实不清、证据不足而裁定撤销原判，发回重审的案件，再次进入二审的，不能再次发回重审，也即发回重审不能超过两次。对因违反法定程序而裁定撤销原判、发回重审的案件，可以再次发回重审。“原则上不能超过二次”的表述不准确。本题中的其他选项说法正确。

三、对附带民事诉讼案件的处理

第二审人民法院审理对刑事部分提出上诉、抗诉，附带民事部分已经发生法律效力的案件，发现第一审判决、裁定中的附带民事部分确有错误的，应当依照审判监督程序对附带民事部分予以纠正。

第二审人民法院审理对附带民事部分提出上诉，刑事部分已经发生法律效力的案件，发现第一审判决、裁定中的刑事部分确有错误的，应当依照审判监督程序对刑事部分进行再审，并将附带民事部分与刑事部分一并审理。

第二审期间，第一审附带民事诉讼原告人增加独立的诉讼请求或者第一审附带民事诉讼被告人提出反诉的，第二审人民法院可以根据自愿、合法的原则进行调解；调解不成的，告知当事人另行起诉。

上述内容可通过下表理解和记忆：

	情形	处理
二审对附带民诉案件的处理	对刑事部分提出上诉、抗诉，附带民事部分已经发生法律效力的案件，发现附带民事部分确有错误。	依审判监督程序对附带民事部分予以纠正。
	对附带民事部分提出上诉，刑事部分已经发生法律效力的案件，发现刑事部分确有错误。	依审监程序对刑事部分再审，并一并审理附带民事部分。
	第一审附带民事诉讼原告人增加独立的诉讼请求。	调解；调解不成的，告知当事人另行起诉。
	第一审附带民事诉讼被告人提出反诉。	

四、对自诉案件的处理

对第二审自诉案件，必要时可以调解，当事人也可以自行和解。调解结案的，应当制作调解书，第一审判决、裁定视为自动撤销；当事人自行和解的，应当裁定准许撤回自诉，并撤销第一审判决、裁定。

第二审期间，自诉案件的当事人提出反诉的，应当告知其另行起诉。

	情形	处理
自诉案件二审	必要时可以调解。	调解结案的，应制作调解书，第一审判决、裁定视为自动撤销。
	当事人自行和解。	裁定准许撤回自诉，并撤销第一审判决、裁定。
	当事人提出反诉。	告知当事人另行起诉。

注意：在附带民事诉讼案件的二审中，被告人提起反诉的，应当先调解，调解不成的，才告知当事人另行起诉；在自诉案件的二审中，当事人提出反诉的，则应当直接告诉其另行起诉。

第二十一章　死刑复核

重要法条及司法解释

《刑事诉讼法》第 246~251 条。

《最高人民法院关于适用〈中华人民共和国刑事诉讼法〉的解释》第 349~355 条。

《最高人民法院关于死刑缓期执行限制减刑案件审理程序若干问题的规定》（2011）第 3 条、第 4 条第 1 款。

命题分析

死刑复核中最常见的考点集中在“死刑立即执行案件的复核及处理”和“死缓案件的复核及处理”两个部分。“死刑立即执行案件复核后的处理”近年来考查了多次，是考查频率非常高的考点。从考查内容来看，既有同时综合考查多个相关法条的，也有专门针对某一个具体法条进行考查的。“死缓案件的复核及处理”近年没有考查。因此总体看来，“死刑立即执行案件复核后的处理”更为重要。但这两部分内容关系密切、内容相近，为了方便理解与记忆，我们在这里一并解读。从考查趋势上看，“死刑立即执行案件复核后的处理”仍为考查重点，几乎每年必考，考生需要熟练掌握。

知识点精讲

一、死刑立即执行案件复核后的处理

（一）死刑立即执行案件复核后的处理

最高人民法院复核死刑案件，应当按照下列情形分别处理：

（1）原判认定事实和适用法律正确、量刑适当、诉讼程序合法的，应当裁定核准；

（2）原判认定的某一具体事实或者引用的法律条款等存在瑕疵，但判处被告人死刑并无不当的，可以在纠正后作出核准的判决、裁定；

（3）原判事实不清、证据不足的，应当裁定不予核准，并撤销原判，发回重新审判；

（4）复核期间出现新的影响定罪量刑的事实、证据的，应当裁定不予核准，并撤销原判，发回重新审判；

（5）原判认定事实正确，但依法不应当判处死刑的，应当裁定不予核准，并撤销原判，发回重新审判；

（6）原审违反法定诉讼程序，可能影响公正审判的，应当裁定不予核准，并撤销原判，发回重新审判。

对一人有两罪以上被判处死刑的数罪并罚案件，最高人民法院复核后，认为其中部分犯罪的死刑判决、裁定事实不清、证据不足的，应当对全案裁定不予核准，并撤销原判，发回重新审判；认为其中部分犯罪的死刑判决、裁定认定事实正确，但依法不应当判处死刑的，可以改判，并对其他应当判处死刑的犯罪作出核准死刑的判决。

对有两名以上被告人被判处死刑的案件，最高人民法院复核后，认为其中部分被告人的死刑判决、裁定事实不清、证据不足的，应当对全案裁定不予核准，并撤销原判，发回重新审判；认为其中部分被告人的死刑判决、裁定认定事实正确，但依法不应当判处死刑的，可以改判，并对其他应当判处死刑的被告人作出核准死刑的判决。

上述内容可通过下表理解和记忆：

<table>
<tr><th></th><th>案件</th><th>原判</th><th>复核后的处理</th></tr>
<tr><td rowspan="8">死刑案件复核后的处理</td><td rowspan="5">一人一罪被判死刑。</td><td>认定事实和适用法律正确、量刑适当、程序合法。</td><td>裁定核准。</td></tr>
<tr><td>认定的某一具体事实或者引用的法律条款等存在瑕疵，但判处被告人死刑并无不当。</td><td>可以在纠正后作出核准的判决、裁定。</td></tr>
<tr><td>事实不清、证据不足的。</td><td rowspan="5">（对全案）裁定不予核准，并撤销原判，发回重新审判。</td></tr>
<tr><td>复核期间出现新的影响定罪量刑的事实、证据。</td></tr>
<tr><td>原判认定事实正确，但依法不应当判处死刑。</td></tr>
<tr><td rowspan="3">一人有两罪以上或有两名以上被告人被判死刑。</td><td>原审违反法定诉讼程序，可能影响公正审判。</td></tr>
<tr><td>部分犯罪或有部分被告人的死刑判决、裁定事实不清、证据不足。</td></tr>
<tr><td>部分犯罪或部分被告人的死刑判决、裁定认定事实正确，但依法不应当判处死刑的。</td><td>可以改判，并对其他应判处死刑的犯罪或被告人作出核准死刑的判决。</td></tr>
</table>

（二）发回重审的处理

最高人民法院裁定不予核准死刑的，根据案件情况，可以发回第二审人民法院或者第一审人民法院重新审判。第一审人民法院重新审判的，应当开庭审理。第二审人民法院重新审判的，可以直接改判；必须通过开庭查清事实、核实证据或者纠正原审程序违法的，应当开庭审理。

高级人民法院依照复核程序审理后报请最高人民法院核准死刑，最高人民法院裁定不予核准，发回高级人民法院重新审判的，高级人民法院可以依照第二审程序提审或者发回重新审判。

上述内容可通过下表理解和记忆：

<table>
<tr><th></th><th>情形</th><th>重审法院</th><th colspan="2">处理</th></tr>
<tr><td rowspan="5">死刑复核后发回重审的处理</td><td rowspan="3">根据案件情况。</td><td>发回一审法院重审。</td><td colspan="2">应当开庭审理。</td></tr>
<tr><td rowspan="2">发回二审法院重审。</td><td colspan="2">可以直接改判。</td></tr>
<tr><td>必须通过开庭查清事实、核实证据或纠正原审程序违法的。</td><td>应当开庭审理。</td></tr>
<tr><td rowspan="2">高级人民法院复核后报最高法院核准死刑。</td><td rowspan="2">发回高级人民法院重审。</td><td colspan="2">可以依照第二审程序提审。</td></tr>
<tr><td colspan="2">可以发回重新审判。</td></tr>
</table>

最高人民法院裁定不予核准死刑，发回重新审判的案件，原审人民法院应当另行组成合议庭审理，但复核期间出现新的影响定罪量刑的事实、证据，或者原判认定事实正确但依法不应当判处死刑的案件除外。

上述内容可通过下表理解和记忆：

<table>
<tr><th></th><th>理由</th><th>是否需要另组合议庭</th></tr>
<tr><td rowspan="4">不予核准死刑，发回重新审判</td><td>事实不清、证据不足的。</td><td rowspan="2">另行组成合议庭。</td></tr>
<tr><td>原审违反法定诉讼程序，可能影响公正审判。</td></tr>
<tr><td>复核期间出现新的影响定罪量刑的事实、证据。</td><td rowspan="2">不需要另行组成合议庭。</td></tr>
<tr><td>原判认定事实正确，但依法不应当判处死刑。</td></tr>
</table>

值得注意的是，因为复核期间出现新的影响定罪量刑的事实、证据而发回重审的，因为原审合议庭并没有接触过这些新的事实、证据，因此不需要另组合议庭；原判认定事实正确，只是依法不应当判处死刑的，因为不涉及事实和证据的调查，也不需要另组合议庭。

例 1 关于死刑复核程序，下列哪些选项是正确的？

A. 赵某因故意杀人罪和贩毒罪分别被判处死刑，最高法院对案件进行复核时，认为赵某贩毒罪的死刑判决认定事实和适用法律正确、量刑适当、程序合法，但故意杀人罪的死刑判决事实不清、证据不足，遂对全案裁定不予核准，撤销原判，发回重审

B. 钱某因绑架罪和抢劫罪分别被判处死刑，最高法院在对案件进行复核时，发现钱某绑架罪的死刑判决认定事实和适用法律正确、量刑适当、诉讼程序合法，抢劫罪的死刑判决认定事实清楚，但依法不应当判处死刑，遂对绑架罪作出核准死刑的判决，对抢劫罪的死刑判决予以改判

C. 孙某伙同李某持枪抢劫银行被分别判处死刑，最高法院进行复核时发现孙某的死刑判决认定事实和适用法律正确、量刑适当、程序合法，李某的死刑判决认定事实不清、证据不足，遂对全案裁定不予核准

D. 周某伙同吴某劫持航空器致人重伤被分别判处死刑，最高法院在复核时发现周某的死刑判决认定事实和适用法律正确、量刑适当、程序合法，吴某的死刑判决认定事实清楚，但依法不应当判处死刑，遂对周某作出核准死刑的判决，对吴某的死刑判决予以改判

提示： 四个选项均正确。

二、死刑缓期二年执行案件复核后的处理

高级人民法院复核死刑缓期执行案件，应当按照下列情形分别处理：

（1）原判认定事实和适用法律正确、量刑适当、诉讼程序合法的，应当裁定核准；

（2）原判认定的某一具体事实或者引用的法律条款等存在瑕疵，但判处被告人死刑缓期执行并无不当的，可以在纠正后作出核准的判决、裁定；

（3）原判认定事实正确，但适用法律有错误，或者量刑过重的，应当改判；

（4）原判事实不清、证据不足的，可以裁定不予核准，并撤销原判，发回重新审判，或者依法改判；

（5）复核期间出现新的影响定罪量刑的事实、证据的，可以裁定不予核准，并撤销原判，发回重新审判，或者依照《最高人民法院关于适用〈中华人民共和国刑事诉讼法〉的解释》第 220 条规定审理后依法改判；

（6）原审违反法定诉讼程序，可能影响公正审判的，应当裁定不予核准，并撤销原判，发回重新审判。

高级人民法院复核死刑缓期执行案件，不得加重被告人的刑罚。

法庭对证据有疑问的，可以告知公诉人、当事人及其法定代理人、辩护人、诉讼代理人补充证据或者作出说明；必要时，可以宣布休庭，对证据进行调查核实。对公诉人、当事人及其法定代理人、辩护人、诉讼代理人补充的和法庭庭外调查核实取得的证据，应当经过当庭质证才能作为定案的根据。但是，经庭外征求意见，控辩双方没有异议的除外。有关情况，应当记录在案。

上述内容可通过下表理解和记忆：

<table>
<tr><th></th><th>案件</th><th>原判</th><th>复核后的处理</th></tr>
<tr><td rowspan="7">死缓复核后的处理</td><td rowspan="7">一人一罪被判死刑</td><td>认定事实和适用法律正确、量刑适当、程序合法。</td><td>裁定核准。</td></tr>
<tr><td>认定的某一具体事实或者引用的法律条款等存在瑕疵，但判处被告人死缓并无不当。</td><td>可以在纠正后作出核准的判决、裁定。</td></tr>
<tr><td>认定事实正确，但适用法律有错误或量刑过重。</td><td>改判。</td></tr>
<tr><td rowspan="2">事实不清、证据不足的或者复核期间出现新的影响定罪量刑的事实、证据。</td><td>裁定不予核准，并撤销原判，发回重新审判。</td></tr>
<tr><td>改判。</td></tr>
<tr><td>原审违反法定诉讼程序，可能影响公正审判。</td><td>裁定不予核准，并撤销原判，发回重新审判。</td></tr>
</table>

此外，《最高人民法院关于死刑缓期执行限制减刑案件审理程序若干问题的规定》（2011）第 3 条规定：“高级人民法院审理或者复核判处死刑缓期执行并限制减刑的案件，认为原判对被告人判处死刑缓期执行适当，但判决限制减刑不当的，应当改判，撤销限制减刑。”实际上，即便不知道这一规定，根据《最高人民法院关于适用〈中华人民共和国刑事诉讼法〉的解释》的相关规定也能判断出相应情况下应如何处理：认定事实正确，但量刑过重的，应当直接改判为较轻刑罚，而不需要撤销原判，发回重审；那么同理，认定事实正确，量刑适当，只是限制减刑不当的，当然也应当直接改判，撤销限制减刑即可。

《最高人民法院关于死刑缓期执行限制减刑案件审理程序若干问题的规定》（2011）第

4条第1款规定："高级人民法院审理判处死刑缓期执行没有限制减刑的上诉案件，认为原判事实清楚、证据充分，但应当限制减刑的，不得直接改判，也不得发回重新审判。确有必要限制减刑的，应当在第二审判决、裁定生效后，按照审判监督程序重新审判。"本规定也是"高级人民法院复核死刑缓期执行案件，不得加重被告人的刑罚"的应有之义。

例2 关于死刑缓期执行限制减刑案件的审理程序，下列哪一说法是正确的？

B. 高级人民法院认为原判对被告人判处死刑缓期执行适当但限制减刑不当的，应当改判，撤销限制减刑

提示： 选项B正确。

例3 高级人民法院审理判处死刑缓期执行没有限制减刑的上诉案件，认为原判事实清楚、证据充分，但确有必要限制减刑的，下列处理程序正确的是：

D. 二审判决、裁定生效后，按照审判监督程序重新审判

提示： 选项D正确。

将二审、死刑立即执行案件的符合、死缓案件的复核的处理相对比，有以下异同：

（1）对认定事实清楚，只是适用法律有错误或量刑不当的，二审和死缓复核应当直接改判；死刑复核则应当裁定撤销原判，发回重审。

（2）对事实不清、证据不足的，二审和死缓复核可以裁定撤销原判、发回重审，也可以在查清事实后改判；死刑复核则只能裁定撤销原判，发回重审。

（3）对复核期间出现新的影响定罪的事实、证据，死缓复核可以裁定撤销原判，发回重审，也可以依法改判；死刑复核则只能裁定撤销原判，发回重审。

（4）对原审违反法定诉讼程序，可能影响公正审判的，二审、死缓复核、死刑复核均应裁定撤销原判，发回重审。

三者之间的对比可通过下表理解和记忆：

<table>
<tr><th>情形</th><th>二审</th><th>死缓复核</th><th>死刑复核</th></tr>
<tr><td>认定事实清楚，只是适用法律有错误或量刑不当。</td><td colspan="2">改判。</td><td rowspan="3">裁定撤销原判，发回重审。</td></tr>
<tr><td rowspan="2">事实不清、证据不足及出现新的影响定罪的事实、证据。</td><td colspan="2">裁定撤销原判、发回重审。</td></tr>
<tr><td colspan="2">在查清事实后改判。</td></tr>
<tr><td>原审违反法定诉讼程序，可能影响公正审判。</td><td colspan="3">裁定撤销原判，发回重审。</td></tr>
</table>

最后，考生还须注意的是，关于死缓期间故意犯罪的，2018年《刑事诉讼法》进行了很小的改动，"被判处死刑缓期二年执行的罪犯，在死刑缓期执行期间，如果没有故意犯罪，死刑缓期执行期满，应当予以减刑的，由执行机关提出书面意见，报请高级人民法院裁定；如果故意犯罪，情节恶劣，查证属实，应当执行死刑的，由高级人民法院报请最高人民法院核准；对于故意犯罪未执行死刑的，死刑缓期执行的期间重新计算，并报最高人民法院备案"，考生稍加留意修改的部分即可。

第二十二章　审判监督程序

第一节　提起审判监督程序的材料来源和理由

重要法条及司法解释

《刑事诉讼法》第 252、253 条。

《最高人民法院关于适用〈中华人民共和国刑事诉讼法〉的解释》第 371、373～377 条。

《人民检察院刑事诉讼规则（试行）》第 591、593、594 条。

《最高人民法院关于规范人民法院再审立案的若干意见（试行）》第 10、15 条。

命题分析

“提起审判监督程序的材料来源”近年来考查了多次。从考查内容来看，主要涉及有权提出申诉的主体和申诉的受理，包括多次申诉的受理。除了《刑事诉讼法》和《最高人民法院关于适用〈中华人民共和国刑事诉讼法〉的解释》的规定外，《人民检察院刑事诉讼规则（试行）》中有关这一考点的内容也多次被考查过，这一点考生应予注意。此外，提起审判监督程序的材料来源中涉及对申诉的审查，而对申诉的审查又涉及提起审判监督程序的理由，因此，本节内容中还包括提起审判监督程序的理由。从考查趋势来看，提起审判监督程序的材料来源，尤其是受理及审查处理，仍为考查重点，以各种形式予以考查的可能性都存在。

知识点精讲

一、有权提出申诉的主体和期限

（一）有权提出申诉的主体

当事人及其法定代理人、近亲属对已经发生法律效力的判决、裁定提出申诉的，人民法院应当审查处理。案外人认为已经发生法律效力的判决、裁定侵害其合法权益，提出申诉的，人民法院应当审查处理。可见，当事人及其法定代理人、近亲属、认为生效裁判侵害其合法权益的案外人均可提出申诉。

申诉可委托律师代为进行。

（二）有权提出申诉的期限

人民法院对刑事案件的申诉人在刑罚执行完毕后两年内提出的申诉，应当受理；超过两年提出申诉，具有下列情形之一的，应当受理：①可能对原审被告人宣告无罪的；②原审被告人在本条规定的期限内向人民法院提出申诉，人民法院未受理的；③属于疑难、复杂、重大案件的。

上述内容可通过下表理解和记忆：

	一般	例外
申诉的期限	刑罚执行完毕后两年内。	可能对原审被告人宣告无罪的。
		原审被告人在刑罚执行完毕两年内提出申诉，人民法院未受理的。
		属于疑难、复杂、重大案件的。

二、申诉的受理

（一）人民法院对申诉案件的受理（级别管辖）

申诉由终审人民法院审查处理。但是，第二审人民法院裁定准许撤回上诉的案件，申诉人对第一审判决提出申诉的，可以由第一审人民法院审查处理。上一级人民法院对未经终审人民法院审查处理的申诉，可以告知申诉人向终审人民法院提出申诉，或者直接交终审人民法院审查处理，并告知申诉人；案件疑难、复杂、重大的，也可以直接审查处理。对未经终审人民法院及其上一级人民法院审查处理，直接向上级人民法院申诉的，上级人民法院可以告知申诉人向下级人民法院提出。

对死刑案件的申诉，可以由原核准的人民法院直接审查处理，也可以交由原审人民法院审查。原审人民法院应当写出审查报告，提出处理意见，层报原核准的人民法院审查处理。

上述内容可通过下表理解和记忆：

法院	第一条件	第二条件	处理
终审法院			审查处理。
一审法院	二审裁定准许撤回上诉。		可以审查处理。
（终审法院的）上一级法院	未经终审法院审查处理。	一般情况下。	告知申诉人向终审法院申诉。
			直接交终审法院审查处理。
		案件疑难复杂重大。	可以直接审查处理。
（再）上级法院	未经终审法院及其上一级法院审查处理。		可以告知申诉人向下级人民法院提出。
死刑案件的原核准法院			可以直接审查处理。
			也可交原审人民法院审查，但需层报原核准法院处理。

（二）人民检察院对申诉案件的受理（级别管辖、内部部门管辖）

当事人及其法定代理人、近亲属认为人民法院已经发生法律效力的刑事判决、裁定确有错误，向人民检察院申诉的，由作出生效判决、裁定的人民法院的同级人民检察院**刑事申诉检察部门**依法办理。当事人及其法定代理人、近亲属直接向上级人民检察院申诉的，上级人民检察院可以交由作出生效判决、裁定的人民法院的同级人民检察院受理；案情重大、疑难、复杂的，上级人民检察院可以直接受理。

上述内容可通过下表理解和记忆：

检察院	条件	处理
作出生效裁判的人民法院的同级检察院		受理。
上级检察院	一般情况下。	交作出生效裁判的法院的同级检察院受理。
	案件重大疑难复杂。	可以直接受理。

此外，需要注意的是，对死刑判决、裁定尚未执行的申诉，由监所检察部门办理，除此之外的案件均有刑事申诉检察部门办理。

例 1 关于生效裁判申诉的审查处理，下列哪一选项是正确的？

B. 二审法院将不服本院裁判的刘某抢劫案的申诉交一审法院审查，一审法院审查后直接作出处理

C. 李某对最高法院核准死刑的案件的申诉，最高法院可以直接处理，也可以交原审法院审查。交原审法院审查的，原审法院应写出审查报告，提出处理意见，逐级报最高法院审定

提示：选项 B 错误，只有二审法院裁定准许撤回上诉的案件，才能由一审法院审查处理。选项 C 正确。

三、对申诉的审查及期限

（一）申诉审查的内容（提起审判监督程序的理由）

对申诉的审查实际上可以分为两步：第一步是程序性审查，也即审查申诉是否符合形式性要件，包括是否符合管辖、期限的规定，从而决定是否受理；第二步是立案受理后的实体性审查，也即审查申诉理由是否符合人民法院重新审判或人民检察院提出抗诉的条件，从而决定是否对案件予以重新审判。

对此，《刑事诉讼法》第 253 条规定："当事人及其法定代理人、近亲属的申诉符合下列情形之一的，人民法院应当重新审判：（一）有新的证据证明原判决、裁定认定的事实确有错误，可能影响定罪量刑的；（二）据以定罪量刑的证据不确实、不充分、依法应当予以排除，或者证明案件事实的主要证据之间存在矛盾的；（三）原判决、裁定适用法律确有错误的；（四）违反法律规定的诉讼程序，可能影响公正审判的；（五）审判人员在审理该案件的时候，有贪污受贿，徇私舞弊，枉法裁判行为的。"

《最高人民法院关于适用〈中华人民共和国刑事诉讼法〉的解释》第 375 条第 2 款规定："经审查，具有下列情形之一的，应当根据刑事诉讼法第二百四十二条的规定，决定重新审判：（一）有新的证据证明原判决、裁定认定的事实确有错误，可能影响定罪量刑的；（二）据以定罪量刑的证据不确实、不充分、依法应当排除的；（三）证明案件事实的主要证据之间存在矛盾的；（四）主要事实依据被依法变更或者撤销的；（五）认定罪名错误的；（六）量刑明显不当的；（七）违反法律关于溯及力规定的；（八）违反法律规定的诉讼程序，可能影响公正裁判的；（九）审判人员在审理该案件时有贪污受贿、徇私舞弊、枉

法裁判行为的。”

《人民检察院刑事诉讼规则（试行）》第 591 条第 1 款规定：“人民检察院认为人民法院已经发生法律效力的判决、裁定确有错误，具有下列情形之一的，应当按照审判监督程序向人民法院提出抗诉：（一）有新的证据证明原判决、裁定认定的事实确有错误，可能影响定罪量刑的；（二）据以定罪量刑的证据不确实、不充分的；（三）据以定罪量刑的证据依法应当予以排除的；（四）据以定罪量刑的主要证据之间存在矛盾的；（五）原判决、裁定的主要事实依据被依法变更或者撤销的；（六）认定罪名错误且明显影响量刑的；（七）违反法律关于追诉时效期限的规定的；（八）量刑明显不当的；（九）违反法律规定的诉讼程序，可能影响公正审判的；（十）审判人员在审理案件的时候有贪污受贿，徇私舞弊，枉法裁判行为的。”

上述规定的内容可通过下表予以理解和记忆：

	人民法院决定重新审判的条件	人民检察院决定抗诉的条件
事实证据	有新的证据证明原判决、裁定认定的事实确有错误，可能影响定罪量刑的。	
	据以定罪量刑的证据不确实、不充分。	
	据以定罪量刑的证据依法应当排除。	
	证明案件事实的主要证据之间存在矛盾的。	
	主要事实依据被依法变更或者撤销的。	
法律适用	认定罪名错误的。	认定罪名错误且明显影响量刑的。
	违反法律关于溯及力规定的。	违反法律关于追诉时效期限的规定。
量刑	量刑明显不当的。	
程序	违反法律规定的诉讼程序，可能影响公正裁判的。	
行为	审判人员在审理该案件时有贪污受贿、徇私舞弊、枉法裁判行为的。	

此外，《最高人民法院关于适用〈中华人民共和国刑事诉讼法〉的解释》第 376 条规定：“具有下列情形之一，可能改变原判决、裁定据以定罪量刑的事实的证据，应当认定为刑事诉讼法第二百四十二条第一项规定的‘新的证据’：（一）原判决、裁定生效后新发现的证据；（二）原判决、裁定生效前已经发现，但未予收集的证据；（三）原判决、裁定生效前已经收集，但未经质证的证据；（四）原判决、裁定所依据的鉴定意见，勘验、检查等笔录或者其他证据被改变或者否定的。”

对“新的证据”可通过下表理解和记忆：

新的证据	原判决、裁定生效后新发现的证据。
	原判决、裁定生效前已经发现，但未予收集的证据。
	原判决、裁定生效前已经收集，但未经质证的证据。
	原判决、裁定所依据的鉴定意见，勘验、检查等笔录或者其他证据被改变或者否定的。

（二）申诉审查的期限

《最高人民法院关于适用〈中华人民共和国刑事诉讼法〉的解释》第 375 条规定：“对立案审查的申诉案件，应当在三个月内作出决定，至迟不得超过六个月。”可见，这个期限是指立案后的进行实体审查的期限。

四、对再次申诉的处理

（一）对驳回申诉的裁定或不予抗诉的决定不服而再次申诉的处理

1. 对人民法院驳回申诉的裁定不服而再次申诉

《最高人民法院关于适用〈中华人民共和国刑事诉讼法〉的解释》第377条规定："申诉人对驳回申诉不服的，可以向上一级人民法院申诉。上一级人民法院经审查认为申诉不符合刑事诉讼法第二百四十二条和本解释第三百七十五条第二款规定的，应当说服申诉人撤回申诉；对仍然坚持申诉的，应当驳回或者通知不予重新审判。"

该规定可通过下表理解和记忆：

<table>
<tr><th>情形</th><th>处理</th><th>条件</th><th colspan="2">处理</th></tr>
<tr><td rowspan="3">被驳回申诉后向上一级法院申诉。</td><td rowspan="3">应当受理。</td><td>申诉符合重新审判的条件。</td><td colspan="2">决定重新审判。</td></tr>
<tr><td rowspan="2">申诉不符合重新审判的条件。</td><td rowspan="2">说服申诉人撤回申诉，申诉人坚持。</td><td>驳回申诉。</td></tr>
<tr><td>通知不予重新审判。</td></tr>
</table>

2. 对人民检察院不予抗诉的决定不服而再次申诉

《人民检察院刑事诉讼规则（试行）》第593条第3款规定："当事人及其法定代理人、近亲属对人民法院已经发生法律效力的判决、裁定提出申诉，经人民检察院复查决定不予抗诉后继续提出申诉的，上一级人民检察院应当受理。"

（二）对经审判监督程序维持原判或经两级人民法院复查驳回或经两级人民检察院办理且经省级人民检察院复查后再次申诉的处理

1. 人民法院对经审监程序维持原判或经两级法院复查均驳回而再次申诉的处理

《最高人民法院关于规范人民法院再审立案的若干意见（试行）》第15条规定："上级人民法院对经终审法院的上一级人民法院依照审判监督程序审理后维持原判或者经两级人民法院依照审判监督程序复查均驳回的申请再审或申诉案件，一般不予受理。但再审申请人或申诉人提出新的理由，且符合《中华人民共和国刑事诉讼法》第二百零四条（现第二百四十二条）规定条件的，以及刑事案件的原审被告人可能被宣告无罪的除外。"

该规定可通过下表予以理解和记忆：

<table>
<tr><th colspan="2">条件</th><th colspan="2">处理</th></tr>
<tr><td rowspan="4">经终审法院的上一级法院依审判监督程序审理后维持原判。</td><td rowspan="4">经两级法院依审判监督程序复查均驳回。</td><td>一般情况下。</td><td>不予受理。</td></tr>
<tr><td>提出新的事实和理由，且符合重新审判的条件。</td><td rowspan="3">受理。</td></tr>
<tr><td>原审被告人可能被宣告无罪。</td></tr>
<tr><td>判决、裁定有其他重大错误可能。</td></tr>
</table>

本规定存在不合理之处：根据《最高人民法院关于适用〈中华人民共和国刑事诉讼法〉的解释》的规定，对申诉案件是否符合重新审判的条件应当是在立案后进行审查的，而且审查时间长达三个月甚至六个月，审查结果是决定是否重新审判；而本规定却要求在

受理前就对申诉是否符合人民法院重新审判的条件予以审查，并依此来决定是否受理案件。这显然是不合理的。但是该规定在2015年被考查过。

例2 关于生效裁判申诉的审查处理，下列哪一选项是正确的？

D. 高某受贿案的申诉，经两级法院处理后不服又申诉，法院不再受理

提示：选项D错误，经两级法院处理后不服再次申诉的，并非一概不再受理，存在例外情况。

2. 人民检察院对经两级人民检察院办理且经省级人民检察院复查后再次申诉的处理

《人民检察院刑事诉讼规则（试行）》第594条规定："对不服人民法院已经发生法律效力的刑事判决、裁定的申诉，经两级人民检察院办理且省级人民检察院已经复查的，如果没有新的事实和理由，人民检察院不再立案复查，但原审被告人可能被宣告无罪或者判决、裁定有其他重大错误可能的除外。"

该规定可通过下表理解和记忆：

条件	处理	
经两级人民检察院办理且省级人民检察院已经复查。	一般情况下。	不再立案复查。
	提出新的事实和理由。	立案复查。
	原审被告人可能被宣告无罪。	
	判决、裁定有其他重大错误可能。	

与《最高人民法院关于规范人民法院再审立案的若干意见（试行）》不同，根据《人民检察院刑事诉讼规则（试行）》的规定，只要申诉人提出了新的事实和理由，就应当立案复查，至于申诉是否符合检察院提出抗诉的条件，这应当是立案后要复查的内容，审查的结果是决定是否抗诉。

五、申诉的效力

申诉不停止判决、裁定的执行。

六、申诉和上诉的区别

申诉和上诉的区别可通过下表理解和记忆：

	上诉	申诉
对象	尚未生效的一审裁判。	已生效裁判。
主体	被告人、自诉人、附带民事诉讼当事人及其法定代理人、经被告人同意的辩护人及近亲属。	当事人及其法定代理人、近亲属、认为生效裁判侵害其合法利益的案外人。
受理机关	原审法院及其上一级法院。	原审法院及其上级法院。
		与原审法院及其上级法院同级的检察院。
期限	对判决的上诉期为十日，裁定为五日。	一般为刑罚执行完毕两年内。
效力	必然引起二审，一审裁判不能生效。	不必然引起再审，不影响原生效裁判的效力。

注意： 近亲属上诉要经被告人同意，申诉则无须被告人同意。

第二节　提起审判监督程序的主体和方式

重要法条及司法解释

《刑事诉讼法》第254、255条。

《最高人民法院关于适用〈中华人民共和国刑事诉讼法〉的解释》第379~381条。

《人民检察院刑事诉讼规则（试行）》第597条。

《关于审理人民检察院按照审判监督程序提出的刑事抗诉案件若干问题的规定》（2012）第6~8条。

命题分析

“提起审判监督程序的主体和方式”是两个很难分开的考点，这两个考点近年来考查了多次，考查频率较高。从考查内容和形式来看，仅指令再审就考查过四次，是重中之重。从考查趋势来看，本考点仍属重点。

知识点精讲

一、提起审判监督程序的主体和方式

（一）决定再审

决定再审是指各级人民法院院长对本院已经发生法律效力的判决和裁定，如果发现在认定事实上或者在适用法律上确有错误，经提交审判委员会讨论决定再审。

（二）指令再审

指令再审是指最高人民法院对各级人民法院已经发生法律效力的判决和裁定，上级人民法院对下级人民法院已经发生法律效力的判决和裁定，如果发现确有错误，可以指令下级人民法院再审。

（三）决定提审

决定提审是指最高人民法院对各级人民法院已经发生法律效力的判决和裁定，上级人民法院对下级人民法院已经发生法律效力的判决和裁定，如果发现确有错误，可以决定提审，也即可以直接组成合议庭，调取原审案卷和材料并进行审判。

（四）提出抗诉

提出抗诉是指最高人民检察院对各级人民法院已经发生法律效力的判决和裁定，上级人民检察院对下级人民法院已经发生法律效力的判决和裁定，如果发现确有错误，有权按照审判监督程序向同级人民法院提出抗诉。

上述内容可通过下表理解和记忆：

<table>
<tr><th></th><th></th><th>方式</th><th>主体</th><th>对象</th></tr>
<tr><td rowspan="5">提起审监的主体和方式</td><td rowspan="3">法院</td><td>决定再审。</td><td>各级法院院长经提交审委会讨论。</td><td>本院生效裁判。</td></tr>
<tr><td rowspan="2">指令再审或决定提审。</td><td>最高人民法院。</td><td>各级法院生效裁判。</td></tr>
<tr><td>上级人民法院。</td><td>下级法院生效裁判。</td></tr>
<tr><td rowspan="2">检察院</td><td rowspan="2">提出抗诉。</td><td>最高人民检察院。</td><td>各级法院生效裁判。</td></tr>
<tr><td>上级人民检察院。</td><td>下级法院生效裁判。</td></tr>
</table>

例 1 甲因犯抢劫罪被市检察院提起公诉，经一审法院审理，判处死刑缓期二年执行。甲上诉，省高级人民法院核准死缓判决。根据审判监督程序规定，下列哪一做法是错误的？

A. 最高法院自行对该案重新审理，依法改判

B. 最高法院指令省高级人民法院再审

C. 最高检察院对该案向最高法院提出抗诉

D. 省检察院对该案向省高院提出抗诉

提示：选项 D 错误，该案中生效裁判为省高级人民法院核准的死缓判决，只能由其上级检察院向同级法院提出抗诉，也即由最高检察院向最高法院提出抗诉。

二、提出抗诉

最高人民法院 2011 年公布了《关于审理人民检察院按照审判监督程序提出的刑事抗诉案件若干问题的规定》，该规定于 2012 年 1 月 1 日施行。而于 2013 年 1 月 1 日施行的《刑事诉讼法》和《最高人民法院关于适用〈中华人民共和国刑事诉讼法〉的解释》对《关于审理人民检察院按照审判监督程序提出的刑事诉讼案件若干问题的规定》中的内容予以了吸收和修改，因此对于相关内容应以《刑事诉讼法》和《最高人民法院关于适用〈中华人民共和国刑事诉讼法〉的解释》为准。

（一）对抗诉的程序性审查及处理

《关于审理人民检察院按照审判监督程序提出的刑事诉讼案件若干问题的规定》第 1 条规定："人民法院收到人民检察院的抗诉书后，应在一个月内立案。经审查，具有下列情形之一的，应当决定退回人民检察院：（一）不属于本院管辖的；（二）按照抗诉书提供的住址无法向被提出抗诉的原审被告人送达抗诉书的；（三）以有新证据为由提出抗诉，抗诉书未附有新的证据目录、证人名单和主要证据复印件或者照片的；（四）以有新证据为由提出抗诉，但该证据并不是指向原起诉事实的。人民法院决定退回的刑事抗诉案件，人民检察院经补充相关材料后再次提出抗诉，经审查符合受理条件的，人民法院应当予以受理。"

《最高人民法院关于适用〈中华人民共和国刑事诉讼法〉的解释》第 380 条将此规定修改为："对人民检察院依照审判监督程序提出抗诉的案件，人民法院应当在收到抗诉书后一个月内立案。但是，有下列情形之一的，应当区别情况予以处理：（一）对不属于本院管辖的，应当将案件退回人民检察院；（二）按照抗诉书提供的住址无法向被抗诉的原审被告人送达抗诉书的，应当通知人民检察院在三日内重新提供原审被告人的住址；逾期未提供的，将案件退回人民检察院；（三）以有新的证据为由提出抗诉，但未附相关证据材料或者

有关证据不是指向原起诉事实的，应当通知人民检察院在三日内补送相关材料；逾期未补送的，将案件退回人民检察院。决定退回的抗诉案件，人民检察院经补充相关材料后再次抗诉，经审查符合受理条件的，人民法院应当受理。”其变化有二：一是对于材料欠缺的，先通知人民检察院在三日内补充，逾期未补充的才退回，而不是直接退回；二是对于以并不是指向原起诉事实的新证据为由提出抗诉的，不能将案件退回人民检察院。

上述内容可以通过下表理解和记忆：

	处理	情形
程序性审查及处理	退回人民检察院。	不属于本院管辖的。
		按照抗诉书提供的住址无法向被提出抗诉的原审被告人送达抗诉书，且经通知逾期未提供的。
		以有新证据为由提出抗诉，抗诉书未附有新的证据目录、证人名单和主要证据复印件或者照片的，且经通知逾期未补送的。

（二）接受抗诉的人民法院应当组成合议庭重新审理，对于原判决事实不清楚或者证据不足的可以指令下级人民法院再审

《关于审理人民检察院按照审判监督程序提出的刑事诉讼案件若干问题的规定》第2条规定：“人民检察院按照审判监督程序提出的刑事抗诉案件，接受抗诉的人民法院应当组成合议庭进行审理。涉及新证据需要指令下级人民法院再审的，接受抗诉的人民法院应当在接受抗诉之日起一个月以内作出决定，并将指令再审决定书送达提出抗诉的人民检察院。”

《关于审理人民检察院按照审判监督程序提出的刑事诉讼案件若干问题的规定》第4条规定：“对于原判决、裁定事实不清或者证据不足的案件，接受抗诉的人民法院进行重新审理后，应当按照下列情形分别处理：（一）经审理能够查清事实的，应当在查清事实后依法裁判；（二）经审理仍无法查清事实，证据不足，不能认定原审被告人有罪的，应当判决宣告原审被告人无罪；（三）经审理发现有新证据且超过刑事诉讼法规定的指令再审期限的，可以裁定撤销原判，发回原审人民法院重新审判。”

因此，根据上述规定，只有涉及新证据的才需要指令下级人民法院再审，只有经审理发现新证据且超过法定指令再审期限的，才可以发回原审人民法院重新审判。除此之外，对于原判决、裁定事实不清或者证据不足的，均应由接受抗诉的人民法院直接予以重新审理并作出裁判。

但是，《刑事诉讼法》第254条第4款却规定：“人民检察院抗诉的案件，接受抗诉的人民法院应当组成合议庭重新审理，对于原判决事实不清楚或者证据不足的，可以指令下级人民法院再审。”《最高人民法院关于适用〈中华人民共和国刑事诉讼法〉的解释》第381条规定：“对人民检察院依照审判监督程序提出抗诉的案件，接受抗诉的人民法院应当组成合议庭审理。对原判事实不清、证据不足，包括有新的证据证明原判可能有错误，需要指令下级人民法院再审的，应当在立案之日起一个月内作出决定，并将指令再审决定书送达抗诉的人民检察院。”由于《关于审理人民检察院按照审判监督程序提出的刑事诉讼案件若干问题的规定》是2012年实施的，而《刑事诉讼法》和《最高人民法院关于适用〈中华人民共和国刑事诉讼法〉的解释》是2013年实施的，因此应采《刑事诉讼法》《最高人民法院关于适用〈中华人民共和国刑事诉讼法〉的解释》的规定。据此，2017年第四

卷案例分析题的第4题根据《关于审理人民检察院按照审判监督程序提出的刑事诉讼案件若干问题的规定》第4条给出答案，实际上是有问题的。

三、指令再审

上级人民法院指令下级人民法院再审的，一般应当指令原审人民法院以外的下级人民法院审理；由原审人民法院审理更有利于查明案件事实、纠正裁判错误的，可以指令原审人民法院审理。

例2 关于审判监督程序，下列哪一选项是正确的？

B. 上级法院指令下级法院再审的，应当指令原审法院以外的下级法院审理；由原审法院审理更为适宜的，也可以指令原审法院审理

提示：选项B正确。

此外，《关于审理人民检察院按照审判监督程序提出的刑事诉讼案件若干问题的规定》第5条规定："对于指令再审的案件，如果原来是第一审案件，接受抗诉的人民法院应当指令第一审人民法院依照第一审程序进行审判，所作的判决、裁定，可以上诉、抗诉；如果原来是第二审案件，接受抗诉的人民法院应当指令第二审人民法院依照第二审程序进行审判，所作的判决、裁定，是终审的判决、裁定。"

四、决定提审

上级人民法院发现下级人民法院已经发生法律效力的判决、裁定认定事实正确但适用法律错误，或者案件疑难、复杂、重大，或者有不宜由原审人民法院审理情形的，也可以提审。

上述内容可以通过下表理解和记忆：

<table>
<tr><th></th><th>再审理由</th><th>具体情形</th><th>方式</th><th>条件</th><th>指定再审的法院</th></tr>
<tr><td rowspan="5">上级法院</td><td rowspan="4">事实不清、证据不足。</td><td rowspan="2">一般</td><td rowspan="2">指令再审。</td><td>一般</td><td>原审法院以外的下级法院。</td></tr>
<tr><td>更适宜</td><td>原审法院。</td></tr>
<tr><td>案件疑难、复杂、重大。</td><td rowspan="3" colspan="3">决定提审。</td></tr>
<tr><td>不宜由原审法院审理。</td></tr>
<tr><td>适用法律错误。</td><td></td></tr>
</table>

也即对于事实不清、证据不足的，一般应指定下级法院再审，但对于案件疑难、复杂、重大或者不宜由原审法院审理的，也可以决定提审。

第三节 重新审判的程序和审判后的处理

重要法条及司法解释

《刑事诉讼法》第256、257条。

《最高人民法院关于适用〈中华人民共和国刑事诉讼法〉的解释》第382~390条。

命题分析

“重新审判的程序和审判后的处理”近年来考查了多次。从考查内容来看，这一考点下的内容比较分散，对各部分内容的考查也比较平均。从考查趋势来看，这一考点下的内容仍可能以选择题的选项形式分散出现。

知识点精讲

一、制作再审决定书

对决定依照审判监督程序重新审判的案件，除人民检察院抗诉的以外，人民法院应当制作再审决定书。

二、中止执行与强制措施

1. 再审期间不停止原判决、裁定的执行。

2. 可以决定中止执行的情形：

（1）被告人可能经再审改判无罪；

（2）被告人可能经再审减轻原判刑罚而致刑期届满。

3. 必要时，可以对被告人采取取保候审、监视居住措施。

4. 人民法院决定再审的案件，需要对被告人采取强制措施的，由人民法院依法决定；人民检察院提出抗诉的再审案件，需要对被告人采取强制措施的，由人民检察院依法决定。

例 1 关于审判监督程序，下列哪一选项是正确的？

C. 不论是否属于由检察院提起抗诉的再审案件，逮捕由检察院决定

D. 法院按照审判监督程序审判的案件，应当决定中止原判决、裁定的执行

提示：选项 C、D 均错误。

例 2 邢某因涉嫌强奸罪被判处有期徒刑。刑罚执行期间，邢某父母找到证人金某，证明案发时邢某正与金某在外开会，邢某父母提出申诉。法院对该案启动再审。关于原判决的执行，下列哪一说法是正确的？

A. 继续执行原判决

B. 由再审法院裁定中止执行原判决

C. 由再审法院决定中止执行原判决

D. 报省级法院决定中止原判决

提示：选项 C 正确。

三、审理程序

（一）适用程序

如果原来是第一审案件，应当依照第一审程序进行审判，所作的判决、裁定，可以上

诉、抗诉；如果原来是第二审案件，或者是上级人民法院提审的案件，应当依照第二审程序进行审判，所作的判决、裁定，是终审的判决、裁定。

（二）审理方式

（1）开庭审理：原则上开庭审理。

（2）不开庭审理：对原审被告人、原审自诉人已经死亡或者丧失行为能力的再审案件，可以不开庭审理。

例3 下列再审案件，哪些可以不开庭审理？

A. 李某抢劫案，原判事实清楚、证据确实充分，但适用法律错误，量刑畸重

B. 葛某受贿案，葛某已死亡

C. 张某、卞某为同案原审被告人，张某在交通十分不便的边远地区监狱服刑，提审到庭确有困难，但未经抗诉的检察院同意

D. 陈某强奸案，原生效裁判于1979年之前作出

提示：根据2002年施行的《最高人民法院关于刑事再审案件开庭审理程序的具体规定》第6条的规定，本题选项A、B、D均属于可以不开庭审理的案件。但是，2013年施行的《最高人民法院关于适用〈中华人民共和国刑事诉讼法〉的解释》仅规定："对原审被告人、原审自诉人已经死亡或者丧失行为能力的再审案件，可以不开庭审理。"故而只有选项B正确。

（三）参加人员

（1）由原审人民法院审理的，应当另行组成合议庭进行。

（2）开庭审理的，同级人民检察院应当派员出席法庭。

（3）开庭审理的，再审决定书或者抗诉书只针对部分原审被告人，其他同案原审被告人不出庭不影响审理的，可以不出庭参加诉讼。

（四）审理范围

依照审判监督程序重新审判的案件，人民法院应当重点针对申诉、抗诉和决定再审的理由进行审理。必要时，应当对原判决、裁定认定的事实、证据和适用法律进行全面审查。

（五）撤诉和按撤诉处理

人民法院审理人民检察院抗诉的再审案件，人民检察院在开庭审理前撤回抗诉的，应当裁定准许；人民检察院接到出庭通知后不派员出庭，且未说明原因的，可以裁定按撤回抗诉处理，并通知诉讼参与人。

人民法院审理申诉人申诉的再审案件，申诉人在再审期间撤回申诉的，应当裁定准许；申诉人经依法通知无正当理由拒不到庭，或者未经法庭许可中途退庭的，应当裁定按撤回申诉处理，但申诉人不是原审当事人的除外。

四、重新审判后的处理

再审案件经过重新审理后，应当按照下列情形分别处理：①原判决、裁定认定事实和适用法律正确、量刑适当的，应当裁定驳回申诉或者抗诉，维持原判决、裁定；②原判决、

裁定定罪准确、量刑适当，但在认定事实、适用法律等方面有瑕疵的，应当裁定纠正并维持原判决、裁定；③原判决、裁定认定事实没有错误，但适用法律错误，或者量刑不当的，应当撤销原判决、裁定，依法改判；④依照第二审程序审理的案件，原判决、裁定事实不清或者证据不足的，可以在查清事实后改判，也可以裁定撤销原判，发回原审人民法院重新审判。

原判决、裁定事实不清或者证据不足，经审理事实已经查清的，应当根据查清的事实依法裁判；事实仍无法查清，证据不足，不能认定被告人有罪的，应当撤销原判决、裁定，判决宣告被告人无罪。

原判决、裁定认定被告人姓名等身份信息有误，但认定事实和适用法律正确、量刑适当的，作出生效判决、裁定的人民法院可以通过裁定对有关信息予以更正。

上述内容可通过下表理解和记忆：

<table>
<tr><th></th><th>原判决、裁定的情况</th><th colspan="2">处理</th></tr>
<tr><td rowspan="7">重新审理后的处理</td><td>认定事实和适用法律正确、量刑适当。</td><td colspan="2">裁定驳回申诉或者抗诉，维持原判决、裁定。</td></tr>
<tr><td rowspan="2">定罪准确、量刑适当，但在认定事实、适用法律等方面有瑕疵。</td><td colspan="2">裁定纠正并维持原判决、裁定。</td></tr>
<tr><td colspan="2">撤销原判决、裁定，依法改判。</td></tr>
<tr><td>认定事实没有错误，但适用法律错误，或者量刑不当。</td><td>依照二审程序审理的。</td><td>可以裁定撤销原判，发回原审人民法院重新审判。</td></tr>
<tr><td rowspan="2">事实不清或者证据不足。</td><td rowspan="2">依照一审程序审理的或依照二审程序审理没有发回重审的。</td><td>经审理事实已经查清的，应当根据查清的事实依法裁判。</td></tr>
<tr><td>事实仍无法查清，证据不足，不能认定被告人有罪的，应当撤销原裁判，判决宣告被告人无罪。</td></tr>
<tr><td>认定被告人姓名等身份信息有误，但认定事实和适用法律正确、量刑适当。</td><td colspan="2">作出生效判决、裁定的人民法院可以通过裁定对有关信息予以更正。</td></tr>
</table>

此外，除人民检察院抗诉的以外，再审一般不得加重原审被告人的刑罚。再审决定书或者抗诉书只针对部分原审被告人的，不得加重其他同案原审被告人的刑罚。可见，再审不加刑与上诉不加刑不同，前者是“一般”不得加重被告人刑罚，后者是“一律”不得加重被告人刑罚。

第二十三章　执行程序

第一节　执行概述

重要法条及司法解释

《刑事诉讼法》第 259、264 条。

命题分析

执行概述部分主要涉及两个考点，一是执行的依据，即掌握哪些是属于生效的判决和裁定；二是掌握各类刑罚的执行主体。命题时往往会结合其他考点综合考查。

知识点精讲

一、执行的依据：生效的判决和裁定

下列判决、裁定是发生法律效力的判决、裁定：

（1）已过法定期限没有上诉、抗诉的判决、裁定。

（2）终审的判决和裁定。包括第二审的判决、裁定和最高人民法院的判决、裁定。终审的判决和裁定自宣告之日起发生法律效力。

（3）高级人民法院核准的死缓判决、裁定。

（4）最高人民法院核准死刑的以及核准在法定刑以下判处刑罚的判决和裁定。

二、执行的机关

法院	死刑立即执行、无罪、免处、罚金、没收财产。
监狱	死缓、无期、有期（剩余刑期 3 个月以下的由看守所代为执行） 注意：公安机关在接到人民法院生效的死缓、无期、有期徒刑的判决书、裁定书以及执行通知书后，应当在一个月以内将罪犯送交监狱执行。
社区矫正机构	管制、缓刑、假释、暂予监外执行。
公安机关	拘役（看守所）、剥夺政治权利。

注意：人民检察院不负责任何一种刑罚的执行，只负责执行监督。

第二节　各种判决、裁定的执行

重要法条及司法解释

《刑事诉讼法》第262、263、272条。

《最高人民法院关于适用〈中华人民共和国刑事诉讼法〉的解释》第417~428、438~447条。

《最高人民法院关于刑事裁判涉财产部分执行的若干规定》第1~16条。

命题分析

“各种判决、裁定的执行”中常见的考点主要是“死刑的执行”以及“财产刑和附带民事裁判的执行”两部分。“死刑的执行”往往又和“死刑执行的变更”“死刑复核”结合起来综合命制题目，因此在第一部分我们将把死刑的执行和死刑执行中的变更结合起来一并解析。

“财产刑和附带民事裁判的执行”近年来考查不多，都是直接考查《最高人民法院关于刑事裁判财产部分执行的若干规定》，而且都是以专题予以考查，而非仅作为某一选项予以考查。从考查趋势来看，就《刑事诉讼法》和《最高人民法院关于适用〈中华人民共和国刑事诉讼法〉的解释》关于财产刑和附带民事裁判的执行的一般规定及就《最高人民法院关于刑事裁判财产部分执行的若干规定》予以考查的可能性均存在，后者的可能性更大些。

知识点精讲

一、死刑的执行和变更

1. 执行的依据：最高人民法院院长签发的死刑执行令

2. 执行的法院：第一审（原审）法院在接到死刑执行令后应当在7日内执行完毕。死缓期间故意犯罪被执行死刑的，由罪犯服刑地中院执行。

3. 执行前的会见：第一审法院在执行死刑前，应当告知罪犯有权会见其近亲属。罪犯申请会见并提供具体联系方式的，人民法院应当通知其近亲属。罪犯近亲属申请会见的，人民法院应当准许，并及时安排会见。

4. 执行的监督：第一审人民法院在执行死刑三日前，应当通知同级人民检察院派员临场监督。

5. 执行方式与场所：死刑采用枪决或者注射等方法执行。采用注射方法执行死刑的，应当在指定的刑场或者羁押场所内执行。采用枪决、注射以外的其他方法执行死刑的，应当事先层报最高人民法院批准。

3. 执行变更：

（1）第一审法院暂停执行：

第一审人民法院在接到执行死刑命令后、执行前，发现有下列情形之一的，应当暂停执行，并立即将请求停止执行死刑的报告和相关材料层报最高人民法院：①罪犯可能有其他犯罪的；②共同犯罪的其他犯罪嫌疑人到案，可能影响罪犯量刑的；③共同犯罪的其他罪犯被暂停或者停止执行死刑，可能影响罪犯量刑的；④罪犯揭发重大犯罪事实或者有其他重大立功表现，可能需要改判的；⑤罪犯怀孕的；⑥判决、裁定可能有影响定罪量刑的其他错误的。

最高人民法院经审查，认为可能影响罪犯定罪量刑的，应当裁定停止执行死刑；认为不影响的，应当决定继续执行死刑。

注意：《刑事诉讼法》第 262 条规定：下级人民法院接到最高人民法院执行死刑的命令后，应当在七日以内交付执行。但是发现有下列情形之一的，应当停止执行，并且立即报告最高人民法院，由最高人民法院作出裁定：①在执行前发现判决可能有错误的；②在执行前罪犯揭发重大犯罪事实或者有其他重大立功表现，可能需要改判的；③罪犯正在怀孕。前款第一项、第二项停止执行的原因消失后，必须报请最高人民法院院长再签发执行死刑的命令才能执行；由于前款第三项原因停止执行的，应当报请最高人民法院依法改判。

这里下级法院的停止执行和第一审法院的暂停执行其实是一样的，暂停执行的情形已经包含了停止执行，考生只需掌握暂停执行死刑即可。

（2）最高人民法院裁定停止执行：

最高人民法院在执行死刑命令签发后、执行前，发现有前述 6 种情形的，应当立即裁定停止执行死刑，并将有关材料移交下级人民法院。下级人民法院接到最高人民法院停止执行死刑的裁定后，应当会同有关部门调查核实停止执行死刑的事由，并及时将调查结果和意见层报最高人民法院审核。对下级人民法院报送的停止执行死刑的调查结果和意见，由最高人民法院原作出核准死刑判决、裁定的合议庭负责审查，必要时，另行组成合议庭进行审查。

最高人民法院对停止执行死刑的案件，应当按照下列情形分别处理：①确认罪犯怀孕的，应当改判；②确认罪犯有其他犯罪，依法应当追诉的，应当裁定不予核准死刑，撤销原判，发回重新审判；③确认原判决、裁定有错误或者罪犯有重大立功表现，需要改判的，应当裁定不予核准死刑，撤销原判，发回重新审判；④确认原判决、裁定没有错误，罪犯没有重大立功表现，或者重大立功表现不影响原判决、裁定执行的，应当裁定继续执行死刑，并由院长重新签发执行死刑的命令。

例 1 《刑事诉讼法》规定，下级法院接到最高法院执行死刑的命令后，发现有关情形时，应当停止执行，并且立即报告最高法院，由最高法院作出裁定。下列哪些情形应当适用该规定？

A. 发现关键定罪证据可能是刑讯逼供所得

B. 判决书认定的年龄错误，实际年龄未满 18 周岁

C. 提供一重大银行抢劫案线索，经查证属实

D. 罪犯正在怀孕

提示：选项A、B正确，都属于判决可能有错误的情况。选项C属于在执行前罪犯揭发重大犯罪事实或者有其他重大立功表现，可能需要改判的，也正确。所以本题的正确答案是ABCD。

例2 关于停止执行死刑的程序，下列哪一选项是正确的？

A. 下级法院接到最高法院执行死刑的命令后，执行前发现具有法定停止执行情形的，应当暂停执行并直接将请求停止执行报告及相关材料报最高法院

B. 最高法院审查下级法院报送的停止执行死刑报告后，应当作出下级法院停止或继续执行死刑的裁定

C. 下级法院停止执行后，可以自行调查核实，也可以与有关部门一同对相关情况进行调查核实

D. 下级法院停止执行并会同有关部门调查或自行调查后，应当迅速将调查结果直接报最高法院

提示：选项A错误。停止执行报告及材料要层报最高人民法院，而非直接报送给最高人民法院。选项C、D错误。下级人民法院不能自行调查核实，调查结果也不能直接报最高人民法院。

二、财产刑和附带民事判决的执行

（一）执行主体

财产刑和附带民事裁判由第一审人民法院负责裁判执行的机构执行。

被执行人或者被执行财产在外地的，可以委托当地人民法院执行。受托法院在执行财产刑后，应当及时将执行的财产上缴国库。

没收财产的判决，在必要的时候，可以会同公安机关执行。

（二）罚金的执行方法

1. 一次或分期缴纳

罚金在判决规定的期限内一次或者分期缴纳。

2. 强制缴纳与随时追缴

期满无故不缴纳或者未足额缴纳的，人民法院应当强制缴纳。经强制缴纳仍不能全部缴纳的，在任何时候，包括主刑执行完毕后，发现被执行人有可供执行的财产的，应当追缴。

3. 罚金的减免

因遭遇不能抗拒的灾祸缴纳罚金确有困难，被执行人申请减少或者免除罚金的，应当提交相关证明材料。人民法院应当在收到申请后一个月内作出裁定。符合法定减免条件的，应当准许；不符合条件的，驳回申请。

4. 罚金的抵扣

行政机关对被告人就同一事实已经处以罚款的，人民法院判处罚金时应当折抵，扣除

行政处罚已执行的部分。

上述内容可通过下表理解和记忆：

<table>
<tr><th></th><th>条件</th><th>执行方法</th></tr>
<tr><td rowspan="5">罚金的执行</td><td>一般情况下。</td><td>在判决规定的期限内一次或者分期缴纳。</td></tr>
<tr><td>期满无故不缴纳或者未足额缴纳。</td><td>强制缴纳。</td></tr>
<tr><td>经强制缴纳仍不能全部缴纳。</td><td>随时（包括主刑执行完毕后）追缴。</td></tr>
<tr><td>因遭遇不能抗拒的灾祸缴纳罚金确有困难。</td><td>减少或者免除。</td></tr>
<tr><td>行政机关对被告人就同一事实已处罚款。</td><td>抵扣行政处罚已执行部分。</td></tr>
</table>

（三）履行顺序

被判处财产刑，同时又承担附带民事赔偿责任的被执行人，应当先履行民事赔偿责任。

判处财产刑之前被执行人所负正当债务，需要以被执行的财产偿还的，经债权人请求，应当偿还。

（四）中止执行与终结执行

1. 中止执行

执行财产刑过程中，具有下列情形之一的，人民法院应当裁定中止执行：①执行标的物系人民法院或者仲裁机构正在审理案件的争议标的物，需等待该案件审理完毕确定权属的；②案外人对执行标的物提出异议的；③应当中止执行的其他情形。

中止执行的原因消除后，应当恢复执行。

2. 终结执行

执行财产刑过程中，具有下列情形之一的，人民法院应当裁定终结执行：①据以执行的判决、裁定被撤销的；②被执行人死亡或者被执行死刑，且无财产可供执行的；③被判处罚金的单位终止，且无财产可供执行的；④依照《刑法》第53条规定免除罚金的；⑤应当终结执行的其他情形。

裁定终结执行后，发现被执行人的财产有被隐匿、转移等情形的，应当追缴。

上述内容可通过下表理解和记忆：

<table>
<tr><th></th><th>情形</th><th>备注</th></tr>
<tr><td rowspan="3">中止执行</td><td>执行标的物系人民法院或者仲裁机构正在审理案件的争议标的物，需等待该案件审理完毕确定权属的。</td><td rowspan="3">中止执行的原因消除后，应当恢复执行。</td></tr>
<tr><td>案外人对执行标的物提出异议的。</td></tr>
<tr><td>应当中止执行的其他情形。</td></tr>
<tr><td rowspan="5">终结执行</td><td>据以执行的判决、裁定被撤销的。</td><td rowspan="5">裁定终结执行后，发现被执行人的财产有被隐匿、转移等情形的，应当追缴。</td></tr>
<tr><td>被执行人死亡或者被执行死刑，且无财产可供执行的。</td></tr>
<tr><td>被判处罚金的单位终止，且无财产可供执行的。</td></tr>
<tr><td>免除罚金的。</td></tr>
<tr><td>应当终结执行的其他情形。</td></tr>
</table>

例3 被告人王某故意杀人案经某市中级人民法院审理，认为案件事实清楚，证据确实、充分。如王某被并处没收个人财产，关于本案财产刑的执行及赔偿、债务偿还，下列说法正确的是哪几项?

A. 财产刑由公安机关执行

B. 王某应先履行对提起附带民事诉讼的被害人的民事赔偿责任

C. 案外人对执行标的物提出异议的，法院应当裁定中止执行

D. 王某在案发前所负所有债务，经债权人请求先行予以偿还

提示：选项B、C正确。选项A、D错误，财产刑由人民法院执行；王某在案发前所负的正当债务，而非所有债务，经债权人请求应先行偿还。

（五）撤销

财产刑全部或者部分被撤销的，已经执行的财产应当全部或者部分返还被执行人；无法返还的，应当依法赔偿。

三、《最高人民法院关于刑事裁判涉财产部分执行的若干规定》

（一）执行主体

刑事裁判涉财产部分，由第一审人民法院执行。第一审人民法院可以委托财产所在地的同级人民法院执行。

（二）裁判内容

刑事裁判涉财产部分的裁判内容，应当明确、具体。

涉案财物或被害人人数较多，不宜在判决主文中详细列明的，可以概括叙明并另附清单。

判处没收部分财产的，应当明确没收的具体财物或者金额。

判处追缴或责令退赔的，应当明确追缴或者退赔的金额或财物的名称、数量等相关情况。

（三）执行期限

人民法院办理刑事裁判涉财产部分执行案件的期限为六个月。有特殊情况需要延长的，经本院院长批准，可以延长。

（四）执行程序与方式

1. 执行部门与程序

（1）人民法院刑事审判中可能判处被告人财产刑、责令退赔的，刑事审判部门应当依法对被告人的财产状况进行调查；发现可能隐匿、转移财产的，应当及时查封、扣押、冻结其相应财产。

（2）由人民法院执行机构负责执行的刑事裁判涉财产部分，刑事审判部门应当及时移送立案部门审查立案。移送立案应当提交生效裁判文书及其附件和其他相关材料，并填写《移送执行表》。《移送执行表》应当载明以下内容：①被执行人、被害人的基本信息；②已查明的财产状况或者财产线索；③随案移送的财产和已经处置财产的情况；

④查封、扣押、冻结财产的情况；⑤移送执行的时间；⑥其他需要说明的情况。人民法院立案部门经审查，认为属于移送范围且移送材料齐全的，应当在七日内立案，并移送执行机构。

2. 执行方式

（1）续行查封、扣押、冻结与直接裁定处置

刑事审判或者执行中，对于侦查机关已经采取的查封、扣押、冻结，人民法院应当在期限届满前及时续行查封、扣押、冻结。人民法院续行查封、扣押、冻结的顺位与侦查机关查封、扣押、冻结的顺位相同。

对侦查机关查封、扣押、冻结的财产，人民法院执行中可以直接裁定处置，无须侦查机关出具解除手续，但裁定中应当指明侦查机关查封、扣押、冻结的事实。

（2）请求有关单位协助调查、查封、扣押、冻结、划拨等

人民法院可以向刑罚执行机关、社区矫正机构等有关单位调查被执行人的财产状况，并可以根据不同情形要求有关单位协助采取查封、扣押、冻结、划拨等执行措施。

（3）拍卖、变卖

被执行财产需要变价的，人民法院执行机构应当依法采取拍卖、变卖等变价措施。

涉案财物最后一次拍卖未能成交，需要上缴国库的，人民法院应当通知有关财政机关以该次拍卖保留价予以接收；有关财政机关要求继续变价的，可以进行无保留价拍卖。

需要退赔被害人的，以该次拍卖保留价以物退赔；被害人不同意以物退赔的，可以进行无保留价拍卖。

（五）执行范围

1. 判处没收财产的，应当执行刑事裁判生效时被执行人合法所有的财产。

2. 保留被执行人及其所抚养家属的生活必须费用。

执行没收财产或罚金刑，应当参照被扶养人住所地政府公布的上年度当地居民最低生活费标准，保留被执行人及其所扶养家属的生活必需费用。

3. 追缴账款赃物及其收益。

对赃款赃物及其收益，人民法院应当一并追缴。

（1）对用于投资或置业的账款赃物及其收益的追缴。

被执行人将赃款赃物投资或者置业，对因此形成的财产及其收益，人民法院应予追缴。

被执行人将赃款赃物与其他合法财产共同投资或者置业，对因此形成的财产中与赃款赃物对应的份额及其收益，人民法院应予追缴。

（2）对用于清偿债务、转让或者设置其他权利负担的账款赃物的追缴。

被执行人将刑事裁判认定为赃款赃物的涉案财物用于清偿债务、转让或者设置其他权利负担，具有下列情形之一的，人民法院应予追缴：①第三人明知是涉案财物而接受的；②第三人无偿或者以明显低于市场的价格取得涉案财物的；③第三人通过非法债务清偿或者违法犯罪活动取得涉案财物的；④第三人通过其他恶意方式取得涉案财物的。

第三人善意取得涉案财物的，执行程序中不予追缴。作为原所有人的被害人对该涉案

财物主张权利的，人民法院应当告知其通过诉讼程序处理。

对用于清偿债务、转让或者设置其他权利负担的账款赃物的追缴可通过下表理解和记忆：

		情形	备注
追缴范围	应予追缴	第三人明知是涉案财物而接受的。	
		第三人无偿或者以明显低于市场的价格取得涉案财物的。	
		第三人通过非法债务清偿或违法犯罪活动取得涉案财物。	
		第三人通过其他恶意方式取得涉案财物的。	
	不予追缴	第三人善意取得涉案财物的。	作为原所有人的被害人对该涉案财物主张权利的，告知其通过诉讼程序处理。

4. 赔偿被害人损失。对于被害人的损失，应当按照刑事裁判认定的实际损失予以发还或者赔偿。

（六）执行顺序

被执行人在执行中同时承担刑事责任、民事责任，其财产不足以支付的，按照下列顺序执行：①人身损害赔偿中的医疗费用；②退赔被害人的损失；③其他民事债务；④罚金；⑤没收财产。

债权人对执行标的依法享有优先受偿权，其主张优先受偿的，人民法院应当在前款第1项规定的医疗费用受偿后，予以支持。

也即执行顺序为：①支付人身损害赔偿中的医疗费用；②偿还债权人有优先受偿权的民事债务；③退赔被害人的损失；④偿还其他民事债务；⑤罚金；⑥没收财产。

（七）执行异议

执行过程中，当事人、利害关系人认为执行行为违反法律规定，或者案外人对执行标的主张足以阻止执行的实体权利，向执行法院提出书面异议的，执行法院应当依照《民事诉讼法》第225条的规定处理。《民事诉讼法》第225条规定："当事人、利害关系人认为执行行为违反法律规定的，可以向负责执行的人民法院提出书面异议。当事人、利害关系人提出书面异议的，人民法院应当自收到书面异议之日起十五日内审查，理由成立的，裁定撤销或者改正；理由不成立的，裁定驳回。当事人、利害关系人对裁定不服的，可以自裁定送达之日起十日内向上一级人民法院申请复议。"

人民法院审查案外人异议、复议，应当公开听证。

执行过程中，案外人或被害人认为刑事裁判中对涉案财物是否属于赃款赃物认定错误或者应予认定而未认定，向执行法院提出书面异议，可以通过裁定补正的，执行机构应当将异议材料移送刑事审判部门处理；无法通过裁定补正的，应当告知异议人通过审判监督程序处理。

上述内容可通过下表理解和记忆：

<table>
<tr><th></th><th>事由</th><th>处理</th><th>备注</th></tr>
<tr><td rowspan="4">书面异议</td><td>当事人、利害关系人认为执行行为违反法律规定。</td><td rowspan="2">理由成立的，裁定撤销或改正；理由不成立的，裁定驳回；对裁定不服的，可向上一级人民法院申请复议。</td><td rowspan="2">审查案外人异议、复议，应公开听证。</td></tr>
<tr><td>案外人对执行标的主张足以阻止执行的实体权利。</td></tr>
<tr><td rowspan="2">案外人或被害人认为刑事裁判中对涉案财物是否属于赃款赃物认定错误或应予认定而未认定。</td><td>可通过裁定补正的，执行机构应当将异议材料移送刑事审判部门处理。</td><td rowspan="2"></td></tr>
<tr><td>无法通过裁定补正的，应当告知异议人通过审判监督程序处理。</td></tr>
</table>

第三节　执行变更

重要法条及司法解释

暂予监外执行：《刑事诉讼法》第265~268条、《最高人民法院关于适用〈中华人民共和国刑事诉讼法〉的解释》第432~435条、《最高人民法院、最高人民检察院、公安部、国家安全部、司法部、全国人大法制工作委员会关于实施刑事诉讼法若干问题的规定》第33~35条。

减刑假释：《刑事诉讼法》第273~274、《最高人民法院关于减刑、假释案件审理程序的规定》。

命题分析

"暂予监外执行"近年来考查了多次。从考查内容和形式来看，本考点的考查内容相对分散，涉及暂予监外执行的主体、程序等多方面内容，既有专题考查暂予监外执行的，也有作为一个选项与其他考点予以综合考查的。从考查趋势来看，近年几乎每年都有关于暂予监外执行的考题。对此考点再次进行考查的可能性也仍然很大，有可能进行专题考查，也有可能仅作为部分选项与其他考点一起进行综合考查。

"减刑、假释"近年考查不太多，主要涉及减刑、假释案件的审理程序，考生须注意2014年《最高人民法院关于减刑、假释案件审理程序的规定》这一司法解释。

知识点精讲

一、暂予监外执行

（一）暂予监外执行的适用对象

对被判处有期徒刑或者拘役的罪犯，有下列情形之一的，可以暂予监外执行：①有严重疾病需要保外就医的；②怀孕或者正在哺乳自己婴儿的妇女；③生活不能自理，适用暂予监外执行不致危害社会的。

对被判处无期徒刑的罪犯，是怀孕或者正在哺乳自己婴儿的妇女的，可以暂予监外执行。

对适用保外就医可能有社会危险性的罪犯，或者自伤自残的罪犯，不得保外就医。

对罪犯确有严重疾病，必须保外就医的，由省级人民政府指定的医院诊断并开具证明文件。

上述内容可通过下表理解和记忆：

<table>
<tr><th></th><th>对象</th><th colspan="2">条件</th></tr>
<tr><td rowspan="4">可以暂予监外执行</td><td rowspan="2">被判处有期徒刑或者拘役的。</td><td>有严重疾病需要保外就医的。</td><td>由省级人民政府指定的医院诊断并开具证明文件。</td></tr>
<tr><td colspan="2">怀孕或者正在哺乳自己婴儿的妇女。</td></tr>
<tr><td rowspan="2">被判处无期徒刑的。</td><td colspan="2">生活不能自理，适用暂予监外执行不致危害社会的。</td></tr>
<tr><td colspan="2">怀孕或者正在哺乳自己婴儿的妇女。</td></tr>
<tr><td rowspan="2">不得保外就医</td><td rowspan="2"></td><td colspan="2">适用保外就医可能有社会危险性的。</td></tr>
<tr><td colspan="2">自伤自残的。</td></tr>
</table>

（二）暂予监外执行的决定

1. 暂予监外执行的决定

（1）交付执行前

在交付执行前，暂予监外执行由交付执行的人民法院决定。

对于被告人可能被判处拘役、有期徒刑、无期徒刑，符合暂予监外执行条件的，被告人及其辩护人有权向人民法院提出暂予监外执行的申请，看守所可以将有关情况通报人民法院。人民法院应当进行审查，并在交付执行前作出是否暂予监外执行的决定。

人民法院决定暂予监外执行的，应当制作暂予监外执行决定书，写明罪犯基本情况、判决确定的罪名和刑罚、决定暂予监外执行的原因、依据等，通知罪犯居住地的县级司法行政机关派员办理交接手续，并将暂予监外执行决定书抄送罪犯居住地的县级人民检察院和公安机关。

（2）交付执行后

在交付执行后，暂予监外执行由监狱或者看守所提出书面意见，报省级以上监狱管理机关或者设区的市一级以上公安机关批准。

上述内容可通过下表理解和记忆：

<table>
<tr><th></th><th>时间</th><th>主体</th></tr>
<tr><td rowspan="2">暂予监外执行的决定</td><td>交付执行前</td><td>由交付执行的人民法院决定。</td></tr>
<tr><td>交付执行后</td><td>由监狱或者看守所提出书面意见，报省级以上监狱管理机关或者设区的市一级以上公安机关批准。</td></tr>
</table>

2. 人民检察院对暂予监外执行的决定的法律监督

监狱、看守所提出暂予监外执行的书面意见的，应当将书面意见的副本抄送人民检察院。人民检察院可以向决定或者批准机关提出书面意见。

决定或者批准暂予监外执行的机关应当将暂予监外执行决定抄送人民检察院。人民检察院认为暂予监外执行不当的，应当自接到通知之日起一个月以内将书面意见送交决定或者批准暂予监外执行的机关，决定或者批准暂予监外执行的机关接到人民检察院的书面意见后，应当立即对该决定进行重新核查。

人民检察院认为人民法院的暂予监外执行决定不当，在法定期限内提出书面意见的，人民法院应当立即对该决定重新核查，并在一个月内作出决定。

上述内容可通过下表理解和记忆：

<table>
<tr><th></th><th></th><th></th><th>人民检察院</th><th colspan="2">决定或批准机关</th></tr>
<tr><td rowspan="3">检察监督</td><td>监狱、看守所提出书面意见。</td><td>抄送书面意见副本。</td><td>可以向决定或者批准机关提出书面意见。</td><td colspan="2"></td></tr>
<tr><td>人民法院决定。</td><td rowspan="2">抄送暂予监外执行决定。</td><td rowspan="2">认为暂予监外执行不当，一个月以内将书面意见送交决定或批准机关。</td><td rowspan="2">立即重新核查。</td><td>一个月内决定。</td></tr>
<tr><td>监狱管理机关或公安机关批准。</td><td></td></tr>
</table>

（三）暂予监外执行的执行

1. 执行方式和主体

对暂予监外执行的罪犯，依法实行社区矫正，由社区矫正机构负责执行。

2. 收监

（1）收监的情形

对暂予监外执行的罪犯，有下列情形之一的，应当及时收监：①发现不符合暂予监外执行条件的；②严重违反有关暂予监外执行监督管理规定的；③暂予监外执行的情形消失后，罪犯刑期未满的。

根据《最高人民法院关于适用〈中华人民共和国刑事诉讼法〉的解释》第433条的规定，暂予监外执行的罪犯具有下列情形之一的，原作出暂予监外执行决定的人民法院，应当在收到执行机关的收监执行建议书后十五日内，作出收监执行的决定：①不符合暂予监外执行条件的；②未经批准离开所居住的市、县，经警告拒不改正，或者拒不报告行踪，脱离监管的；③因违反监督管理规定受到治安管理处罚，仍不改正的；④受到执行机关两次警告，仍不改正的；⑤保外就医期间不按规定提交病情复查情况，经警告拒不改正的；⑥暂予监外执行的情形消失后，刑期未满的；⑦保证人丧失保证条件或者因不履行义务被取消保证人资格，不能在规定期限内提出新的保证人的；⑧违反法律、行政法规和监督管理规定，情节严重的其他情形。

上述规定可通过下表理解和记忆：

	《刑事诉讼法》规定的情形	《最高人民法院关于适用〈中华人民共和国刑事诉讼法〉的解释》的补充
收监执行的情形	发现不符合暂予监外执行条件的。	
	严重违反有关暂予监外执行监督管理规定的。	未经批准离开所居住的市、县，经警告拒不改正，或者拒不报告行踪，脱离监管的。
		因违反监督管理规定受到治安管理处罚，仍不改正的。
		受到执行机关两次警告，仍不改正的。
		保外就医期间不按规定提交病情复查情况，经警告拒不改正的。
	暂予监外执行的情形消失后，刑期未满的。	
		保证人丧失保证条件或者因不履行义务被取消保证人资格，不能在规定期限内提出新的保证人的。

（2）人民法院决定收监的程序

原作出暂予监外执行决定的人民法院，应当在收到执行机关的收监执行建议书后十五日内，作出收监执行的决定。

人民法院应当将收监执行决定书送交罪犯居住地的县级司法行政机关，由其根据有关规定将罪犯交付执行。收监执行决定书应当同时抄送罪犯居住地的同级人民检察院和公安机关。

人民法院收监执行决定书，一经作出，立即生效。

3. 刑期计算

（1）不计入执行刑期的情形

不符合暂予监外执行条件的罪犯通过贿赂等非法手段被暂予监外执行的，在监外执行的期间不计入执行刑期。

罪犯在暂予监外执行期间脱逃的，脱逃的期间不计入执行刑期。

不计入执行刑期的情形	不符合暂予监外执行条件的罪犯通过贿赂等非法手段被暂予监外执行的。
	罪犯在暂予监外执行期间脱逃的（脱逃的期间不计入执行刑期）。

注意：罪犯在暂予监外执行期间脱逃的，仅仅是脱逃的期间，而非全部暂予监外执行的期间均不计入执行刑期。

（2）程序

对于人民法院决定暂予监外执行的罪犯有不计入执行刑期情形的，人民法院应当在作出收监决定时，确定不计入执行刑期的具体时间。

对于监狱管理机关或者公安机关决定暂予监外执行的罪犯具有上述情形的，罪犯被收监后，所在监狱或者看守所应当及时向所在地的中级人民法院提出不计入执行刑期的建议书，由人民法院审核裁定。

被决定收监执行的社区矫正人员在逃的，社区矫正机构应当立即通知公安机关，由公安机关负责追捕。

二、减刑、假释

（一）管辖及审理时间

刑罚	审理法院	裁定时间	备注
死缓减刑	服刑地高院	1个月。	在收到同级监狱管理机关审核同意的减刑建议书后。
无期徒刑减刑、假释	服刑地高院	1个月，案情复杂或者情况特殊的，可以延长一个月。	在收到同级监狱管理机关审核同意的减刑、假释建议书后。
有期徒刑减刑、假释	服刑地中院	1个月，案情复杂或者情况特殊的，可以延长一个月。	在收到执行机关的减刑、假释建议书。
拘役、管制减刑	服刑地中院	1个月。	在收到执行机关的减刑、假释建议书。

（二）审判组织

由审判员或者由审判员和人民陪审员组成合议庭进行。

（三）审理方式

（1）人民法院审理减刑、假释案件，可以采取开庭审理或者书面审理的方式。但下列减刑、假释案件，应当开庭审理：①因罪犯有重大立功表现报请减刑的；②报请减刑的起始时间、间隔时间或者减刑幅度不符合司法解释一般规定的；③公示期间收到不同意见的；④人民检察院有异议的；⑤被报请减刑、假释罪犯系职务犯罪罪犯，组织（领导、参加、包庇、纵容）黑社会性质组织犯罪罪犯，破坏金融管理秩序和金融诈骗犯罪罪犯及其他在社会上有重大影响或社会关注度高的；⑥人民法院认为其他应当开庭审理的。

（2）法院开庭审理减刑、假释案件，应当通知人民检察院、执行机关及被报请减刑、假释罪犯参加庭审。法院根据需要，可以通知证明罪犯确有悔改表现或者立功、重大立功表现的证人，公示期间提出不同意见的人，以及鉴定人、翻译人员等其他人员参加庭审。

（3）人民法院书面审理减刑案件，可以提讯被报请减刑罪犯；书面审理假释案件，应当提讯被报请假释罪犯。

（4）庭审过程中，合议庭人员对报请理由有疑问的，可以向被报请减刑、假释罪犯、证人、执行机关代表、检察人员提问。庭审过程中，检察人员对报请理由有疑问的，在经审判长许可后，可以出示证据，申请证人到庭，向被报请减刑、假释罪犯及证人提问并发表意见。被报请减刑、假释罪犯对报请理由有疑问的，在经审判长许可后，可以出示证据，申请证人到庭，向证人提问并发表意见。

（5）庭审过程中，合议庭对证据有疑问需要进行调查核实，或者检察人员、执行机关代表提出申请的，可以宣布休庭。

（四）审理结果

人民法院审理减刑、假释案件，应当按照下列情形分别处理：①被报请减刑、假释罪犯符合法律规定的减刑、假释条件的，作出予以减刑、假释的裁定；②被报请减刑的罪犯符合法律规定的减刑条件，但执行机关报请的减刑幅度不适当的，对减刑幅度作出相应调整后作出予以减刑的裁定；③被报请减刑、假释罪犯不符合法律规定的减刑、假释条件的，作出不予减刑、假释的裁定。

在人民法院作出减刑、假释裁定前，执行机关书面申请撤回减刑、假释建议的，是否准许，由人民法院决定。

人民法院开庭审理减刑、假释案件，能够当庭宣判的应当当庭宣判；不能当庭宣判的，可以择期宣判。

（五）检察监督

人民检察院认为人民法院减刑、假释裁定不当，在法定期限内提出书面纠正意见的，人民法院应当在收到纠正意见后另行组成合议庭审理，并在一个月内作出裁定。

（六）纠错

人民法院发现本院已经生效的减刑、假释裁定确有错误的，应当依法重新组成合议庭进行审理并作出裁定；上级人民法院发现下级人民法院已经生效的减刑、假释裁定确有错误的，应当指令下级人民法院另行组成合议庭审理，也可以自行依法组成合议庭进行审理并作出裁定。

第四节　对新罪、漏罪和申诉的处理

重要法条及司法解释

《刑事诉讼法》第 273、275 条。

命题分析

本知识点相对简单，但由于其特殊处理方式，因此考生须注意相关规定。

知识点精讲

一、对新罪、漏罪的处理

新罪是指罪犯在服刑期间实施的犯罪。漏罪是指在执行过程中发现的，罪犯在判决宣告前所犯的尚未判决的罪行。

罪犯在服刑期间又犯罪的，或者发现了判决的时候所没有发现的罪行，由执行机关移送人民检察院处理。

二、发现错判和对申诉的处理

监狱和其他执行机关在刑罚执行中，如果认为判决有错误或者罪犯提出申诉，应当转请人民检察院或者原判人民法院处理。

第二十四章 未成年人刑事案件诉讼程序

第一节 未成年人刑事案件诉讼程序的基本原则

重要法条及司法解释

《刑事诉讼法》第 279 条、第 280 条第 2 款。

《最高人民法院关于适用〈中华人民共和国刑事诉讼法〉的解释》第 464、476 条。

《人民检察院办理未成年人刑事案件的规定》（2013）第 9、51～54 条。

命题分析

“未成年人刑事诉讼程序的基本原则”的考查频率和分值都不高，均以选择题的一个选项的形式出现。但刑事诉讼法的很多考点看上去考查频率较高，实际上是因为该考点下内容较多，而若真正分配到某一个具体的考点，则五年内考查两次就已经算很高频了。而且，未成年人刑事诉讼程序的整体考查频率非常高，像“分案处理”这样五年内就考查过两次的考点再次考查的可能性还是比较大的，因此我们仍然作为重点内容予以讨论。

知识点精讲

一、全面调查原则

公安机关、人民检察院、人民法院办理未成年人刑事案件，根据情况可以对未成年犯罪嫌疑人、被告人的成长经历、犯罪原因、监护教育等情况进行调查。

《人民检察院办理未成年人刑事案件的规定》（2013）第 9 条规定：“人民检察院根据情况可以对未成年犯罪嫌疑人的成长经历、犯罪原因、监护教育等情况进行调查，并制作社会调查报告，作为办案和教育的参考。人民检察院开展社会调查，可以委托有关组织和机构进行。开展社会调查应当尊重和保护未成年人名誉，避免向不知情人员泄露未成年犯罪嫌疑人的涉罪信息。人民检察院应当对公安机关移送的社会调查报告进行审查，必要时可以进行补充调查。提起公诉的案件，社会调查报告应当随案移送人民法院。”

《最高人民法院关于适用〈中华人民共和国刑事诉讼法〉的解释》第 476 条规定：“对人民检察院移送的关于未成年被告人性格特点、家庭情况、社会交往、成长经历、犯罪原因、犯罪前后的表现、监护教育等情况的调查报告，以及辩护人提交的反映未成年被告人上述情况的书面材料，法庭应当接受。必要时，人民法院可以委托未成年被告人居住地的县级司法行政机关、共青团组织以及其他社会团体组织对未成年被告人的上述情况进行调查，或者自行调查。”

二、分案处理原则

分案处理的原则主要包括以下几方面内容：

（一）一般应分案起诉

《人民检察院办理未成年人刑事案件的规定》（2013）第51条规定："人民检察院审查未成年人与成年人共同犯罪案件，一般应当将未成年人与成年人分案起诉。但是具有下列情形之一的，可以不分案起诉：①未成年人系犯罪集团的组织者或者其他共同犯罪中的主犯的；②案件重大、疑难、复杂，分案起诉可能妨碍案件审理的；③涉及刑事附带民事诉讼，分案起诉妨碍附带民事诉讼部分审理的；④具有其他不宜分案起诉情形的。对分案起诉至同一人民法院的未成年人与成年人共同犯罪案件，由未成年人刑事检察机构一并办理更为适宜的，经检察长决定，可以由未成年人刑事检察机构一并办理。分案起诉的未成年人与成年人共同犯罪案件，由不同机构分别办理的，应当相互了解案件情况，提出量刑建议时，注意全案的量刑平衡。"

《人民检察院办理未成年人刑事案件的规定》（2013）第52条规定："对于分案起诉的未成年人与成年人共同犯罪案件，一般应当同时移送人民法院。对于需要补充侦查的，如果补充侦查事项不涉及未成年犯罪嫌疑人所参与的犯罪事实，不影响对未成年犯罪嫌疑人提起公诉的，应当对未成年犯罪嫌疑人先予提起公诉。"

《人民检察院办理未成年人刑事案件的规定》（2013）第53条规定："对于分案起诉的未成年人与成年人共同犯罪案件，在审查起诉过程中可以根据全案情况制作一个审结报告，起诉书以及出庭预案等应当分别制作。"

《人民检察院办理未成年人刑事案件的规定》（2013）第54条规定："人民检察院对未成年人与成年人共同犯罪案件分别提起公诉后，在诉讼过程中出现不宜分案起诉情形的，可以建议人民法院并案审理。"

上述内容可通过下表理解和记忆：

<table>
<tr><td rowspan="10">与成年人共同犯罪案件的起诉</td><td rowspan="4">可以不分案起诉</td><td colspan="4">未成年人系犯罪集团的组织者或者其他共同犯罪中的主犯的。</td></tr>
<tr><td colspan="4">案件重大、疑难、复杂，分案起诉可能妨碍案件审理的。</td></tr>
<tr><td colspan="4">涉及刑事附带民事诉讼，分案起诉妨碍附带民事诉讼部分审理的。</td></tr>
<tr><td colspan="4">具有其他不宜分案起诉情形的。</td></tr>
<tr><td rowspan="6">分案起诉</td><td rowspan="2">机构</td><td>一般情况下</td><td>由不同机构分别办理。</td><td>应当相互了解案件情况，提出量刑建议时，注意全案的量刑平衡。</td></tr>
<tr><td>由未检一并办理更为适宜的。</td><td colspan="2">经检察长决定，可以由未成年人刑事检察机构一并办理。</td></tr>
<tr><td rowspan="2">移送</td><td>一般情况下</td><td colspan="2">同时移送人民法院。</td></tr>
<tr><td>需要补充侦查的。</td><td colspan="2">如不涉及未成年犯罪嫌疑人所参与的犯罪事实，不影响对其提起公诉的，应对其先予提起公诉。</td></tr>
<tr><td rowspan="2">审理</td><td>一般情况下</td><td colspan="2">分案审理</td></tr>
<tr><td>提起公诉后出现不宜分案起诉的情形。</td><td colspan="2">建议人民法院并案审理。</td></tr>
</table>

（二）可以分别由少年法庭、刑事审判庭审理

《最高人民法院关于适用〈中华人民共和国刑事诉讼法〉的解释》第 464 条规定："对分案起诉至同一人民法院的未成年人与成年人共同犯罪案件，可以由同一个审判组织审理；不宜由同一个审判组织审理的，可以分别由少年法庭、刑事审判庭审理。未成年人与成年人共同犯罪案件，由不同人民法院或者不同审判组织分别审理的，有关人民法院或者审判组织应当互相了解共同犯罪被告人的审判情况，注意全案的量刑平衡。"

注意：对未成年人与成年人共同犯罪的案，在审查起诉阶段，一般应分案起诉，具有法定情形的才可以不分案起诉；在审判阶段，一般应由同一审判组织审理，不宜由同一审判组织审理的，才可以由少年法庭和刑事审判法庭分别审理。

（三）应当分别关押、分别管理、分别教育

《刑事诉讼法》第 280 条第 2 款规定："对被拘留、逮捕和执行刑罚的未成年人与成年人应当分别关押、分别管理、分别教育。"

第二节 合适成年人在场制度

重要法条及司法解释

《刑事诉讼法》第 281 条。

《最高人民法院关于适用〈中华人民共和国刑事诉讼法〉的解释》第 466、475 条。

《人民检察院办理未成年人刑事案件的规定》（2013）第 17 条。

命题分析

"合适成年人在场制度"近年来考查了多次，主要涉及合适成年人的范围及权利，既有仅作为部分选项与其他考点进行综合考查的，也有专题考查。从考查趋势来看，合适成年人在场制度是未成年人刑事案件诉讼程序中的重点制度，将始终具有再度考查的可能性。

知识点精讲

合适成年人在场制度是指，在讯问未成年犯罪嫌疑人、询问未成年被害人、证人和对未成年人刑事案件进行审判的时候，应通知合适的成年人在场，以维护未成年犯罪嫌疑人、被告人、被害人、证人的权益。

一、合适成年人在场制度的适用范围

1. 讯问未成年犯罪嫌疑人。
2. 询问未成年被害人、证人。
3. 审理未成年人刑事案件（包括简易程序）及宣判。

二、合适成年人的范围

合适成年人包括：

（1）未成年人的法定代理人；

（2）无法通知、法定代理人不能到场或者法定代理人是共犯的，也可以通知未成年犯罪嫌疑人、被告人的其他成年亲属，所在学校、单位、居住地基层组织或者未成年人保护组织的代表到场，并将有关情况记录在案。

注意：合适成年人中并不包括辩护人。

上述内容可通过下表理解和记忆：

场合	情形	合适成年人
讯问询问审理	一般情况下	未成年人的法定代理人。
	法定代理人无法通知、不能到场或者为共犯。	其他成年亲属。
		所在学校、单位、居住地基层组织或未成年人保护组织代表。

此外，《人民检察院办理未成年人刑事案件的规定》（2013）第17条第5款规定："未成年犯罪嫌疑人明确拒绝法定代理人以外的合适成年人到场，人民检察院可以准许，但应当另行通知其他合适成年人到场。"注意，未成年犯罪嫌疑人只能拒绝法定代理人以外的未成年人到场，不能拒绝法定代理人到场。

三、合适成年人的权利

到场的法定代理人可以代为行使未成年犯罪嫌疑人、被告人的诉讼权利。

到场的法定代理人或者其他人员认为办案人员在讯问、审判中侵犯未成年人合法权益的，可以提出意见。讯问笔录、法庭笔录应当交给到场的法定代理人或者其他人员阅读或者向他宣读。

审判未成年人刑事案件，未成年被告人最后陈述后，其法定代理人可以进行补充陈述。到场的其他人员，经法庭同意，可以参与对未成年被告人的法庭教育等工作。

定期宣告判决的未成年人刑事案件，未成年被告人的法定代理人无法通知、不能到庭或者是共犯的，法庭可以通知其他成年亲属、代表到场，并在宣判后向未成年被告人的成年亲属送达判决书。

上述内容可通过下表理解和记忆：

	人员	权利
在场合适成年人的权利	法定代理人	代为行使未成年犯罪嫌疑人、被告人的诉讼权利。
		未成年被告人最后陈述后可进行补充陈述。
	其他合适成年人	经法庭同意，可以参与对未成年被告人的法庭教育等工作。
	法定代理人和其他合适成年人	认为办案人员在讯问、审判中侵犯未成年人合法权益，提出意见。
		讯问笔录、法庭笔录应当交其阅读或者向他宣读。
		定期宣告判决时通知到场。
		宣判后向法定代理人或其他成年家属送达判决书。

此外，《最高人民法院关于适用〈中华人民共和国刑事诉讼法〉的解释》第475条规

定："被告人实施被指控的犯罪时不满十八周岁，开庭时已满十八周岁、不满二十周岁的，人民法院开庭时，一般应当通知其近亲属到庭。经法庭同意，近亲属可以发表意见。近亲属无法通知、不能到场或者是共犯的，应当记录在案。"

第三节　附条件不起诉制度

重要法条及司法解释

《刑事诉讼法》第282~284条。

《人民检察院办理未成年人刑事案件的规定》（2013）第29~50条。

命题分析

"附条件不起诉制度"几乎每年必考，而且有的年份不止考查一次，所占分值也很高。无论从考查频率还是所占分值来看，都是非常重要的考点。从考查内容来看，附条件不起诉的条件、程序、考验期、后果等均被考查过，也即附条件不起诉中的几乎所有内容都属于考查重点。从考查趋势来看，附条件不起诉中的各项内容均有再度考查的可能性。

知识点精讲

一、附条件不起诉的适用对象和条件

（一）附条件不起诉的适用对象和条件

对于犯罪时已满14周岁不满18周岁的未成年人，同时符合下列条件的，人民检察院可以作出附条件不起诉决定：①涉嫌《刑法分则》第四章、第五章、第六章规定的犯罪；②根据具体犯罪事实、情节，可能被判处一年有期徒刑以下刑罚；③犯罪事实清楚，证据确实、充分，符合起诉条件；④具有悔罪表现。

上述内容可通过下表理解和记忆：

	适用对象	适用条件
可以附条件不起诉	犯罪时已满14周岁不满18周岁的未成年人	涉嫌《刑法分则》第四章、第五章、第六章规定的犯罪。
		根据具体犯罪事实、情节，可能被判处一年有期徒刑以下刑罚。
		犯罪事实清楚，证据确实、充分，符合起诉条件。
		具有悔罪表现。

（二）作为对比——未成年人刑事案件诉讼程序中酌定不起诉的适用对象和条件

《人民检察院办理未成年人刑事案件的规定》（2013）第26条规定："对于犯罪情节轻微，具有下列情形之一，依照刑法规定不需要判处刑罚或者免除刑罚的未成年犯罪嫌疑人，一般应当依法作出不起诉决定：①被胁迫参与犯罪的；②犯罪预备、中止、未遂的；③在共同犯罪中起次要或者辅助作用的；④系又聋又哑的人或者盲人的；⑤因防卫过当或者紧

急避险过当构成犯罪的；⑥有自首或者立功表现的；⑦其他依照刑法规定不需要判处刑罚或者免除刑罚的情形。”

《人民检察院办理未成年人刑事案件的规定》（2013）第27条规定：“对于未成年人实施的轻伤害案件、初次犯罪、过失犯罪、犯罪未遂的案件以及被诱骗或者被教唆实施的犯罪案件等，情节轻微，犯罪嫌疑人确有悔罪表现，当事人双方自愿就民事赔偿达成协议并切实履行或者经被害人同意并提供有效担保，符合刑法第三十七条规定的，人民检察院可以依照刑事诉讼法第一百七十三条第二款的规定作出不起诉决定，并可以根据案件的不同情况，予以训诫或者责令具结悔过、赔礼道歉、赔偿损失，或者由主管部门予以行政处罚。”

上述内容可通过下表理解和记忆：

<table>
<tr><th></th><th colspan="6">条件</th></tr>
<tr><td rowspan="12">未成年人刑事案件中的酌定不起诉</td><td rowspan="12">犯罪情节轻微</td><td rowspan="12">依照刑法规定不需要判处刑罚或者免除刑罚</td><td colspan="3">被胁迫参与犯罪的。</td><td rowspan="7">一般应当不起诉。</td></tr>
<tr><td colspan="3">犯罪预备、中止、未遂的。</td></tr>
<tr><td colspan="3">在共同犯罪中起次要或者辅助作用的。</td></tr>
<tr><td colspan="3">系又聋又哑的人或者盲人的。</td></tr>
<tr><td colspan="3">因防卫过当或者紧急避险过当构成犯罪的。</td></tr>
<tr><td colspan="3">有自首或者立功表现的。</td></tr>
<tr><td colspan="3">其他依照刑法规定不需要判处刑罚或者免除刑罚的情形。</td></tr>
<tr><td>轻伤害案件</td><td rowspan="5">犯罪嫌疑人确有悔罪表现。</td><td rowspan="5">当事人双方自愿就民事赔偿达成协议并切实履行或者经被害人同意并提供有效担保。</td><td rowspan="5">可以不起诉。</td></tr>
<tr><td>初次犯罪</td></tr>
<tr><td>过失犯罪</td></tr>
<tr><td>犯罪未遂</td></tr>
<tr><td>被诱骗或者被教唆实施的犯罪。</td></tr>
</table>

例1 对于犯罪情节轻微，且具有规定情形，依照《刑法》不需要判处刑罚或者免除刑罚的未成年犯罪嫌疑人，一般应当依法作出不起诉决定。下列哪些情形适用该规定？

A. 被胁迫参与犯罪的

B. 是又聋又哑的人的

C. 因紧急避险过当构成犯罪的

D. 有自首或者重大立功表现的

提示： 四个选项均正确。

二、附条件不起诉的相关程序

（一）作出附条件不起诉决定前

1. 听取各方意见

人民检察院在作出附条件不起诉的决定以前，应当听取公安机关、被害人、未成年犯罪嫌疑人的法定代理人、辩护人的意见，并制作笔录附卷。被害人是未成年人的，还应当听取被害人的法定代理人、诉讼代理人的意见。

2. 对各方意见的处理

未成年犯罪嫌疑人及其法定代理人对人民检察院决定附条件不起诉有异议的，人民检察院应当作出起诉的决定。

公安机关或者被害人对附条件不起诉有异议或争议较大的案件，人民检察院可以召集侦查人员、被害人及其法定代理人、诉讼代理人、未成年犯罪嫌疑人及其法定代理人、辩护人举行不公开听证会，充分听取各方的意见和理由。

对于决定附条件不起诉可能激化矛盾或者引发不稳定因素的，人民检察院应当慎重适用。

上述内容可通过下表理解或记忆：

<table>
<tr><th></th><th>听取意见</th><th>条件</th><th colspan="2">人民检察院的处理</th></tr>
<tr><td rowspan="4">作出决定前</td><td>公安机关</td><td rowspan="2">公安机关或者被害人对附条件不起诉有异议或争议较大的。</td><td rowspan="2">可召集侦查人员、被害人及其法定代理人、诉讼代理人、未成年犯罪嫌疑人及其法定代理人、辩护人举行不公开听证会，充分听取各方的意见和理由。</td><td rowspan="2">对于决定附条件不起诉可能激化矛盾或者引发不稳定因素的，应当慎重适用。</td></tr>
<tr><td>被害人（或未成年人的法定代理人、诉讼代理人）</td></tr>
<tr><td>未成年犯罪嫌疑人的法定代理人</td><td>未成年犯罪嫌疑人及其法定代理人有异议的。</td><td>应当作出起诉的决定。</td><td></td></tr>
<tr><td>辩护人</td><td></td><td></td><td></td></tr>
</table>

例 2 关于附条件不起诉，下列哪一说法是错误的？

A. 只适用于未成年人案件

B. 应当征得公安机关、被害人的同意

C. 未成年犯罪嫌疑人及其法定代理人对附条件不起诉有异议的应当起诉

D. 有悔罪表现时，才可以附条件不起诉

提示： 选项 B 错误，人民检察院在作出附条件不起诉决定以前，应当听取公安机关、被害人的意见，但并非必须征得他们的同意才能作出附条件不起诉决定。

（二）作出不起诉决定后

1. 送达与告知

人民检察院作出附条件不起诉的决定后，应当制作附条件不起诉决定书，并在三日以内送达公安机关、被害人或者其近亲属及其诉讼代理人、未成年犯罪嫌疑人及其法定代理人、辩护人。

送达时，应当告知被害人或者其近亲属及其诉讼代理人，如果对附条件不起诉决定不服，可以自收到附条件不起诉决定书后七日以内向上一级人民检察院申诉。

2. 宣布与告知

人民检察院应当当面向未成年犯罪嫌疑人及其法定代理人宣布附条件不起诉决定，告知考验期限、在考验期内应当遵守的规定和违反规定应负的法律责任，以及可以对附条件不起诉决定提出异议，并制作笔录附卷。

3. 释放或变更强制措施

未成年犯罪嫌疑人在押的，作出附条件不起诉决定后，人民检察院应当作出释放或者变更强制措施的决定。

4. 公安机关要求复议、提请复核或被害人申诉

对附条件不起诉的决定，公安机关要求复议、提请复核或者被害人申诉的，适用《刑事诉讼法》第179条、第180条的规定。

5. 未成年犯罪嫌疑人及其法定代理人提出异议

未成年犯罪嫌疑人及其法定代理人对人民检察院决定附条件不起诉有异议的，人民检察院应当作出起诉的决定。

6. 备案与撤销

人民检察院在作出附条件不起诉决定后，应当在十日内将附条件不起诉决定书报上级人民检察院主管部门备案。

上级人民检察院认为下级人民检察院作出的附条件不起诉决定不适当的，应当及时撤销下级人民检察院作出的附条件不起诉决定，下级人民检察院应当执行。

三、附条件不起诉的考验期

（一）考验期的确定

人民检察院决定附条件不起诉的，应当确定考验期。考验期为六个月以上一年以下，从人民检察院作出附条件不起诉的决定之日起计算。考验期不计入案件审查起诉期限。

考验期的长短应当与未成年犯罪嫌疑人所犯罪行的轻重、主观恶性的大小和人身危险性的大小、一贯表现及帮教条件等相适应，根据未成年犯罪嫌疑人在考验期的表现，可以在法定期限范围内适当缩短或者延长。

（二）考验期内被附条件不起诉的未成年犯罪嫌疑人的义务

被附条件不起诉的未成年犯罪嫌疑人应遵守下列规定：①遵守法律法规，服从监督；②按照考察机关的规定报告自己的活动情况；③离开所居住的市、县或者迁居，应当报经考察机关批准；④按照考察机关的要求接受矫治和教育。

上述规定可通过下表理解和记忆：

<table>
<tr><td rowspan="4">考验期内应遵守的规定</td><td>遵守法律法规，服从监督。</td></tr>
<tr><td>按照考察机关的规定报告自己的活动情况。</td></tr>
<tr><td>离开所居住的市、县或者迁居，应当报经考察机关批准。</td></tr>
<tr><td>按照考察机关的要求接受矫治和教育。</td></tr>
</table>

人民检察院可以要求被附条件不起诉的未成年犯罪嫌疑人接受下列矫治和教育：①完成戒瘾治疗、心理辅导或者其他适当的处遇措施；②向社区或者公益团体提供公益劳动；③不得进入特定场所，与特定的人员会见或者通信，从事特定的活动；④向被害人赔偿损失、赔礼道歉等；⑤接受相关教育；⑥遵守其他保护被害人安全以及预防再犯的禁止性规定。

上述规定可通过下表理解和记忆：

<table>
<tr><td rowspan="6">矫治和教育</td><td>完成戒瘾治疗、心理辅导或者其他适当的处遇措施。</td></tr>
<tr><td>向社区或者公益团体提供公益劳动。</td></tr>
<tr><td>不得进入特定场所，与特定的人员会见或者通信，从事特定的活动。</td></tr>
<tr><td>向被害人赔偿损失、赔礼道歉等。</td></tr>
<tr><td>接受相关教育。</td></tr>
<tr><td>遵守其他保护被害人安全以及预防再犯的禁止性规定。</td></tr>
</table>

（三）考验期内监督考察的主体和方式

在附条件不起诉的考验期内，由人民检察院对被附条件不起诉的未成年犯罪嫌疑人进行监督考察。

未成年犯罪嫌疑人的监护人，应当对未成年犯罪嫌疑人加强管教，配合人民检察院做好监督考察工作。

人民检察院可以会同未成年犯罪嫌疑人的监护人、所在学校、单位、居住地的村民委员会、居民委员会、未成年人保护组织等的有关人员定期对未成年犯罪嫌疑人进行考察、教育，实施跟踪帮教。

未成年犯罪嫌疑人经批准离开所居住的市、县或者迁居，作出附条件不起诉决定的人民检察院可以要求迁入地的人民检察院协助进行考察，并将考察结果函告作出附条件不起诉决定的人民检察院。

四、附条件不起诉的后果

（一）撤销附条件不起诉决定，提起公诉

《刑事诉讼法》第284条第1款规定："被附条件不起诉的未成年犯罪嫌疑人，在考验期内有下列情形之一的，人民检察院应当撤销附条件不起诉的决定，提起公诉：（一）实施新的犯罪或者发现决定附条件不起诉以前还有其他犯罪需要追诉的；（二）违反治安管理规定或者考察机关有关附条件不起诉的监督管理规定，情节严重的。"

《人民检察院办理未成年人刑事案件的规定》（2013）第46条规定："被附条件不起诉的未成年犯罪嫌疑人，在考验期内有下列情形之一的，人民检察院应当撤销附条件不起诉的决定，提起公诉：（一）实施新的犯罪的；（二）发现决定附条件不起诉以前还有其他犯罪需要追诉的；（三）违反治安管理规定，造成严重后果，或者多次违反治安管理规定的；（四）违反考察机关有关附条件不起诉的监督管理规定，造成严重后果，或者多次违反考察机关有关附条件不起诉的监督管理规定的。"

《人民检察院办理未成年人刑事案件的规定》（2013）第47条规定："对于未成年犯罪嫌疑人在考验期内实施新的犯罪或者在决定附条件不起诉以前还有其他犯罪需要追诉的，人民检察院应当移送侦查机关立案侦查。"

<table>
<tr><th></th><th colspan="2">事由</th><th>处理</th></tr>
<tr><td rowspan="4">撤销附条件不起诉的决定，提起公诉</td><td colspan="2">实施新的犯罪的。</td><td rowspan="2">移送侦查机关立案侦查。</td></tr>
<tr><td colspan="2">发现决定附条件不起诉以前还有其他犯罪需要追诉的。</td></tr>
<tr><td rowspan="2">违反治安管理规定或者考察机关有关附条件不起诉的监督管理规定，情节严重的。</td><td>造成严重后果。</td><td></td></tr>
<tr><td>多次违反。</td><td></td></tr>
</table>

（二）考验期满后的处理——在审查起诉期限内作出起诉或不起诉的决定

1. 审查起诉期限的中止与恢复

作出附条件不起诉决定的案件，审查起诉期限自人民检察院作出附条件不起诉决定之日起中止计算，自考验期限届满之日起或者人民检察院作出撤销附条件不起诉决定之日起恢复计算。

2. 审查起诉的程序

考验期届满，办案人员应当制作附条件不起诉考察意见书，提出起诉或者不起诉的意见，经部门负责人审核，报请检察长决定。

3. 审查起诉后的处理

（1）发现在考验期内有应当撤销附条件不起诉决定的情形的——撤销附条件不起诉决定，提起公诉。

（2）在考验期内没有应当撤销附条件不起诉决定的情形的——应当作出不起诉决定。

4. 不起诉决定的宣布、教育与回访

（1）在向被不起诉的未成年人及其法定代理人宣布不起诉决定书时，应当充分阐明不起诉的理由和法律依据，并结合社会调查，围绕犯罪行为对被害人、对本人及家庭、对社会等造成的危害，导致犯罪行为发生的原因及应当吸取的教训等，对被不起诉的未成年人开展必要的教育。如果侦查人员、合适成年人、辩护人、社工等参加有利于教育被不起诉未成年人的，经被不起诉的未成年人及其法定代理人同意，可以邀请他们参加，但要严格控制参与人范围。

（2）对于附条件不起诉的案件，不起诉决定宣布后六个月内，办案人员可以对被不起诉的未成年人进行回访，巩固帮教效果，并做好相关记录。

第四节　未成年人刑事案件诉讼程序中的其他特殊规定

重要法条及司法解释

《刑事诉讼法》第 278、279、285、286 条。

《最高人民法院关于适用〈中华人民共和国刑事诉讼法〉的解释》第 463、467～469、487 条。

《人民检察院办理未成年人刑事案件的规定》（2013）第 19～21、24、25 条。

命题分析

除了未成年人刑事案件诉讼程序的基本原则、合适成年人在场制度、附条件不起诉制度外，“未成年人刑事案件诉讼程序中的其他规定”近年考查了多次，所占分值较高。从考查内容来看，涉及未成年案件中辩护人的权利、审查逮捕、不公开审理、犯罪记录封存等多方面内容。从考查趋势来看，这些内容均属于未成年人刑事案件诉讼程序中比较特殊的规定，以选择题中部分选项的形式出现的可能性极大，部分内容也不排除予以专题考查的可能性。

知识点精讲

一、法律援助

未成年犯罪嫌疑人、被告人没有委托辩护人的，人民法院、人民检察院、公安机关应当通知法律援助机构指派律师为其提供辩护。

至于辩护律师的权利则散见于未成年人刑事案件诉讼程序的各个环节。

二、严格限制适用逮捕

对未成年犯罪嫌疑人、被告人应当严格限制适用逮捕措施。

（一）审查逮捕的程序

1. 人民检察院审查批准逮捕和人民法院决定逮捕，应当讯问未成年犯罪嫌疑人、被告人，听取辩护律师的意见。

讯问未成年犯罪嫌疑人应遵守以下规定：

（1）通知合适成年人到场（详见“合适成年人在场制度”）。

（2）讯问女性未成年犯罪嫌疑人，应当由女性检察人员参加。

（3）讯问未成年犯罪嫌疑人一般不得使用械具。对于确有人身危险性，必须使用械具的，在现实危险消除后，应当立即停止使用。

2. 在作出不批准逮捕决定前，应当审查其监护情况，参考其法定代理人、学校、居住地公安派出所及居民委员会、村民委员会的意见，并在审查逮捕意见书中对未成年犯罪嫌疑人是否具备有效监护条件或者社会帮教措施进行具体说明。

（二）审查逮捕后的决定

审查逮捕未成年犯罪嫌疑人，应当重点审查其是否已满 14、16、18 周岁。对犯罪嫌疑人实际年龄难以判断，影响对该犯罪嫌疑人是否应当负刑事责任认定的，应当不批准逮捕。需要补充侦查的，同时通知公安机关。

对于认定应当负刑事责任，但罪行较轻，具备有效监护条件或者社会帮教措施，没有社会危险性或者社会危险性较小，不逮捕不致妨害诉讼正常进行的未成年犯罪嫌疑人，应当不批准逮捕。

对于罪行比较严重，但主观恶性不大，有悔罪表现，具备有效监护条件或者社会帮教措施，具有下列情形之一，不逮捕不致妨害诉讼正常进行的未成年犯罪嫌疑人，可以不批准逮捕：①初次犯罪、过失犯罪的；②犯罪预备、中止、未遂的；③有自首或者立功表现的；④犯罪后如实交代罪行，真诚悔罪，积极退赃，尽力减少和赔偿损失，被害人谅解的；⑤不属于共同犯罪的主犯或者集团犯罪中的首要分子的；⑥属于已满 14 周岁不满 16 周岁的未成年人或者系在校学生的；⑦其他可以不批准逮捕的情形。

上述规定可通过下表理解和记忆：

<table>
<tr><th></th><th colspan="3">条件</th><th>决定</th></tr>
<tr><td rowspan="9">审查逮捕后的决定</td><td colspan="3">对犯罪嫌疑人实际年龄难以判断，影响对其是否应当负刑事责任认定的。</td><td rowspan="2">应当不批准逮捕。</td></tr>
<tr><td rowspan="8">具备有效监护条件或者社会帮教措施</td><td colspan="2">罪行较轻，没有社会危险性或者社会危险性较小，不逮捕不致妨害诉讼正常进行的。</td></tr>
<tr><td rowspan="7">罪行比较严重，但主观恶性不大，有悔罪表现。</td><td>初次犯罪、过失犯罪的。</td><td rowspan="7">可以不批准逮捕。</td></tr>
<tr><td>犯罪预备、中止、未遂的。</td></tr>
<tr><td>有自首或者立功表现的。</td></tr>
<tr><td>犯罪后如实交代罪行，真诚悔罪，积极退赃，尽力减少和赔偿损失，被害人谅解的。</td></tr>
<tr><td>不属于共同犯罪的主犯或者集团犯罪中的首要分子的。</td></tr>
<tr><td>已满十四周岁不满十六周岁或者系在校学生的。</td></tr>
<tr><td>其他可以不批准逮捕的情形。</td></tr>
</table>

例1 根据《人民检察院办理未成年人刑事案件的规定》（2013），关于检察院审查批捕未成年犯罪嫌疑人，下列哪些做法是正确的？

A. 讯问未成年犯罪嫌疑人，应当通知法定代理人到场

B. 讯问女性未成年犯罪嫌疑人，应当有女检察人员参加

C. 讯问未成年犯罪嫌疑人一般不得使用戒具

D. 对难以判断犯罪嫌疑人实际年龄，影响案件认定的，应当作出不批准逮捕的决定

提示：四个选项均正确。

三、与其法定代理人、近亲属等会见、通话

（一）审查起诉期间在押的未成年犯罪嫌疑人与其法定代理人、近亲属等会见、通话

移送审查起诉的案件具备以下条件之一，且其法定代理人、近亲属等与本案无牵连的，经公安机关同意，检察人员可以安排在押的未成年犯罪嫌疑人与其法定代理人、近亲属等进行会见、通话：①案件事实已基本查清，主要证据确实、充分，安排会见、通话不会影响诉讼活动正常进行；②未成年犯罪嫌疑人有认罪、悔罪表现，或者虽尚未认罪、悔罪，但通过会见、通话有可能促使其转化，或者通过会见、通话有利于社会、家庭稳定；③未成年犯罪嫌疑人的法定代理人、近亲属对其犯罪原因、社会危害性以及后果有一定的认识，并能配合司法机关进行教育。

上述规定可通过下表理解和记忆：

<table>
<tr><th></th><th>对象</th><th colspan="3">条件</th></tr>
<tr><td rowspan="3">检察人员可以安排会见通话</td><td rowspan="3">法定代理人、近亲属等。</td><td rowspan="3">与本案无牵连。</td><td rowspan="3">经公安机关同意。</td><td>案件事实已基本查清，主要证据确实、充分，安排会见、通话不会影响诉讼活动正常进行。</td></tr>
<tr><td>未成年犯罪嫌疑人有认罪、悔罪表现，或者虽尚未认罪、悔罪，但通过会见、通话有可能促使其转化，或者通过会见、通话有利于社会、家庭稳定。</td></tr>
<tr><td>未成年犯罪嫌疑人的法定代理人、近亲属对其犯罪原因、社会危害性以及后果有一定的认识，并能配合司法机关进行教育。</td></tr>
</table>

在押的未成年犯罪嫌疑人同其法定代理人、近亲属等进行会见、通话时，检察人员应当告知其会见、通话不得有串供或者其他妨碍诉讼的内容。会见、通话时检察人员可以在场。会见、通话结束后，检察人员应当将有关内容及时整理并记录在案。

（二）开庭前和休庭时未成年被告人与其法定代理人、近亲属等会见

开庭前和休庭时，法庭根据情况，可以安排未成年被告人与其法定代理人或者在场的其他成年亲属、代表会见。

四、少年法庭的审理范围

下列案件由少年法庭审理：①被告人实施被指控的犯罪时不满 18 周岁、人民法院立案时不满 20 周岁的案件；②被告人实施被指控的犯罪时不满 18 周岁、人民法院立案时不满 20 周岁，并被指控为首要分子或者主犯的共同犯罪案件。其他共同犯罪案件有未成年被告人的，或者其他涉及未成年人的刑事案件是否由少年法庭审理，由院长根据少年法庭工作的实际情况决定。

上述内容可通过下表理解和记忆：

<table>
<tr><th></th><th>条件</th><th colspan="2">法庭</th></tr>
<tr><td rowspan="3">少年法庭的审理范围</td><td>独立犯罪</td><td>被告人实施被指控的犯罪时不满 18 周岁、人民法院立案时不满 20 周岁的案件。</td><td rowspan="2">由少年法庭审理。</td></tr>
<tr><td rowspan="2">共同犯罪</td><td>被告人实施被指控的犯罪时不满 18 周岁、人民法院立案时不满 20 周岁，并被指控为首要分子或者主犯的共同犯罪案件。</td></tr>
<tr><td>其他共同犯罪案件有未成年被告人的，或者其他涉及未成年人的刑事案件。</td><td>由院长根据少年法庭工作的实际情况决定。</td></tr>
</table>

例 2 赵某因涉嫌抢劫犯罪被抓获，作案时未满 18 周岁，案件起诉到法院时已年满 18 周岁。下列哪一说法是正确的？

A. 本案由少年法庭审理

提示：选项 A 正确。

五、不公开审理

（一）不公开审理与所在学校和未成年人保护组织代表到场

开庭审理时被告人不满 18 周岁的案件，一律不公开审理。

注意：是开庭审理时不满 18 周岁，而不是犯罪时不满 18 周岁。

经未成年被告人及其法定代理人同意，未成年被告人所在学校和未成年人保护组织可以派代表到场。到场代表的人数和范围，由法庭决定。到场代表经法庭同意，可以参与对未成年被告人的法庭教育工作。

例 3 赵某因涉嫌抢劫犯罪被抓获，作案时未满 18 周岁，案件起诉到法院时已年满 18 周岁。下列哪一说法是正确的？

B. 对赵某不公开审理

C. 对赵某进行审判，可以通知其法定代理人到场

D. 对赵某进行审判，应当通知其监护人到场

提示： 选项 B、C、D 均错误。确定是否公开审理，则以开庭审理时是否不满 18 周岁为标准。对于已满 18 周岁的成年人，不存在法定代理人或监护人。

例 4 《刑事诉讼法》规定，审判的时候被告人不满 18 周岁的案件，不公开审理。但是，经未成年被告人及其法定代理人同意，未成年被告人所在学校和未成年人保护组织可以派代表到场。关于该规定的理解，下列哪些说法是错误的？

A. 该规定意味着经未成年被告人及其法定代理人同意，可以公开审理

B. 未成年被告人所在学校和未成年人保护组织派代表到场是公开审理的特殊形式

C. 未成年被告人所在学校和未成年人保护组织经同意派代表到场是为了维护未成年被告人合法权益和对其进行教育

D. 未成年被告人所在学校和未成年人保护组织经同意派代表到场与审判的时候被告人不满 18 周岁的案件不公开审理并不矛盾

提示： 选项 A、B 错误，被告人不满 18 周岁的案件一律不公开审理，经未成年被告人及其法定代理人同意，未成年被告人所在学校和未成年人保护组织派代表到场是不公开审理的特殊形式。

（二）未成年被害人、证人作证

确有必要通知未成年被害人、证人出庭作证的，人民法院应当根据案件情况采取相应的保护措施。有条件的，可以采取视频等方式对其陈述、证言进行质证。

（三）宣判

对未成年人刑事案件宣告判决应当公开进行，但不得采取召开大会等形式。

（四）限制传播

审理未成年人刑事案件或被害人是未成年人的刑事案件，不得向外界披露该未成年人的姓名、住所、照片以及可能推断出该未成年人身份的其他资料。

查阅、摘抄、复制的未成年人刑事案件或被害人是未成年人的刑事案件的案卷材料，不得公开和传播。

例 5 关于审理未成年人刑事案件，下列哪些选项是正确的？

A. 不能适用简易程序

B. 在法庭上，必要时才对未成年被告人使用戒具

C. 休庭时，可以允许法定代理人或者其他成年近亲属、教师会见未成年被告人

D. 对未成年人案件，宣告判决应当公开进行

提示： 选项 B、C、D 正确。

五、犯罪记录封存制度

（一）犯罪记录封存制度的适用对象

犯罪的时候不满18周岁，被判处五年有期徒刑以下刑罚的，应当对相关犯罪记录予以封存。

> **注意：**这里是犯罪的时候不满18周岁，而非诉讼的时候。

例6　关于犯罪记录封存的适用条件，下列哪些选项是正确的？

A. 犯罪的时候不满18周岁

B. 被判处5年有期徒刑以下刑罚

提示：选项A、B均正确。

（二）犯罪记录封存制度的实施

（1）犯罪记录被封存的，不得向任何单位和个人提供，但司法机关为办案需要或者有关单位根据国家规定进行查询的除外。

（2）依法进行查询的单位，应当对被封存的犯罪记录的情况予以保密。

（3）对依法公开审理，但可能需要封存犯罪记录的案件，不得组织人员旁听。

（4）对依法应当封存犯罪记录的案件，宣判时，不得组织人员旁听；有旁听人员的，应当告知其不得传播案件信息。

（三）犯罪记录封存的解除

此外，《人民检察院办理未成年人刑事案件的规定》（2013）第65条规定："对被封存犯罪记录的未成年人，符合下列条件之一的，应当对其犯罪记录解除封存：（一）实施新的犯罪，且新罪与封存记录之罪数罪并罚后被决定执行五年有期徒刑以上刑罚的；（二）发现漏罪，且漏罪与封存记录之罪数罪并罚后被决定执行五年有期徒刑以上刑罚的。"

第二十五章　当事人和解的公诉案件诉讼程序

重要法条及司法解释

《刑事诉讼法》第 288~290 条。

《最高人民法院关于适用〈中华人民共和国刑事诉讼法〉的解释》第 496~506 条。

《人民检察院刑事诉讼规则（试行）》第 511~521 条。

《公安机关办理刑事案件程序规定》第 323 条。

命题分析

“当事人和解的公诉案件诉讼程序”近年来几乎每年必考，所占分值也较高。其中“刑事和解适用案件的范围”“刑事和解的程序规则”均为非常高频的考点。“刑事和解的程序规则”考查得比较分散，涉及刑事和解程序规则的方方面面。从考查趋势来看，适用案件的范围和程序规则还将是未来几年的考查重点。

知识点精讲

一、刑事和解的适用条件和案件范围

下列公诉案件，犯罪嫌疑人、被告人真诚悔罪，通过向被害人赔偿损失、赔礼道歉等方式获得被害人谅解，被害人自愿和解的，双方当事人可以和解：①因民间纠纷引起，涉嫌《刑法分则》第四章、第五章规定的犯罪案件，可能判处三年有期徒刑以下刑罚的；②除渎职犯罪以外的可能判处七年有期徒刑以下刑罚的过失犯罪案件。

犯罪嫌疑人、被告人在五年以内曾经故意犯罪的，不适用刑事和解程序。

上述内容可通过下表理解和记忆：

<table>
<tr><th></th><th></th><th>案件性质</th><th>犯罪类型</th><th>可能判处刑罚</th></tr>
<tr><td rowspan="6">刑事和解</td><td rowspan="2">案件范围</td><td>因民间纠纷引起</td><td>涉嫌《刑法分则》第四章、第五章规定的犯罪案件。</td><td>可能判处三年有期徒刑以下刑罚。</td></tr>
<tr><td>过失犯罪</td><td>除渎职犯罪以外。</td><td>可能判处七年有期徒刑以下刑罚。</td></tr>
<tr><td rowspan="3">积极条件</td><td colspan="3">犯罪嫌疑人、被告人真诚悔罪。</td></tr>
<tr><td colspan="3">通过向被害人赔偿损失、赔礼道歉等方式获得被害人谅解。</td></tr>
<tr><td colspan="3">被害人自愿和解。</td></tr>
<tr><td>消极</td><td colspan="3">犯罪嫌疑人、被告人在五年以内曾经故意犯罪。</td></tr>
</table>

此外，《最高人民法院关于适用〈中华人民共和国刑事诉讼法〉的解释》第 496 条和

《人民检察院刑事诉讼规则（试行）》第510条规定的适用刑事和解的条件中还有“事实清楚、证据（确实）充分”。

《公安机关办理刑事案件程序规定》第323条则规定：“有下列情形之一的，不属于因民间纠纷引起的犯罪案件：（一）雇凶伤害他人的；（二）涉及黑社会性质组织犯罪的；（三）涉及寻衅滋事的；（四）涉及聚众斗殴的；（五）多次故意伤害他人身体的；（六）其他不宜和解的。”

例1　关于可以适用当事人和解的公诉案件诉讼程序的案件范围，下列哪些选项是正确的？

A. 交通肇事罪

B. 暴力干涉婚姻自由罪

C. 过失致人死亡罪

D. 刑讯逼供罪

提示：选项A、C正确。选项B、D错误，暴力干涉婚姻自由罪，除致被害人死亡的以外，属于告诉才处理的自诉案件，不适用当事人和解的公诉案件诉讼程序；刑讯逼供罪不属于因民间纠纷引起的犯罪。

二、刑事和解的程序规则

（一）和解和代为和解的主体

《最高人民法院关于适用〈中华人民共和国刑事诉讼法〉的解释》第497条规定：“符合刑事诉讼法第二百七十七条（编者注：现第二百八十八条）规定的公诉案件，被害人死亡的，其近亲属可以与被告人和解。近亲属有多人的，达成和解协议，应当经处于同一继承顺序的所有近亲属同意。被害人系无行为能力或者限制行为能力人的，其法定代理人、近亲属可以代为和解。”

《最高人民法院关于适用〈中华人民共和国刑事诉讼法〉的解释》第498条规定：“被告人的近亲属经被告人同意，可以代为和解。被告人系限制行为能力人的，其法定代理人可以代为和解。被告人的法定代理人、近亲属依照前两款规定代为和解的，和解协议约定的赔礼道歉等事项，应当由被告人本人履行。”

《人民检察院刑事诉讼规则（试行）》第511条规定：“被害人死亡的，其法定代理人、近亲属可以与犯罪嫌疑人和解。被害人系无行为能力或者限制行为能力人的，其法定代理人可以代为和解。”

《人民检察院刑事诉讼规则（试行）》第512条规定：“犯罪嫌疑人系限制行为能力人的，其法定代理人可以代为和解。犯罪嫌疑人在押的，经犯罪嫌疑人同意，其法定代理人、近亲属可以代为和解。”

上述内容可以通过下表理解和记忆：

<table>
<tr><th></th><th></th><th>条件</th><th>和解或代为和解的主体</th><th>备注</th></tr>
<tr><td rowspan="6">刑事和解的主体</td><td rowspan="3">控方</td><td>一般情况下。</td><td>被害人</td><td rowspan="3">达成和解协议，应经处于同一继承顺序的所有近亲属同意。</td></tr>
<tr><td>被害人死亡的。</td><td>被害人的近亲属</td></tr>
<tr><td>被害人系无行为能力或限制行为能力人的。</td><td>被害人的法定代理人、近亲属</td></tr>
<tr><td rowspan="3">辩方</td><td>一般情况下。</td><td>犯罪嫌疑人、被告人</td><td></td></tr>
<tr><td>犯罪嫌疑人、被告人系限制行为能力人的。</td><td>犯罪嫌疑人、被告人的法定代理人</td><td rowspan="2">和解协议约定的赔礼道歉等事项，应当由被告人本人履行。</td></tr>
<tr><td>犯罪嫌疑人、被告人在押。(《最高人民法院关于适用〈中华人民共和国刑事诉讼法〉的解释》不要求在押)</td><td>经犯罪嫌疑人、被告人同意的近亲属</td></tr>
</table>

（二）公安机关、人民检察院、人民法院在刑事和解中的职权

双方当事人和解的，公安机关、人民检察院、人民法院应当听取当事人和其他有关人员的意见，对和解的自愿性、合法性进行审查，并主持制作和解协议书。

可见，公安机关、人民检察院、人民法院在刑事和解中具有以下职权：

（1）听取当事人和其他有关人员的意见；

（2）对和解的自愿性、合法性进行审查；

（3）主持制作和解协议书。

除此之外，《最高人民法院关于适用〈中华人民共和国刑事诉讼法〉的解释》和《人民检察院刑事诉讼规则（试行）》对人民检察院和人民法院在刑事和解中的职权又有进一步的规定：

（1）《最高人民法院关于适用〈中华人民共和国刑事诉讼法〉的解释》第496条第1款规定："对符合刑事诉讼法第二百七十七条（编者注：现第二百九十八条）规定的公诉案件，事实清楚、证据充分的，人民法院应当告知当事人可以自行和解；当事人提出申请的，人民法院可以主持双方当事人协商以达成和解。根据案件情况，人民法院可以邀请人民调解员、辩护人、诉讼代理人、当事人亲友等参与促成双方当事人和解。"

（2）《人民检察院刑事诉讼规则（试行）》第514条规定："双方当事人可以自行达成和解，也可以经人民调解委员会、村民委员会、居民委员会、当事人所在单位或者同事、亲友等组织或者个人调解后达成和解。人民检察院对于本规则第五百一十条规定的公诉案件，可以建议当事人进行和解，并告知相应的权利义务，必要时可以提供法律咨询。"

比较起来，法院的立场更为积极一些，可以直接参与当事人的和解，主持双方当事人协商以达成和解，并可邀请人民调解员、辩护人、诉讼代理人、当事人亲友等参与促成双方当事人和解；检察院则相对消极一些，其不直接参与当事人的和解，仅在必要时提供法律咨询和在当事人自行或在其他组织或个人调解后达成和解后主持制作和解协议书。

（三）对和解自愿性、合法性的审查

1. 当事人可进行和解的事项

双方当事人可以就赔偿损失、赔礼道歉等民事责任事项进行和解，并且可以就被害人

及其法定代理人或者近亲属是否要求或者同意公安机关、人民检察院、人民法院对犯罪嫌疑人依法从宽处理进行协商，但不得对案件的事实认定、证据采信、法律适用和定罪量刑等依法属于公安机关、人民检察院、人民法院职权范围的事宜进行协商。

上述内容可通过下表理解和记忆：

<table>
<tr><td rowspan="3">和解范围</td><td rowspan="2">可协商</td><td>赔偿损失、赔礼道歉等民事责任事项。</td></tr>
<tr><td>被害人方是否要求或同意公、检、法对犯罪嫌疑人依法从宽处理。</td></tr>
<tr><td>不可协商</td><td>案件的事实认定、证据采信、法律适用和定罪量刑等依法属于公、检、法职权范围的事宜。</td></tr>
</table>

2. 人民检察院对和解自愿性、合法性的审查

审查时，应当听取双方当事人和其他有关人员对和解的意见，告知刑事案件可能从宽处理的法律后果和双方的权利义务，并制作笔录附卷。

3. 人民法院对和解自愿性、合法性的审查

对公安机关、人民检察院主持制作的和解协议书，当事人提出异议的，人民法院应当审查。经审查，和解自愿、合法的，予以确认，无须重新制作和解协议书；和解不具有自愿性、合法性的，应当认定无效。和解协议被认定无效后，双方当事人重新达成和解的，人民法院应当主持制作新的和解协议书。

审判期间，双方当事人和解的，人民法院应当听取当事人及其法定代理人等有关人员的意见。双方当事人在庭外达成和解的，人民法院应当通知人民检察院，并听取其意见。经审查，和解自愿、合法的，应当主持制作和解协议书。

上述内容可通过下表理解和记忆：

<table>
<tr><th></th><th>前提</th><th>听取意见及审查</th><th>审查结果</th><th>处理</th></tr>
<tr><td rowspan="4">人民法院的审查</td><td rowspan="2">公、检已主持制作和解协议。</td><td rowspan="2">当事人提异议的应当审查。</td><td>和解自愿、合法的。</td><td>予以确认，无须重新制作和解协议书。</td></tr>
<tr><td>和解不具有自愿性、合法性。</td><td>认定无效，重新和解的，应主持制作新的和解协议书。</td></tr>
<tr><td>在审判期间和解。</td><td>应听取当事人及其法定代理人等有关人员的意见。</td><td rowspan="2">和解自愿、合法的。</td><td rowspan="2">主持制作和解协议书。</td></tr>
<tr><td>在庭外达成和解。</td><td>应通知人民检察院，并听取其意见。</td></tr>
</table>

（三）和解协议书的内容

《人民检察院刑事诉讼规则（试行）》第516条第2、3、4款规定："和解协议书的主要内容包括：（一）双方当事人的基本情况；（二）案件的主要事实；（三）犯罪嫌疑人真诚悔罪，承认自己所犯罪行，对指控的犯罪没有异议，向被害人赔偿损失、赔礼道歉等；赔偿损失的，应当写明赔偿的数额、履行的方式、期限等；（四）被害人及其法定代理人或者近亲属对犯罪嫌疑人予以谅解，并要求或者同意公安机关、人民检察院、人民法院对犯罪嫌疑人依法从宽处理。和解协议书应当由双方当事人签字，可以写明和解协议书系在人民检察院主持下制作。检察人员不在当事人和解协议书上签字，也不加盖人民检察院印章。

和解协议书一式三份，双方当事人各持一份，另一份交人民检察院附卷备查。”

《最高人民法院关于适用〈中华人民共和国刑事诉讼法〉的解释》第501条第1、2、3款规定：“和解协议书应当包括以下内容：（一）被告人承认自己所犯罪行，对犯罪事实没有异议，并真诚悔罪；（二）被告人通过向被害人赔礼道歉、赔偿损失等方式获得被害人谅解；涉及赔偿损失的，应当写明赔偿的数额、方式等；提起附带民事诉讼的，由附带民事诉讼原告人撤回附带民事诉讼；（三）被害人自愿和解，请求或者同意对被告人依法从宽处罚。和解协议书应当由双方当事人和审判人员签名，但不加盖人民法院印章。和解协议书一式三份，双方当事人各持一份，另一份交人民法院附卷备查。”

比较上述两个规定，可以得知，和解协议书大致有以下几部分内容：

（1）双方当事人基本情况及案件的主要事实；

（2）犯罪嫌疑人、被告人承认罪行并真诚悔罪；

（3）犯罪嫌疑人、被告人向被害人赔礼道歉、赔偿损失等，包括赔偿的数额和方式；

（4）被害人方同意和解，要求或同意对犯罪嫌疑人、被告人依法从宽处理。

值得注意的是，人民检察院主持制作的和解协议书，检察人员不签字；而人民法院主持制作的和解协议书，审判人员应签名；均不加盖人民检察院、人民法院印章。

（四）和解协议书的履行

1. 履行期间及方式

（1）人民检察院主持制作和解协议书的，应当在双方签署协议后立即履行，至迟在人民检察院作出从宽处理决定前履行。确实难以一次性履行的，在被害人同意并提供有效担保的情况下，也可以分期履行。

（2）人民法院主持制作和解协议书的，被告人应当在协议签署后即时履行。

2. 履行的后果

（1）和解协议已经全部履行，当事人反悔的，人民法院不予支持，但有证据证明和解违反自愿、合法原则的除外。

（2）双方当事人在侦查、审查起诉期间已经达成和解协议并全部履行，被害人或者其法定代理人、近亲属又提起附带民事诉讼的，人民法院不予受理，但有证据证明和解违反自愿、合法原则的除外。

此外，被害人或者其法定代理人、近亲属提起附带民事诉讼后，双方愿意和解，但被告人不能即时履行全部赔偿义务的，人民法院应当制作附带民事调解书。

（四）从宽处理

1. 公安机关

公安机关将案件移送人民检察院审查起诉时，可以提出从宽处理的建议。

2. 人民检察院

（1）在审查逮捕和审查起诉时应当充分考虑公安机关的建议。

（2）对于公安机关提请批准逮捕的案件，双方当事人达成和解协议的，可以作为有无社会危险性或者社会危险性大小的因素予以考虑，经审查认为不需要逮捕的，可以作出不批准逮捕的决定；在审查起诉阶段可以依法变更强制措施。

（3）对于公安机关移送审查起诉的案件，双方当事人达成和解协议的，可以作为是否需要判处刑罚或者免除刑罚的因素予以考虑，符合法律规定的不起诉条件的，可以决定不起诉。

（4）对于依法应当提起公诉的，人民检察院可以向人民法院提出从宽处罚的量刑建议。

上述内容可通过下表理解和记忆：

<table>
<tr><th></th><th>条件</th><th>方式</th></tr>
<tr><td rowspan="3">检察院可从轻处理</td><td>可以作为有无社会危险性或者社会危险性大小的因素予以考虑。</td><td>可以作出不批准逮捕的决定。</td></tr>
<tr><td>可以作为是否需要判处刑罚或者免除刑罚的因素予以考虑。</td><td>可以决定不起诉。</td></tr>
<tr><td></td><td>可以向人民法院提出从宽处罚的量刑建议。</td></tr>
</table>

此外，人民检察院拟对当事人达成和解的公诉案件作出不起诉决定的，应当听取双方当事人对和解的意见，并且查明犯罪嫌疑人是否已经切实履行和解协议、不能即时履行的是否已经提供有效担保，将其作为是否决定不起诉的因素予以考虑。

当事人在不起诉决定作出之前反悔的，可以另行达成和解。不能另行达成和解的，人民检察院应当依法作出起诉或者不起诉决定。

当事人在不起诉决定作出之后反悔的，人民检察院不撤销原决定，但有证据证明和解违反自愿、合法原则的除外。

犯罪嫌疑人或者其亲友等以暴力、威胁、欺骗或者其他非法方法强迫、引诱被害人和解，或者在协议履行完毕之后威胁、报复被害人的，应当认定和解协议无效。已经作出不批准逮捕或者不起诉决定的，人民检察院根据案件情况可以撤销原决定，对犯罪嫌疑人批准逮捕或者提起公诉。

上述内容可通过下表理解和记忆：

<table>
<tr><th></th><th colspan="2">特殊情况</th><th>条件</th><th>处理</th></tr>
<tr><td rowspan="5">人民检察院对特殊情况的处理</td><td rowspan="3">当事人反悔。</td><td rowspan="2">在不起诉决定作出之前。</td><td>可以另行达成和解。</td><td></td></tr>
<tr><td>不能另行达成和解。</td><td>依法作出起诉或不起诉决定。</td></tr>
<tr><td>在不起诉决定作出之后。</td><td>无证据证明和解违反自愿、合法原则。</td><td>不撤销原决定。</td></tr>
<tr><td colspan="2">以暴力、威胁、欺骗或其他非法方法强迫、引诱被害人和解。</td><td rowspan="2"></td><td rowspan="2">应认定和解协议无效。根据案件情况可撤销原不批准逮捕决定或不起诉决定，对犯罪嫌疑人批准逮捕或提起公诉。</td></tr>
<tr><td colspan="2">在协议履行完毕之后威胁、报复被害人的。</td></tr>
</table>

3. 人民法院

对达成和解协议的案件，人民法院应当对被告人从轻处罚；符合非监禁刑适用条件的，应当适用非监禁刑；判处法定最低刑仍然过重的，可以减轻处罚；综合全案认为犯罪情节轻微不需要判处刑罚的，可以免除刑事处罚（《刑事诉讼法》规定的是“可以”从宽处罚，《最高人民法院关于适用〈中华人民共和国刑事诉讼法〉的解释》规定的则是“应当”从宽处罚）。

共同犯罪案件，部分被告人与被害人达成和解协议的，可以依法对该部分被告人从宽处罚，但应当注意全案的量刑平衡。

上述内容可通过下表理解和记忆：

	方式	备注
法院应从轻处罚	符合非监禁刑适用条件的，应当适用非监禁刑。	共同犯罪案件，部分被告人与被害人达成和解协议的，可以依法对该部分被告人从宽处罚，但应当注意全案的量刑平衡。
	判处法定最低刑仍然过重的，可以减轻处罚。	
	综合全案认为犯罪情节轻微不需要判处刑罚的，可以免除刑事处罚。	

例 2 对于适用当事人和解的公诉案件诉讼程序而达成和解协议的案件，下列哪一做法是错误的？

A. 公安机关可以撤销案件

B. 检察院可以向法院提出从宽处罚的建议

C. 对于犯罪情节轻微，不需要判处刑罚的，检察院可以不起诉

D. 法院可以依法对被告人从宽处罚

提示：选项 A 错误。

第二十六章　缺席审判制度

重要法条及司法解释

《刑事诉讼法》第291~297条。

命题分析

缺席审判制度是2018年《刑事诉讼法》新增的一项特别程序，其重要性无须多言。作为新增考点，且尚无司法解释出台的情况，复习的重点就是刑事诉讼法法条，要掌握其基本规定，注意区分与违法所得没收程序的差异。

知识点精讲

一、设立“缺席审判”的价值

首先，刑事缺席审判制度有利于司法机关查明潜逃境外的被告人的犯罪事实，及时挽回相关损失。

其次，可为我国在国际上追逃追赃提供法律依据。目前，我们追逃主要依据的是国际公约和与部分国家签署的引渡条约，而在某些情况下，没有相关的国际公约可遵循，和一些国家没有建立引渡条约，对于这类犯罪嫌疑人的追捕，先在国内拿出一个经过司法机关审理认定的司法文书，就能成为相关国家给予配合的法律依据。

二、缺席审判的程序

（一）适用范围

（1）对于贪污贿赂犯罪案件，以及需要及时进行审判，经最高人民检察院核准的严重危害国家安全犯罪、恐怖活动犯罪案件，犯罪嫌疑人、被告人在境外，监察机关公安机关移送起诉，人民检察院认为犯罪事实已经查清，证据确实、充分，依法应当追究刑事责任的，可以向人民法院提起公诉。人民法院进行审查后，对于起诉书中有明确的指控犯罪事实，符合缺席审判程序适用条件的，应当决定开庭审判。

（2）因被告人患有严重疾病无法出庭，中止审理超过六个月，被告人仍无法出庭，被告人及其法定代理人、近亲属申请或者同意恢复审理的，人民法院可以在被告人不出庭的情况下缺席审理，依法作出判决。

（3）被告人死亡的，人民法院应当裁定终止审理，但有证据证明被告人无罪，人民法院经缺席审理确认无罪的，应当依法作出判决。

（4）人民法院按照审判监督程序重新审判的案件，被告人死亡的，人民法院可以缺席审理，依法作出判决。

（二）管辖

由犯罪地、被告人离境前居住地或者最高人民法院指定的中级人民法院组成合议庭进行审理。

（三）送达传票和起诉书副本

人民法院应当通过有关国际条约规定的或者外交途径提出的司法协助方式，或者被告人所在地法律允许的其他方式，将传票和人民检察院的起诉书副本送达被告人。传票和起诉书副本送达后，被告人未按要求到案的，人民法院应当开庭审理，依法作出判决，并对违法所得及其他涉案财产作出处理。

（四）委托辩护人

人民法院缺席审判案件，被告人有权委托辩护人，被告人的近亲属可以代为委托辩护人。被告人及其近亲属没有委托辩护人的，人民法院应当通知法律援助机构指派律师为其提供辩护。

（五）判决书的送达

人民法院应当将判决书送达被告人及其近亲属、辩护人。

（六）上诉和抗诉

被告人或者其近亲属不服判决的，有权向上一级人民法院上诉。辩护人经被告人或者其近亲属同意，可以提出上诉。

人民检察院认为人民法院的判决确有错误的，应当向上级人民法院提出抗诉。

（七）重新审理

在审理过程中，被告人自动投案或者被抓获的，人民法院应当重新审理。

罪犯在判决、裁定发生法律效力后到案的，人民法院应当将罪犯交付执行刑罚。交付执行刑罚前，人民法院应当告知罪犯有权对判决、裁定提出异议。罪犯对判决、裁定提出异议的，人民法院应当重新审理。

依照生效判决、裁定对罪犯的财产进行的处理确有错误的，应当予以返还、赔偿。

第二十七章　违法所得没收程序

重要法条及司法解释

《刑事诉讼法》第 298~301 条。

《最高人民法院关于适用〈中华人民共和国刑事诉讼法〉的解释》第 507~522 条。

《人民检察院刑事诉讼规则（试行）》第 523、534、535、537 条。

《公安机关办理刑事案件程序规定》第 328 条。

命题分析

本考点近年来考查过多次，主要涉及违法所得没收程序的适用条件、没收对象、管辖及公告、上诉及抗诉、终止等多方面内容。从考查形式来看，均为选择题，但都是专题考查。从考查趋势来看，该程序为 2012 年刑事诉讼法修改后新增的四个特别程序之一，且是 2012 年以来为这四个特别程序中考查次数最少的，其他三个程序都是每年必考，这个程序只考过两年。但是不能排除该程序被再次考查的可能性，而且由于其很难与其他考点合并进行综合考查，因此一旦考查就会是专题考查。

知识点精讲

一、违法所得没收程序的适用条件

《刑事诉讼法》第 298 条规定："对于贪污贿赂犯罪、恐怖活动犯罪等重大犯罪案件，犯罪嫌疑人、被告人逃匿，在通缉一年后不能到案，或者犯罪嫌疑人、被告人死亡，依照刑法规定应当追缴其违法所得及其他涉案财产的，人民检察院可以向人民法院提出没收违法所得的申请。"

《最高人民法院关于适用〈中华人民共和国刑事诉讼法〉的解释》第 507 条规定："依照刑法规定应当追缴违法所得及其他涉案财产，且符合下列情形之一的，人民检察院可以向人民法院提出没收违法所得的申请：（一）犯罪嫌疑人、被告人实施了贪污贿赂犯罪、恐怖活动犯罪等重大犯罪后逃匿，在通缉一年后不能到案的；（二）犯罪嫌疑人、被告人死亡的。"

《人民检察院刑事诉讼规则（试行）》第 523 条规定："对于贪污贿赂犯罪、恐怖活动犯罪等重大犯罪案件，犯罪嫌疑人、被告人逃匿，在通缉一年后不能到案，依照刑法规定应当追缴其违法所得及其他涉案财产的，人民检察院可以向人民法院提出没收违法所得的申请。对于犯罪嫌疑人、被告人死亡，依照刑法规定应当追缴其违法所得及其他涉案财产的，人民检察院也可以向人民法院提出没收违法所得的申请。"

根据《最高人民法院关于适用〈中华人民共和国刑事诉讼法〉的解释》和《人民检察

院刑事诉讼规则（试行）》的规定，对于犯罪嫌疑人、被告人死亡的所有案件，只要是依照刑法规定应当追缴违法所得及其他涉案财产的，均可适用违法所得没收程序。

因此，对于违法所得没收程序的适用条件，可通过下表理解和记忆：

<table>
<tr><th></th><th>应当追缴</th><th>逃匿或死亡</th><th colspan="2">案件范围</th></tr>
<tr><td rowspan="3">适用条件</td><td rowspan="3">依照刑法规定应当追缴其违法所得及其他涉案财产的。</td><td rowspan="2">犯罪嫌疑人、被告人逃匿，在通缉一年后不能到案。</td><td rowspan="2">重大犯罪案件</td><td>贪污贿赂犯罪</td></tr>
<tr><td>恐怖活动犯罪等</td></tr>
<tr><td>犯罪嫌疑人、被告人死亡的。</td><td colspan="2">所有案件</td></tr>
</table>

此外，根据《最高人民法院关于适用〈中华人民共和国刑事诉讼法〉的解释》第508条的规定：“具有下列情形之一的，应当认定为刑事诉讼法第二百八十条第一款规定的‘重大犯罪案件’：（一）犯罪嫌疑人、被告人可能被判处无期徒刑以上刑罚的；（二）案件在本省、自治区、直辖市或者全国范围内有较大影响的；（三）其他重大犯罪案件。”

二、违法所得没收程序的没收对象

作为违法所得没收程序的没收对象的违法所得及其他涉案财产包括：

（1）实施犯罪行为所取得的财物及其孳息；

（2）犯罪嫌疑人、被告人非法持有的违禁品；

（3）供犯罪所用的本人财物。

三、违法所得没收程序的程序

（一）启动

1. 侦查阶段

公安机关认为符合条件的，应当写出没收违法所得意见书，移送人民检察院。

2. 审查起诉阶段

人民检察院认为符合条件的，可以向人民法院提出没收违法所得的申请

没收违法所得的申请应当提供与犯罪事实、违法所得相关的证据材料，并列明财产的种类、数量、所在地及查封、扣押、冻结的情况。

3. 审判阶段

在审理案件过程中，被告人死亡而裁定终止审理，或者被告人脱逃而裁定中止审理，符合违法所得没收程序适用条件的，人民检察院向人民法院提出没收违法所得的申请。

上述内容可通过下表理解和记忆：

<table>
<tr><td rowspan="3">启动</td><td>侦查阶段</td><td>公安机关写出没收违法所得意见书，移送人民检察院。</td></tr>
<tr><td>审查起诉阶段</td><td rowspan="2">人民检察院向人民法院提出没收违法所得的申请。</td></tr>
<tr><td>审判阶段</td></tr>
</table>

例 1 关于犯罪嫌疑人、被告人逃匿、死亡案件违法所得的没收程序，下列哪一说法是正确的？

A. 贪污贿赂犯罪案件的犯罪嫌疑人潜逃，通缉1年后不能到案的，依照《刑法》规定

应当追缴其违法所得及其他涉案财产的，公安机关可以向法院提出没收违法所得的申请

B. 贪污贿赂犯罪案件的犯罪嫌疑人潜逃，通缉1年后不能到案的，依照《刑法》规定应当追缴其违法所得及其他涉案财产的，检察院可以向法院提出没收违法所得的申请

提示：选项B正确。

（二）管辖

没收违法所得的申请，由犯罪地或者犯罪嫌疑人、被告人居住地的中级人民法院组成合议庭进行审理。

没收违法所得的申请，应当由与有管辖权的中级人民法院相对应的人民检察院提出。

公安机关向人民检察院移送没收违法所得意见书，应当由有管辖权的人民检察院的同级公安机关移送。

例2　关于犯罪嫌疑人、被告人逃匿、死亡案件违法所得的没收程序，下列哪一说法是正确的？

C. 没收违法所得及其他涉案财产的申请，由犯罪地的基层人民法院组成合议庭进行审理

提示：选项C错误。

（三）财产保全

人民检察院尚未查封、扣押、冻结申请没收的财产或者查封、扣押、冻结期限即将届满，涉案财产有被隐匿、转移或者毁损、灭失危险的，人民法院可以查封、扣押、冻结申请没收的财产。

（四）公告和利害关系人申请参加诉讼

1. 公告

人民法院受理没收违法所得的申请后，应当在十五日内发出公告。

（1）公告期：六个月。

（2）公告内容：案由；犯罪嫌疑人、被告人通缉在逃或者死亡等基本情况；申请没收财产的种类、数量、所在地；犯罪嫌疑人、被告人的近亲属和其他利害关系人申请参加诉讼的期限、方式；应当公告的其他情况。

（3）公告方式：公告应当在全国公开发行的报纸或者人民法院的官方网站刊登，并在人民法院公告栏张贴、发布；必要时，可以在犯罪地、犯罪嫌疑人、被告人居住地、申请没收的不动产所在地张贴、发布。人民法院已经掌握犯罪嫌疑人、被告人的近亲属和其他利害关系人的联系方式的，应当采取电话、传真、邮件等方式直接告知其公告内容，并记录在案。

2. 利害关系人申请参加诉讼

（1）犯罪嫌疑人、被告人的近亲属和其他利害关系人有权申请参加诉讼，也可以委托诉讼代理人参加诉讼。对申请没收的财产主张所有权的人应当认定为“其他利害关系人”。

（2）犯罪嫌疑人、被告人的近亲属和其他利害关系人申请参加诉讼的，应当在公告期

间提出。犯罪嫌疑人、被告人的近亲属应当提供其与犯罪嫌疑人、被告人关系的证明材料，其他利害关系人应当提供申请没收的财产系其所有的证据材料。

（3）犯罪嫌疑人、被告人的近亲属和其他利害关系人在公告期满后申请参加诉讼，能够合理说明原因，并提供证明申请没收的财产系其所有的证据材料的，人民法院应当准许。

（五）审理

1. 时间

人民法院在公告期满后对没收违法所得的申请进行审理。

2. 方式

（1）利害关系人申请参加诉讼的，人民法院应当开庭审理，人民检察院应当派员出席法庭。

（2）没有利害关系人申请参加诉讼的，可以不开庭审理。利害关系人接到通知后无正当理由拒不到庭，或者未经法庭许可中途退庭的，可以转为不开庭审理，但还有其他利害关系人参加诉讼的除外。

3. 审判组织

（1）公告期满后，人民法院应当组成合议庭对申请没收违法所得的案件进行审理

（2）在审理案件的过程中，被告人死亡或者脱逃，符合违法所得没收程序的适用条件，人民检察院向原受理案件的人民法院提出申请的，可以由同一审判组织按照违法所得没收程序审理。

（六）裁判及上诉、抗诉

1. 一审裁定

《刑事诉讼法》第300条第1款规定："人民法院经审理，对经查证属于违法所得及其他涉案财产，除依法返还被害人的以外，应当裁定予以没收；对不属于应当追缴的财产的，应当裁定驳回申请，解除查封、扣押、冻结措施。"

《最高人民法院关于适用〈中华人民共和国刑事诉讼法〉的解释》第516条规定："对申请没收违法所得的案件，人民法院审理后，应当按照下列情形分别处理：（一）案件事实清楚，证据确实、充分，申请没收的财产确属违法所得及其他涉案财产的，除依法返还被害人的以外，应当裁定没收；（二）不符合本解释第五百零七条规定的条件的，应当裁定驳回申请。"

上述内容可通过下表理解和记忆：

	条件	裁定
裁判	案件事实清楚，证据确实、充分，申请没收的财产确属违法所得及其他涉案财产的。	除依法返还被害人的以外，应当裁定没收。
	对不属于应当追缴的财产或者不符合违法所得没收程序适用条件的。	应当裁定驳回申请，解除查封、扣押、冻结措施。

2. 上诉、抗诉

对没收违法所得或者驳回申请的裁定，犯罪嫌疑人、被告人的近亲属和其他利害关系人或者人民检察院可以在五日内提出上诉、抗诉。

3. 二审裁判

对不服第一审没收违法所得或者驳回申请裁定的上诉、抗诉案件，第二审人民法院经审理，应当按照下列情形分别作出裁定：①原裁定正确的，应当驳回上诉或者抗诉，维持原裁定；②原裁定确有错误的，可以在查清事实后改变原裁定；也可以撤销原裁定，发回重新审判；③原审违反法定诉讼程序，可能影响公正审判的，应当撤销原裁定，发回重新审判。

4. 审限

审理申请没收违法所得案件的期限，参照公诉案件第一审普通程序和第二审程序的审理期限执行。

公告期间和请求刑事司法协助的时间不计入审理期限。

（七）终止

在审理过程中，在逃的犯罪嫌疑人、被告人自动投案或者被抓获的，人民法院应当终止审理，人民检察院应当将案件退回公安机关处理。

人民检察院向原受理申请的人民法院提起公诉的，可以由同一审判组织审理。

例3　关于犯罪嫌疑人、被告人逃匿、死亡案件违法所得的没收程序，下列哪一说法是正确的？

D. 没收违法所得案件审理中，在逃犯罪嫌疑人被抓获的，法院应当中止审理

提示：选项D错误。

（八）救济措施

1. 救济程序

没收违法所得裁定生效后，犯罪嫌疑人、被告人到案并对没收裁定提出异议，人民检察院向原作出裁定的人民法院提起公诉的，可以由同一审判组织审理。

人民法院经审理，应当按照下列情形分别处理：①原裁定正确的，予以维持，不再对涉案财产作出判决；②原裁定确有错误的，应当撤销原裁定，并在判决中对有关涉案财产一并作出处理。

人民法院生效的没收裁定确有错误的，除犯罪嫌疑人、被告人到案并对没收裁定提出异议的情形外，应当依照审判监督程序予以纠正。

上述内容可以通过下表理解和记忆：

	情形	救济程序	条件	裁定
对生效没收裁定的救济程序	犯罪嫌疑人、被告人到案并对生效的没收裁定提出异议。	人民检察院向原作出裁定的人民法院提起公诉的，可由同一审判组织审理。	原裁定正确。	予以维持，不再对涉案财产作出判决。
			原裁定错误。	撤销原裁定，在判决中对有关涉案财产一并作出处理。
	除上述情况外，生效没收裁定确有错误的。	依照审判监督程序予以纠正。		

2. 救济措施

已经没收的财产，应当及时返还；财产已经上缴国库的，由原没收机关从财政机关申请退库，予以返还；原物已经出卖、拍卖的，应当退还价款；造成犯罪嫌疑人、被告人以及利害关系人财产损失的，应当依法赔偿。

	情形	处理
救济措施	已经没收的财产。	及时返还。
	财产已经上缴国库。	由原没收机关从财政机关申请退库，予以返还。
	原物已经出卖、拍卖。	退还价款。
	造成犯罪嫌疑人、被告人以及利害关系人财产损失。	依法赔偿。

第二十八章　强制医疗程序

重要法条及司法解释

《刑事诉讼法》第302~307条。

《最高人民法院关于适用〈中华人民共和国刑事诉讼法〉的解释》第524、525、528、529、531、533~538、540、542、543条。

命题分析

“依法不负刑事责任的精神病人的强制医疗程序”为2012年《刑事诉讼法》修改后新增的四个特别程序之一，自2012年以来每年必考，所占分值非常高，是“重中之重”的考点。从考查内容来看，涉及强制医疗的适用条件、启动、决定和救济程序等各方面内容。从考查形式来看，均为专题考查，而非与其他考点一起进行综合考查。从考查趋势来看，该程序未来几年仍可能会以选择题的形式进行专题考查。

知识点精讲

一、强制医疗程序的适用条件

《刑事诉讼法》第302条规定：“实施暴力行为，危害公共安全或者严重危害公民人身安全，经法定程序鉴定依法不负刑事责任的精神病人，有继续危害社会可能的，可以予以强制医疗。”

《最高人民法院关于适用〈中华人民共和国刑事诉讼法〉的解释》第524条规定：“实施暴力行为，危害公共安全或者严重危害公民人身安全，社会危害性已经达到犯罪程度，但经法定程序鉴定依法不负刑事责任的精神病人，有继续危害社会可能的，可以予以强制医疗。”

上述内容可通过下表理解和记忆：

适用条件	主体	经法定程序鉴定依法不负刑事责任的精神病人。
	行为	实施了危害公共安全或者严重危害公民人身安全的暴力行为。
	条件	有继续危害社会的可能。
	程度	社会危害性已经达到犯罪程度（《最高人民法院关于适用〈中华人民共和国刑事诉讼法〉的解释》及《人民检察院刑事诉讼规则（试行）》补充条件）。

二、强制医疗程序的启动程序

（一）人民检察院向人民法院提出强制医疗的申请

公安机关发现精神病人符合强制医疗条件的，应写出强制医疗意见书，移送人民检察院。

对于公安机关移送的或者在审查起诉过程中发现的精神病人符合强制医疗条件的，人民检察院应当向人民法院提出强制医疗的申请。

（二）人民法院在审理过程中适用强制医疗程序

（1）第一审人民法院在审理案件过程中发现被告人可能符合强制医疗条件的，应当依照法定程序对被告人进行法医精神病鉴定。经鉴定，被告人属于依法不负刑事责任的精神病人的，应当适用强制医疗程序，对案件进行审理。

（2）人民法院在审理第二审刑事案件过程中，发现被告人可能符合强制医疗条件的，可以依照强制医疗程序对案件作出处理，也可以裁定发回原审人民法院重新审判。

各机关发现符合强制医疗条件的处理可通过下表理解和记忆：

主体	发现符合强制医疗条件的时间和方式	处理
公安	侦查过程中发现。	写出强制医疗意见书，移送人民检察院。
检察院	公安机关移送时提出强制医疗意见书。	向人民法院提出强制医疗的申请。
	在审查起诉过程中发现。	
人民法院	一审中发现，经精神病鉴定符合条件。	适用强制医疗程序。
	二审中发现。	适用强制医疗程序。
		裁定发回重审。

例1 关于有权启动强制医疗程序的主体，下列选项正确的是哪几项？

A. 公安机关

B. 检察院

C. 法院

D. 刘某的监护人、法定代理人以及受害人

提示：选项B、C正确。

三、强制医疗的决定程序

（一）人民检察院申请强制医疗案件的管辖

人民检察院申请对依法不负刑事责任的精神病人强制医疗的案件，由被申请人实施暴力行为所在地的基层人民法院管辖；由被申请人居住地的人民法院审判更为适宜的，可以由被申请人居住地的基层人民法院管辖。

（二）审理

（1）应当组成合议庭进行审理。

（2）一般应当开庭审理。但是，被申请人、被告人的法定代理人请求不开庭审理，并

经人民法院审查同意的除外。

（3）应当会见被申请人。

（4）应当通知被申请人或者被告人的法定代理人到场。

（5）被申请人或者被告人没有委托诉讼代理人的，人民法院应当通知法律援助机构指派律师为其提供法律帮助。

例 2　法院审理刘某强制医疗一案，下列做法不符合法律规定的是：

A. 由审判员和人民陪审员共 3 人组成合议庭

B. 鉴于刘某自愿放弃委托诉讼代理人，法院只通知了刘某的法定代理人到场

提示：选项 B 不符合法律规定，当选。法院应当通知法律援助机构指派律师为其提供法律帮助。

（三）处理

（1）对申请强制医疗的案件，人民法院审理后，应当按照下列情形分别处理：①符合《刑事诉讼法》第 302 条规定的强制医疗条件的，应当作出对被申请人强制医疗的决定；②被申请人属于依法不负刑事责任的精神病人，但不符合强制医疗条件的，应当作出驳回强制医疗申请的决定；被申请人已经造成危害结果的，应当同时责令其家属或者监护人严加看管和医疗；③被申请人具有完全或者部分刑事责任能力，依法应当追究刑事责任的，应当作出驳回强制医疗申请的决定，并退回人民检察院依法处理。

（2）对人民法院在审理过程中适用强制医疗程序的案件，人民法院审理后，应当按照下列情形分别处理：①被告人符合强制医疗条件的，应当判决宣告被告人不负刑事责任，同时作出对被告人强制医疗的决定；②被告人属于依法不负刑事责任的精神病人，但不符合强制医疗条件的，应当判决宣告被告人无罪或者不负刑事责任；被告人已经造成危害结果的，应当同时责令其家属或者监护人严加看管和医疗；③被告人具有完全或者部分刑事责任能力，依法应当追究刑事责任的，应当依照普通程序继续审理。

上述内容可通过下表理解和记忆：

<table>
<tr><th rowspan="2"></th><th rowspan="2">条件</th><th colspan="2">处理</th></tr>
<tr><th>检察院申请强制医疗的</th><th>法院在审理中启动强制医疗程序的</th></tr>
<tr><td rowspan="4">强制医疗案件处理</td><td>符合强制医疗条件。</td><td>作出对被申请人强制医疗的决定。</td><td>判决宣告被告人不负刑事责任，同时作出对被告人强制医疗的决定。</td></tr>
<tr><td rowspan="2">属于依法不负刑事责任的精神病人，但不符合强制医疗条件。</td><td>作出驳回强制医疗申请的决定。</td><td>判决宣告被告人无罪或者不负刑事责任。</td></tr>
<tr><td colspan="2">已造成危害结果的，应同时责令家属或监护人严加看管和医疗。</td></tr>
<tr><td>具有完全或部分刑事责任能力，依法应追究刑事责任的。</td><td>作出驳回强制医疗申请的决定，并退回检察院依法处理。</td><td>依照普通程序继续审理。</td></tr>
</table>

例 3　法院审理刘某强制医疗一案，下列做法不符合法律规定的是：

C. 法院认为刘某符合强制医疗的条件，依法对刘某作出强制医疗的裁定

提示：应当是强制医疗的决定，而不是裁定。

（四）期限

人民法院经审理，对于被申请人或者被告人符合强制医疗条件的，应当在一个月以内作出强制医疗的决定。

四、临时的保护性约束措施和强制医疗的执行

（1）对实施暴力行为的精神病人，在人民法院决定强制医疗前，公安机关可以采取临时的保护性约束措施。

（2）人民法院决定强制医疗的，应当在作出决定后五日内，向公安机关送达强制医疗决定书和强制医疗执行通知书，由公安机关将被决定强制医疗的人送交强制医疗。

五、救济程序

（一）强制医疗的复议程序

（1）被决定强制医疗的人、被害人及其法定代理人、近亲属对强制医疗决定不服的，可以向上一级人民法院申请复议。

（2）复议期间不停止执行强制医疗的决定。

（3）对不服强制医疗决定的复议申请，上一级人民法院应当组成合议庭审理，并在一个月内，按照下列情形分别作出复议决定：①被决定强制医疗的人符合强制医疗条件的，应当驳回复议申请，维持原决定；②被决定强制医疗的人不符合强制医疗条件的，应当撤销原决定；③原审违反法定诉讼程序，可能影响公正审判的，应当撤销原决定，发回原审人民法院重新审判。

（4）对判决宣告被告人不负刑事责任，同时作出对被告人强制医疗的决定，人民检察院提出抗诉，同时被决定强制医疗的人、被害人及其法定代理人、近亲属申请复议的，上一级人民法院应当依照第二审程序一并处理。

例4 法院审理刘某强制医疗一案，下列做法不符合法律规定的是：

D. 本案受害人不服法院对刘某强制医疗裁定，可申请检察院依法提起抗诉

提示：选项D当选。受害人不服强制医疗决定，可以向上一级人民法院申请复议，而不是申请检察院提起抗诉。

（二）强制医疗的解除制度

1. 启动

（1）强制医疗机构应当定期对被强制医疗的人进行诊断评估。对于已不具有人身危险性，不需要继续强制医疗的，应当及时提出解除意见，报决定强制医疗的人民法院批准。

（2）被强制医疗的人及其近亲属有权向决定强制医疗的人民法院申请解除强制医疗。被强制医疗的人及其近亲属提出的解除强制医疗申请被人民法院驳回，六个月后再次提出申请的，人民法院应当受理。

2. 处理

强制医疗机构提出解除强制医疗意见，或者被强制医疗的人及其近亲属申请解除强制

医疗的，人民法院应当组成合议庭进行审查，并在一个月内作出解除强制医疗或继续强制医疗的决定。

决定解除强制医疗的，应当通知强制医疗机构在收到决定书的当日解除强制医疗。

六、对强制医疗的监督

人民检察院对强制医疗的决定和执行实行监督。

人民检察院认为强制医疗决定或者解除强制医疗决定不当，在收到决定书后二十日内提出书面纠正意见的，人民法院应当另行组成合议庭审理，并在一个月内作出决定。